会计学专业 新企业会计准则 系列教材

COST ACCOUNTING

成本会计

主编 李玉周

参编 廖家林 刘涛 唐瑗 章睿 张琳莉

机械工业出版社
China Machine Press

图书在版编目（CIP）数据

成本会计 / 李玉周主编 . —北京：机械工业出版社，2018.2（2019.1 重印）
（会计学专业新企业会计准则系列教材）

ISBN 978-7-111-59111-5

I. 成… II. 李… III. 成本会计–高等学校–教材 IV. F234.2

中国版本图书馆 CIP 数据核字（2018）第 020123 号

　　本书内容主要包括成本信息的生成和成本信息的利用两大部分。其中，第一章绪论主要是对现代成本会计学进行系统的介绍，以奠定后续学习的理论基础；第二章至第九章以工业制造业为背景，详细地介绍了成本信息的核算原理，包括成本费用的归集和分配方法等；第十章主要介绍除工业制造企业以外的其他行业企业的成本核算实务，主要包括商品流通企业、施工企业、交通运输企业的成本核算；第十一章至第十三章着重讨论了成本信息的再利用，包括成本的规划、控制、分析和考核，从而拓展了传统成本会计职能；第十四章简要介绍了 Excel 在现代成本会计中的应用，以满足信息化时代企业会计处理的需要。

　　本书适合会计学专业本专科生和企业管理人员特别是财务人员学习使用。

出版发行：机械工业出版社（北京市西城区百万庄大街 22 号　邮政编码：100037）
责任编辑：袁　银　　　　　　　　　　　　责任校对：殷　虹
印　　刷：北京市兆成印刷有限责任公司　　版　　次：2019 年 1 月第 1 版第 3 次印刷
开　　本：185mm×260mm　1/16　　　　　印　　张：19.5
书　　号：ISBN 978-7-111-59111-5　　　　定　　价：45.00 元

凡购本书，如有缺页、倒页、脱页，由本社发行部调换
客服热线：（010）88379210　88361066　　投稿热线：（010）88379007
购书热线：（010）68326294　88379649　68995259　　读者信箱：hzjg@hzbook.com

版权所有·侵权必究
封底无防伪标均为盗版
本书法律顾问：北京大成律师事务所　韩光 / 邹晓东

前　言

随着市场竞争的加剧，企业要生存就必须加强成本管理，而成本会计核算是成本管理的核心内容之一，对提高企业竞争力起着举足轻重的作用。在保证产品质量的同时，如何最大限度地节约成本，是每一个管理者最关心的重要问题之一。而解决这个问题的前提首先是要了解成本构成和计算的基本原理，这就是学习本课程的重要意义。

本书深入浅出地阐明了成本会计的基本理论与核算方法，既可作为成本会计的初学者学习成本会计的参考用书，也可以作为成本管理培训的实用教材，另外我们还在每章后面配套有思考题和课后习题，方便教材学习者巩固知识点，加深理解。

本书基于现行《中华人民共和国会计法》《企业会计准则》以及《企业财务通则》等法规编写而成。本书系统地介绍了成本会计的基本原理和基本方法，在立足于传统成本核算方法的同时，介绍了为适应时代发展而形成的新型成本会计核算方法，为成本会计注入了新动力。全书共十四章，第一章到第九章由西南财经大学李玉周执笔编写，第十章由廖家林执笔编写，第十一章由刘涛执笔编写，第十二章由唐瑷执笔编写，第十三章由章睿执笔编写，第十四章和课后习题由张琳莉执笔编写。

由于作者水平有限，书中难免存在疏漏或错误之处，恳请读者批评指正。

2017 年 11 月 16 日

教学建议

教学目的

本课程教学的目的在于让学生掌握成本会计学的基本知识和原理,主要包括成本会计基础知识、工业企业成本核算、其他主要行业成本核算以及成本管理与控制四个部分。本书不仅介绍了工业企业的成本核算方法,也介绍了其他主要行业的成本核算方法;不仅介绍了传统的成本会计核算方法,也介绍了为适应时代发展而形成的新成本核算方法。这样安排能使学生在掌握基础成本会计知识的同时,了解成本会计前沿知识,更好地适应时代的发展,为今后从事会计工作打下坚实的基础。

前期需要掌握的知识

会计基础。

课时分布建议

教学内容	学习要点	课时安排	
		本科	高职
第一章 绪论	(1)理解成本与费用的关系以及成本的基本特点 (2)掌握成本会计基础内容以及各内容彼此的关系 (3)了解成本会计组织工作的基本内容	2	1
第二章 成本核算原则、 要求和程序	(1)了解成本核算的基本要求、基础工作与程序 (2)弄清在成本核算过程中需要划分的费用界限 (3)了解在成本核算过程中需要设置的成本核算账户	2	1
第三章 要素费用的 归集与分配	(1)掌握原材料费用分配方法和原材料费用分配表的编制及其账务处理 (2)了解动力费用、应付职工薪酬构成,以及动力费用分配、工资费用分配表的编制方法与账务处理 (3)明确企业折旧费用的计算方法,并掌握折旧费用分配表的编制方法和账务处理	8	4
第四章 综合费用的归 集与分配	(1)了解辅助生产费用的概念、特点及其对产品成本计算的影响 (2)熟练掌握辅助生产费用分配方法的基本原理与流程 (3)了解生产费用在完工产品和在产品之间的分配方式 (4)掌握生产费用在完工产品和在产品之间的各种分配方式的具体分配计算过程	8	4

(续)

教学内容	学习要点	课时安排 本科	课时安排 高职
第五章 生产类型与 成本计算方法	（1）了解企业生产类型的划分以及每一种生产类型的特点 （2）了解划分基本方法与辅助方法的标准 （3）掌握基本方法与辅助方法	2	1
第六章 品种法	（1）了解品种法的概念、特点与适用的企业生产类型 （2）掌握品种法计算过程的基本流程	2	2
第七章 分批法	（1）了解分批法的概念、特点以及适用的企业生产类型 （2）熟悉分批法的计算基本程序 （3）理解简化分批法计算原理	4	2
第八章 分步法	（1）了解分步法的概念、特点以及适用的企业生产类型 （2）掌握分项逐步结转分步法下的成本计算流程 （3）掌握综合逐步结转分步法下的成本计算流程 （4）掌握平行结转分步法下的成本计算流程	6	4
第九章 作业成本法	（1）了解作业成本法产生的必然性 （2）理解作业成本法的基本原理 （3）了解作业成本法与传统成本法相比的优势和适用性	2	1
第十章 其他主要行业 成本计算	（1）了解交通运输业成本计算 （2）了解施工企业成本计算 （3）了解房地产开发企业成本计算 （4）了解商品流通企业成本计算 （5）了解医院成本计算	4	2
第十一章 成本规划	（1）了解成本预测、决策与预算的定义、原则和程序 （2）了解成本预测与成本决策之间的关系	2	1
第十二章 成本控制	（1）掌握目标成本控制、定额成本控制和标准成本控制的特点、计算程序、适用范围及优缺点 （2）掌握目标成本、定额成本和标准成本是如何促进成本控制的	2	1
第十三章 成本分析和 考核	（1）明确成本分析的内涵、原则和标准 （2）了解、掌握并应用成本分析的方法 （3）了解成本考核的定义、范围和核心内容	2	2
第十四章 Excel和成本 核算软件简介	（1）灵活应用SUM、AVERAGE、SUMIF函数 （2）初步了解成本核算软件的类型	2	1
课时总计		48	27

目　录

前言
教学建议

第一章　绪论 ········ 1

【导入案例】 ········ 1
【学习目标】 ········ 1
【难点提示】 ········ 2
第一节　成本、费用及其形态 ········ 2
第二节　成本会计的产生、发展与内容 ········ 11
第三节　成本会计的组织工作与组织环境 ········ 19
【思考题】 ········ 24
【课后习题】 ········ 24

第二章　成本核算原则、要求和程序 ········ 27

【导入案例】 ········ 27
【学习目标】 ········ 27
【难点提示】 ········ 27
第一节　成本核算的基本原则与要求 ········ 28
第二节　成本核算基础工作 ········ 33
第三节　成本核算的基本程序 ········ 38
【思考题】 ········ 45
【课后习题】 ········ 45

第三章　要素费用的归集与分配 ········ 48

【导入案例】 ········ 48

【学习目标】 …………………………………………………………………… 48
　　【难点提示】 …………………………………………………………………… 49
　　第一节　材料费用的归集与分配 ……………………………………………… 49
　　第二节　动力费用的归集与分配 ……………………………………………… 55
　　第三节　工资费用的归集与分配 ……………………………………………… 57
　　第四节　折旧费用的归集与分配 ……………………………………………… 64
　　第五节　其他要素费用的归集与分配 ………………………………………… 67
　　【思考题】 ……………………………………………………………………… 69
　　【课后习题】 …………………………………………………………………… 69

第四章　综合费用的归集与分配 …………………………………………………… 74
　　【导入案例】 …………………………………………………………………… 74
　　【学习目标】 …………………………………………………………………… 74
　　【难点提示】 …………………………………………………………………… 75
　　第一节　辅助生产费用的归集与分配 ………………………………………… 75
　　第二节　制造费用的归集与分配 ……………………………………………… 87
　　第三节　生产损失的归集与分配 ……………………………………………… 92
　　第四节　生产费用在完工产品与在产品之间的分配 ………………………… 97
　　【思考题】 ……………………………………………………………………… 105
　　【课后习题】 …………………………………………………………………… 105

第五章　生产类型与成本计算方法 ………………………………………………… 113
　　【导入案例】 …………………………………………………………………… 113
　　【学习目标】 …………………………………………………………………… 113
　　【难点提示】 …………………………………………………………………… 114
　　第一节　生产类型及其特点 …………………………………………………… 114
　　第二节　生产类型、管理要求与成本计算方法 ……………………………… 116
　　第三节　成本计算的基本方法和辅助方法 …………………………………… 117
　　第四节　各种成本计算方法的结合与应用 …………………………………… 119
　　【思考题】 ……………………………………………………………………… 121
　　【课后习题】 …………………………………………………………………… 121

第六章　品种法 ……………………………………………………………………… 123
　　【导入案例】 …………………………………………………………………… 123
　　【学习目标】 …………………………………………………………………… 123

【难点提示】 123
　　第一节　品种法的特点与计算程序 124
　　第二节　品种法延伸——分类法 134
　【思考题】 142
　【课后习题】 142

第七章　分批法　148

　【导入案例】 148
　【学习目标】 148
　【难点提示】 148
　　第一节　分批法的特点与计算程序 148
　　第二节　简化分批法 155
　【思考题】 158
　【课后习题】 159

第八章　分步法　162

　【导入案例】 162
　【学习目标】 162
　【难点提示】 163
　　第一节　分步法的特点及其划分 163
　　第二节　逐步结转分步法 164
　　第三节　平行结转分步法 175
　本章小结 184
　【思考题】 184
　【课后习题】 185

第九章　作业成本法　189

　【导入案例】 189
　【学习目标】 189
　【难点提示】 189
　　第一节　作业成本法概述 190
　　第二节　作业成本法应用 193
　【思考题】 200
　【课后习题】 200

第十章　其他主要行业成本计算 ··· 204

【导入案例】 ·· 204
【学习目标】 ·· 204
【难点提示】 ·· 204
第一节　交通运输企业成本计算 ··· 204
第二节　施工企业成本计算 ·· 208
第三节　房地产开发企业成本计算 ·· 214
第四节　商品流通企业成本计算 ··· 217
第五节　医院成本计算 ·· 221
【思考题】 ··· 226
【课后习题】 ·· 226

第十一章　成本规划 ··· 229

【导入案例】 ·· 229
【学习目标】 ·· 229
【难点提示】 ·· 229
第一节　成本预测 ·· 230
第二节　成本决策 ·· 238
第三节　成本计划 ·· 241
【思考题】 ··· 249
【课后习题】 ·· 249

第十二章　成本控制 ··· 253

【导入案例】 ·· 253
【学习目标】 ·· 253
【难点提示】 ·· 253
第一节　成本控制的原则与程序 ··· 254
第二节　目标成本控制 ·· 256
第三节　定额成本控制 ·· 263
第四节　标准成本控制 ·· 269
【思考题】 ··· 275
【课后习题】 ·· 275

第十三章　成本分析和考核 ··· 278

【导入案例】 ·· 278

【学习目标】 278
【难点提示】 279
第一节　成本分析概述 279
第二节　全部商品产品成本分析 281
第三节　主要产品单位成本分析 283
第四节　成本考核 287
【思考题】 289
【课后习题】 289

第十四章　Excel 和成本核算软件简介 292

【导入案例】 292
【学习目标】 293
【难点提示】 293
第一节　Excel 表格的建立及其公式的设定 293
第二节　Excel 在产品成本核算中的具体应用 295
第三节　成本核算软件介绍 299
【思考题】 300
【课后习题】 300

第一章

绪　论

导入案例

小张、小李和小孙合伙投资创立了光华日化厂，该厂生产3种洗发产品，现因市场需要准备开发护发产品扩展业务。

2016年，工厂以银行存款500万元购进护发产品生产设备，下半年投产，以银行贷款5 000万元扩建厂房，年末尚未投产；原材料中A材料由洗发产品和护发产品车间共同耗用30万元，B材料仅由护发产品车间耗用20万元；供水车间全年成本10万元；订阅本年度与下一年度相关行业期刊共花费20万元，管理部门日常消耗10万元；销售部门全年负担各类洗发产品包装费用30万元，护发产品包装费用20万元；2016年全年财务部门共支出财务费用50万元。2016年年末，护发产品产成190万件，10万件在产。

为了计算本年护发产品类收益，财务部门需要计算出本年成本，那么根据你所理解的成本的范畴，你认为本年度护发产品和洗发产品的生产成本应当如何计算处理？

学习目标

成本会计是会计学的一个重要分支，与财务会计相比，成本会计更强调会计的对内服务职能，是会计与企业内部管理相结合的产物。

本章主要从总括角度阐述成本会计的基本概念和基本理论，以便对成本会计有一个初步的了解，为后续学习奠定基础。在本书的开篇学习中应当注意如下几点。

1. 明确成本内涵和外延及其在微观经济与宏观经济管理中的作用，理解成本会计的历史发展过程及每个阶段的特点，深刻认识企业经营环境改变、管理要求提高对成本会计发展的影响。
2. 掌握费用在不同划分标准下的分类结果及作用、成本分类多元化和每种分类结果及目的、成本与费用的关系、成本的基本特点。
3. 掌握成本会计基础内容、各内容彼此之间的关系，以及成本会计基础工作内容和每项基础工作的要求，深刻认识这些基础工作对保证成本信息质量的重要性。

4. 了解成本会计组织工作的基本内容，以及它们对成本信息质量的影响。

> **难点提示**

1. 成本的内涵与外延，以及成本在微观经济管理中具备的基本特征和作用。
2. 费用与成本的关系，以及费用以不同标准划分的结果。
3. 成本在不同分类标准下每一种分类的结果，以及各种分类在管理上的相互关系与作用。
4. 现代成本会计的内容形成过程，以及各内容彼此之间的关系。
5. 在成本会计的实践中，成本会计的组织工作内容和组织环境。

第一节 成本、费用及其形态

一、成本概念、特征及作用

（一）成本概念形成及发展

从会计发展历史看，成本这一概念是人类社会商品交换的必然产物。在小商品生产阶段，生产者在满足自己需要的同时要将多余的产品在市场上进行交换。要交换就必须对商品进行估价，也就必然要考虑商品在生产过程中的耗费，即成本问题。因此，成本概念的提出，与商品交换密不可分。

小商品生产条件下，由于是手工劳动，生产规模十分有限，人们在交换时主要考虑物质资料的耗费与补偿，而常常忽视活劳动的耗费与补偿。因而此时，成本主要还是局限于生产过程中物质资料的耗费与补偿，是一种不完整的成本概念。进入工业社会后，工厂制度取代手工作坊，人们对成本的理解有所深化，将其内容从生产资料的耗费与补偿扩大到活劳动的耗费与补偿，使得产品成本概念进一步完善。

今天我们所谈论的成本，是说产品或劳务成本，是指为生产一定数量和种类的产品或劳务所花费的各种耗费，这种耗费主要包括人力资源、物质资源的消耗。同时，成本的内涵和外延可以随着成本管理的需求而进行相应的调整，例如将成本划分成固定成本、变动成本和混合成本的概念用以进行企业决策，将成本概念运用于宏观经济决策等。

从以上分析中可以看出，为了进行商品交换，人们不得不考虑其生产成本。一般而言，产品或劳务在生产经营过程中发生的各种资源耗费构成其成本。商品生产成本的内容是随着社会生产力的发展而逐步完善的。

（二）成本概念的经济学解释

1. 马克思政治经济学关于成本的含义

马克思政治经济学认为，成本是商品生产中耗费的活劳动和物化劳动的货币表现。马克思把商品价值分为不变资本、可变资本和剩余价值三个部分，即 $w=c+v+m$。那么，若从商品价值中减去剩余价值 m，则剩下的部分即为资本价值（$c+v$）的等价补偿物，也就是在资本主义生产中，用于补偿生产耗费的生产资料价格和劳动力价格的部分，即产品成本价格，也就是 $c+v$ 的货币表现。因此，在马克思政治经济学范畴中，成本即为商品生产中发生的耗费的货币表现。

2. 西方经济学的成本概念

成本和费用在西方新古典经济学中一般作为同义词使用，西方经济学在计算生产某种产品的成本时，将实际并未发生的机会成本也一并纳入成本范畴。因而在经济分析厂商生产出某种产品的成本时，按照机会成本的含义将生产成本分为显性成本和隐性成本。其中，显性成本即企业在生产时账面实际发生的生产耗费；隐性成本为厂商自己提供资源所必须支付的费用，这部分费用通常包括两部分，即账面固定资产的折旧费用和企业所有者资本的利息以及所有者自身的劳动报酬。综上所述，生产成本可以表示为：

$$生产成本 = 显性成本 + 隐性成本$$
$$= 会计成本 + 隐性成本$$
$$= 固定成本 + 变动成本$$

（三）成本的范畴

我们在前面介绍成本概念时已指出，成本有广义和狭义两种。广义的成本是指为实现一定目的（目标）而付出的代价。如：为取得固定资产而付出的代价就是固定资产成本，为购买原材料而付出的代价就是原材料的成本，为购买一件商品而付出的代价就是该商品的成本。狭义的成本主要是指因生产产品、提供劳务而发生的各种资源耗费。

（四）成本的基本特征

如上所述，成本所涉及的范围很广，有微观、中观和宏观之分。本书主要讨论微观成本，即企业成本。

就企业成本来说，它在生产经营过程中具有以下几个基本特征。

1. 可变性

成本是企业在生产经营过程中发生的资源耗费，这种耗费与企业生产经营活动量（产量、销量、劳务量、作业量等）有着密切联系，会随着生产经营活动量的变化而变化，我们把这种现象称为成本的可变性。由于成本存在可变性，其金额总是处于不断变化之中，从而为我们有的放矢地控制成本提供了可能。

成本的可变性主要表现为两种趋势：成本中的一部分会随着生产经营活动量的变化而变动，它们对生产经营活动量的变化反应比较敏感，如产品直接消耗的原材料、燃料、动力及生产工人的计件工资；另一部分在一定时间内和一定生产经营规模下金额会保持一定的稳定性，生产经营活动量的变化对其影响不大，如固定资产折旧、管理人员的工资等。

在实践中，掌握成本的可变性，认识其变动的规律性，有利于我们主动控制成本。

2. 对象性

成本作为生产经营过程中的耗费，不仅与一定的生产经营活动量有关，而且与生产经营活动对象直接相关，它总是表现为一定对象的资源耗费。这里的对象可以是产品或劳务，也可以是某一个工程项目、某一种作业或某一种行为。人们在考虑成本问题时，总是与某一对象相联系，脱离了一定的对象，就无法衡量成本水平的高低。

在实践中，人们正是利用成本对象性的特点，通过对每一对象成本的规划与控制来降低企业资源的耗费水平，以达到充分利用资源的目的。

3. 可控性

企业生产经营过程中的耗费总是发生在特定的单位或范围内，这些单位对其职责范围内的生产经营耗费总是负有一定的经济责任，有义务控制它们发生的规模、频率，影响它们的大小，我们把这一点称为成本的可控性。

从理论上讲，企业的一切成本都是可控的，但对企业内部的不同单位、部门、岗位或个人而言，不是一切成本都是可控的，只能控制其职责范围内发生的成本，即不同单位、部门、岗位或个人可控成本的范围、内容是不同的，每一单位发生的可控成本之和就称为该单位的责任成本。

在成本管理中，成本的可控性表现为成本责任的一种可追溯性。成本责任的追溯是十分复杂的。例如，生产过程中所消耗材料成本的追溯会涉及三个部门：技术部门负责材料品质标准的制定，材料采购部门负责材料的价格，生产车间负责材料的使用量。对于生产工人的工资成本，生产车间一般只能控制其生产工时，无力控制小时工资率，小时工资率应当是企业管理部门考虑的问题。因此，在会计实务中，人们只有联系成本的责任归属性，确定其可控性，才能科学地控制成本，做到赏罚分明，提高职工降低成本的积极性。

4. 综合性

成本是企业生产经营管理水平的综合反映。企业劳动生产率的高低、材料物质消耗的多少、设备利用的程度、资金周转的快慢，以及生产组织、物资采购、商品销售是否科学合理，都会通过成本这一经济指标综合地反映出来。

成本的综合性说明任何企业要想降低成本，都必须从成本发生的各个因素入手，分析出影响企业生产耗费的有利因素与不利因素，找出企业生产耗费控制的薄弱环节，采用系统控制的思维和方法降低成本。

因此，企业在日常成本控制活动中，应灵活运用成本的可变性、对象性、可控性和综合性等特性，有效地实现成本控制。

（五）成本在管理中的作用

成本作为生产经营中的耗费，对企业的生存与发展、生产耗费的补偿、产品定价、生产经营决策都具有十分重要的作用。

1. 成本是企业生产经营耗费的补偿尺度

首先，企业在生产经营过程中必然要发生相应的耗费，为了保证再生产的顺利进行，企业必须在其收入中对生产经营产生的耗费予以补偿。一般是以成本为尺度进行补偿。在收入一定的前提下，成本越高，补偿越多，纯收入越低；成本越低，补偿越少，纯收入越高。因此，成本和盈利是此消彼长的关系，企业只有加强对成本的控制，努力降低生产经营耗费，才可能以较低的耗费获得较高的经济效益。

其次，成本的补偿是社会总产品的一种分配行为，属于社会分配范畴。国家可以根据成本的经济内容，结合不同时期的管理需要，对成本开支范围和开支标准进行调整，影响企业的生产耗费和补偿行为，达到调节社会产品分配的目的。

2. 成本是制定产品价格的基础

市场经济下，产品价格是产品价值的货币表现，产品价格应基本上符合产品价值。无论是国家还是企业，在制定产品价格时都应遵守产品价值规律的基本要求。但是，在实践中，人们不可能直接计算产品价值。因此，通过成本间接地确定产品价格，是产品定价的一种方法。

产品定价是一项技术性很强的工作。不同行业、不同类型的产品，其定价策略、方法会有所不同，需要考虑的因素很多。但成本始终是产品定价的基础，一般情况下，它是产品定价的底线。例如，通常需要考虑国家价格政策、各种产品的比价关系、市场供求关系、企业竞争力等因素。

3. 成本是企业生产经营决策的重要依据

企业的生产经营决策很多，有投资项目决策、新产品开发决策、生产决策、存货决策、资金筹措决策等。为了适应市场竞争的需要，企业必须根据市场变化和自身生产经营状况，随时进行科学的经营决策。许多决策方案的内容都和成本有着密切的关系，涉及成本因素，在决策方案的选择上常常以成本最小化为标准来确定最佳方案。因此，成本是企业生产经营决策不可忽视的重要因素，要想减少或避免决策失误，就必须充分意识到成本在决策中的重要作用。

成本除了在企业微观经营决策中具有重要作用外，在国家宏观经济管理决策中也是必须重点考虑的因素。诸如基本建设投资方向、生产力的合理布局、产业结构与产品结构调整、技术经济政策的制定等，均要以成本指标为重要依据，进行成本效益分析，权衡利弊得失，统筹安排。

4. 成本是企业生存和发展的根基

市场经济下，企业之间的竞争日益激烈，竞争手段多样化，但产品质量和产品价格竞争始终是最基本的手段。产品价格的竞争也就是产品成本的竞争。在质量和性能相同的前提下，只有成本越低，售价才有可能越低，任何企业都不可能做到商品售价长期低于成本。特别是在买方市场下，一定时期内市场容量总是有限的，企业只有生产出适销对路、成本较低的产品，才有可能在收入规模一定的情况下，获得更多的利润，在竞争中处于有利的地位，也才有可能获得生存与发展。

二、费用概念及其形态

（一）费用概念与确认、计量

按照我国《企业会计准则》的规定，费用是指企业为销售商品、提供劳务等日常活动所发生的经济利益流出。这种经济利益流出的实质就是企业资源的流出。

费用有广义和狭义两种。狭义的费用主要是指企业在日常生产经营过程中发生的经济利益流出，企业在非经常性活动中发生的经济利益流出不视为费用，而是作为损失，从企业利益中直接扣除。广义的费用则包括企业的各种费用和损失，它将损失视为一种费用，不区分费用和损失。

在我国《企业会计准则》中，费用一般是指狭义的费用。费用本质上是一种资源的流出。

对于费用应当按照权责发生制原则加以确认，并通过所耗资产的价值来计量。所耗资产的价值可以从不同角度衡量，从而费用可以采用不同的计量属性。一般情况下，费用是按照所耗资产的历史成本属性计量的。这是因为资产的历史成本代表实际交易价格，是企业实际的现金流出，比较客观，易于验证。但是，在持续通货膨胀以及一些特殊情况下，为了更真实地反映企业盈亏状况或财务状况，费用也可以采用可变现净值、重置成本等计量属性。

（二）费用与成本的关系

费用和成本存在着密切的关系，以至于在许多地方将二者混同使用，不加区分。但严格地讲，这是两个不同的概念。

费用的发生是成本形成的基础和前提条件，没有费用的发生，也就谈不上任何对象的成本，二者从本质上讲都是企业资源的耗费。

二者的差别在于：费用是按照内容或用途对企业资源的耗费进行归集，成本是一种对象化的费用，这种对象可以是某种产品、某类产品、某一生产步骤、某一产品订单等。

二者相互联系，互为依存，又具有不同的内涵。只有合理认识二者的联系，才能正确认识成本会计的真正内涵。

（三）费用的形态

企业日常生产经营过程中存在着各种各样的费用，为了反映每一种费用的特征，便于费用管理，可以按不同的标准对其进行划分。

1. 按照经济内容（性质）分类

企业日常生产经营过程中的费用按照经济内容（性质）可以分为劳动对象、劳动资料和劳动力三个方面。为了便于核算与管理，可以进一步细分为以下内容。

（1）外购材料，指企业为进行日常生产经营活动而耗用的一切从企业外部购入的原材料及主要材料、辅助材料、外购半成品、包装物、修理费用和低值易耗品等。

（2）外购燃料，指企业为进行日常生产经营活动而耗用的各种从企业外部购入的固体、液体和气体燃料。

（3）外购动力，指企业为进行日常生产经营活动而耗用的各种从企业外部购入的电力、热力等动力。

（4）工资费用，指企业为获得职工提供的服务或解除劳动关系而给予职工的各种形式的报酬。企业给予的职工报酬主要有短期报酬、离职后福利、辞退福利和其他长期职工福利。

（5）折旧费，指企业按照规定的方法计提的固定资产折旧费用。值得注意的是，这里的折旧费用是由固定资产折旧带来的，但并不是固定资产本身。

（6）利息支出，指企业为借入款项而发生的利息支出冲减利息收入后的差额。

（7）税费支出，指企业支付的各种税费。

（8）其他支出，指不属于以上各项内容的费用，如差旅费、通信费、保险费、邮电费等。

以上几方面的费用是企业在日常生产经营活动中发生的基本费用，在会计实务中常常被称为费用要素或要素费用。

费用按照经济内容分类，可以反映企业在一定时期内的各种性质的费用及每种费用的数量，便于分析企业费用结构和水平，考核费用预算执行情况，为下一期各种费用预算的编制提供一定的依据，有利于加强对各种类型费用的控制和管理。

但是，按照经济内容分类不能反映费用的具体用途，不便于分析费用与产品成本的关系，不便于计算与分析产品成本。因此，还应当按经济用途对其进行分类。

2. 按照经济用途分类

企业在日常生产经营过程中发生的费用按其经济用途，在不同行业有不同划分，就制造企业来说，可以分为生产费用和期间费用。

（1）生产费用。生产费用是指企业在一定时期内发生于生产过程中的各种费用总和，是企业全部费用的一部分。生产费用通常包括企业在生产过程中消耗的原材料、燃料、动力，支付的工资和职工福利费，计提的折旧费，发生的修理费、低值易耗品消耗等。

生产费用按其用途可以进一步区分为工业性生产费用和非工业性生产费用。

工业性生产费用是指从事商品生产而发生的费用，它们或构成产品实体，或有助于产品实体的形成，其耗费最终要计入产品成本。

非工业性生产费用是指企业从事非工业性生产活动而发生的费用，它们不属于产品生产耗费，也不构成产品成本，如生产车间为企业在建工程、职工福利部门提供劳务所发生的耗费。

因此，生产费用按最终用途又可以分为计入产品成本的费用和不计入产品成本的费用。计入产品成本的生产费用有的直接用于产品生产，构成产品实体，有的用于生产单位的生产组织管理活动，为生产提供直接的条件，其用途和作用不完全一样。为了便于成本计算，人们通常将计入产品成本的生产费用按用途分为若干项目，每一项目称为成本项目。

1）直接材料，指生产过程中直接用于产品生产，构成产品实体，或直接有助于产品形成而消耗的原材料、辅助材料、外购半成品、燃料、动力等。

2）直接人工，指直接从事产品制造的生产工人的工资费用，包括生产工人的基本工资、奖金、津贴以及发生的各种职工福利费等。

3）制造费用，指企业内部生产单位（分厂、车间）为组织、管理生产所发生的各项费用，包括生产单位管理人员和工程技术人员的工资与职工福利费，以及折旧费、修理费、办公费、机物料消耗、低值易耗品摊销、劳动保护费等。

在实务中，一个企业可以根据内部控制管理的需要，结合产品成本构成的特点，确定成本项目设置方法，而不一定局限于上述三个成本项目。比如，有些企业为了核算自制半成品占成本的比重，也可以设置"自制半成品"成本项目；如果管理上需要单独提供废品损失专门资料，可以考虑增设"废品损失"成本项目。

对于成本项目的设置，国家没有统一规定，一般以满足企业内部关系需求和简化核算需要为准。

（2）期间费用。期间费用是指企业在日常生产经营过程中发生的，不能归属于特定产品成本的费用，包括管理费用、销售费用和财务费用。

期间费用发生时，不计入产品成本，直接抵减当期损益。这样做既可以简化会计核算工作，又能在一定程度上提高成本计算的准确性。这是因为：首先，期间费用与产品生产没有直接的联系，一般是为企业的整个生产经营提供条件，若是采用分摊的办法计入产品成本，很难保证费用分配的合理性；其次，不将期间费用计入产品成本，有助于分析、考核生产单位的成本管理责任，便于进行成本规划和成本控制。

三、成本的形态

成本的形态是指成本的各种表现形式，即成本的分类。为了适应成本计算、分析、规划、控制、决策的需要，可以按照不同的标准对成本进行分类。

（一）按照与特定产品的关系分类

在财务会计范畴中，一般按照与特定产品的关系，将成本分为直接成本和间接成本。对成本的这一划分是财务会计的前提。

1. 直接成本

直接成本是指与某一特定产品具有直接联系的成本，它是为生产某一特定产品而发生的耗费。一项成本是否属于直接成本，取决于它与成本计算对象是否存在直接关系，是否便于直接计入。大部分构成产品实体的原材料消耗、某条产品专用生产线上生产工人的工资费用等都属于直接成本。对于只生产一种产品的企业来说，所有生产耗费都是直接成本。

在成本会计实务中，直接成本一般可以根据生产费用发生的原始凭证记录直接计入该种产品的成本。

2. 间接成本

间接成本是指与某一特定产品没有直接联系，为若干种产品所共同耗用，需要按恰当的标准分配以后计入各种产品成本的生产耗费。例如，生产单位管理人员和工程技术人员的工资费用、车间厂房和机器设备的折旧费用等费用，通常是使生产单位生产的所有产品共同得益的成本，很难直接分清楚哪一种产品受益多少，只能通过分配方式计入各种产品的成本。

由于在生产过程中发生的间接成本比较多，逐一分配工作量太大，为了简化成本计算工作，一般是先将间接成本按发生的地点进行归集，然后在月末采用一定的分配标准一次性分配后计入各种产品的成本。

区分直接成本和间接成本，对于正确计算产品成本十分重要。凡是直接成本，应根据费用发生的原始凭证直接计入产品成本；凡是间接成本，则要先归集，然后选择一定的分配标准分配后计入。分配标准的选择是否科学、合理、可行，直接影响产品成本计算的准确性，它是成本会计中技术性很强的一项工作。

（二）按照与业务量的关系分类

在管理会计范畴中，一般按照与业务量（产量、作业量、工作量等）的关系，将成本分为固定成本、变动成本和混合成本。这一划分方法是进行成本规划和控制的前提条件，也有助于寻求降低成本的途径。

1. 固定成本

固定成本是指成本总额在一定时期和一定业务量范围内不受业务量增减变动影响的成本，如按直线法计提的固定资产折旧费、建筑物的租金、财产保险费、管理人员的工资等。

固定成本的特点是在一定业务量范围内，其发生额不受业务量变动的影响，总额保持不变。但是，产品单位成本中的固定成本额则与生产量成反比关系。因而，企业降低固定成本最直接的方法就是提高产品业务量，摊薄产品成本，这也是电商行业能一直保持低价优质的秘诀所在。必须注意的是，盲目提高产品产量很可能造成存货堆积，因而企业决策时还应考虑市场、政策等诸多因素。

固定成本的固定性受一定时期内业务量范围的限制，如果超出一定的业务量范围，固定成本就可能不固定了。

2. 变动成本

变动成本是指成本总额会随着业务量的变动而成等比变动的成本，如直接材料、直接人工等。变动成本的主要特点是其发生额直接受业务量变动的影响。因而，企业可以通过寻找替代原材料、提高劳动生产率等方法降低单位变动成本。但是，从长远发展来看，企业降低单位变动成本的同时必须保证产品质量不会下降。而且，变动成本与业务量之间的正比关系是有一定范围的，超出一定的业务量范围，变动成本同业务量之间的关系也有可能发生变化。

3. 混合成本

混合成本是指成本发生额虽然受业务量变动的影响，但与业务量之间不构成严格的正比关系。这种成本既具有固定成本的一些特点，又具有变动成本的一些特点，故称为混合成本。例如车间设备的维修费用、低值易耗品的消耗、对产品进行分析化验所发生的费用等，虽受生产量的影响，但与生产量不成正比关系。

对于混合成本，在成本会计实务中一般采用一定的分解方法，将其分解为固定成本和变动成本。因此，成本按其与业务量的关系，最终分解为固定成本和变动成本两大类别。将成本划分为固定成本和变动成本这一理念为企业经营管理中的"本–量–利"等决策方法提供了理论基础。

(三) 按照可控性分类

按照可控性划分，成本可以分为可控成本和不可控成本。

1. 可控成本

可控成本是指责任单位职权范围内可以计量、调节、约束的成本。例如，生产车间这一责任单位的可控成本主要是车间消耗的材料、燃料、动力、人工费用等。责任单位是指企业内部有明确责任范围，能够自己进行严格控制的单位，又称为责任中心，如企业内部的车间、部门、班组、个人等都可以作为责任单位。每一责任单位的可控成本之和即为该单位的责任成本。

通常，可控成本应符合以下三个条件。

（1）责任单位有办法知道将发生什么性质的消耗。

（2）责任单位有办法计量它的消耗。

（3）责任单位有办法调节、控制它的消耗。

2. 不可控成本

不可控成本是指超出责任单位职权范围，责任单位无法对其加以约束、调节的成本。例如，就生产车间来说，厂房的折旧费用就是不可控成本，生产车间只有厂房的使用权，厂房折旧费的控制已超出生产车间的职权范围。

将成本区分为可控成本和不可控成本，对于正确评价各责任单位的工作业绩十分重要。对于一个责任单位来说，考核、评价其可控成本的大小，有助于促使其增强成本意识，采取措施不断地降低可控成本，防止企业内部责任不清现象的发生。

应当指出，成本的可控性是相对的，对某一责任单位而言某项成本是可控的，对另一责任单位而言，它可能是不可控的；在一定时期内它是不可控的，但从长远来看它又是可控的。

（四）按照与决策的关系分类

按照与决策的关系，成本可以分为相关成本和无关成本。

1. 相关成本

相关成本是指与决策有关联的，在进行决策分析时必须加以考虑的各种未来成本。企业在进行决策的过程中，往往要对各种可行性方案进行评估，从中选择最优方案，而相关成本是评估各个方案优劣的不可忽视的一种未来成本。

从适用领域，我们可以抓住这一概念的两大特征。

（1）相关成本用于企业对可行性方案的评估，属于未来成本范畴。

（2）可行性方案间的相关成本并不相等，相关成本用于可行性方案评估并从中选出最优方案，若方案间相关成本相等，则失去对决策的指导作用。

2. 无关成本

无关成本是指过去已经发生，或虽然尚未发生，但对决策没有影响的成本，也就是在决策时可以舍弃，无须考虑的成本。

通常在选择最优方案时，凡是多个方案内容相同、金额相等的未来成本，皆属无关成本，不必考虑它们，因为它们不会影响决策的结果。一般来说，过去已发生的成本肯定是无关成本，而未来发生的成本可能是相关成本，也可能是无关成本，这要看未来成本的内容。

将成本划分为相关成本和无关成本，有利于人们对成本进行预测和决策，有利于规划未来成本。

（五）按照计算的时间分类

按照计算的时间，成本可以分为预计成本和历史成本。

1. 预计成本

预计成本是指在企业生产经营活动发生之前根据有关资料计算的成本。它实际上是人们对成本的一种事前估计。例如，计划成本、定额成本、标准成本、目标成本都属于预计成本，这些预计成本需要人们根据已收集的成本资料，结合管理的要求，经过分析、判断，按一定的程序和方法加以制定。

2. 历史成本

历史成本是指根据过去已发生的生产经营活动的实际耗费而计算的成本，也称实际成本。历史成本反映了企业在一定成本对象上实际发生的资源消耗，比较客观，因而在会计中常常作为资产计价入账的基础。

将成本区分为预计成本和历史成本，有助于人们对成本进行控制、分析、考核。在企业的日常管理中，预计成本可用来调节、限制企业内部各单位实际发生的经营耗费，有助于企业各项目标的实现。在事后，企业通过预计成本和实际成本的对比、分析，可以考核、评价企业内部各单位的工作业绩，促进内部经济责任制的完善。现代成本管理不仅应当重视历史成本的计算，更应当重视和利用预计成本在管理中的作用。

在成本管理中，为了满足不同的管理需要，可以从不同的角度采用不同的标准对成本进行分类。除了以上几个基本分类之外，还可以按照成本的对象性、成本的汇总性、成本的可比性、成本的作用性等标准对成本进行分类。

第二节　成本会计的产生、发展与内容

一、成本会计的产生与发展

（一）成本会计的产生

成本会计作为会计学的一个重要分支，产生于何时，人们在认识上不是很统一。一般认为，成本会计的产生与确立是在19世纪下半叶至20世纪初期。在这个创立期内，有许多杰出的代表人物对成本会计的产生与发展做出了贡献，其中以英国的托马斯·巴特斯（Thomas Batters）、E. 加克（E. Garcke）和 J. M. 费尔斯（J. M. Fells）等人最具代表性。他们在自己的著作《优秀的复式簿记人员》《工厂会计》两本书中分别提出了"主要成本""正规的折旧制度""直接费用"和"间接费用"的划分方法等重要理论。此外，这些著作将成本计算与复式记账紧密联系在一起，这在成本会计发展史上是一个根本性转变。

早期成本会计理论与方法探索者由于受历史条件的限制，在讨论成本计算问题时都无法对成本会计的内容勾画出一个清晰的轮廓，但他们作为成本会计的开拓者，为后人建立完整的成本会计理论与方法体系奠定了基础。

(二) 成本会计的发展

成本会计作为一门独立的会计分支学科，从19世纪下半叶产生到目前为止，大致经历了以下几个发展阶段。

1. 早期成本会计阶段

早期成本会计阶段是指成本会计创立和确立阶段，时间是1880～1920年。这一时期，随着工业革命的结束，企业生产规模和生产效率的迅速提高加剧了企业之间的市场竞争。为了合理确定产品价格以适应竞争需要，人们开始重视生产成本管理问题，在之前的成本计算方法基础上，开始系统地研究成本计算问题。我们今天仍在使用的大多数实际成本计算方法，就是在这个阶段创立和完成的。

这一时期，成本会计取得了长足发展，主要表现在以下几方面。

（1）许多企业建立了比较完善的工时记录和生产记录制度，为事后生产费用的分配提供依据；将生产工人的工资费用按发生地点、部门归集并采用生产工时、产品产量等标准进行分配，较好地解决了生产人员工资费用的分配问题。

（2）许多企业建立了比较完善的材料入库、保管、领用管理制度。对库存材料采用"永续盘存制"进行记录，采取"领料单制度"控制生产过程中材料的消耗量，采用先进先出法、加权平均法等方法对发出材料的成本进行计价。

（3）对间接制造费用的会计处理更加合理。随着企业规模的迅速扩大，许多工厂改变了传统商业会计对间接制造费用的处理方法，对间接制造费用采用一定的分摊方法分配之后计入各种产品成本。

（4）许多工厂已经能够根据企业自身的生产特点采用分批法或分步法计算产品成本，使得提供的成本资料更加全面、完整。

但这一时期的成本会计依旧存在一定的局限性，这主要体现在：生产费用的发生没有计划性，人们缺乏对生产成本的事前控制意识，工厂管理者对整个生产费用的管理处于被动状态。成本计算还只限于为企业产品定价和损益计算等事后控制活动提供服务，属于事后成本核算范畴。

2. 标准成本会计阶段

标准成本会计阶段又称为近代成本会计阶段，时间是20世纪20～40年代。这一时期，来自市场的压力进一步加大，使许多企业意识到只有进一步提高生产效率、降低成本才可能在市场竞争中处于优势。在主张通过标准化提高工作效率的泰勒"科学管理"思想影响下，标准成本会计制度应运而生。

标准成本会计制度就是人们预先制定出产品的标准成本，然后将实际成本与标准成本相比较，记录与分析二者之间的差异，以衡量生产人员的工作业绩，分清成本、费用超支和节约的原因及责任，寻求降低成本的途径。标准成本会计制度与前一阶段相较，最主要的特点是：它已经不再单纯强调成本计算问题，而是强调在计算的同时，要对成本进行积极的调节和控制。它将成本会计从事后控制发展到事前、事中控制这一新的历史阶段。

此外，这一时期工厂在采用标准成本制度的同时，还广泛采用编制预算的方式对间接费用和期间费用进行控制，并进一步发展到采用固定预算与弹性预算相结合的方式，以便更准确地考核经营管理者的工作业绩。

这一时期，标准成本会计制度除了在工厂制造业广泛应用外，还已经扩展到农业、交通运输业等多个行业，成本计算不再仅仅是工商业的问题。

3. 现代成本会计阶段

现代成本会计阶段的时间是 20 世纪 40 年代中期以后。第二次世界大战结束后，企业生产规模和生产效率有了惊人的提高，市场由卖方市场转向买方市场，这使得企业之间的竞争更加激烈。这要求企业在加强管理、降低成本、提高生产率的同时，重视对外部经营环境的调查研究和分析。为适应新的生产经营环境的要求，企业管理思想开始从科学化管理发展到现代化管理阶段。

现代化管理与科学化管理相比较，强调"管理的中心在于经营，经营的重心在于决策"。受这种管理观念的影响，成本会计发生了一些根本性变化。这一阶段的成本会计职能被大大拓展，强调成本会计预测、规划、决策、控制职能的发挥。

此外，在这一阶段大量数学方法被引入成本会计领域，运用预测理论和方法，建立起一定的数量模型，对成本的未来发展趋势做出科学预测；运用决策理论和方法，根据成本数据，按照最优化决策的要求，研究各种方案的可行性，选择最优方案；为适应日益扩大的企业规模和分权制要求，推行责任成本核算和管理，加强了企业内部经济责任制度，使成本控制更为有效；推动质量标准化与认证化，提出了一整套质量成本核算与管理分析方法。

4. **战略成本会计阶段**

20 世纪 80 年代，在英美等国管理会计学者的倡导下，战略成本管理思想逐步形成。企业战略成本管理是在传统成本管理系统的基础上，按照战略管理的要求而发展起来的新的成本管理系统，通过战略性成本信息的提供、分析和利用，帮助企业管理者形成和评价企业战略，促进企业竞争优势的形成和成本持续降低环境的建立，从而达到有效适应企业外部持续变化的环境的目标。

战略成本管理是成本管理与企业战略管理有机结合的产物，是传统成本管理对竞争环境变化做出的一种适应性变革。战略成本管理就是以战略的眼光从成本的源头识别成本驱动因素，对价值链进行成本管理，即运用成本数据和信息，为战略管理的每一个关键步骤提供战略性成本信息，有利于企业竞争优势的形成和核心竞争力的创造。

综上所述，成本会计产生于工业革命以后，它的发展始终与人类社会生产力密切相关，每一次生产力和生产方式的变革都会带来管理理念的变革，从而使得成本会计的理论、职能、内容、方法不断得到丰富与发展，是会计与企业管理直接结合的产物。一般而言，成本会计就是运用专门的内部控制管理技术和方法，以货币为主要计量单位，对企业生产经营过程中的资源耗费与价值链进行的一种管理,以提高企业核心竞争力,创造企业价值。

二、成本会计的本质

成本会计的本质是费用的对象化。成本会计通过计算产品成本来为企业产品定价等决策提供材料依据,而仅仅将企业生产过程中产生的直接资源耗费作为成本是极为不科学的,只有将企业生产经营过程中产生的全部费用追溯到每一产品中,才能准确地计算出企业生产的实际成本。费用在追溯分配到每一产品的生产耗费后,便不再是费用而是该产品的成本。因而,成本会计的本质即为费用的对象化。例如,厂房、机器设备等固定资产折旧带来的折旧费用,车间管理人员的工资带来的制造费用等费用类项目,在追溯分配到产品后,便成为该产品的成本。因而,费用对象化成为成本,成本会计的本质即为费用的对象化。

三、成本会计的内容

随着企业生产经营环境的变化,成本会计的内容也在发生变化。早期成本会计的内容主要是按照一定的方法归集、汇总、分配资源消耗,计算各种产品的单位成本和总成本,为企业存货计价和损益提供成本资料。在现代社会经济环境下,成本会计的内容已远远超出原来的范围,扩展到对成本进行全面规划与控制。具体地讲,成本会计应具有以下几方面的基本内容。

(一)成本预测

成本预测是指根据成本有关资料和数据,运用一定的预测技术和方法,对成本的未来发展水平和趋势进行科学的推测,以便为成本决策、计划提供及时、有效的信息。通过成本预测,可以降低成本、费用发生的盲目性,有利于提高降低成本的主动性和预见性。

企业在成本管理中,对于新建项目、改扩建项目、技术引进项目、新产品设计、采用新技术和原材料等方面,都需要在参照历史成本资料、同行业同类型企业成本资料的基础上,进行对比分析,预测其未来成本结果。

此外,企业为了有效地进行事前控制,还需要对自身的生产成本、目标成本、责任成本、标准成本等进行测算。

(二)成本决策

成本决策是指在成本预测的基础上,按照既定目标和要求,运用一定的决策理论与方法,对有关成本方案进行计算、分析和评估,从中选出最优方案。成本决策是制订成本计划的前提,直接影响到后续成本管理工作的质量,在现代化成本管理中具有十分重要的作用。

从理论上讲,成本决策按照涉及的范围应当分为宏观成本决策和微观成本决策。宏观成本决策主要是根据国家宏观经济发展规划的总体目标,确定国家产业政策、产业组织、产业技术和产业布局,使资源得到最优配置。微观成本决策主要是研究企业在现有技术经济条件下,如何从成本效益出发,在分析多种成本方案的基础上做出最有利的选择。不管是宏观成本决策还是微观成本决策,其目标都是使资源得到最优配置。

（三）成本计划

成本计划是指以货币形式，根据成本决策已确定的目标，预先规定计划期内生产耗费和产品成本水平，确定成本降低任务，提出为达到规定成本水平而应采取的措施和方案。成本计划是建立成本管理内部责任制的基础，它对于事前控制成本，事后评价、分析成本升降原因具有十分重要的作用。

在市场经济下，企业要适应市场变化和国家政策调整，随时调整生产经营计划；对内要制订严格的生产经营计划，力求做到供、产、销、人、财、物多方面的综合平衡，最大限度地发挥现有资源的潜力。因此，在市场经济下，对一个规范化管理的企业来说，成本计划绝对不可缺少。实践中，一些企业鉴于国家对成本报表披露的要求简化，成本观念有所淡化，不再编制成本计划。这是对我国会计制度改革的误解，应予以坚决纠正。

企业生产经营综合计划中不仅要有产品品种、产量、服务、质量等计划，还要有销售、成本、利润等计划。其中，产品成本计划是企业生产经营综合计划中的专业计划之一，是编制利润计划的基础。

在实践中，企业的生产经营情况十分复杂，因此在编制成本计划时，应当发动广大职工和多个部门共同参与，自下而上地提出各个车间、各个部门降低成本的目标，再由企业领导部门加以综合平衡，制定企业的成本目标，并采取必要的技术措施保证成本计划的实现。

（四）成本控制

成本控制即根据预先制定的成本标准或目标，对成本形成过程及影响成本的各种因素进行计算、约束、分析、调节、监督，将成本严格地限制在规定的范围和标准之内，保证成本目标的实现。成本控制是企业成本管理的重要环节，也是成本会计的核心内容，它的作用在于促使实际成本符合成本目标、成本计划、成本标准以及有关成本制度的一切规定。

但是，成本控制不是消极地将成本限定在目标、计划、标准之内，而是要促进和提高成本管理水平。它自始至终以改进成本管理工作、降低成本为目标，去发现企业生产经营中的一切低效率、高消耗之所在，通过不断地提高工作效率、减少损失和浪费来最终提高企业经济效益。在实践中，成本控制的方法需要根据成本控制的不同对象、不同要求和不同目的来选择。

（五）成本核算

成本核算是指对生产经营过程中发生的各种费用，按照一定的成本计算对象和标准进行归集与分配，采用恰当的方法计算出各对象的单位成本和总成本，也就是对费用发生和成本形成过程进行核算。它是成本核算与会计相结合的一种处理程序和方法。

成本核算是会计信息的生成过程，是成本会计的最基本内容。成本核算提供的资料在财务上可以为存货的计价和企业损益的计算提供直接资料。人们利用成本核算信息，既可以分析、反映企业成本规划的实施完成情况，也可以为企业后续业绩评价和员工奖惩提供依据。

成本核算的方法很多，管理要求和目的不同，核算方法也不同。企业应当根据生产经营特点和成本管理要求选择成本核算方法。核算方法一经确定，应当力求保持前后会计期间一致，不宜经常改变，以使前后期成本资料具有可比性。

（六）成本分析

成本分析是指利用成本核算资料和其他相关资料（如计划资料、历史成本资料、国内外同行业同类产品或服务的成本资料等），采用一系列专门的方法，对成本水平和成本构成状况进行分析，系统地研究成本变化的动因，寻求降低成本途径的过程。

成本是一个综合性经济指标。企业在生产经营过程中，原材料、能源消耗的多少，劳动生产率的高低，产品或服务质量的优劣，生产经营技术状况，设备和资金利用效果，生产经营组织管理水平等，都会直接或间接地反映到成本中来，从而使成本分析所涵盖的内容十分丰富。在实践中，成本分析的具体内容应根据企业的生产经营特点和成本管理需要进行选择。

在成本分析中，企业应注意成本定性分析和定量分析相结合，互为补充。此外，成本分析必须与技术经济分析相结合，才能使成本分析深入到生产技术领域，从根本上查明影响成本波动的具体原因；成本分析必须与企业内部控制制度相结合，才能使成本分析与各部门经济利益和工作质量的考核、评比和奖惩挂钩，从而使成本分析工作深入持久地开展下去。

（七）成本考核

成本考核是指根据成本核算及其他相关成本资料，检查计划成本或目标成本、责任成本等成本控制标准的完成情况，评价企业成本管理工作绩效的过程。

成本考核是对企业成本控制工作的总结和评价，它是企业成本管理的一个重要环节和内容。通过成本考核，可以检查企业成本规划完成情况，正确评价每一个部门或每一个岗位的成本控制业绩，据以进行适当的激励与处罚。此外，通过成本考核，可以了解企业在内部控制制度上还存在哪些薄弱环节或漏洞，总结经验教训，完善内部控制制度，改进成本管理工作。

成本会计的上述内容相互联系，构成了一个完整的内容体系。在这个体系中，成本核算是成本会计最基本的内容，它反映成本的生成过程。成本核算是成本会计的基础，成本会计从早期发展到今天，虽然范围和内容在不断扩展，但成本核算始终是成本会计的基本内容。

从管理的时序看，成本预测、成本决策、成本计划都属于事前成本控制，成本核算和日常成本管理属于事中成本控制，成本分析和成本考核属于事后成本控制。成本控制贯穿于成本会计的整个内容，因而成本控制是成本会计的核心。

此外，成本预测是成本决策的前提，成本计划是成本决策目标的具体化，成本分析和成本考核是对成本计划执行结果与成本控制业绩的事后评价。

成本会计的各项内容是相辅相成的，忽视任何一项内容都不利于成本会计工作的开展。成本会计的内容和各项内容之间的相互关系可以用图1-1表示。

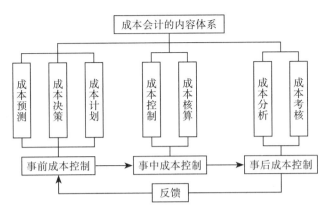

图 1-1　成本会计的内容和各项内容之间的相互关系

四、成本计(核)算制度的类型

成本会计作为一种管理企业经济活动的手段，可以针对管理工作的不同要求提供不同的成本信息。不同的成本信息实际上是由不同的成本计算制度提供的，如实际成本制度、标准成本制度、变动成本制度等。

(一) 实际成本制度

实际成本制度是指以企业实际发生的各项费用为基础进行成本计算的一种会计制度。由于在这种会计制度下，所获得的成本信息、资料都是在企业经济业务发生后按既定的成本计算程序和方法计算出来的，是一种历史成本资料，故这种成本制度又称历史成本制度。在这种成本制度下，费用发生的数量必须采用实际消耗量，费用的单价可以采用计划价格，但最终必须以价格差异的形式将计划价格调整为实际单价，以适应这种会计制度以历史成本为基础的根本要求。采用实际成本制度，财务部门可以为企业的存货计价、产品定价、损益计算直接提供成本资料。

实际成本计算是任何一个企业都必须进行的一种成本计算。它是成本会计向标准成本制度、变动成本制度发展的起始点。因此，实际成本计算是成本计算最基本的形式，是成本会计的基础内容。

实际成本制度强调生产费用的归集和分配，产品成本计算始终以生产经营过程中实际发生的费用作为计算的基础和依据。实际成本制度只注意实际成本的计算而没有将成本计算与成本计划、控制、分析有效地结合起来，因而是一种单一功能的成本计算制度。

(二) 标准成本制度

标准成本制度是将预先制定的标准成本与实际成本相比较，以揭示实际成本脱离标准成本的差异，并对差异进行分析，据以加强成本控制的一种会计制度。

标准成本制度并不是一种单纯的成本计算制度，而是一个由标准成本制定、差异分析和差异处理三个部分构成的成本控制系统。它不仅被用来计算产品成本，更重要的是被用来加强成本控制。

在标准成本会计制度下，事先必须经过认真的调查研究、技术测定和分析，制定出产品标准成本，然后对实际成本和标准成本进行比较，确定成本差异。成本差异一般分为直接材料成本差异、直接人工成本差异、变动制造费用差异、固定制造费用差异。成本必须分成本项目计算，并将成本差异按产生的原因计入特定的成本差异账户。期末，一般将成本差异全部计入销售成本或冲减损益账户，也可以将成本差异在完工产品、在产品和销售产品成本之间进行分配。

（三）变动成本制度

不同于在全部成本会计制度下，将成本分为生产成本与非生产成本，其中将生产成本全部计入产品成本，而将非生产成本作为期间成本，全部列入当期损益计算表，变动成本制度则将生产成本按其与产量的关系划分为变动生产成本和固定生产成本，只将变动生产成本（直接材料、直接人工、变动制造费用）计入产品成本，而将固定生产成本（即固定制造费用）和非生产成本作为期间成本处理。很明显，变动成本制度下计算出的企业损益与全部成本制度下计算出的企业损益有一定的差异。

提倡变动成本制度的学者认为，固定制造费用只是与企业的生产能量有关的内容，这些费用是企业在一定期间内进行生产经营活动所必然发生的，它们与时间的关系紧密，而与产品的具体生产数量没有必然联系。因此，这部分费用不应计入产品成本，也没有理由递延到下一个会计期间，而应作为期间成本全部摊销。

采用变动成本制度，有利于财务部门向企业管理部门提供进行成本预测、决策、计划所需的成本信息资料，简化成本计算工作，可以正确地解释产品销售量和利润之间的内在联系，有利于企业管理部门加强成本控制和考核。

但是，由于变动成本计算法不符合传统成本观念，将成本按习性划分为固定成本和变动成本分别进行计算只是一种粗略的计算，结果并不精确，不符合公认的会计准则的要求，只能应用于企业内部管理，企业向股东、债权人以及税务部门提供的财务报表仍然必须按照全部成本制度的要求来编制。

（四）作业成本制度

作业成本制度（Activity-Based Costing System）简称 ABC 制度，是 20 世纪 80 年代由美国会计学家创建的。作业成本制度是对传统成本制度的革新。传统的成本计算制度是以产品的直接人工、直接材料或生产工时为基础的间接费用分配，很明显，这种分配方法可以简化成本计算工作。在间接费用项目较少，间接费用在总成本中所占比重较小，对成本管理要求不高的情况下，这种制度是可行的。

随着高科技成果在生产经营中的广泛应用，企业的生产组织管理发生了许多变革，总成本中的间接费用比重急剧增长。在这种高度自动化的生产条件下，以直接人工总量等为基础分配间接费用显然不准确，不能正确解释产出量与间接费用之间的因果关系，会使成本计算结果失真。同时，间接费用分配不准确，也会使成本报告不能满足企业管理部门对产品定价等决策的需要。ABC 制度的本质就是要重新确立分配间接费用的合理基础作业，引导管理人员将注意力集中在发生成本的原因——成本动因上,而不是仅仅关注成本结果本身,通过对作业成本的计算和有效控制,使许多不可控的间接费用变为可控费用。

作业成本制度可以为管理人员提供比传统成本制度下更为透明的间接成本信息,它可以使企业管理者利用间接成本分配率进行正确的生产经营决策,提高成本计算的准确性。但是,并非所有的间接成本费用都可以运用作业成本制度进行核算,都能取得对决策有用的数据,其适用范围有一定的局限性。

(五)专项成本制度

专项成本制度是指根据企业生产经营管理的需要,以某一成本管理内容为对象进行成本计算和管理的制度。与其他制度相较,专项成本制度对象的范围已远远超出生产领域,它的对象不一定是产品,也可以是企业内部的责任中心、产品质量、人力资源、环境治理项目等。

建立专项成本制度的目的常常是适应企业内部对某一专项业务管理的需要。如建立质量成本制度,可以揭示产品质量与经济效益的关系,为企业编制质量计划,确定质量方针,进行质量决策提供依据;对于环境污染严重的企业,可以建立一套成本制度,专门用来计算企业污染治理的投入,将治污成本与企业的社会经济效益相比较,反映企业环境治理的成效。

从理论上讲,任何一项专项业务的发生都会产生资源的耗费,为了加强管理,提高投入产出的效益,可以建立相应的专项成本制度。因此,专项成本制度的建立不拘一格,完全不受传统成本观念的约束。企业可以根据一定时期内生产经营的需要和成本管理关注的焦点建立并实施专项成本制度。

第三节 成本会计的组织工作与组织环境

一、成本会计的组织工作

为了建立正常的成本会计工作秩序,充分发挥其应有的作用,必须科学、合理地组织成本会计工作。成本会计的组织工作包括设置成本会计机构、配备成本会计人员和建立成本会计法规和制度。

(一)设置成本会计机构

成本会计机构是指企业内部负责组织、领导和从事成本会计工作的单位。它的设置应与企业生产经营规模的大小、业务的繁简、内部管理体制和成本管理要求相适应。设立成本会计机构应坚持分责分工与协作相结合、统一领导与分级管理相结合、专业管理与群众管理相结合的原则。

1. 成本管理领导机构

按照经济与技术相结合的原则,企业的成本管理领导机构应由企业的厂长或总经理、财务总监或总会计师、总工程师组成。这一成本管理领导机构参与企业从目标成本制定到成本责任追溯的全部过程，这一过程主要包括以下工作。

（1）制定企业成本管理工作的基本目标、战略方针和任务，动员各单位、各部门努力完成既定的成本目标和任务。

（2）批准由财务总监或总会计师和总工程师负责拟定的企业成本管理制度（含成本会计制度）。

（3）建立、健全企业成本管理的组织机构，负责协调各单位、各部门成本管理中出现的矛盾和问题。

（4）审定企业的目标利润和目标成本，批准企业的成本计划和费用预算，综合研究和决定企业各项重大的降低成本措施与方案。

（5）组织、领导企业各项重大的成本问题调查与分析工作，决定对有关人员的重大奖励和惩罚。

（6）组织、领导企业成本管理人员学习业务理论和业务技术，不断更新专业知识，并对其进行培训和定期考核，决定中层管理人员的任用和调配。

2. 成本会计职能机构

成本会计职能机构是处理成本会计工作的职能单位。企业经营规模不同，经营特点不同，内部管理体制不同，成本会计职能机构的设置也有一定的差异。

在大中型企业，一般应设置专门的成本会计职能机构，具体设置方式可以根据内部控制制度和分工的需要来选择。在实践中较为常见的是，在企业厂部或公司一级财务会计部门中单独设置成本会计科、股、组或室，使成本会计职能机构隶属于企业财务会计部门；还可以将成本会计职能机构设定为与财务会计机构平行的职能单位，强调其独立性。

在小型企业中，受生产经营规模的限制，一般只在企业厂部或公司一级财务部门内设置成本组或专职、兼职的成本核算员，负责完成整个企业的成本会计工作。

成本会计职能机构内部可以按照成本会计职能，将成本会计科（股）分为成本预测决策组、成本计划组、成本核算组和成本分析考核组，也可以按照成本会计对象分工，如分为材料组、工资组、成本计算组、经营管理费用组、专项成本组。为了科学地组织成本会计工作，应按照分工协作的原则建立成本会计岗位责任制，使每一个成本会计机构和人员都有明确的责任和工作内容。

3. 成本会计机构的组织分工方式

企业内部成本会计机构之间的组织分工是与企业内部的管理体系密不可分的。一般有集中工作和非集中工作两种组织工作方式。

（1）集中工作方式。集中工作方式是指企业成本会计中的预测、决策、计划、控制、核算、分析、考核等各方面工作都是由厂部或公司依据成本会计机构集中进行的，车间、部门一级的成本会计机构或会计人员只负责在业务发生时填制原始凭证，并对它们进行初步的审核、整理和汇总，为厂部或公司一级成本管理工作提供资料。

采用集中工作方式，便于使用计算机进行成本数据处理，可以减少成本会计机构的层次和成本会计人员的数量，但不利于实行内部责任成本核算，不便于直接从事生产经营活动的各单位和职工掌握本单位的成本信息，不利于调动各单位控制成本的积极性。

（2）非集中工作方式。非集中工作方式也称为分散工作方式，是指将成本会计工作中的一部分计划、控制、核算、分析工作分给车间或部门一级成本会计机构或人员分别进行，成本考核工作由上一级成本会计机构对下一级成本会计机构逐级进行。厂部或公司一级成本会计机构主要负责对各下级成本会计机构或人员进行业务指导和监督，对整个企业成本进行综合预测、决策、计划、控制、分析、考核以及汇总核算，编制公司或全厂的成本报表。非集中工作方式的优缺点与集中工作方式的优缺点刚好相反。

企业应当根据生产经营规模的大小、业务的繁简、内部各单位经营管理的要求以及成本会计人员的素质和会计电算化程度，从有利于充分发挥成本会计工作的作用出发，确定采用哪一种组织工作方式。一般来说，大型企业由于组织机构庞大，生产经营管理实行分权制，比较适合采用非集中工作方式；中小企业由于生产经营规模较小，为减少管理层次，比较适合采用集中工作方式。

由于成本内容丰富、涉及面广、业务性强，除了专门的成本会计机构之外，其他职能部门也应对成本的控制和管理承担一定的责任。如生产计划部门应负责制定生产定额，编制生产进度计划，组织均衡生产，提高工时利用率，力求科学、合理地缩短生产周期，减少在产品、半成品资金占用；而技术部门应负责制定各种材料的消耗定额，从产品设计到工艺流程保证产品质量，提高材料利用率。

这些职能部门虽不是企业成本管理的专职机构，但它们工作质量的好坏与企业成本水平的高低有着直接或间接的关系。成本会计机构必须与这些职能部门相互协调，通力合作，才能做好成本管理工作，全面提高企业的经济效益。

（二）配备成本会计人员

成本会计人员是指企业内部专门从事成本会计工作的专门技术人员。在企业中配备必要的成本会计人员，是顺利开展成本管理工作，充分发挥成本会计作用的关键。

企业应根据生产经营规模的大小、业务内容的繁简、内部管理对成本信息的需要程度以及会计工作分工的要求，配备成本会计人员专门从事成本会计管理工作。通常在公司、厂部、车间设专职的成本会计人员，在班组一级设兼职的成本核算员，以开展班组经济核算。班组经济核算是我国多年来行之有效的一种基层核算，它提供的材料消耗定额和工作定额完成情况的成本资料，是工人直接参与企业成本管理的重要形式，也是推行成本岗位责任制的基础。

为了对成本会计人员实行行业管理，提高其职业水平和社会地位，许多国家成立了专门的行业协会。例如，在英国，为了适应第一次世界大战后工业发展的需要，在1919年成立了"成本会计师协会"，负责全国成本会计人员的教育和管理工作。在我国，没有专门的成本会计人员行业管理组织。成本会计人员和财务会计人员不加区分，统称会计人员，由各级财政部门进行行业管理，并按照国家规定参加统一的会计人员任职资格考试，取得初级、中级、高级会计技术职称。

（三）建立成本会计法规和制度

成本会计法规和制度是组织与从事成本会计工作的规则，是会计法规和制度的一个重要组成部分。制定与执行成本会计法规和制度，对于规范企业成本管理行为，保证成本信息质量，具有十分重要的作用。

1. 制定成本会计法规和制度的原则

成本会计法规和制度应按照统一领导和分级管理相结合的原则来制定。凡是全国性成本会计法规、制度，都应由国务院和财政部门统一制定；每一个企业的成本会计制度和管理办法，应由企业根据国家有关规定，结合企业生产经营特点和内部管理的需要，在符合简便易行、实用有效的原则下制定。

成本会计法规和制度应随着我国经济的发展、企业经营机制的转变，以及会计法规、制度的改革进行相应的改革。成本会计法规和制度的改革，应注意吸收国外的先进经验，与国际惯例接轨，同时要考虑到我国国情，从企业实际情况出发。

2. 成本会计法规和制度的种类

与成本会计工作有关的法规和制度，可以分为以下几个层次。

（1）《中华人民共和国会计法》（简称《会计法》）。《会计法》是我国会计工作的根本大法，有关会计，包括成本会计在内的一切法规、制度都要按照它的要求制定。它确定了会计工作的地位和作用，可以提高整个社会对会计工作的认识，端正人们对待会计工作的态度。它明确了会计人员的职责、权限，并保证会计人员的职权不受侵犯，是保证会计工作按正常秩序进行的基本法律依据。

（2）财政部发布的《企业财务通则》《企业会计准则》《企业产品成本核算制度》。《企业财务通则》《企业会计准则》（简称"两则"）是在《会计法》的基础上经国务院批准，由财政部发布的。"两则"的制定和实施，使企业的财务、成本、会计工作规范化、标准化，并与国际惯例接轨。财政部在"两则"的基础上还陆续颁布了一系列具体的会计准则，以进一步规范各类经济业务的会计处理程序和方法。其中与成本有关的具体准则，也是规范成本会计工作的重要法规。

除此之外，为了推动企业管理会计在实务中的发展，财政部发布的《财政部关于全面推进管理会计体系建设的指导意见（征求意见稿）》，对企业管理会计工作提出设想与要求；财政部发布的《企业产品成本核算制度（试行）》，则是企业在成本核算实务中必须遵守的基本准则。

（3）本企业的会计制度和成本管理制度。企业成本管理制度是企业组织和从事成本控制工作的具体规范，是企业管理制度的一个组成部分。各个企业为了详细规范本企业的成本控制行为，应当根据上述的各种法律、行政法规要求，结合本企业生产经营特点和内部控制的需要，具体制定本企业的成本管理制度，以此作为本企业开展成本控制的直接依据。

企业成本管理制度应涵盖对成本预测、决策、计划、控制、核算、分析、考核等做出的规定，它应当包括以下几方面的规定或方法。

1）关于成本预测、决策的制度。
2）关于成本定额、成本计划编制的制度。
3）关于成本控制的制度。
4）关于成本核算的制度。
5）关于成本报表编制的制度。
6）关于成本分析、评价的制度。
7）关于内部结算价格制定和结算的制度。
8）其他有关成本管理的规定和制度。

制定本企业的成本管理制度是一项工作量大、技术性强的工作，在制定之前应深入实际，进行广泛的调查研究，反复试点，总结经验教训。在制定成本管理制度之后，应认真、严格执行，保持相对的稳定性。只有在企业的生产经营环境和工艺技术条件发生明显变化的情况下，才能进行补充、修订和调整，使之不断完善，适应新的管理要求。

二、成本会计的组织环境

成本会计机构、成本会计人员和成本会计法规、制度都是在一定的经营环境下产生和运行的，它们与企业的生产经营组织结构有着密切的关系，了解它们所处的组织环境，有利于深入认识它们的作用和职能。

董事会提出公司的基本发展战略和经营方向，经股东大会表决通过后形成公司的正式发展规划，并授权公司的执行机构具体筹划和执行。公司的执行机构由高层执行官员总经理、副总经理等组成，这些执行官员受聘于董事会，在董事会的授权范围内拥有公司的管理权和代理权，负责公司日常经营事务。执行机构的责任人有时称为首席执行官（CEO），通常由总经理担任，有时也由董事长担任。

财务副总经理，又叫财务总监、首席财务官（CFO），在我国企业特别是国有控股公司中由总会计师直接担任。财务副总经理直接向总经理负责。他的主要工作是负责公司内部控制活动，公司财务、成本计划的编制与控制，公司资金筹集和使用调度，公司税务活动，公司内部审计活动等。财务副总经理应协助总经理做好企业的规划、决策、控制工作，实现董事会确定的目标和任务。

按照分工协作的原则，在规模比较大的企业集团中，为便于进行专业化管理，财务副总经理可以在自己所辖范围内设立财务主管、会计主管和审计主管，分别负责专职管理工作。财务主管和会计主管的主要职责如图1-2所示，但在规模不大的企业，可以将二者合二为一，只设财务主管，具体形式应视企业经营规模和内部管理要求而定。日常的成本会计工作主要归会计主管负责，有关的成本计划、控制、业绩评价和分析等工作则直接受财务副总经理的领导。

审计主管主要负责企业内部的审计业务和咨询业务，包括制定审计内部控制制度，审查供内部使用的财务成本和会计数据，协助外部审计师即注册会计师审查本企业的对外财务会计报告等工作。审计部门的负责人一般向财务副总经理汇报，当他们与财务副总经理在会计数据和财务报告上发生争议或矛盾时，也可以直接向财务副总经理的上一级主管部门报告。通常，审计主管有权直接向董事会报告。

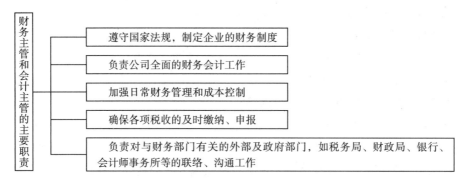

图1-2　财务主管和会计主管的主要职责

在企业实际生产经营活动中，应当秉持企业实际经营状况和管理实际需求设置适应企业组织环境的工作程序，实现真正高效的企业成本管理。

思考题

1. 什么是成本？成本有哪些分类方法？结合日常说明成本在日常生活中的重要性。
2. 什么是费用？费用有哪些分类方法？各种分类方法的用途是什么？
3. 成本与费用是什么关系？举例加以说明。
4. 成本会计的本质是什么？怎样理解？
5. 怎样理解成本会计职能随着社会经济的发展而不断拓展和延伸？
6. 成本会计组织工作包括哪些内容？应怎样开展？

课后习题

一、单选题

1. 构成产品成本的各项耗费，是指企业的（　　）。
   A. 生产经营费用　　　　　　　　B. 生产费用
   C. 生产费用和期间费用　　　　　D. 期间费用
2. 可列入企业产品生产开支的项目是（　　）。
   A. 购置固定资产的支出
   B. 企业医务室发生的采购药品支出
   C. 支付企业职工食堂工作人员工资的支出
   D. 企业发生停电造成停工损失支出
3. 对生产经营过程中发生的费用进行归集和分配，计算出有关成本计算对象的实际总成本和单位成本，是（　　）。

A. 成本会计　　　　B. 成本核算　　　　C. 成本分析　　　　D. 成本预测
4. 在下列选项中，（　　）不是按照与业务量的关系对成本进行的分类。
   A. 固定成本　　　　B. 直接成本　　　　C. 变动成本　　　　D. 混合成本

二、多选题
1. 成本会计的主要职能包括（　　）。
   A. 反映与监督职能　B. 计划与核算职能　C. 控制职能　　　　D. 分析与考核职能
   E. 预测与决策职能
2. 下列各项中，属于成本会计的具体内容的项目有（　　）。
   A. 成本核算　　　　B. 成本预测　　　　C. 成本控制　　　　D. 成本分析

三、判断题
1. 混合成本是指产品产量（或作业量）的增加或减少，其成本总额也随之发生增加或减少，且增减的幅度完全成比例。（　　）
2. 预算成本是指在成本计算对象的费用发生之前，根据有关资料预先计算的成本，它包括定额成本、计划成本、标准成本等。（　　）

四、简答题
1. 正确计算产品成本应做好哪些基础工作？
2. 成本会计的内容体系包括哪七项具体内容？这七项内容又如何分成三大类？
3. 生产费用按经济内容分，一般可分为哪几类？有何作用？

五、综合题
1. 某企业为进行生产耗用全部外购原材料30 000元，辅助材料14 000元，低值易耗品8 000元。其中，生产产品耗用外购材料36 000元，耗用自制材料10 000元，基本生产车间消耗材料6 000元。本月应计入产品成本的生产工人工资20 000元，基本生产车间管理人员工资4 000元，行政管理人员工资6 000元。本月生产工人、基本生产车间管理人员、行政管理人员发生福利费分别为2 000元、350元、500元。
   【要求】
   （1）计算生产费用要素（外购材料、工资、福利费）的金额。
   （2）计算产品成本项目（直接材料、直接人工、制造费用）的金额。
2. 某公司有两个基本生产车间，分别生产甲、乙两种产品。为简化核算，在进行产品成本核算的过程中，只将为生产产品发生的直接材料费用、直接人工费用，按其发生的地点和用途分别计入各相关产品生产成本，对于发生的其他各项生产费用和经营管理费用全部计入管理费用账户中。本会计期间内计入管理费用账户的各有关项目包括如下内容。
   （1）各生产车间机器设备折旧费用44 000元，其中第一车间20 000元、第二车间24 000元，办公设备折旧费5 000元。
   （2）支付各生产车间管理人员工资8 000元，其中第一车间和第二车间分别为3 000元和5 000元，支付厂部管理人员工资12 000元。
   （3）第一车间经营性租入固定资产发生修理费用4 000元。
   （4）本期支付水电费8 600元，其中第一车间和第二车间分别为4 600元和3 000元，剩余的1 000元为厂部耗用。

（5）本期为推销产品支付广告宣传费34 000元。

（6）支付各项办公用品费5 200元。

（7）计提坏账准备3 000元。

（8）本期摊销印花税1 000元。

（9）专设销售机构发生经费支出15 000元。

【要求】根据上述资料，对该企业的会计处理进行评价，并说明理由。

第二章

成本核算原则、要求和程序

导入案例

好木居是一家木质桌椅生产制造公司。从 2017 年开始，该公司有了两个新的生产车间，分别生产木桌、木椅。在 2017 年 1 月，用于生产两种产品的木材耗用了 55 万元，两个生产车间工人工资为 5 万元，两个生产车间机床的修理费和机器折旧一共为 10 万元。除了生产车间，还有一个供电车间辅助两个生产车间生产，此月总花费 3 万元。最后生产出的有 2 万元是废品，回收材料价值 1 万元。2017 年 1 月 31 日，两车间恰好完成订单数，生产线上没有在产品。

请问，在上述情况下，2017 年 1 月 31 日，好木居公司木桌、木椅的成本核算人员应当按什么流程核算这两项产品的成本？

学习目标

从本章开始我们将进入成本核算内容。在具体讨论成本核算方法之前，需要对成本核算的基本要求、基础工作与程序进行阐述，以便为后面学习要素费用和综合费用的归集分配打下理论基础。

本章主要以制造业为背景，分析成本核算应当遵守的基本要求。为了保证成本信息质量，企业现代成本管理对成本核算的要求是：遵守成本开支范围的规定，正确划分各种费用界限，正确选择成本计算方法等。

成本会计核算的程序是指在生产经营过程中费用计入产品的基本顺序和步骤，也就是从生产费用发生开始，经过一定顺序的费用归集分配，最终计算出产品总成本和单位成本的过程。

难点提示

1. 为了保证成本核算结果的正确性，弄清在成本核算过程中需要划分的费用界限问题。
2. 在成本核算过程中需要设置哪些成本核算账户？这些账户彼此如何联系起来，完成整个成本核算过程？

第一节 成本核算的基本原则与要求

成本核算是指对生产费用发生和产品成本生成进行的核算,也就是以一定的产品或劳务为对象,对生产费用进行归集和分配,以确定产品或劳务的实际总成本和单位成本的程序与方法。成本核算是成本会计的基础内容。

一、成本核算的基本原则

成本核算原则是指企业在成本核算过程中应当遵循的准则,它是保证成本信息质量的基本会计技术要求。不同的企业虽然所处行业、生产性质、生产规模不同,产品成本或服务的核算各有特点,但是在进行成本核算时,都遵守一些基本原则。这些基本原则包括分期核算原则、一贯性原则、重要性原则、历史成本原则、受益原则、适应性原则等。

(一)分期核算原则

企业的生产经营活动是连续不断进行的,为了取得一定时期内的成本信息,掌握产品或劳务的成本状况,就必须将连续不断的生产经营活动划分为若干个相等的核算期,分析、计算产品或劳务的成本。通常成本核算期应当与会计报告期(月、季、年)相一致,以利于各项成本核算工作的开展,便于为财务报表编制提供成本数据,但它不一定与成本计算期相一致。

成本计算期是指计算完工产品成本的周期,即间隔多长时间计算一次完工产品成本。可以是定期计算,如每个月、每个季度或每个年度,也可以是不定期计算。不同行业的成本计算期差异很大。比如,修建一条铁路或一座电站,可能要等几年或十几年才能计算完工产品成本,而对一般性的工业产品,可能每隔一个月或一个季度就可以计算一次完工产品成本。

成本核算期主要是指生产费用归集和分配的周期,它与生产类型和生产周期没有直接关系。不管生产什么产品,一般在管理上都需要定期进行费用的归集、汇总和分配,它同会计报告期相一致。

(二)一贯性原则

一贯性原则是指企业各项生产费用归集和分配的程序与步骤,以及成本计算的具体方法前后期应保持连贯,从而保证成本资料的可比性。

每个企业在进行成本核算时,都应当根据本企业的生产经营特点和成本管理要求,选择相应的成本计算方法和程序。成本计算方法和程序一经决定,如果没有特殊情况发生,一般不宜经常变动。在成本核算中采用一贯性原则,其目的是保证多个时期的成本数据和资料在内容与口径上相一致,具有可比性,并在一定程度上避免人们利用成本计算方法的不断改变人为地调节各期成本水平,达到操纵各期利润的目的。

成本核算的一贯性原则,并不排斥企业在必要时对所采用的成本计算方法和程序进行适当的调整与改变。当企业的生产经营类型发生较大变动,生产的产品种类发生较大改变,如企业转产、新产品试制投产,以及内部管理要求改变或国家有关成本核算政策发生较大变化时，其核算程序和方法也可以进行调整与改变。但是，这种调整与改变对企业成本水平的影响，以及对企业财务情况、经营损益的影响都必须在会计报告中予以明确披露和说明。

（三）重要性原则

重要性原则是指在进行成本核算时，应视其内容和对象的重要程度，采用不同的成本计算程序和方法。在成本核算中采用重要性原则，能够使企业在全面、完整地反映生产经营状况和成本水平的基础上，加强对经济活动和经营决策有重大影响的关键性成本内容和对象的核算，达到事半功倍的效果。同时，有助于简化某些内容的核算，节约人力、物力、财力，提高核算工作效率。

重要性原则要求：凡是企业的主要产品或劳务，应重点进行成本核算，计算出每一种主要产品或劳务的单位成本和总成本，以及多个成本项目的数值；凡是对成本影响比较大的费用，如产品在生产过程中直接消耗的原材料、燃料、动力、工资等费用，应作为主要费用，单独设置成本项目或费用项目进行核算和列示；凡是次要产品或非主要费用，在不影响成本真实性的前提下，可以适当简化核算程序和方法。

重要性原则的运用涉及对重要性的判断问题。对于不同行业和不同企业来说，重要还是不重要是相对的。某一成本内容和事项的重要性在很大程度上取决于成本会计人员的职业判断。从质的方面讲，只要该成本内容或事项的发生对企业的成本水平、成本结构有重大影响，就属于重要事项和内容；从量的方面讲，某一成本内容或事项的发生达到一定数量界限时，就可以被视为重要事项和内容。如某一产品是企业经常生产的产品，在全部产品中所占比重较大，达到10%（含10%）以上，所以应将其视为企业的主要产品，重点进行成本核算；某一项费用占总成本的比重达到10%（含10%）以上，则应将其视为主要费用，设置单独的成本项目或费用项目进行核算。总之，成本会计人员在判断某一成本内容和事项的重要性时，应联系企业生产经营规模、产品或服务结构、管理上对成本信息的要求等因素进行综合判断。

（四）历史成本原则

历史成本原则又称实际成本原则，是指对生产经营中发生的资源消耗都应当按照它们取得时的历史成本计价核算。按照历史成本核算，一方面是由于历史成本是实际发生的消耗，具有客观性，另一方面是由于历史成本的数据比较容易取得。

历史成本原则要求对企业生产耗费的原材料、燃料、动力、工资、折旧费用、修理费用等，按历史成本计算。具体来说，对于生产过程中耗用的原材料、燃料、动力，在数量上应按照实际消耗量计算。在价格方面既可以采用实际价格，也可以采用计划价格，但在计算产品成本时，必须对计划要求与实际价格的差异造成的成本差异数进行调整，产品成本中的原材料、燃料、动力费用最终必须是实际成本。对于固定资产折旧费，必须根据固定资产历史成本和预计使用年限等因素计算。

按照历史成本原则核算，能够客观地反映企业的生产经营消耗，但也有局限性。在物价变动幅度比较大的情况下，它不能确切地反映资产的现值，会带来会计信息失真、盈亏计算不实等弊病。为了反映物价变动的价格,人们可以根据"物价变动会计"方法对企业资产价值和损益情况进行调整与披露。

(五)受益原则

受益原则是指在成本核算过程中,应当按照谁受益谁承担、谁多受益谁多承担的基本原则分配生产费用,计算产品成本,以真实地反映企业各种产品或劳务的成本水平。

企业在生产过程中发生的一些费用,常常与若干种产品发生联系,这种费用在发生时不便直接归集到每一种产品上,需要经过一定的分配之后才能计入各种产品成本。在分配时,分配对象的确定应根据谁受益谁承担的原则来确定,在分配标准的选择上有谁多受益谁多承担,谁少受益谁少承担的原则。

企业在选择若干种产品共同受益的费用分配标准时,应注意分配标准的共性,应以各受益对象共有的因素作为分配标准;另外,应注意分配标准的科学性与合理性,所选分配标准必须与费用的发生存在一定的因果关系或直接关系。只有这样,分配结果才能做到公平、合理。此外,对分配标准的选择,还应注意所选分配标准的资料是否容易收集,分配计算过程是否容易操作。总之,分配标准的选择既要保证分配结果的正确性和合理性,又要使操作简便易行。这是一项技术性很强的工作,直接影响到成本信息的质量。

(六)适应性原则

适应性原则是指企业的成本计算必须与企业的生产经营特点和管理要求相适应。

会计上有很多可供企业选择的成本计算制度,如实际成本计算制度、标准成本计算制度、变动成本计算制度和作业成本计算制度。就实际成本计算制度而言,又有品种法、分批法、分步法、分类法等计算方法。企业究竟选择哪一种或哪几种计算方法,必须根据实际情况做出选择。即使是同一行业的企业,由于生产规模、内部管理体制、管理水平和要求不同,其实际成本计算方法也存在许多差异。会计人员不应完全照搬其他企业的成本计算方法,而应在分析本企业生产经营类型、工艺技术流程特点的前提下,设计出适应本企业管理需要的成本计算程序和方法。

在实践中,不仅基本财务报表的编制要求企业计算产品或劳务的实际成本,企业为了适应管理上的需要,也要计算固定成本、变动成本、可控成本、相关成本、机会成本、责任成本、质量成本等,以满足企业经营决策或规划与控制的要求。

以上是成本核算的一些基本原则,也是衡量成本核算信息质量高低的重要标准。从理论上讲,成本核算是会计核算的组成内容之一,凡是涉及评价会计核算信息质量的一般性原则和涉及资产确认、计量的原则,都应遵守。分期核算原则、受益原则、适应性原则是针对成本核算内容的特殊性提出的特定原则。成本核算原则究竟列出几条最为恰当,见仁见智,目前在成本会计学界还有争议,没有形成统一的认识。

二、成本核算的基本要求

成本核算的正确与否,不仅直接影响企业损益,而且对企业的生产经营决策有重大影响。成本核算过程既是对企业生产经营过程中发生的各种生产消耗进行如实反映的过程，也是为满足企业管理要求进行成本信息反馈的过程，是对企业成本计划的执行情况进行检查和控制的过程。为了充分发挥成本核算的作用，不断改进企业生产的经营管理水平，成本核算应做到如下几点。

（一）严格执行规定的成本开支范围

成本开支范围是明确成本构成内容，划清成本支出界限，统一成本补偿标准的规定。从理论上讲，成本开支范围应以成本的经济内容为依据。但在实践中，成本经济内容包括的范围广泛，情况复杂，为了统一成本所包含的内容，规范企业成本补偿标准，保持成本指标的可比性，防止乱挤乱摊成本现象，保证企业损益计算的正确性，除金融保险业的企业外，制造业、农业、批发零售业、建筑业、房地产业、采矿业、交通运输业、信息传输业、软件及信息技术服务业、文化业以及其他行业的企业均应按照财政部发布的《企业产品成本核算制度（试行）》执行。

在制造业中，按照国家规定列入产品成本开支范围的应有以下内容。

（1）企业生产单位为生产产品所实际消耗的原材料、辅助材料、备品备件、外购半成品、燃料、动力、包装物、低值易耗品等费用。

（2）企业生产单位为生产产品所发生的固定资产折旧费、修理费和租赁费用。

（3）企业生产单位支付给职工的工资、津贴、奖金、补贴、福利费等。

（4）企业生产单位因生产原因引起的废品修复费用或报废损失，季节性停工、修理期间停工所支付的工资与福利费。

（5）企业生产单位为组织和管理生产所支付的办公费、差旅费、运输费、保险费、水电费、设计图费、试验检验费、劳动保护费、邮电费用等。

在实践中，企业有时基于降低经营风险和保全资本的需要，从谨慎性原则出发，在具体确定本企业成本开支范围和标准时，可能与国家的统一规定有一些出入。比如，生产单位使用的某类机器设备，假设国家统一规定的是要求按直线法分 10 年计提折旧，而企业自行规定按加速折旧法分 5 年计提折旧。一旦出现本企业规定与国家统一规定不一致的情况，应在计算应纳所得税和编制纳税申报表时进行调整，并在会计报表附注中说明其对企业财务状况和损益计算的影响。一般情况下，企业成本开支范围和标准应当尽量与国家统一规定的相一致，以便使同类企业的成本具有可比性，同一企业不同时期的成本具有可比性。

（二）正确划分成本、费用的界限

成本核算涉及的内容广泛，技术性很强。为了正确核算产品成本，保证产品成本真实、可靠，在确定成本开支范围的同时，还必须注意正确划分以下几个界限。

1. 分清计入产品成本和不计入产品成本的费用界限

企业在生产经营过程中发生的费用很多，并非全部能计入产品成本。企业在生产经营中发生的资本性支出，如构建或建造固定资产、无形资产支出，不应列入产品成本，而应先资本化，作为资产价值处理。企业在生产经营中发生的营业外支出是一种与生产活动无直接关系的支出，也不能计入产品成本。对于收益性支出，只有与产品生产活动有直接联系，即要么构成产品实体，要么有助于产品实体的形成，才能计入产品成本，否则应根据发生的地点和用途作为期间费用等处理。

2. 分清计入本报告期成本和计入若干报告期成本的费用界限

企业在生产过程中发生的一些费用，有时虽然可以计入产品成本，但按照权责发生制原则，需要计入若干会计报告期产品成本。比如，企业生产车间使用的固定资产发生的大修理费用的受益期限应当是固定资产大修理周期，许多大型机械设备的大修理周期有可能超过一个会计年度，企业需在几个会计年度分期摊销大修理费用，将其分期计入产品成本，以便合理地反映生产车间修理资源消耗，避免各会计报告期产品成本有较大的波动。

当然，如果企业使用的固定资产大修理周期均在一个会计年度内，则可以在发生大修理费用时直接将其费用数计入当期的成本和期间费用，以便简化大修理费用会计处理。

3. 分清计入各种产品成本的费用界限

企业通常生产若干种产品，对于进入本期产品成本的费用，在进行成本核算时还需要分清计入每一种产品成本的费用界限。对于产品在生产中直接消耗的材料和人工，应在费用发生原始凭证上明确填写清楚是哪一种或哪一批产品消耗的，是哪一个生产环节或步骤消耗的，然后直接计入每一种产品成本。对于生产中发生的间接性费用，如固定资产折旧费、大修理费、办公费、邮电费、机物料消耗等，在发生时一般不易分清是哪一种产品耗用的，为简化核算工作，应先归集在一起，然后在期末按照受益性原则，选择一定的分配标准，分配之后计入各种产品成本。

从实践来看，只有分清不同产品的成本界限，才能将它们的实际成本与计划成本、标准成本相比较，发现生产中的超支或节约情况，加强对生产耗费的控制。

4. 分清在产品成本和完工产品成本的界限

在一定时期结束之后，各种产品所归集的费用还需要在完工产品和期末在产品之间进行分配，才可能计算出完工产品成本。对于需要计算在产品成本的某些产品，会计上根据在产品数量的多少、各月在产品数量的波动、各项费用占成本比重的大小以及定额管理水平，选择恰当的方法，将生产费用在完工产品和期末在产品之间进行合理分配，不得人为地任意压低或提高在产品成本，以保证成本计算的可靠性和真实性。

（三）搞好成本核算的基础工作

成本核算是成本会计的基础内容，涉及面广、内容多、工作量大，在划清以上四个成本、费用界限的前提下，还必须十分重视成本核算的基础工作。

按照成本管理的规定，企业应建立、健全有关成本核算的原始记录和凭证制度，制定必要的材料消耗定额，建立、健全材料计量、验收、领发、盘存制度，制定内部结算价格和结算方法。在这些基础工作中，原始记录和计量、验收、领发实际上是为费用界限的划分提供原始依据，为费用分配提供标准；制定消耗定额和内部结算价格可以为控制生产费用的发生提供控制手段和制度保障。因此，成本核算的基础工作与费用的界限划分紧密相关，直接影响到成本核算的正确性。没有健全的基础工作，成本核算就不能顺利进行，也就无法达到核算的目的。具体的成本核算基础工作介绍见下一节。

（四）选择恰当的成本计算方法

成本计算方法是将生产费用计入产品或劳务成本，并在各种产品或劳务之间、完工产品与在产品之间集中分配，计算出每种产品或劳务的总成本和单位成本的方法。

在不同的成本计算制度下，产品成本或劳务成本的计算方法是不同的。就实际成本计算制度及全部成本计算制度而言，有品种法、分批法、分步法、分类法等方法。这些方法各有特点，适用的企业各不相同。企业在进行成本核算时，应根据具体情况，选择适合本企业特点的方法。

一般来说，在选择成本计算方法时，首先考虑本企业行业类型和工艺技术流程特点，考虑生产组织方式和方法，其次还应考虑管理上对成本计算资料的需求。在同一家企业中，可以采用一种成本计算方法，也可以采用多种成本计算方法；在同一产品的不同生产环节可以采用不同的成本计算方法；对同一产品的不同成本项目，基于管理要求，也可以采用不同的成本计算方法。成本计算方法的选择是一项技术性很强的工作，它同成本核算的基础工作一样会影响成本核算的正确性和合理性。企业必须根据生产经营特点和管理要求做出恰当的选择。一旦选定，不宜经常改变，应保持一定的稳定性。

第二节 成本核算基础工作

一、成本核算基础工作的作用和要求

成本核算基础工作是开展成本核算、成本规划、成本控制的基本条件，也是企业管理的基础工作。成本核算基础工作主要包括各种消耗的原始记录制度、定额管理制度、内部结算价格制度和物资的计量、验收、保管等制度。

成本具有综合性和变动性两个特点。成本的综合性决定了成本核算基础工作必然涉及面广、工作量大，它既涉及企业人、财、物等多个方面，又涉及研发、试制与供、产、销等多个环节。为了有效地控制成本，明确成本管理的经济责任，企业必须首先对生产经营过程中的各种消耗进行科学、正确的观察、计量、记录，建立合理的计量、验收、领发、保管、盘点等基本制度，这样才可能为具体的成本控制和经济责任制的界定提供真实、可靠的依据。

成本具有可变动性，表明企业在一定时期内的资源消耗总是随着生产经营活动量的变化而变化，为了积极、主动地控制生产经营耗费，减少损失与浪费，就必须建立起科学的定额管理制度，对各种费用制定必要的消耗定额，对企业内部各部门、各单位相互之间提供的劳务实行内部结算价格制度，以分清各部门、各单位的成本控制责任，提高企业的资源利用效率。因此，搞好成本核算基础工作，不仅可以为成本核算与管理提供坚实、可靠的数据资料，还可以为企业管理者进行经营决策提供重要的信息支持，是有效组织生产经营活动的基础。

为了搞好成本核算基础工作，一般应做到以下几点。

（1）成本核算基础工作的开展必须与企业生产经营特点和成本管理要求相适应。不同行业、不同企业由于生产经营规模、生产工艺流程、企业内部经营管理体制、职工素质不同，在具体制定各项基础工作的规范和要求时，不宜完全照搬其他企业的做法，应当因地制宜，制定适应本企业特点的各项工作规范和执行标准，逐步走向规范化和标准化。

（2）成本核算基础工作的开展必须与企业内部经济责任制的建立相结合。成本会计基础工作与企业内部经济责任制相结合，可以适应企业内部经济责任制对成本信息的需求，这样既可以为企业内部经济责任制的推行提供基本的信息保障，也使成本核算基础工作的开展有制度上的保证。

（3）成本核算基础工作的开展必须与企业其他基础工作相互协调，保持一致。成本核算基础工作只是企业管理基础工作的组成部分之一，必须同企业生产技术管理、设备管理、产品或服务质量管理、劳动工资管理、物资管理等企业内部各项管理工作结合起来，相互协调，互为补充，共同构成整个管理工作的基础。

（4）成本核算基础工作的内容与要求应当与时俱进。成本核算基础工作的内容与要求应当根据企业内部管理体制的变化、生产经营技术的进步、成本管理水平的提高以及企业内外经营环境的改变而不断地完善和提高。要讲求实效，不要搞形式主义。一切基础工作的规范和要求一旦制定，应认真执行，不能随意变动。对于确需修改或重新制定的制度应积极慎重，保持前后期成本核算基础工作的连贯性。

二、成本核算基础工作的内容

成本核算基础工作是进行成本管理的前提条件，没有健全的基础工作，成本核算与管理便无法顺利进行。成本会计基础工作包括以下内容。

（一）建立、健全原始记录制度

原始记录是指按照一定的格式和要求，对企业生产经营活动的具体事实所做的最初的直接书面记录。它是反映企业经济活动的一种基础性资料。例如，在实践中，生产工人每天生产产品的数量、品种、质量、生产时间等情况都需要记录在一定的凭证上，这种直接记录具体生产事实的凭证就是一种原始记录。每一家企业都应当根据本企业生产经营活动的内容与特点和经营管理的需要，建立起一套严格的原始记录制度。这种制度对加强成本管理、正确计算产品成本具有十分重要的意义。

企业原始记录的种类很多，与成本相关的原始记录主要有以下几个方面。

（1）反映物资消耗情况的原始记录。物资消耗的原始记录主要是反映物资入库、领取、使用、退库等情况的原始记录，如收料单、自制材料入库单、领料单、限额领料单、领料登记表、补料单、切割单、退料单、废料缴库单、代用材料单、材料耗用汇总表、材料盘点报告单等。

（2）反映人工消耗情况的原始记录。人工消耗情况的原始记录主要是反映职工人数、职工调动、考勤情况、工时利用、工资结算等情况的原始记录,如职工录用通知单、职工调动通知单、工资卡、职工考勤记录、产量记录、工时记录、停工记录、加班记录、工资单等。

(3)反映设备使用情况的原始记录。设备使用情况的原始记录主要是反映设备交付使用、设备开动和运转、设备维修、设备事故、安全生产等情况的原始记录,如设备交付使用单、固定资产卡片、固定资产登记簿、设备运转记录、事故登记表、设备报废清单等。

(4)反映费用支出情况的原始记录。费用支出情况的原始记录主要是反映企业的水、电、气、劳务以及日常零星开支等情况的原始记录,如各种发票、账单等。

(5)反映生产情况的原始记录。生产情况的原始记录主要是反映在产品、自制半成品转移、产品质量检查、产品入库等情况的原始记录,如产成品交库单、半成品入库单、废品通知单、在产品台账、工序进程、工作通知单等。

不同种类的原始记录所记录的具体内容和格式有较大的差异,但它们一般都具备以下几项基本内容。

(1)原始记录的名称。

(2)填制的日期、地点和编号。

(3)经济活动的内容。

(4)经济活动的计量单位和数量。

(5)填制单位和经办人员的签名或盖章。

反映企业经济活动的原始记录应按照规定的方法和要求填制,其内容、时间、金额、签章等都必须完整、准确无误。

在实践中,部分原始记录可能为几个部门所需要,例如,仓库保管部门、材料采购部门和财务部门都需要掌握材料入库单上的有关信息。对于几个部门都需要掌握的原始记录,可以采取一式多份的形式。

为了适应各种内部管理的需要,企业应健全各种原始记录制度,统一规定各种约束记录的内容、格式、填制方法、份数和存档保管制度;应根据成本核算和内部控制制度的要求,规定各种原始记录的传递时间、地点、流程和方式,明确内部各个部门、单位、岗位、职工在原始记录中的经济责任,提高原始记录的利用效率,充分发挥其作用。

总的来说,建立、健全原始记录制度既要满足企业内部控制制度的需要,又要简便易行,应做到数字真实、内容完整、手续齐备、要素齐全、责任明确。

(二)建立、健全计量、验收、盘点制度

原始记录为企业工作提供所需的各项数据。这些数据主要是从数量上反映企业生产经营活动中各项资源的消耗和变动情况。计量工作是确定这些数据的依据,如果没有正确的计量,就不能准确地确定数量,也就无法据以进行管理。另外,对于企业生产经营过程中消耗和库存的各种资源,其质量、品种、规格是否符合生产技术的要求,关系到产品质量及其经济效果,需要检验其账实是否相符,也需要进行盘点。因此,在企业中建立、健全计量、验收、盘点制度具有十分重要的意义。

计量是指利用一定的器具对各种物资按其特点（长短、大小、轻重等）测量其数量的工作。企业物资的收发不计量、计量不准确或者计量器具不齐备，都不可能为企业管理提供可靠的数据，据此计算的成本就不可能是正确的，这样必然会给企业的财务管理造成极大的混乱，给企业造成大量的损失和浪费。因此，计量工作作为企业管理的一项基础工作，要想做好，首先必须提高广大职工对此项工作重要性的认识，其次应设立专门负责质量检验的机构，辅之以群众性的质量管理活动，形成专职机构与群众检查相结合，以专职机构为主的质量检验制度。做到不符合技术质量规格的物资不入库，不符合质量要求的零部件不交库，不符合质量标准的产品不入库、不发货。企业应针对不同的计量对象，配置必要的计量工具。此外，企业应建立起对计量器具的实物管理和定期校验制度，以保证计量器具始终处于良好的运转状态。

验收制度是对各种物质（如材料、在产品、半成品、产成品等）的收发和转移进行数量与质量检查的制度。验收时，要看是否与发票、运单、在产品台账、入库单等所记录的数量相符，以防止乱领、乱用现象的发生，明确生产经营各个环节的经济责任。在实践中，验收和计量常常是同时进行的，在验收的同时必然会涉及计量问题。

盘点制度也称"财产清查制度"，是指根据账簿记录对各项财产物资进行实地清点、核对，以查明企业持有财产数字的一种内部管理制度。通过定期或不定期地对财产物资进行清查，可以确定企业各项物资的实有数同账面数是否有差异，发现财产管理制度上的漏洞，以保证会计核算资料的真实性、可靠性，加强对财产物资的管理，挖掘财产物资的使用潜力。

在上述三项基础工作中，计量制度既是保证原始记录正确无误的有效措施，也是确定原始记录数量的依据，没有准确的计量，就不可能提供准确的数量，也就无法据此正确计算成本；验收制度保证企业生产经营中所需物资的质量、规格合乎既定的标准，是产品或服务质量的有效保证；盘点制度通过对财产进行清查，检查企业是否证实相符，是否存在材料、物资积压、浪费、贪污、盗窃等现象，以保证企业财产物资的安全、完整。

（三）建立、健全定额管理制度

定额是企业在正常的生产经营条件下，对人力、物力、财力的利用标准。定额管理制度是企业利用定额形式，合理地安排和使用现有经济资源的一种内部控制制度。建立、健全定额管理制度，可以为企业计划、预算的编制提供基本科学的基础，也可以为开展成本控制、分析、考核提供客观的依据，对于提高整个企业的成本管理水平具有十分重要的作用。

定额作为一种衡量工作数量和工作质量的客观尺度，有各种各样的形式，如劳动定额、物资消耗定额、设备利用定额、流动资金使用定额、管理费用定额等。定额按所规范的内容可以分为以下几种。

（1）材料、动力、工具消耗定额。这一类定额有原材料消耗定额、材料利用率、材料消耗率等。

（2）劳动定额。这一类定额有工时定额、产量定额、停工率、缺勤率、加班加点率等。

（3）质量定额。这类定额有产品合格率、品种抽查合格率、一级品率、废品率、返修率等。

（4）固定资产利用定额。这一类定额有设备利用率、固定资产利用率、固定资产报废率、固定资产闲置率等。

（5）费用定额。这一类定额有办公费用定额、制造费用定额、差旅费定额、邮电费用定额、通信费用定额等。

企业定额的内容和形式不尽相同，其定额的制定方法也不完全相同。总的来说，一般常见的制定方法有以下三种。

（1）技术计算法，指根据某项工程、产品或劳务的技术设计和工艺要求计算企业定额。如材料消耗定额、工时定额的制定就属于技术计算法。这种制定方法的主要优点是比较准确，但比较复杂，或者需要系统的资料积累，或者需要投入大量的人力进行测算，因此比较适合于大量大批生产类型的企业使用。

（2）统计分析方法，指根据过去生产同类产品或提供同类服务的统计资料，结合目前生产、技术、组织条件的变化等因素，经过统计分析研究制定各种定额的方法。这种制定方法的优点是简便易行，但它对构成定额的各种因素缺乏仔细的分析、计算，容易受过去平均数的影响。

（3）经验估算法，指根据人们的生产技术和工作经验，结合设计图纸、工艺规范分析已经使用的设备与工具、生产组织的实际情况确定定额的方法。这种制定方法的主要优点是简便易行，花费的时间较少，但它对构成定额的各种因素没有进行深入的技术经济分析和计算，容易受估算人员主观因素的影响。

以上三种基本方法各有利弊，在一个企业中应采用什么方法，要从该企业的实际出发，根据需要和条件来确定，也可以将三种方法结合使用。总的原则是定额既要先进，又要切实可行。

定额一旦制定，应注意保持稳定，否则不利于调动大家完成定额的积极性。当然，随着企业生产旧有技术条件的变化和管理要求的提高，对定额进行修订也是十分必要的，否则定额将无法起到应有的鼓励作用。

定额是企业在生产经营过程中各种消耗的"标准"。企业应按照定额组织全体职工从事生产经营活动，这是定额管理的核心。为动员全体职工执行定额，首先，企业应切实贯彻执行各项必要的技术措施和管理制度，从客观上为完成定额提供必要的条件。其次，为保证定额的完成，为定额的制定和修订提供可靠的资料，企业应加强对定额完成情况的核算、检查和分析工作。要有一定的专职机构负责定额管理，并负责对定额执行情况定期进行考评和奖惩。

（四）建立、健全内部结算制度

内部结算制度是对企业内部各单位、各部门之间的材料、半成品、产成品以及相互提供的劳务采用货币形式进行核算和管理的制度。它属于一种内部控制制度。建立、健全内部结算制度有利于明确各单位、各部门之间的经济责任，正确考核各单位的工作业绩，也有利于成本计划和成本控制的开展。

建立内部结算制度应着重搞好内部结算价格及其制定、内部结算方式和内部结算组织形式的确定三个方面的工作。

（1）内部结算价格及其制定。内部结算价格是指企业内部各单位、各部门之间相互提供产品或劳务时采用的一种价格。由于该价格是企业自行制定的，只适用于企业内部往来结算，相对于企业外部市场交易的价格，称为内部结算价格。内部结算价格包括计划单位成本、计划成本加成（即在计划成本的基础上加一定的内部利润）、协议价格、模拟市场价格（即根据产品或劳务的现行市场价格确定内部结算价格）。采用内部结算价格会使企业内部各个单位都感受到市场压力，促使其加强经营管理，适应市场竞争机制的需要。内部结算价格应由财务部门牵头，在计划部门、劳动部门、生产工艺部门、设备管理部门的协助下制定。制定内部结算价格是一项技术性较强的工作，涉及内部单位之间的经济利益，应力求准确、合理。内部结算价格一经制定，不宜随意变动，因为经常变动不利于内部结算与考核。内部结算价格的调整一般以一年一次为好，如有特殊情况可针对个别价格进行临时调整。内部结算价格制定后应装订成册，统一颁布实施。

（2）内部结算方式。内部结算方式主要有厂币结算、内部支票结算和内部转账结算三种基本方式。其中在满足资金管理和内部控制制度要求的前提下，选择简洁、实用的内部结算方式。

（3）内部结算组织形式。企业不管采用哪一种内部结算方式，都需要在一定的内部结算组织机构内进行。我国企业中较为常见的内部结算组织形式是内部结算中心和内部结算银行。内部结算中心是指在财务部门设立一个专门处理内部结算业务的中心，由它负责企业内部各单位、各部门之间的往来结算。该中心职能范围较小，一般不具有资金管理的职能，其核算工作比较单一，一般用于规模较小的企业。内部结算银行的职能范围较广，具有内部结算、信贷、控制等职能，其核算工作比较复杂，一般用于规模较大、内部单位较多、管理基础工作较好的企业。

企业要搞好成本会计工作，除了做好以上三个方面的基础工作外，还必须努力提高全体员工的成本意识和职业素质。不仅成本会计人员要具备成本意识，其他管理人员、工程技术人员也要增强成本意识和素质，注意将成本管理与技术经济管理结合起来。

总之，良好的成本意识、灵活的企业经营机制、优秀的管理团队、先进的工艺技术与设备、严格的内控制度、健全的技术工作都是搞好成本会计工作不可缺少的基本条件。

第三节　成本核算的基本程序

成本核算的基本程序是指在生产经营过程中将费用计入产品成本的基本顺序和步骤，也就是从生产费用发生开始，经过一定的归集和分配，最终计算出产品总成本和单位成本的过程。成本核算过程总是通过一定的账户进行的，为此，我们首先介绍产品成本核算需要设置的账户。

一、产品成本核算账户的设置

进行产品成本总分类核算,应设置"生产成本"总账。同时,为了分别核算基本生产成本和辅助生产成本,还应将该总账下设的"基本生产成本"(简称"基本生产")和"辅助生产成本"(简称"辅助生产")两个二级账户直接设置为成本账。

(一)"基本生产"账户

基本生产是指为实现企业主要生产目的而进行的商品生产。"基本生产"总账是为了归集进行基本生产活动所发生的各种生产费用和计算基本生产产品成本而设置的。基本生产所发生的各项费用记入该账户的借方,完工入库的产品成本记入该账户的贷方,该账户的余额就是基本生产在产品成本,也就是基本生产在产品占用的资金。在该总账下,应按照产品品种、产品生产批别等成本计算对象设置基本生产明细账。基本生产明细账也叫产品成本计算单,在该明细账中应按成本项目分设专栏或专行,登记各产品每个成本项目的月初在产品成本、本月发生的生产费用、本月完工产品成本和月末在产品成本。其基本格式和内容如表2-1和表2-2所示。

表2-1　基本生产明细账

201×年7月

车间:第一车间

产品:A产品　　　　　　　　　　　　　　　　　　　　　　　　　　单位:元

月	日	凭证	摘要	产量(个)	成本项目			成本合计
					直接材料	直接人工	制造费用	
7	31	略	本月生产费用		125 000	11 300	78 900	215 200
7	31	略	本月完工产品成本	100	125 000	11 300	78 900	215 200
7	31	略	完工产品单位成本		1 250	113	789	2 152

表2-2　基本生产明细账

201×年7月

车间:第一车间

产品:B产品　　　　　　　　　　　　　　　　　　　　　　　　　　单位:元

月	日	凭证	摘要	产量(件)	成本项目			成本合计
					直接材料	直接人工	制造费用	
6	30	略	在产品成本		45 700	4 140	37 200	87 040
7	31	略	本月生产费用		381 000	31 100	269 000	681 100
7	31	略	生产费用累计		426 700	35 240	306 200	768 140
7	31	略	本月完工产品成本	200	343 500	28 300	240 900	612 700
7	31	略	完工产品单位成本		1 717.50	141.50	1 204.50	3 063.50
7	31	略	在产品成本		83 200	6 940	65 300	155 440

表2-1和表2-2在基本生产明细账中虽然没有直接表明借方、贷方和余额,但其基本结构不外乎这三部分。其中,月初(即上月末)在产品成本为月初借方余额,系上月末所记;本月发生的直接材料、直接人工、制造费用是根据本月各种生产费用分配表登记的,为本月

借方发生额；本月完工产品成本为贷方发生额；月末在产品成本为月末借方余额。本月完工产品成本和月末在产品成本是将生产费用累计数按照一定的分配方法分配之后得出的。如果产品的计划成本或定额单位成本和单位成本差异也在明细账中进行登记，还可以为成本计划或定额的分析和考核提供一定的数据支持。

产品种类较多的企业，为了按照成本项目（或者既按车间又按成本项目）汇总反映全部产品总成本，以便于核对账目，还可以在"基本生产"总账下设"基本生产二级账"。该二级账的基本格式和内容如表2-3所示。

表2-3 基本生产二级账

201×年7月

车间：第一车间　　　　　　　　　　　　　　　　　　　　　　　　单位：元

月	日	凭证	摘要	成本项目			合计
				直接材料	直接人工	制造费用	
6	30	略	在产品成本	45 700	4 140	37 200	87 040
7	31	略	本月生产费用	506 000	43 400	347 900	897 300
7	31	略	生产费用累计	551 700	47 540	385 100	984 340
7	31	略	本月完工产品成本	468 500	39 600	319 800	827 900
7	31	略	在产品成本	83 200	7 940	65 300	156 440

在设有基本生产二级账的情况下，对于基本生产总账、基本生产二级账和基本生产明细账，都要按照会计上的平行登记原则进行登记。这样基本生产二级账就可以作为基本生产总账和基本生产明细账之间核对账目的中介。在按车间和成本项目设置基本二级账的情况下，该二级账还可以分配车间成本核算与管理，为分析和考核各车间成本状况提供资料。

（二）"辅助生产"账户

辅助生产是指为基本生产服务的产品生产和劳务提供，如工具、模具、修理用备件等产品的生产和修理，运输、供水、供电等辅助生产提供的产品或劳务，有时也对外服务，但这不是它的主要目的。辅助生产发生的各种费用，应记入"辅助生产"总账借方；完工入库产品成本或分配转出的劳务费用，应记入该账户贷方；该账户一般没有余额。有些企业设置的辅助生产车间为修理车间等，生产出零件之类的辅助产品，此时有借方余额，即为辅助生产车间的在产品成本，亦为辅助生产占用的资金，本书不涉及这种情况。

"辅助生产"总账下，应按辅助生产车间和生产的产品、劳务分设明细账，明细账中再按辅助生产成本项目或费用项目分设专栏或专行设计等级。辅助生产明细账的基本格式和内容如表2-4所示。

表2-4 辅助生产明细账

月	日	凭证号数	摘要	工资	职工福利费	折旧费	水电费	修理费	机物料消耗	其他	合计	转出	余额
		略	归集工资和福利费	9 600	1 344						10 944		
			归集折旧费			19 200					19 200		
			归集水电费				1 120				1 120		

(续)

月	日	凭证号数	摘要	工资	职工福利费	折旧费	水电费	修理费	机物料消耗	其他	合计	转出	余额
			归集修理费					7 680			7 680		
			归集机物料消耗						3 200		3 200		
			归集低价易耗品摊销							4 800	4 800		
			归集保险费							2 000	2 000		
			归集其他制造费用							3 000	3 000		
			合计	9 600	1 344	19 200	1 120	7 680	8 000	5 000	51 944		
			本月转出									51 944	—

(三)"制造费用"账户

"制造费用"总账用来核算企业各生产单位(车间、分厂)为组织和管理生产活动而发生的各项费用,包括生产单位发生的管理人员工资、福利费、折旧费、修理费、办公费、水电费、机物料消耗、劳动保护费、设计制图费、试验检验费、季度性和大修理期间的停工损失等。生产单位发生的各项制造费用,记入该账户借方;分配结转产品成本的制造费用,记入该账户贷方;除季节性生产企业外,该账户一般月末无余额。

"制造费用"总账应按照各具体生产单位设置明细账,账内按制造费用项目设专栏进行明细核算。制造费用明细账的基本格式和内容与辅助生产明细账相似,不再举例。

(四)"待摊费用"账户

待摊费用在某一期发生,由当期和之后期间的成本和费用承担。"待摊费用"先支付,后发生并分配,所以在考虑每一期产品成本时要考虑到这一因素。

待摊费用包括低值易耗品摊销、出租出借包装物摊销、预付保险费、待摊的固定资产修理费用、预付固定资产租金,以及一次购买印花税票和一次交纳印花税额较多,需要分期摊销的税金等。

在最初支付时,借"待摊费用",是一种资产;之后摊销时,贷"待摊费用",转为"制造费用""辅助生产""管理费用"等。"待摊费用"摊销期不超过一年,若超过一年,则作为"长期待摊费用"处理。

(五)"预提费用"账户

预提费用与待摊费用相反,是已经发生但还未支付的费用。虽然企业还没有实际支付此部分费用,但是在计算当期产品成本时也要注意计算这个部分。

在当期计算产品成本和费用时,贷"预提费用",作为一种负债,同时借"制造费用""辅助生产""管理费用"等;当实际支付时,借"预提费用"。

(六)"废品损失"账户

凡是内部成本管理上要求单独反映和控制废品损失的企业,会计上可以设置专门的"废品损失"账户。该账户用于核算生产单位发生的各种废品带来的经济损失,包括可修复废品损失和不可修复废品的净损失。该账户的借方归集不可修复废品成本和可修复废品的修复费用,贷方反映废品残值、赔偿款以及计入合格品成本的净损失,期末一般无余额。

"废品损失"明细账户应按生产车间分产品设置,按废品损失构成进行反映。为了简化核算工作,通常辅助生产车间不单独核算废品损失。

如果企业的废品率较低,内部成本管理上不要求提供废品损失的专门数据和资料,则会计上可以不单独设置"废品损失"账户,发生废品所带来的经济损失即废品已消耗的材料费用、人工费用等与合格品消耗的生产费用混在一起,最终计入合格品成本,提高合格品的单位生产成本。

(七)"停工损失"账户

凡是需要单独核算"停工损失"的企业,可以设置"停工损失"账户,该账户用于核算企业生产车间由于计划减产或者由于停电、待料、机器设备发生故障等而停止生产所造成的损失。该账户借方记录停工期间的工资与福利费、维护保养设备消耗的材料费用、应负担的制造费用等,贷方反映分配结转的停工损失,期末一般无余额。如果跨月停工,则可能出现借方余额。

"停工损失"明细账户应按车间设置,账内最好分别按计划内停工和计划外停工进行记录,以便明确责任,正确计算产品成本。

同废品损失一样,如果企业不单独核算生产车间停工期间发生的经济损失,则停工期间的各种消耗就会同正常生产期间的各种消耗混在一起,计入成本。

以上成本核算账户之间的关系可以参见成本核算账务处理程序图(见图2-1)。

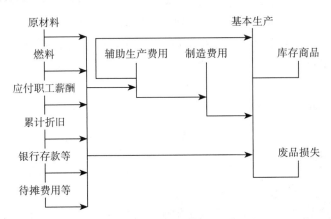

图2-1 成本核算账务处理程序图

对成本核算账务处理程序图的说明如下。

(1)分配材料、人工、折旧等要素费用。

(2)跨期摊销与预提费用的分配。

(3)分配辅助生产费用。

(4)分配制造费用。

(5)分配废品损失、停工损失等生产损失费用。

(6)将生产费用在完工产品和在产品之间进行分配,结转完工入库产品成本。

生产损失账务处理比较烦琐，为免过于复杂，图 2-1 只是单纯列出。生产损失的详细账务处理过程参见本书第四章第四节相关内容。

二、产品成本核算的一般程序

产品成本核算包括生产费用核算和产品成本计算两个方面。企业在具体进行生产费用归集、分配和产品成本计算之前，除了要考虑设置哪些成本核算账户之外，还必须做好其他一些前期准备工作。

（一）产品成本核算的前期准备工作

要想保证产品成本核算质量，提高核算工作效率，达到正确计算成本的目的，必须做好以下几项前期准备工作。

1. 正确划分成本核算环节

所谓正确划分成本核算环节，就是首先应当在会计上将企业生产单位根据生产目的、职能划分为两种类型：一种是直接从事产品生产的基本生产单位，另一种是服务于产品生产的辅助生产单位。前者是产品成本核算的基本环节，后者则具有过渡性质，最终需要将辅助生产单位的费用分配给基本生产环节。

不同企业对成本核算环节的划分是有差别的，主要根据其生产目的进行划分。

2. 确定成本计算对象，选择成本计算方法

企业应当根据自身的生产特点，结合成本管理要求，确定具体的成本计算对象。所谓成本计算对象，就是归集生产费用，积聚成本的对象，也就是生产费用的最终承担者。在实务中，成本计算对象的确定是开设基本生产明细账的前提条件。

成本计算对象的确定，有赖于成本计算方法的选择。不同成本计算方法下的成本计算对象是不同的。因此，企业必须根据生产类型及管理上对成本核算数据的要求选择成本计算方法。基本成本计算方法有品种法、分批法、分步法，辅助成本计算方法有分类法、标准成本计算法等。

3. 确定各种产品的成本项目

各种成本计算对象所消耗的生产费用很多，对它们必须按照一定的成本项目进行归集和计算，以便反映产品成本的基本构成情况。企业应当根据会计制度的规定，以及生产特点和管理上的要求考虑本企业产品的成本项目设置问题。

成本项目设置与会计核算工作量有着直接的关系，不宜设置得太细、太多，应以满足成本管理为限。在后面章节的介绍中，我们一般设置"直接材料""直接人工""制造费用"三个成本项目，但这并不是说只能设置这三个项目，企业应根据产品成本构成，按照重要性原则设置。

（二）产品成本核算的一般程序

在具体进行产品成本核算时，首先应对生产过程中发生的各项费用进行严格的审核和控制。审核时可以企业制订的成本计划、费用消耗定额、费用预算等为依据，以防止生产过程

中不必要的超支和浪费，对于损失和浪费严重的行为应当追究有关责任者的经济责任。在加强费用审核控制的同时，应分清计入产品成本的费用界限和不计入产品成本的费用界限。凡不能计入产品成本的费用，应根据费用的性质、用途和地点计入相关账户。其次应根据有关费用凭证，将应计入产品成本的费用按照费用用途进行归集和分配，在分清本期、非本期成本及各种产品成本界限的基础上，将费用计入各种产品成本中的成本项目。期末如果既有完工产品又有在产品，还需将该产品成本项目的生产费用合计数在完工产品与在产品之间进行分配，计算出完工入库产品的总成本和单位成本。

综上所述，产品成本核算的一般程序可以归纳为以下几个步骤。

1. 对发生的各项生产要素费用进行审核和控制，编制各种要素费用分配表

在对各项生产费用进行审核和控制时，首先要确定这些费用是否符合本企业成本管理制度规定的成本开支范围和标准，哪些费用可以计入产品成本，哪些费用不应计入产品成本。其次为确认费用发生责任，应加强对生产费用的事前约束和监督。

企业在生产过程中发生的要素费用有材料、燃料、动力、工资、折旧等费用。在加强费用审核和控制的前提下，应按照成本计算对象和费用发生的用途、地点、部门，填制实际发生的各项费用的原始凭证，如领料单、工资结算单、折旧计算表等。然后根据费用发生的原始凭证或原始凭证汇总表，采用一定的分配标准编制各种要素费用分配表，如原材料费用分配表、动力费用分配表、工资费用分配表、折旧费用分配表等，据以记入"基本生产""辅助生产""制造费用"等账户。

根据要素费用的轨迹和分配，可以将本期发生的各项生产费用中属于产品收益的部分记入成本核算账户，非产品收益的部分记入"管理费用""销售费用""在建工程"等账户，从而分清计入产品成本和不计入产品成本的费用界限。

2. 分配辅助生产费用

由于辅助生产是为基本生产提供产品或服务的，为了计算基本生产车间各种产品的成本，必须先对辅助生产车间和单位发生的费用进行分配。

对归集于各辅助生产明细账的费用，除了应将本月完工入库自制材料、自制工具的生产成本转为存货成本之外，在月末还应根据提供产品或劳务的数量编制辅助生产费用分配表，将所发生的辅助生产费用分配给受益的产品、车间或部门，记入"基本生产""制造费用"等总账及其明细账户。

在分配辅助生产费用时，如果辅助生产车间彼此之间提供的产品或劳务可以相互抵消，通常不进行交互分配，只分配给除辅助生产车间之外的受益对象。如果辅助生产车间相互提供的产品或劳务悬殊较大，为使期间准确，应进行交互分配。

3. 分配制造费用

各基本生产车间的制造费用归集完毕之后，应分别按不同车间在应负担的产品之间进行分配，记入产品成本中的制造费用成本项目。

若某基本生产车间只生产一种产品，可以将该车间归集的制造费用直接结转计入该种产品的成本；若该车间生产多种产品，则需要采用一定的分配方法，编制制造费用分配表之后计入各种产品的制造费用成本项目。

4. 分配生产损失

生产损失是指企业在产品生产过程中或由于生产方面的原因发生的各种损失，主要包括废品损失和停工损失。

凡是不单独核算生产损失的企业，一旦出现废品和停工现象，其发生的消耗就与合格产品和非停工期间的生产耗费混在一起，包括在"直接材料""直接人工""制造费用"等成本项目中增加合格产品的单位成本，当然也就不会形成一个单独的产品成本核算环节和步骤。

凡是需要单独核算生产损失的企业，可以设置"废品损失""停工损失"账户并归集生产过程中废品发生的消耗、停工期间发生的消耗，提供这方面的专门数据，以加强对生产损失的控制。在单独核算生产损失的情况下，就存在生产损失的归集和分配问题，形成一个独立的产品成本核算步骤。关于废品损失和停工损失的具体会计处理将在后面介绍，此处不再详述。

5. 在完工产品和在产品之间分配生产费用

通过上述生产费用的一系列归集和分配，本月发生应计入产品成本的各种生产费用均已记入各个基本生产明细账（又叫产品成本计算单）。对于没有月末在产品或在产品较少的企业，基本生产明细账上所归集的生产费用就是完工产品的实际总成本。实际总成本除以产量，即为完工产品单位成本。但在大批量生产企业，月末一般都有一定数量的在产品，还需要将本月产品发生的生产费用和月初在产品成本之和在完工产品与月末在产品之间进行分配，计算出本月完工产品的实际总成本和单位成本，并将完工入库产品成本从"基本生产"账户转入"库存商品"账户。

从以上讨论中可以看出，产品成本核算的一般程序实际上就是生产费用不断归集、分配、再归集、再分配的过程，也就是不断划清几个费用界限的过程，对应的账务处理程序参见图2-1。

思考题

1. 什么是成本核算对象？
2. 成本核算的一般程序是什么？是否可以调整成本核算一般流程的顺序，为什么？

课后习题

一、单选题

1. 下列费用中，应计入产品成本的有（　　）。
   A. 管理费用　　　　B. 财务费用　　　　C. 制造费用　　　　D. 销售费用
2. 关于费用界限划分，下列说法不正确的是（　　）。
   A. 收益性支出应计入成本费用

B. 制造费用应计入生产费用

C. 为组织和管理生产经营活动而发生的费用应计入生产费用

D. 凡是生产某种产品发生的费用都应计入该产品的成本

3. 下列各项中应计入管理费用的是（　　）。

　　A. 银行借款的利息支出　　　　　　B. 银行存款的利息收入

　　C. 企业行政管理部门人员的工资　　D. 车间管理人员的工资

4. 下列属于产品成本核算首要程序的是（　　）。

　　A. 确定成本计算期　　　　　　　　B. 生产费用的归集和分配

　　C. 确定成本项目　　　　　　　　　D. 确定成本计算对象

5. （　　）是成本会计特有的核算基本原则之一。

　　A. 分期核算原则　　B. 历史成本原则　　C. 受益性原则　　D. 重要性原则

二、多选题

1. 下列不应计入产品成本或期间费用的支出包括（　　）。

　　A. 筹集生产产品所用的资金而支付的利息

　　B. 购买会计人员办公用的计算机

　　C. 违反税收制度而支付的罚款

　　D. 给灾区的捐款

2. 计入产品成本的生产费用按计入方式的不同分为（　　）。

　　A. 制造费用　　　B. 直接人工　　　C. 直接计入费用　　　D. 间接计入费用

3. 制造费用账户核算的内容包括下列的（　　）。

　　A. 车间的固定资产折旧费　　　　　B. 车间的管理人员工资

　　C. 企业的业务招待费　　　　　　　D. 印花税

4. 工业企业成本核算的内容包括下列的（　　）。

　　A. 对企业的各项支出、费用进行严格的审核和控制

　　B. 正确划分各个月份的费用界限，正确核算待摊费用和预提费用

　　C. 将生产费用在各种产品之间进行分配和归集

　　D. 将生产费用在本月完工产品和在产品之间进行分配和归集

5. 为了正确计算产品成本，应做好的基础工作包括（　　）。

　　A. 定额的制定与修订　　　　　　　B. 做好原始记录工作

　　C. 正确选择各种分配方法　　　　　D. 材料物资的计量、收发、领退和盘点

6. 产品成本是企业生产经营的重要会计信息，为了保证该信息的质量，在成本核算时应遵循一定的原则，而且每个原则都有特定的要求，其中实际成本核算原则的要求包括（　　）。

　　A. 某项成本发生时按实际耗用数确认

　　B. 完工入库产品的成本按实际应负担的数量计价

　　C. 当期已销产品应负担的成本按该产品实际生产成本结账

　　D. 产品的实际成本必须真实

三、判断题

1. 企业在生产经营活动中发生的一切费用支出都应计入产品成本。　　　　　（　　）

2. 一致性原则就是要求成本核算方法及其会计处理方法在企业经营期内必须一致。（   ）
3. 制造费用即间接费用，直接材料、直接人工即直接费用。（   ）
4. 成本计算期的确定，主要取决于企业成本管理的要求。（   ）
5. 费用界限的划分过程实际上就是产品成本的计算过程。（   ）

四、简答题
1. 为了正确计算企业成本和损益，在成本核算中，一般应划清哪些费用界限？
2. 在进行成本核算时，企业一般会设置哪些主要会计账户？
3. 简述成本核算的一般程序。

五、综合题
某小型冶金设备生产企业 Y，生产主要产品为 A 型毛坯。由于建厂之初，工作人员没有成本管理的经验，因此没有形成一套完整的管理体制。与此同时，国内某知名大型钢铁企业 H 的成本管理制度因其先进性而在全国范围内掀起了学习热潮，且 H 企业的主要副产品是 A 型毛坯，于是 Y 企业的会计制度设计者从互联网上下载了 H 企业的成本管理制度，并依样行事，制定了 Y 企业的成本核算制度。

Y 企业投产的第二年，因经营不善导致亏损，厂长便授意成本核算人员将存货计价由先进先出法改为后进先出法。

【要求】请运用你掌握的知识，指出该企业在哪些方面违背了成本核算的原则，并说明理由。

第三章

要素费用的归集与分配

导入案例

柳林机械厂是一家基础装备企业，其自动化程度较高，对各生产步骤机器工时有完整的记录。原材料领取以产品消耗定额为依据，生产时间以定额工时为依据；生产工人工资采用基本工资与计件工资相结合的方式，计件工资是与加工产成品数量挂钩的；其他管理人员工资是基本工资加企业绩效工资。现机械厂的财务人员面临以下问题。

1. 该企业原材料费用应当采用什么方法分配才是符合成本核算原则的？
2. 该企业的工人与管理人员的工资费用应当采用什么方法分配？
3. 该企业的辅助生产车间费用怎么分配？
4. 该企业的制造费用怎么分配？

解决柳林机械厂上述各种费用分配问题，正是本章讨论的问题。

学习目标

任何企业在做成本核算时首先应当对生产经营过程中发生的各项费用进行审核与控制，在保证费用符合企业内部控制规范的前提下，按照费用发生的时间、地点、用途进行归集，编制各种费用分配表，将其计入产品或劳务成本。按照这一思路，本章主要讨论各种要素费用归集分配的方法，即材料、燃料、动力、职工薪酬、折旧费用等费用在发生时如何具体归集，然后怎样计入产品或劳务成本。

本章同时又是下一章综合费用的归集与分配的基础，在学习过程中应当注意如下几点。

1. 了解材料收发凭证种类与填制要求，明确企业材料分类方法和材料收发计价方法，掌握原材料费用分配方法和原材料费用分配表的编制及其账务处理。
2. 了解动力费用构成，以及动力费用分配表的编制方法与账务处理。
3. 了解企业职工薪酬构成及其原始记录凭证的种类，掌握工资费用计算方法，掌握工资费用分配表的编制方法和账务处理。
4. 明确企业折旧费用的计算方法，掌握折旧费用分配表的编制方法和账务处理。
5. 了解利息费用、税费支出以及其他支出发生后的会计处理方法。

> **难点提示**
> 1. 原材料按计划成本计价时，发出材料费用分配表的编制和账务处理。
> 2. 在工资费用计时制和计件制下，具体应付工资和实发工资的计算问题。

第一节 材料费用的归集与分配

在讨论产品成本核算的一般程序时，我们将其归纳为五个步骤，起点是要素费用的归集与分配，其中材料费用是任何制造企业要素费用中最主要的要素费用，在许多制造企业中材料费用一般占产品成本比例的50%以上。

一、材料的内容与分类

材料是制造企业生产过程中的劳动对象，是生产过程中不可缺少的物资要素。生产过程中直接取于自然界的劳动对象（如矿石），一般叫原料；以经过工业加工的产品作为劳动对象（如钢材）的，一般叫材料。在实际工作中有时把两者合并起来，称为原材料。

材料在产品生产过程中所起的作用是不同的，有的经过加工后构成产品的主要实体，这种材料叫作原材料；其余各种材料只在生产过程中起辅助作用，称为辅助材料。

在实践中企业使用的材料名目繁多，如果简单地将其归为上述两种，既不利于材料管理，也不利于加强材料核算。为此，一般将材料按其用途分为以下几大类。

（1）原料及主要材料。原料及主要材料是指经过加工后构成产品的主要实体的各种原料和材料。外购半成品对于购入企业来说，同原材料一样是劳动对象，理论上也应该列入此类别。但是，有些企业为了加强外购半成品的专项管理和核算，将外购半成品作为材料的一个独立类别。注意：这里的半成品不包括自制半成品。

（2）辅助材料。辅助材料是指在生产过程中不构成产品主要实体，只起一定辅助作用的各种材料。

（3）燃料。燃料是指在生产过程中用来燃烧发热的各种材料。

（4）修理用备件。修理用备件是指修理本企业机器设备和运输工具所专用的各种备用备件。修理用的一般零件属于辅助材料一类。

（5）包装物。包装物是指为包装本企业产品，随同产品一起出售或者在销售产品时租给、借给购货单位使用的各种包装物品，如桶、瓶、坛等包装容器。各种包装物用材料，如纸张、绳子、铁丝等，不属于包装物而应列入辅助材料一类。

（6）低值易耗品。低值易耗品是指单项价值在规定限额以下，或使用期限不满一年，不能作为固定资产管理的各种物品，如工具、管理用具、劳动保护用具等。

上述各类材料还可以按其性质、技术特征和规格等标准进一步分类，以满足实物管理的需要和会计核算的要求。

企业材料的品种、规格、数量很多，为了保证材料名称在使用时的一致性，避免相互混淆，出现差错，简化核算，可以编制材料目录。材料目录应列明各种材料的类别、编号、名称、规格、性能、计量单位和计划单价等项目，应根据技术管理要求，由材料供应部门和财务部门共同制定。

二、材料的计价

为了正确反映产品成本中的材料费用，原则上最终必须按实际成本对材料进行计价。但就每个企业而言，在日常材料核算中，既可以采用实际成本计价方式，也可以采用计划成本计价方式。

（一）按实际成本计价

按实际成本计价是指材料的收发金额都按照材料在采购（或委托加工、自制）过程中发生的实际成本计算。采用这一计价方式，可以比较准确地核算产品成本中的材料费用和材料资金实际占用数。材料来源不同，其实际成本构成略有差异（见表3-1）。

表 3-1 实际成本构成

外购材料	（1）材料买价。外购材料应根据发票金额确定买价。由于提前付款而享受的现金折扣作为企业理财收益，冲减当期财务费用 （2）运杂费。运杂费包括运输费、装卸费、保险费、包装费等费用。注意：外购材料支付的运输费中予以扣除的进项税额，不应计入外购材料的实际成本 （3）运输途中的合理损耗。运输途中的合理损耗计入外购材料实际成本，非合理损耗则应要求有关责任者赔偿，正式赔偿之前先转为"其他应收款"处理 （4）入库前的整理、挑选费用 （5）税费。税费区别不同情况处理：凡是进口原材料支付的关税，计入材料实际成本；小规模纳税人外购材料支付的增值税，计入材料实际成本；一般纳税人外购材料支付的增值税，凡取得专用发票的，不计入材料实际成本，否则应计入材料实际成本
委托加工材料	委托加工材料实际成本包括所耗原材料和半成品成本、往返运输费、装卸费、保险费以及加工费和税费 （1）增值税。对于委托方是一般纳税人的，计入"进项税额"；对于委托方是小规模纳税人的，则应计入材料成本 （2）消费税。凡委托加工材料收回后不再继续加工而直接用于销售的，应计入材料成本；凡收回后用于继续生产应税消费品的，则应作为当期应交消费税抵减处理，待继续生产完毕再销售时，重新确定为应交消费税
自制材料	自制材料的实际成本应按照自制过程中的各项实际支出计价，包括自制过程中发生的材料费用、工资费用和其他费用

（二）按计划成本计价

企业在计算产品成本时，材料成本是按实际成本计算的。但是，由于各种原因，往往每一批次材料的实际成本相差较大，如果按实际成本进行材料明细核算，则日常计价工作量比较大。为了简化日常核算工作，对于材料品种、规格较多的企业，可以按计划单位成本进行计价核算，即材料收、发、结存都按预先确定的计划单价计价。

在制定材料计划单价时，其成本计算口径应与材料实际单位成本相一致。可以参照以往的实际成本资料，结合材料实际供应情况加以制定。材料计划单价的制定一般应在上一年的第四季度进行，一旦确定，在一个会计年度中如无特殊原因不再做修改。

在材料计价问题上，企业可以根据管理与核算的需要灵活运用。可以将上述两种计价方式结合起来，如对采购成本经常发生较大变动的少数主要材料可以按照实际成本计价，而对其余多数材料则按计划成本计价。这样既能正确地计算材料成本，又能简化日常材料计划、核算工作。

三、材料领用及其控制

（一）材料领用凭证

企业在生产过程中领用材料的品种、数量很多，为明确各单位的经济责任，便于分配材料费用，以及不断降低材料的消耗，在领用材料时，应办理必要的手续。在领料时，应由专人负责，并经有关人员签字审核后，才能办理领料手续。

领用材料时使用的原始凭证主要包括领料单、限额领料单和领料登记表等。应根据领用材料的具体情况，选择采用某一种领料凭证。

（二）材料领用控制

材料领用涉及材料的使用单位和材料仓库，为了明确经济责任，加强对发出材料的管理和核算，应做好以下控制工作。

1. 健全发出材料计量制度和领用凭证制度

在会计实务中，库存材料数量计量可以采用两种方法：一种是永续盘存制，另一种是实地盘存制。

永续盘存制是根据材料日常收入、发出的有关凭证，按其数量在材料明细账中逐笔登记，以实际发生数量作为消耗量的一种方法。采用永续盘存制，可以随时根据账面记录算出每一种材料的收入、发出、结存数量。永续盘存制是制造企业计量材料消耗量的基本方法。

实地盘存制是收入材料时在材料明细账上登记，发出材料时不在材料明细账上登记，期末根据实际盘存数倒算出本期发出材料数量的一种方法。

企业在领料凭证时应注意如下几点。

（1）一切领料凭证都要经过专人审批、签字。

（2）应根据材料领用数量、次数和材料管理要求正确选择领料凭证的种类。

（3）领料凭证体现不相容职务分工负责原则。凭证上应设置填制人、用途、审核人、批准人及凭证份数等内容，以便于监督、控制领料业务，体现内部控制制度的要求。

（4）仓库保管和材料记录应由不同部门和人员进行。

（5）财会部门应定期对领料凭证进行复核，同时应定期进行账账、账实核对，以保证领料记录的真实性和正确性。

2. 健全材料退库和盘点制度

企业月终凡是车间部门已领用材料的，应办理退料手续，以便正确计算本期材料消耗。

仓库保管的各种材料经过一段时间后，由于自然消耗、收发时的清点差错、登记差错以及发生贪污、盗窃等可能会产生账面数和实存数不符的情况。为了保证核算资料的正确性，需要对库存材料结存数进行盘点。材料盘点有定期全面盘点和不定期轮流盘点两种。盘点时若发现账实不符并确定属于发料差错造成的，经过批准，可以予以更改；如果是其他原因造成的，应按规定程序报经批准后进行会计处理。

3. 制定材料消耗定额，加强发料控制

材料消耗定额是指在一定的生产技术、组织管理条件下，生产单位产品消耗的材料数量标准。制定材料消耗定额是加强材料费用控制的主要方法。

材料消耗定额制定的原则是先进可行。

材料消耗定额是有效控制材料使用的一种手段。利用材料消耗定额，可以查明生产过程中材料实际消耗量与定额之间差异的产生原因，明确责任。同时，材料消耗定额的制定有利于实行例外管理原则，将管理重点放在差异较大的材料上，从而加强对材料费用的控制，降低产品成本。

做好以上三个环节的工作，一方面可以强化对材料费用的管理，另一方面可以为材料费用的归集和分配创造良好的条件。

四、发出材料成本的确定

企业对材料的计价方法不同，发出材料成本的具体方法也不同（见表3-2）。

表3-2 实际成本计价法和计划成本计价法

实际成本计价	计划成本计价
阐释：当材料按实际成本计价时，由于每一次取得的材料单价可能不一样，需要采用不同的方法确定发出材料的单价，进而计算材料的实际成本	阐释：当材料按计划成本计价时，发出材料时按计划成本计算的，需要将发出材料的计划成本调整为实际成本，以便于产品实际成本计算。为此，首先确定入库材料成本差异额和本月材料成本差异率
具体方法： （1）先进先出法 （2）移动加权平均法 （3）月末一次加权平均法 （4）个别计价法	计算公式： （1）本月入库材料成本差异额＝入库材料实际成本－入库材料计划成本 （2）本月材料成本差异率＝（月初结存材料成本差异额＋本月入库材料成本差异额）÷（月初结存材料计划成本＋本月入库材料计划成本） （3）上月材料成本差异率＝月初结存材料成本差异额÷月初结存材料计划成本
注意： （1）适用性 （2）谨慎性 （3）一致性 （4）简便性	根据发出材料计划成本和材料成本差异率，可以将本月发出材料计划成本调整为实际成本。计算公式： 发出材料计划成本＝发出材料数量 × 材料计划成本 发出材料应负担的材料成本差异额＝发出材料计划成本 × 材料成本差异率 发出材料实际成本＝发出材料计划成本 ± 发出材料应负担的材料成本差异额

【例3-1】柳林机械厂是一家小型制造企业，其所需主要材料甲材料按计划成本计价核算。甲材料计划单位成本为10元/千克。"原材料"账户月初余额为70 000元，"材料成本差异"账户月初借方余额为8 000元。本月购进5 000千克甲材料，实际支付价款48 000元。月末汇总发料凭证，共发出甲材料6 000千克，全部用于产品生产。计算本月发出材料实际成本以及月末结存材料实际成本。

本月入库材料成本差异额 = 48 000 − 5 000×10 = −2 000（元）

本月材料成本差异率 = (8 000 − 2 000) ÷ (70 000 + 50 000) × 100% = 5%

发出材料应负担的材料成本差异额 = 6 000×10×5% = 3 000（元）

发出材料实际成本 = 6 000×10 + 3 000 = 63 000（元）

结存材料实际成本 = 70 000 + 8 000 + 48 000 − 63 000 = 63 000（元）

五、材料费用的分配

企业耗用的材料，不管是外购材料，还是自制材料，其费用分配都应当以审核合格的领料凭证为原始依据，依照材料的具体用途进行汇总。将其中直接用于产品生产的材料费用，计入各种产品成本的有关项目；将用于产品销售以及组织和管理生产的材料费用，计入企业的"销售费用"和"管理费用"等有关费用项目；将用于建造固定资产的材料费用，计入"在建工程"支出等。

（一）原材料费用的分配方法

直接用于生产产品、构成产品实体的原材料费用，在产品成本中一般占有较大的比重，按重要性原则，应单设成本项目进行反映。直接用于产品生产的原材料通常按照产品品种（或成本计算对象）分别领用，属于直接计入费用，可以直接计入各种产品成本的"直接材料"成本项目，对于不能按照产品品种（或成本计算对象）分别领用，而是几种产品共同耗用原料及主要材料的，属于间接计入费用，应采用既合理又简便的分配方法，在各种产品之间进行分配，再计入各种产品成本的"直接材料"成本项目。

原材料费用的分配标准很多，可以按照产品的质量、体积进行分配，在材料消耗定额比较准确的情况下，原材料可以按照产品的原材料定额消耗量的比例或原材料定额费用的比例进行分配。

按原材料定额消耗量比例分配原材料费用，其计算程序如下。

第一，计算各种产品原材料定额消耗量。

第二，计算单位产品的原材料定额消耗量应分配的原材料实际消耗量（即原材料消耗量分配率）。

第三，计算各种产品应分配的原材料实际消耗量。

第四，计算各种产品应分配的原材料实际费用。

（1）某种产品原材料定额消耗量 = 该种产品实际产量 × 单位产品原材料定额消耗量。

（2）原材料消耗量分配率 = 原材料实际消耗总量 ÷ 各种产品原材料定额消耗量之和。

（3）某种产品应分配的原材料实际消耗量 = 该种产品的原材料定额消耗量 × 原材料消耗量分配率。

（4）某种产品应分配的实际原材料费用 = 该种产品应分配的原材料实际消耗量 × 材料单价。

【例3-2】柳林机械厂生产甲、乙两种产品，共同耗用原材料60 000千克，单价为10

元/千克，共计 600 000 元。生产甲产品 1 200 件，单件甲产品的原材料消耗定额为 30 千克；生产乙产品 800 件，单件乙产品的原材料消耗定额为 15 千克。原材料费用分配计算如下。

（1）甲产品原材料定额消耗量 = 1 200×30 = 36 000（千克）

乙产品原材料定额消耗量 = 800×15 = 12 000（千克）

（2）原材料消耗量分配率 = 60 000÷（36 000 + 12 000）= 1.25

（3）甲产品应分配原材料实际消耗量 = 36 000×1.25 = 45 000（千克）

乙产品应分配原材料实际消耗量 = 12 000×1.25 = 15 000（千克）

（4）甲产品应分配原材料费用 = 45 000×10 = 450 000（元）

乙产品应分配原材料费用 = 15 000×10 = 150 000（元）

上述方法有利于考核产品原材料消耗定额的执行情况，便于加强材料成本管理。为了简化计算过程，也可以按材料定额费用比例分配计算。仍以上例资料为例，计算过程如下。

（1）原材料费用分配率 = 原材料实际费用总额 ÷ 各种产品原材料定额消耗量之和

$$= 600\ 000 ÷ (36\ 000 + 12\ 000) = 12.5$$

（2）甲产品应分配原材料费用 = 36 000×12.5 = 450 000（元）

乙产品应分配原材料费用 = 12 000×12.5 = 150 000（元）

（二）原材料费用分配表的编制及账务处理

在实际工作中，上述原材料费用分配是通过编制原材料费用分配表进行的。该表应分车间、部门，按材料类别，根据审核、归类后的领退料凭证和有关资料编制。其中，退料凭证的数额应当从相应的领料凭证的数额中扣除（见表 3-3）。

表 3-3 原材料费用分配表

201×年 11 月　　　　　　　　　　　　　　　金额单位：元

应借科目		直接计入金额	分配计入				材料费用合计
			定额消耗量（千克）	分配率	单价	分配金额	
基本生产	甲产品	15 200	36 000	1.25	10	450 000	465 200
	乙产品	7 400	12 000	1.25	10	150 000	157 400
	小计	22 600	48 000	1.25		600 000	622 600
辅助生产	供水	2 000					
	供电	5 300					
	小计	7 300					
制造费用	基本生产车间	1 200					
	小计	1 200					
管理费用		2 000					
销售费用		1 800					
合计		34 900				600 000	634 900

根据材料费用分配表编制会计分录，据以登记有关总账和明细账。编制会计分录如下。

借：基本生产——甲产品	465 200
——乙产品	157 400
辅助生产——供水	2 000
——供电	5 300
制造费用——基本生产车间	1 200
管理费用	2 000
销售费用	1 800
贷：原材料	634 900

上述原材料费用是按实际成本进行核算分配的，如果原材料费用按计划成本进行核算分配，则平时计入产品成本的原材料费用是计划成本，计划成本与实际成本会形成材料成本差异额，需要在月末分配计入产品成本。

（三）其余材料费用的分配

其余材料费用的分配如表3-4所示。

表3-4　其余材料费用的分配

燃料	包装物和修理用备件	低值易耗品
指生产过程中用来燃烧发热的各种材料	包装物是指为了包装本企业产品而储备的各种容器（如桶、箱、瓶等）。修理用备件是指修理本企业机器设备和运输工具所专用的各种备用备件	指不作为固定资产核算的各种劳动手段，包括工具、管理用具、玻璃器皿以及在生产经营过程中周转使用的包装容器
	计入成本的方法同原材料计入方法相类似	为了进行低值易耗品收入、发出、结存的总分类核算，应设置"低值易耗品"总账，并比照材料的明细核算方法，按照低值易耗品的类别、品种、规格进行数量、金额明细核算
注意：根据重要性原则，燃料费用占产品成本比重较大时，应设置"燃料"账户	注意：对于销售部门领用的随同产品出售不单独计价的包装物，应记入"销售费用"账户 对于销售部门领用的随同产品出售单独计价的包装物，应记入"其他业务成本"账户 对于出租、出借的包装物，应记入"其他业务成本""销售费用"账户	注意：由于低值易耗品相对于固定资产而言价值较小，易于损坏，更换频繁。所以在领用时其价值一次性计入成本、费用。用于生产车间的低值易耗品应记入"制造费用"账户，用于企业组织、管理生产经营活动的低值易耗品则应记入"管理费用"账户

第二节　动力费用的归集与分配

动力费用是指企业耗用的电力、蒸汽等费用。动力费用可以分为自制和外购两种情况。自制动力费用分配属于辅助生产费用分配内容，这一节只涉及外购动力费用的归集和分配。

一、外购动力费用的归集

外购动力一般是由动力供应单位（如供电局）根据动力计量表上反映的耗用量和计价标准开列账单向企业收取的。动力费用是先用后支付的，也就是说本月发生的动力费用要等到下个月才支付，而企业进行成本计算的会计期间是以月份为基础的，应以本月实际消耗的动力费用为基准。因此，根据权责发生制和配比原则，企业必须在月末派人员抄录计量表上反映的动力耗用数量，以此确定本月发生的动力费用，作为当期分配的基准数。

如果动力供应单位每月的抄表日期固定，且从每月抄表日到月末的耗用量相差不多，则在这种情况下，为简化会计核算工作，也可以当月实际支付的动力费用作为当月动力费用分配的基准数。

二、外购动力费用的分配

外购动力有的直接用于生产，如生产工艺用电；有的间接用于产品生产，如生产车间照明和办公用电；有的用于经营管理，如行政管理部门照明和办公室用电。这些动力费用的分配，在有仪表记录的情况下，应根据仪表所显示的耗用量以及动力的单价计算；在没有仪表记录的情况下，可以按照生产工时比例、机器工时比例或定额耗用量等标准进行分配。在实务中，各车间、部门的动力用电和照明用电一般都装有电表，因此外购动力费用在各车间、部门分配时，一般应按用电度数进行分配。对于各个车间来说，需要进一步将分配到该车间的动力费用分配到各产品中，因企业一般不会按产品分别安装电表记录电费，因此车间的动力用电费用总额要以产品生产工时、机器工时、定额耗用量或其他标准为依据，在各种产品之间进行分配。分配公式为：

动力费用分配率 = 生产车间动力费用总额 ÷ 各种产品动力费用分配标准之和

某种产品应分配的动力费用 = 该产品动力费用分配标准数 × 动力费用分配率

【例3-3】柳林机械厂201×年11月耗电度数合计为67 125度，金额为26 850元，每度电0.4元。直接用于产品生产耗电42 750度，金额为17 100元，没有分产品安装电表，规定按机器工时比例分配。甲产品机器工时为5 550小时，乙产品机器工时为3 000小时。该企业设有"直接材料和动力"成本项目。甲、乙产品动力费用分配计算如下：

动力费用分配率 = 17 100 ÷ (5 550 + 3 000) = 2

甲产品动力费用 = 5 550 × 2 = 11 100（元）

乙产品动力费用 = 3 000 × 2 = 6 000（元）

外购动力费用分配是通过编制外购动力（电力）费用分配表进行的，根据该分配表编制会计分录，据以登记有关总账和明细账。外购动力费用分配表格式及举例如表3-5所示。

表 3-5 外购动力费用分配表

201× 年 11 月

应借科目		成本或费用项目	生产工时（分配率：2）	度数（分配率：0.4）	金额（元）
基本生产	甲产品	直接材料和动力	5 550		11 100
	乙产品	直接材料和动力	3 000		6 000
	小计		8 550	42 750	17 100
辅助生产	供水	水电费		3 750	1 500
	供电	水电费		6 500	2 600
	小计			10 250	4 100

（续）

应借科目		成本或费用项目	生产工时（分配率：2）	度数（分配率：0.4）	金额（元）
制造费用	基本生产车间	水电费		2 500	1 000
	小计			2 500	1 000
管理费用		水电费		4 500	1 800
销售费用		水电费		1 500	600
合计		水电费		61 500	24 600

注：度数分配率 =26 850÷67 125 = 0.4。

编制会计分录如下。

借：基本生产——甲产品　　　　　　　　　　　　　　11 100
　　　　　　——乙产品　　　　　　　　　　　　　　 6 000
　　辅助生产成本——供水　　　　　　　　　　　　　 1 500
　　　　　　　　——供电　　　　　　　　　　　　　 2 600
　　制造费用　　　　　　　　　　　　　　　　　　　 1 000
　　管理费用　　　　　　　　　　　　　　　　　　　 1 800
　　销售费用　　　　　　　　　　　　　　　　　　　　 600
　　贷：应付账款　　　　　　　　　　　　　　　　　24 600

外购动力需要变压后才能使用的企业，应通过"辅助生产"账户进行核算，将外购动力费用与变压过程中发生的各项费用之和作为所供动力成本进行上述分配。

第三节　工资费用的归集与分配

一、企业工资费用的构成与控制

（一）工资费用构成

工资费用也就是企业支付的职工薪酬，是指企业为获得职工提供的服务或解除劳动关系而给予的各种形式的报酬。按照我国《企业会计准则第 9 号——职工薪酬》规定，职工薪酬主要包括短期薪酬、离职后福利、辞退福利和其他长期职工福利。企业提供给职工配偶、子女、受赡养人、已故员工遗属及其他受益人等的福利，也属于职工薪酬。

我国会计准则所指的职工：一是指与企业订立劳动合同的所有人员，含全职、兼职和临时职工；二是指未与企业订立劳动合同，但由企业任命的企业治理层和管理层人员，如董事会成员、监事会成员等；三是在企业的计划和控制下，未与企业订立劳动合同或未由其正式任命，但向企业所提供服务与职工提供服务类似的人员，包括企业与劳务中介公司签订用工合同而向企业提供服务的人员。

企业职工薪酬及工资费用由以下内容具体组成。

1. 短期薪酬

短期薪酬是企业在职工提供相关服务的年度报告期间结束后需要全部予以支付的职工薪

酬。它包括职工工资、奖金、津贴和补贴，职工福利费、医疗保险费、工伤保险费、生育保险费等社会保险费，住房公积金，工会经费与职工教育经费，短期带薪缺勤，短期利润分享计划，其他短期薪酬。

2. 离职后福利

离职后福利是指企业为获得职工提供的服务而在职工退休或与企业解除劳务关系后，提供各种形式的报酬和福利，短期薪酬和辞退福利除外。离职后福利计划是指企业就职工离职后福利达成协议，或者企业为职工提供离职后福利制定的规章或办法。企业应当将离职后福利计划分类为设定提存计划和设定受益计划。

3. 辞退福利

辞退福利是指企业在职工劳动合同到期之前解除与职工的劳动关系，或者为鼓励职工自愿接受裁减而给予职工的补偿。

4. 其他长期职工福利

其他长期职工福利是指除短期薪酬、离职后福利、辞退福利之外的所有职工薪酬，包括长期带薪缺勤、长期残疾福利、长期利润分享计划等。在进行工资费用核算时，应当注意的是，企业支付给职工的劳动保护费、出差伙食补助、独生子女补助等虽然随同工资发放给职工，但它们不属于工资费用的范畴。

（二）工资费用的控制

工资是企业产品成本的重要组成部分，为了有效控制产品成本和期间费用，应对工资费用进行多方面的控制。对工资费用的控制主要包括以下几方面的内容。

（1）根据生产经营规模和国家有关企业工资与福利费构成规定，选择适合本企业经营特点的工资制度，编制企业会计报告期的工资费用计划。

（2）控制工资费用的增长幅度。企业工资费用的增长幅度应低于经济收益的增长幅度，职工平均实际收入的增长幅度应低于劳动生产率的增长幅度。

（3）实行定员、定岗责任制，合理安排劳动力，尽量减少非生产人员，实行劳动岗位的优化组合。

（4）接受当地劳动行政部门的监督，支付职工的工资不得低于当地劳动部门规定的最低生活标准。

（5）按照国家税法的规定，代职工缴纳个人所得税。

二、工资费用的原始记录

为了正确计算职工工资，进行工资费用的核算，必须做好工资费用核算的原始记录。企业应根据管理需要和生产工艺特点，科学、合理地确定工资费用核算所需的原始记录种类、格式及记录方式。工资费用核算的原始记录主要有考勤记录、产量和工时记录。

（一）考勤记录

考勤记录是指登记职工出勤和缺勤时间及情况的原始记录。考勤记录既为企业计算计时工资、加班加点工资、中夜班津贴提供依据，又为企业加强劳动管理和劳动纪律，提高出勤率和工时利用率发挥着重要的作用。考勤记录主要有考勤簿和考勤卡两种形式。

考勤簿可以根据企业具体情况，按车间、部门或班组分月设置，由考勤员根据每个职工每天的出勤和缺勤情况，逐日进行登记，月末根据考勤记录统计每个职工出勤、缺勤时间和缺勤原因，作为计算应发计时工资、加班加点工资及中夜班津贴的依据。

考勤卡应按每个职工设置，每人每月一张。考勤卡的内容与考勤簿基本相似。每个职工上班时，将考勤卡交给考勤员记录考勤，下班时再由考勤员发还给职工本人。企业和车间如果设有考勤机，职工上下班时，可以自行将考勤卡插入考勤机内，由考勤机自动打上职工上下班时间。

(二) 产量和工时记录

产量和工时记录是登记工人或生产班组在出勤时间内完成的产品数量、质量和生产这些产品所耗费的工时数量的原始记录。产量和工时记录不仅是计算职工计件工资的依据，也是分配直接工资费用和其他与工时有关费用的重要依据。此外，企业还可以凭借产量和工时记录，检查生产工作计划和工时定额的完成情况，考核企业劳动生产率的高低。由于生产车间的工艺过程和生产组织的特点不同，产量和工时记录的内容、格式和登记程序也各不相同。企业采用的产量和工时记录通常有工作通知单、工序进程单和工作班产量记录等。

1. 工作通知单

工作通知单又称工票，是指以每个工人或生产班组所从事的每项工作或每道工序为对象所签发的，用以分配生产任务，记录产量和工时的原始记录。工作通知单由生产调度部门根据生产作业计划安排，在生产开始之前签发给工人或生产班组，工人或生产班组按照单内规定的生产任务领取材料进行加工。加工完成后，将加工产品数量和实用工时填入单内，连同产品一并送交质量检验员验收，由其将验收结果填入单内，并签章后才能据以计算计件工资。

由于工作通知单只能反映加工产品在个别工序上的加工过程，而不能反映加工产品连续的整个加工过程，因此它只适用于单件、小批生产的企业或车间，以及个别的、一次性的作业。

2. 工序进程单

工序进程单又称为加工路线单，是指以每一批加工产品的整个工艺流程为对象签发的，用以分配生产任务，并记录每道工序产量和工时的原始记录。工序进程单由生产调度部门根据车间生产计划、工艺技术规程、生产批别和定额消耗等资料填制签发，用以分配生产任务。

工序进程单根据产品或零件的整个加工过程，按顺序登记各道工序的实际产量和工时以及各零件的交接手续。设置工序进程单有利于监督产品生产过程，正确执行规定的工艺流程，控制各道工序加工产品的数量，保证成批、均衡地组织生产。它适用于成批生产的企业或车间。

在实践中，一批产品在加工过程中往往要经过几个生产班组及车间。这样，一张工序进程单内就要记录几个生产班组或车间工人的产量和所耗的工时,并且一个生产班组往往会同时加工几种零件,一个班组的产量和耗用的工时又分别记录在几张工序进程单内,从而显得散乱。为了集中反映一个生产班组的产量和耗用的工时,便于计算计件工资,还必须编制工作班产量记录。

3. 工作班产量记录

工作班产量记录又称工作班记录,是指按生产班组设置的,反映一个班组的工人在一个工作班内所生产的产品数量和所耗用工时的原始记录。工作班产量记录应按班组的工人分行登记。工作班开始工作前,由有关人员将工序进程单连同领用的材料、零件、半成品等一并交给操作工人,操作工人据以进行生产,工作班产量记录则由检验人员保存。操作工人完成工作任务后,将完工产品和工序进程单交班组长查点,然后转由检验人员验收,并将检验结果登记在工序进程单和工作班产量记录中。在工作班结束后,由班组长注明实际工时,经工段长和检验人员签名后,作为统计产量、工时和计算计件工资的依据。

四、工资费用的计算

工资费用的计算是企业进行工资费用归集和分配的基础,也是企业与职工之间进行工资结算的依据。工资费用的计算与企业实行的工资制度密切相关,在不同工资制度下,工资费用的计算方法有一定差别。在实务中,企业的基本工资制度有计时和计件两种形式。

(一) 计时工资的计算

计时工资是根据每位职工规定的工资标准和考勤记录计算的。它又分为月薪制和日薪制两种。

1. 月薪制

月薪制是根据每位职工的月标准工资和出勤情况计算计时工资的方法。采用月薪制时,不论各月节假日是多少,职工只要是全勤,都可以取得全月的标准工资。如果职工缺勤,应按月标准工资扣除缺勤的工资。

$$应付职工计时工资 = 月标准工资 - 缺勤应扣工资$$
$$缺勤应扣工资 = 缺勤天数 \times 日标准工资 \times 缺勤扣款比例$$

计算缺勤应扣工资时,缺勤天数是通过考勤记录获得的,缺勤扣款比例是按照每家企业内部劳动工资管理制度对旷工、事假、病假等的规定比例操作的,关键是计算日标准工资。

$$日标准工资 = 月标准工资 \div 平均每月工作日数$$

平均每月工作日数有两种计算方法:一种是按法定工作日计算:(365-104(休息日)-11(法定休假日))÷12 = 20.83(天);另一种是按日历天数计算:360÷12 = 30(天)。按日历天数即30天计算时,由于休假日、节假日也含有工资,当连续缺勤期间含有休假日、节假日时,也应按缺勤日数计算,予以扣发工资。在两种计算方法中,按法定工作日计算更为合理、简便,因此,在实务中采用得比较普遍。

【例3-4】柳林机械厂行政管理部门职工陈红的月标准工资为8 000元,王江的月标准工资为 5 400 元。11 月的考勤记录反映陈红病假 2 天，王江事假 3 天。陈红的病假应扣工资折扣率为 20%。该企业按法定工作日计算日标准工资，请计算应付职工计时工资。

陈红日标准工资 = 8 000 ÷ 20.83 = 384.06（元）

应付陈红计时工资 = 8 000 − 384.06 × 2 × 20% = 7 846.38（元）

王江日标准工资 = 5 400 ÷ 20.83 = 259.24（元）

应付王江计时工资 = 5 400 − 259.24 × 3 = 4 622.28（元）

日标准工资除了用于计算职工缺勤应扣工资外，还用于计算职工的加班加点工资。

按月薪制计算应付职工计时工资时，是采用缺勤扣款的方法计算的，由于多数职工为全勤，因此计算起来较为简捷。

2. 日薪制

日薪制是根据每位职工的日标准工资和出勤情况计算计时工资的方法。计算公式如下：

应付职工计时工资 = 日标准工资 × 出勤天数 + 缺勤应得工资

按日薪制计算应付职工计时工资时，由于每个月份的实际天数不同，职工的出勤天数也不同，因此每个月都要计算，工作量较大，我国企业中较少采用日薪制。

【例 3-5】 柳林机械厂临时职工陈华的日标准工资是 90 元，6 月出勤天数为 24 天，请病假 2 天，陈华的病假按公司规定，应扣工资折扣率为 30%，计算应付职工计时工资。

应付职工计时工资 = 90 × 24 + 90 × 2 ×（1−30%）= 2 286（元）

（二）计件工资的计算

计件工资是根据工作班产量记录或工作通知单登记的产量，乘以规定的计件单价计算的工资。由于产量中既有合格品又有废品，因此需要对废品进行分析。

废品按照产生原因有料废和工废两种。料废是指因原材料质量不合格而产生的废品。很显然料废是客观原因造成的，因此对于加工完毕后检验时发现的料废可以同合格品一样计算计件工资；对于加工过程中发现的料废，则应根据生产工人完成的定额工时计算其计件工资。

工废是指因工人操作不当等过失原因而产生的废品。很显然工废是主观原因造成的，不但不能计算计件工资，还应当根据具体情况对当事人处以罚款。

计件单价是根据加工单位产品的定额工时乘以依据该加工产品的加工等级计算的小时标准工资得出的。

【例 3-6】 柳林机械厂甲产品规定车工的加工等级为三级，三级车工的小时标准工资为 16.56 元。甲产品单位定额工时为 10 分钟。工人陈林 11 月加工甲产品 1 100 件，其中合格品为 1 086 件，料废 8 件，工废 6 件。料废中有 5 件是加工完成后检验时发现的，3 件是加工过程中发现的。3 件料废共完成定额工时 15 分钟。则计算甲产品的计件单价和应付陈林 11 月计件工资如下：

甲产品计件单价 = 16.56×10÷60 = 2.76（元）

应付陈林11月计件工资 =（1 086+5）×2.76 + 15÷60×16.56 = 3 015.3（元）

五、工资费用的归集和分配

（一）工资费用的归集

1. 工资费用的结算

企业在分别计算应付职工计时工资或计件工资后，应根据已确定的每位职工工资性津贴和补贴、奖金等，计算每位职工的应发工资。计算公式如下：

应发工资 = 应付职工计时工资 + 应付职工计件工资 + 工资性津贴和补贴 + 奖金 + 其他工资

企业向职工支付工资薪酬时，还要随同工资支付给职工工资性津贴，如房贴、车贴等，并扣除职工应交的住房公积金、养老保险等代扣款项。因此，工资费用的结算就是企业与职工之间以工资为主的有关费用与代扣款项的结算。在结算时应根据有关资料，计算职工实发工资金额。计算公式如下：

实发工资 = 应发工资 − 缺勤工资 − 代扣款项

在实际工作中，企业是通过编制工资结算表来结算工资费用的。工资结算表是分车间或部门编制的，一式三联。一联裁成工资条，连同实发金额一并发给职工，便于其进行核对；一联经职工签收后作为工资费用结算和发放的原始凭证，由财会部门入账；一联由劳动工资部门留存，作为统计劳动工资的依据。

2. 工资费用的归集

工资结算表是按照车间或部门编制的。为了全面反映企业工资结算情况，便于进行工资费用的分配，需要将各车间或部门编制的工资结算表进一步汇总后编制工资结算汇总表。

（二）工资费用的分配

企业归集的工资费用应按工资费用发生的车间、部门及人员进行分配。

在基本生产车间工人工资中，计件工资属于直接计入费用，应直接记入"基本生产"账户所属明细账户；计时工资、工资性津贴和补贴、奖金以及特殊情况下支付的工资属于间接计入费用，需要按生产工时比例等分配标准分配后再记入"基本生产"账户所属各明细账户。归集的基本生产车间管理人员的工资应记入"制造费用"账户，归集的辅助生产车间人员的工资应记入"辅助生产"账户，归集的销售部门人员的工资应记入"销售费用"账户，归集的行政管理部门人员的工资应记入"管理费用"账户。工资费用的分配一般是在工资结算汇总表上进行的。

在对基本生产车间工人工资中的间接计入产品成本的工资费用进行分配时，可以采用实际生产工时比例分配法，也可以采用定额工时比例分配法。企业可以根据具体情况选用。间接计入产品成本的工资费用分配的计算公式如下：

生产工人工资费用分配率 = 各种产品应负担的生产工人工资费用总额 ÷ 各种产品实际生产（定额）工时之和

某种产品应分配的生产工人工资 = 该种产品实际生产（定额）工时
$$\times \text{生产工人工资费用分配率}$$

【例 3-7】 柳林机械厂生产甲、乙两种产品，生产工人的计件工资分别为：甲产品 30 000 元，乙产品 20 000 元。甲、乙产品的计时工资共计 320 000 元。甲、乙产品的生产工时分别为 25 000 小时和 15 000 小时。

（1）按生产工时比例分配计算如下：

工资费用分配率 = 320 000 ÷（25 000 + 15 000）= 8

甲产品分配工资费用 = 25 000 × 8 = 200 000（元）

乙产品分配工资费用 = 15 000 × 8 = 120 000（元）

（2）编制工资费用分配表如表 3-6 所示。

表 3-6 工资费用分配表

201× 年 11 月　　　　　　　　　　　　　　　单位：元

应借科目		成本或费用项目	直接计入	分配计入			工资费用合计	职工福利费分配数（14%）
				生产工时（小时）	分配率	分配金额		
基本生产	甲产品	直接人工	30 000	25 000	8	200 000	230 000	32 200
	乙产品	直接人工	20 000	15 000	8	120 000	140 000	19 600
	小计		50 000	40 000		320 000	370 000	51 800
辅助生产	供水	职工薪酬	1 200				1 200	168
	供电	职工薪酬	6 200				6 200	868
	小计		7 400				7 400	1 036
制造费用	基本生产车间	职工薪酬	3 500				3 500	490
	小计		3 500				3 500	490
管理费用		职工薪酬	60 000				60 000	8 400
销售费用		职工薪酬	30 000				30 000	4 200
合计			150 900			320 000	470 900	65 926

（3）编制会计分录。

借：基本生产——甲产品　　　　　　　　　　　　　　　　230 000
　　　　　　　——乙产品　　　　　　　　　　　　　　　　140 000
　　辅助生产成本——供水　　　　　　　　　　　　　　　　1 200
　　　　　　　　——供电　　　　　　　　　　　　　　　　6 200
　　制造费用　　　　　　　　　　　　　　　　　　　　　　3 500
　　管理费用　　　　　　　　　　　　　　　　　　　　　　60 000
　　销售费用　　　　　　　　　　　　　　　　　　　　　　30 000
　　贷：应付职工薪酬　　　　　　　　　　　　　　　　　　470 900

六、职工福利费的分配

职工福利费是指企业用于职工医疗、卫生、生活困难补助和集体福利设施等方面的费用。职工福利费是企业根据国家规定除了支付给职工个人工资以外，还必须承担的职工福利方面的义务，是对职工劳动补偿的辅助形式。

企业发生职工福利费时，同工资费用一样应按照职工所在工作岗位分别计入产品成本和期间费用。凡是生产车间工人的，可以参照生产车间工资费用的大小分配给各种产品，记入"基本生产"账户；凡是生产车间管理人员的，应记入"制造费用"账户；凡是辅助生产车间人员的，应记入"辅助生产"账户；凡是行政管理人员的，应记入"管理费用"账户。

由于发生的职工福利费同工资费用一样，最终都要计入企业成本、费用，而且都是在会计报告期末分配计入的，为了简化费用分配表编制，也可以将工资费用分配表和职工福利分配表合二为一编在一张分配表上。

例 3-7 数据的职工福利分配会计分录如下。

借：基本生产——甲产品　　　　　　　　　　　　　32 200
　　　　　　——乙产品　　　　　　　　　　　　　19 600
　　辅助生产成本——供水　　　　　　　　　　　　　　168
　　　　　　　　——供电　　　　　　　　　　　　　　868
　　制造费用　　　　　　　　　　　　　　　　　　　　490
　　管理费用　　　　　　　　　　　　　　　　　　　8 400
　　销售费用　　　　　　　　　　　　　　　　　　　4 200
　　贷：应付职工薪酬　　　　　　　　　　　　　　　65 926

第四节　折旧费用的归集与分配

折旧费用是指固定资产由于使用、磨损而转移到产品成本和期间费用中的价值，在自动化程度比较高的制造企业中，机器设备、房屋建筑物的折旧都比较多，需要正确、合理地选择折旧方法，计算折旧费用。

一、折旧费用的计算

（一）计提折旧的范围

我国《企业会计准则第 4 号——固定资产》规定，除以下情况外，企业应对所有固定资产计提折旧。

（1）已经提足折旧但仍继续使用的固定资产。

（2）按规定单独估价作为固定资产入账的土地。

（二）折旧计算方法

折旧计算方法很多，由于折旧计算方法的选择会直接影响企业成本、费用的计算，也会影响企业的利润和纳税，因此企业应选择适当的折旧方法。折旧方法一经确定，不得随意变更。常用的折旧方法有以下四种。

1. 平均年限法

平均年限法又称直线法，是将固定资产的应计提折旧额均衡地分摊到预计使用年限各期的一种折旧方法。计算公式如下：

月折旧额 = 固定资产原值 × (1 − 预计净残值率) ÷ (预计使用年限 × 12)

在实践中，为了简化计算，可采用分类折旧率计算方法，将物理特征相似、使用年限大致相同的固定资产归为一类，计算其分类折旧额。计算公式如下：

年分类折旧率 = 全年应提该类固定资产折旧额 ÷ 该类固定资产原值总额

分类固定资产月折旧额 = 该类固定资产原值总额 × 年分类折旧率 ÷ 12

采用平均年限法，各年（月）的折旧费用是相等的。该方法一般适用于经常使用、各期使用均衡的固定资产。

【例 3-8】 柳林机械厂的一台 A 设备采用直线法计算折旧。该设备原始价值为 100 000 元，预计使用 5 年，预计净残值为 2 000 元。

每年计提折旧额 = (100 000 − 2 000) ÷ 5 = 19 600（元）

2. 工作量法

工作量法是指根据实际工作量计提折旧额的一种折旧方法。计算公式如下：

单位工作量折旧额 = 固定资产原值 × (1 − 预计净残值率) ÷ 预计工作总量

某项固定资产月折旧额 = 该项固定资产当月实际工作量 × 单位工作量折旧额

采用该方法，各期的折旧费用是不相等的。该方法一般适用于各期使用程度不均衡的固定资产。

【例 3-9】 柳林机械厂的一台机械按工作量法计算折旧。原始价值 120 000 元，预计净残值率为 3%，预计可工作 20 000 个台班时数。该设备投入使用后第一年的实际工作台班时数为 7 000 小时。则：

第一年折旧额 = 120 000 × (1 − 3%) × 7 000 ÷ 20 000 = 40 740（元）

3. 双倍余额递减法

双倍余额递减法是根据各年固定资产期初账面净值和双倍的直线法折旧率（不考虑残值）计提各年折旧额的一种折旧方法。计算公式如下：

年折旧率 = 2 ÷ 预计使用年限

年折旧额 = 固定资产期初账面净值 × 年折旧率

月折旧额 = 年折旧额 ÷ 12

采用这种方法计提折旧，应在固定资产预计使用年限的最后两年内平均分摊应计提折旧额与累计已提折旧额的差额，此时考虑预计净残值。

采用双倍余额递减法，在固定资产的早期多提折旧，后期少提折旧，折旧费用逐年递减，这种方法属于加速折旧法。在我国，加速折旧法一般在电子工业、汽车工业、生产"母机"的机器制造业等行业使用得较多。

【例3-10】柳林机械厂的一台A设备采用双倍余额递减法计算折旧。该设备原始价值为100 000元,预计使用5年,预计净残值为2 000元。

$$第一年:折旧额 = 100\,000 \times \frac{2}{5} = 40\,000(元)$$

$$第二年:折旧额 = (100\,000 - 40\,000) \times \frac{2}{5} = 24\,000(元)$$

$$第三年:折旧额 = (100\,000 - 40\,000 - 24\,000) \times \frac{2}{5} = 14\,400(元)$$

$$第四、五年:折旧额 = (100\,000 - 40\,000 - 24\,000 - 14\,400 - 2\,000) \div 2 = 9\,800(元)$$

4. 年数总和法

年数总和法是将固定资产的原值减去预计净残值后的净额乘以一个逐年递减的分数(即年折旧率)来计算各年折旧额的一种折旧方法。这个分数的分子代表固定资产尚可使用的年数,分母代表使用年数的总和。计算公式如下:

$$年折旧率 = \frac{尚可使用年数}{预计使用年限的年数总和} \times 100\%$$

$$= (折旧年限 - 已使用年限) \div [折旧年限 \times (折旧年限 + 1) \div 2]$$

$$年折旧额 = (固定资产原值 - 预计净残值) \times 年折旧率$$

这种方法与双倍余额递减法相似,也属于加速折旧法。

【例3-11】柳林机械厂的一台生产设备采用年数总和法计算折旧。该设备原始价值为100 000元,预计使用5年,预计净残值为3 100元。计算第一年计提折旧额。

$$第一年:年折旧率 = \frac{5}{1+2+3+4+5} = \frac{1}{3}$$

$$年折旧额 = (100\,000 - 3\,100) \times \frac{1}{3} = 32\,300(元)$$

(三)本月应提折旧额的计算

企业在具体计提固定资产折旧时,应以月初应提折旧的固定资产账面原值为依据,即当月增加的固定资产,当月不计提折旧,从下月起计提折旧;当月减少的固定资产,当月仍计提折旧,从下月起停止计提折旧。因此,企业各月计提折旧时,可以在上月计提折旧的基础上对上月固定资产的增减变动情况进行调查后计算本月应计提的折旧额。本月应计提折旧额的计算公式表示如下:

本月应计提折旧额 = 上月计提折旧额 + 上月增加固定资产应计提折旧额 − 上月减少固定资产应计提折旧额

二、折旧费用的分配

折旧费用应按固定资产使用的车间、部门分别计入"辅助生产""制造费用""管理费用""销售费用"等明细账的"折旧费"费用项目。

企业折旧费的分配一般通过编制折旧费用分配表进行,其格式如表3-7所示。

【例 3-12】柳林机械厂的折旧费用分配表如表 3-7 所示。

表 3-7 折旧费用分配表

企业名称：柳林机械厂　　　　　　　　201×年 11 月　　　　　　　　　　　　单位：元

应借账户	车间部门	10 月份固定资产折旧额	10 月份增加固定资产折旧额	10 月份减少固定资产折旧额	11 月份固定资产折旧额
辅助生产	供水车间	1 000	100	200	900
	供电车间	1 900	200	100	2 000
	小计	2 900	300	300	2 900
制造费用	基本生产车间	1 000	200	450	750
销售费用	销售部门	1 200	100	200	1 300
管理费用	行政管理部门	1 300	1 000	700	1 600
合计		6 400	1 600	1 650	6 550

根据折旧费用分配表中 11 月份的折旧额，可以做折旧费用分配的会计分录如下。

借：辅助生产——供水车间　　　　　　　　　　　　　900
　　　　　　——供电车间　　　　　　　　　　　　2 000
　　制造费用　　　　　　　　　　　　　　　　　　　750
　　管理费用　　　　　　　　　　　　　　　　　　1 300
　　销售费用　　　　　　　　　　　　　　　　　　1 600
　　贷：累计折旧　　　　　　　　　　　　　　　　6 550

第五节　其他要素费用的归集与分配

在制造企业中，除燃料、动力、工资与福利费、折旧费用之外，其他要素费用还包括利息费用、税费支出、跨期费用和其他费用。

一、利息费用的归集和分配

制造企业要素费用中的利息费用不是产品成本的组成部分，而是企业财务费用的一个费用项目。

按照我国企业会计准则规定，企业在生产经营期间发生的各种借款利息，除了为构建固定资产所发生的借款利息外，其他借款均应在发生当期确认为费用，直接计入当期损益。企业为构建固定资产而借入的专门借款，以及在因定资产建造过程中占用的一般借款所发生的借款利息，应在满足资本化条件后，对在所构建的固定资产达到可使用状态前发生的，应予以资本化计入所购建固定资产成本，对在达到可使用状态后发生的，应当于发生时直接计入"财务费用"。

在实务中，短期借款的利息一般按季度结算支付，在实际支付时，借记"财务费用""在建工程"等账户，贷记"银行存款"账户。长期借款利息一般到期连同本金一起支付，按照权责发生制，应当分期计提应付利息，计提利息时借记"财务费用""在建工程"等账户，贷记"长期借款"账户。

二、税费支出的归集与分配

制造企业要素费用中的税费支出，是指计入税金及附加的各种税费。这部分税费支出不是产品成本的组成部分。

这些税费都需要预先计算应纳金额，然后缴纳。这些税费应当通过"应交税费"账户核算。在算出应交税费时，应借记"税金及附加"总账和所属明细账，贷记"应交税费"账户；在缴纳税费时，借记"应交税费"账户，贷记"银行存款"账户。

三、跨期费用的归集与分配

"待摊费用"与"预提费用"两者的发生与支付并不是同时的，所以在计算每期产品成本时就需要格外注意。

注意：当预提金额很小的时候，可以不按照预提费用核算，而是直接算成支付期的费用。

【例3-13】柳林机械厂201×年支付生产车间机床修理费20 000元，计划在20个月内进行摊销。

支付当月编制如下分录。

借：长期待摊费用　　　　　　　　　　　　　　　　20 000
　　贷：银行存款　　　　　　　　　　　　　　　　　　　　20 000

此20个月都编制如下分录。

借：管理费用　　　　　　　　　　　　　　　　　　 1 000
　　贷：长期待摊费用　　　　　　　　　　　　　　　　　　 1 000

四、其他费用的归集与分配

要素费用中的其他费用是指除了前面所述各要素费用以外的费用，包括邮电费、租赁费、印刷费、图书、资料、报刊、办公用品订购费、试验检验费、排污费、差旅费、午餐补助费、交通费补贴、保险费、职工技术培训费等。

这些费用都没有专门设立成本项目，应该在费用发生以后，根据有关付款凭证等，按照费用发生的车间、部门和用途进行归类、汇总后编制其他费用汇总表。

【例3-14】柳林机械厂201×年11月的其他费用汇总表如表3-8所示。

表3-8　其他费用汇总表

柳林机械厂　　　　　　　　　　　201×年11月　　　　　　　　　　　　单位：元

应借账户	车间或部门	间接计入工资费用						合计
		办公费	差旅费	外部运输费	广告费	租赁费	其他	
辅助生产	供水车间	300	500				200	1 000
	供电车间	1 700	3 000				1 200	5 900

(续)

应借账户	车间或部门	间接计入工资费用						合计
		办公费	差旅费	外部运输费	广告费	租赁费	其他	
辅助生产	小计	2 000	3 500				1 400	6 900
制造费用	基本生产车间	800		600			650	2 050
管理费用	行政管理车间	1 000	5 800	600		1 000	2 800	11 200
销售费用	产品销售车间	340	2 900	2 100	2 800		1 200	9 340
合计		4 140	12 200	3 300	2 800	1 000	6 050	29 490

编制会计分录如下。

借：辅助生产——供水车间	1 000
——供电车间	5 900
制造费用	2 050
管理费用	11 200
销售费用	9 340
贷：银行存款	29 490

制造企业的各种要素费用经过以上分配，已经按照费用的用途分别记入"基本生产""辅助生产""制造费用""管理费用""销售费用"等账户的借方。其中记入"基本生产""辅助生产"账户借方的费用，已经分别记入各有关产品成本明细账的"直接材料""直接人工"成本项目。这就是说，通过上述要素费用的归集和分配，已经将计入产品成本的费用和不计入产品成本的费用的界限划分清楚。下一章将继续讨论其他三个费用界限的划分。

思考题

1. 材料分为哪几类？材料采用实际成本计价方式和采用计划成本计价方式的区别是什么？
2. 在委托加工材料中，增值税计入材料成本吗？

课后习题

一、单选题

1. 企业为生产产品发生的原料及主要材料的耗费，应通过（　　）账户核算。
   A. 基本生产成本　　B. 辅助生产成本　　C. 管理费用　　D. 制造费用
2. 在月末编制材料费用分配表时，对于退料凭证的数额，可采取（　　）的方式。
   A. 冲减有关成本费用　　　　　　B. 从下月领料数中扣除
   C. 从当月领料数中扣除　　　　　D. 不需考虑
3. 用来核算企业为生产产品和提供劳务而发生的各项间接费用的账户是（　　）。
   A. 基本生产成本　　B. 制造费用　　C. 管理费用　　D. 财务费用
4. "基本生产成本"月末借方余额表示（　　）。

A. 本期发生的生产费用 B. 完工产品成本
C. 月末在产品成本 D. 累计发生的生产费用

5. 下列关于材料费用的分配说法错误的是（ ）。
   A. 直接产品生产的材料费用直接计入"生产成本"科目
   B. 生产车间一般耗用的材料费用计入"制造费用"科目
   C. 企业行政管理部门一般耗用的材料费用计入"管理费用"科目
   D. 直接用于各种产品生产的材料费用，如果金额较小，可全部计入"制造费用"科目

6. 生产产品领用的一次性摊销的专用工具应记入（ ）账户。
   A. 直接材料 B. 辅助生产成本 C. 制造费用 D. 管理费用

7. 核算每个职工的应得计件工资，主要依据（ ）的记录。
   A. 工资卡片 B. 考勤记录 C. 产量工时记录 D. 工资单

8. 下列各项中，不属于工资总额内容的是（ ）。
   A. 奖金 B. 工资性津贴和补助
   C. 劳动保护费 D. 加班加点工资

9. 福利部门人员的工资费用与按福利部门人员工资计提的福利费应分别记入（ ）账户的借方和贷方。
   A. "管理费用"和"应付职工薪酬" B. "应付职工薪酬"和"管理费用"
   C. "管理费用" D. "应付职工薪酬"

10. 下列关于待摊费用和预提费用的说法错误的是（ ）。
    A. 待摊费用是资产类科目，预提费用是负债类科目
    B. 待摊费用是负债类科目，预提费用是资产类科目
    C. 待摊费用是企业已经支付但应由本期和以后各期负担的各项费用
    D. 预提费用是已经受益，但尚未支付，需要预先提取计入成本费用的支出

11. 甲、乙两种产品的重量不同，材料单位消耗量基本相同，企业没有制定材料单位消耗定额，材料领用时未能区分每种材料的消耗量，则对甲、乙产品共同消耗的材料费用，可以作为分配标准的是（ ）。
    A. 完工产品的重量 B. 完工产品的数量
    C. 每种产品的材料消耗定额 D. 每种产品的实际材料消耗量

12. 在实际成本计价时，使期末结存材料价值接近市价的材料计价方式是（ ）。
    A. 先进先出法 B. 后进先出法 C. 加权平均法 D. 个别计价法

13. 王某去年8月参加工作（病假扣发比例为40%），月标准工资为418元，本月日历天数为31天，出勤19天，双休日8天，病假4天（含双休日1天）。按月薪制计算，该企业按日历天数计算日标准工资，天数为20.9天，则本月应付王某的计时工资是（ ）。
    A. 386元 B. 394元 C. 396元 D. 418元

14. 季某本月生产甲零件2 000只，其中合格品1 950只，工废品30只，料废品20只。本月季某计算计件工资的甲零件数量是（ ）。
    A. 2 000 B. 1 980 C. 1 970 D. 1 950

二、多选题

1. 应计入产品成本的各种材料费用，按其用途进行分配，应记入的账户有（ ）。

A. 管理费用　　　　　B. 基本生产成本　　　C. 制造费用　　　　　D. 财务费用
2. 下列属于生产要素费用的有（　　）。
  A. 外购材料　　　　　B. 外购燃料与动力　　C. 工资及福利费　　　D. 固定资产折旧费用
3. 要素费用中的税金包括（　　）。
  A. 房产税　　　　　　B. 增值税　　　　　　C. 印花税　　　　　　D. 所得税
4. 下列支出在发生时直接确认为当期费用的是（　　）。
  A. 行政人员工资　　　　　　　　　　　　　B. 支付的本期广告费用
  C. 预借差旅费　　　　　　　　　　　　　　D. 固定资产折旧费
5. "财务费用"账户核算的内容包括（　　）。
  A. 财会人员工资　　　　　　　　　　　　　B. 利息支出
  C. 汇兑损益　　　　　　　　　　　　　　　D. 财务人员业务培训费
6. 计提固定资产折旧，应借记的账户可能是（　　）。
  A. 基本生产成本　　　B. 辅助生产成本　　　C. 制造费用　　　　　D. 固定资产
7. 下列固定资产中不计提折旧的有（　　）。
  A. 未使用的房屋和建筑物　　　　　　　　　B. 不使用的固定资产
  C. 提前报废的固定资产　　　　　　　　　　D. 以经营租赁方式租入的固定资产
8. 用于几种产品生产的共同耗用材料费用的分配，常用的分配标准有（　　）。
  A. 工时定额　　　　　B. 生产工人工资　　　C. 材料定额费用　　　D. 材料定额消耗量
9. 根据有关规定，下列不属于工资总额内容的是（　　）。
  A. 退休工资　　　　　B. 差旅费　　　　　　C. 福利人员工资　　　D. 长病假人员工资
10. 下列固定资产中，其折旧额应作为产品成本构成内容的是（　　）。
  A. 生产车间设备　　　　　　　　　　　　　B. 企业管理部门房屋
  C. 生产用设备　　　　　　　　　　　　　　D. 专设销售机构用卡车
11. 以下各账户归集的支出，最终可能由产品成本负担的是（　　）。
  A. 辅助生产成本　　　B. 制造费用　　　　　C. 待摊费用　　　　　D. 预提费用
12. 计算计时工资时，要考虑的因素有（　　）。
  A. 月标准工资　　　　B. 出勤记录　　　　　C. 缺勤情况及性质　　D. 职工工龄
13. 使当期生产费用与当期完工产品不一致的原因有（　　）。
  A. 存在期初在产品　　　　　　　　　　　　B. 存在月末产品
  C. 既有期初在产品又有月末在产品　　　　　D. 没有在产品

三、判断题

1. 在任何情况下，本月实发工资都等于本月应发工资。（　　）
2. 一个要素费用按经济用途可能计入几个成本项目，一个成本项目可以归集同一经济用途的几个要素费用。（　　）
3. 预提费用是指企业预先支出但应由本期和以后各期分别负担的费用。（　　）
4. 基本生产车间发生的各种费用均应直接记入"基本生产成本"账户。（　　）
5. 企业固定资产折旧费应全部计入产品成本。（　　）
6. 不设"燃料和动力成本"项目的企业，其生产消耗的燃料可计入"直接成本"项目。
（　　）

7. 计件工资只能按职工完成的合格品数量来以计件单价计算发放。（ ）
8. 外购动力费用通常是先分配计入有关的成本费用，再支付价款的。（ ）
9. 计算集体计件工资时，分配率通常以计时工资为分配依据。（ ）

四、简答题

1. 简述费用要素归集与分配的一般原则。
2. 低值易耗品的摊销方法有几种？每种摊销方法有何特点？
3. 原材料费用的分配方法有哪几种？试比较分析。
4. 外购动力费用的分配有何特殊性？
5. 简述职工薪酬中的职工福利费的开支范围。

五、综合题

1. 某车间生产甲、乙两种产品，共消耗原材料 6 000 千克，单价为 10 元/千克。本月投产甲产品 200 件，乙产品 500 件。甲产品单位消耗定额 10 千克，乙产品单位消耗定额 6 千克。
   【要求】采用材料定额耗用量的比例分配甲、乙产品应负担的材料费用。

2. 职工张三 3 月份加工甲、乙两种产品，其中加工甲产品 220 件、乙产品 330 件。验收时发现甲产品有废品 22 件，其中料废 17 件，工废 5 件；乙产品有废品 11 件，其中料废 8 件，工废 3 件。该职工的小时工资率为 8 元，甲产品的定额工时为 3 小时，乙产品的定额工时为 4 小时。
   【要求】根据上述资料，计算张三 3 月份的应付计件工资。

3. 某企业总电表记录表明当月耗用电力 51 200 度，每度电价 1 元。各分电表记录如下：基本生产车间生产产品用电 34 000 度，车间照明用电 500 度，机修车间用电 8 000 度，锅炉车间用电 5 000 度，企业办公用电 2 500 度。
   【要求】根据上述资料，进行外购动力费用的分配，并编制相应的会计分录。

4. 某企业一生产小组有 4 个职工，3 月份共生产甲产品 750 件，每件产品的计价单价为 12 元。4 个职工的工作天数分别为：A 职工 21 天，B 职工 22 天，C 职工 23 天，D 职工 24 天。
   【要求】根据上述资料，计算该小组计件工资，并按实际工作天数计算每个职工的计件工资。

5. 某企业 3 月生产的甲、乙两种产品共同耗用 A、B 两种原材料，耗用量无法按产品直接划分。具体资料如下：①甲产品投产 500 件，原材料消耗定额为 A 材料 16 千克，B 材料 6 千克；②乙产品投产 300 件，原材料消耗定额为 A 材料 10 千克，B 材料 8 千克；③甲、乙两种产品实际消耗总量为：A 材料 8 232 千克，B 材料 4 120 千克；④材料实际单价为 A 材料 10 元/千克，B 材料 8 元/千克。
   【要求】根据定额消耗量的比例，分配甲、乙两种产品原材料费用，填入表 3-9，并编制会计分录。

表 3-9 原材料费用分配表

原材料		A 材料	B 材料	原材料实际成本
甲产品 投产（　　）件	消耗定额（千克）			
	定额消耗量（千克）			

(续)

原材料		A 材料	B 材料	原材料实际成本
乙产品投产（　）件	消耗定额（千克）			
	定额消耗量（千克）			
定额消耗总量（千克）				
实际消耗总量（千克）				
消耗量分配率				
实际消耗量的分配	甲产品（千克）			
	乙产品（千克）			
原材料实际单位成本				
原材料费用（元）	甲产品			
	乙产品			
	合计			

6. 某企业基本车间生产甲、乙两种产品，3月份计件工资为35 600元，其中用于甲产品20 600元，用于乙产品15 000元。应发计时工资、工资性津贴和补贴、奖金等属于间接费用，共35 000元，按产品的实际生产工时分配。甲产品耗用6 000工时，乙产品耗用4 000工时。职工福利费按工资费用的14%计提。其他部分信息如表3-10所示。

【要求】
（1）计算间接工资费用分配率。
（2）补充编制工资费用分配表（见表3-10）。
（3）编制相应的会计分录。

表 3-10　工资费用分配表

金额单位：元

应借账户		成本或费用项目	直接计入费用	间接计入工资费用			工资费用合计	计提职工福利费
				生产工时	分配率	分配金额		
基本生产	甲产品	直接人工	20 600	6 000				
	乙产品	直接人工	15 000	4 000				
	小计		35 600	10 000				
辅助生产	供水	直接人工	4 000					
	供电	直接人工	3 000					
	小计		7 000					
制造费用		工资	2 500					
销售费用		销售机构经费	2 200					
管理费用		公司经费	6 500					
	合计		53 800					

第四章

综合费用的归集与分配

导入案例

柳林机械厂设有供水车间、供电车间两个辅助生产单位。

本会计报告期内供水车间领用原材料2 000元,动力费用1 500元,工资费用1 200元,折旧费用900元,其他费用1 000元。本期供水车间提供了3 600吨水,其中,供电车间消耗了300吨,A产品消耗了1 500吨,B产品消耗了600吨,基本生产车间一般消耗900吨,行政管理部门消耗200吨,在建工程消耗100吨。

本会计报告期内供电车间领用原材料5 300元,动力费用2 600元,工资费用6 200元,折旧费用2 000元,其他费用5 900元。本期供电车间提供了44 000度电,其中,供水车间消耗了5 000度,A产品消耗了10 000度,B产品消耗了15 000度,基本生产车间一般消耗8 000度,行政管理部门消耗4 000度,在建工程消耗2 000度。

那么柳林机械厂本会计报告期内的供水车间每吨水的成本是多少?供电车间每度电的成本是多少?供水车间和供电车间的费用该如何分配?

学习目标

综合性费用包括辅助生产费用、制造费用、生产损失性费用等。这些费用由于不是企业原始形态的费用,而是一种间接性费用,因此在成本计算上不是在发生时直接计入产品或劳务的成本,而是需要经过一定的程序,采用一定的方法分配之后计入产品或劳务的成本。

综合费用的归集与分配不会使企业产生新的费用支出,也不会增加企业费用的总规模,只是在企业成本核算账户之间进行一种"内部结转",其目的是明确成本费用的最终归属,分清各种产品成本费用界限,最终正确计算出产品或劳务的成本。

在学习本章的过程中应当注意如下几点。

1. 了解辅助生产费用概念、特点及其对产品成本计算的影响,熟练掌握辅助生产费用分配方法的基本原理与流程,以及每种方法的适用条件和账务处理。
2. 了解制造费用的概念与组成内容,掌握制造费用分配的方法与流程,以及相关的账务处理。
3. 了解生产损失性费用的组成内容与特点，以及生产损失性费用的会计处理基本原则，掌握废品损失的核算。
4. 了解生产费用在完工产品与在产品之间的分配方式及在产品数量核算工作的基本内容，掌握生产费用在完工产品和在产品之间分配的各种方法的具体分配计算过程与使用条件。

| 难点提示 |

1. 辅助生产费用的分配方法，尤其是一次交互分配法和计划成本分配法，每种流程的具体操作程序，以及相应的账务处理方法？
2. 制造费用按计划价格分配时，计划价格怎样制定？会计报告期末实际制造费用与计划费用的差异如何调整？
3. 废品损失的分类及核算特点。

第一节 辅助生产费用的归集与分配

一、辅助生产费用的归集

（一）辅助生产、辅助生产费用及其对成本计算的影响

辅助生产是指为基本生产服务的产品生产和劳务供应。有的辅助生产只生产一种产品或提供一种劳务，如供电、供水、供气、供风、运输等；有的辅助生产则生产多种产品或提供多种劳务，如工具、模具、修理用备件的制造，机器设备的修理等。辅助生产提供的产品和劳务有时也对外销售，但这不是它的主要任务和目的。

辅助生产车间发生的各项费用构成辅助生产费用。它包括辅助生产车间消耗的材料、燃料、动力、工资等费用。这些费用实际上构成了辅助生产产品或劳务的成本。

辅助生产产品和劳务成本的高低与计算速度的快慢，会影响基本生产产品成本的高低与计算速度的快慢。因此，正确、及时地组织辅助生产费用的归集与分配，对于正确计算产品成本以及节约费用、降低成本有着重要的意义。

（二）辅助生产费用的归集

辅助生产费用的归集是通过"辅助生产"总账进行的。该账户同"基本生产"账户一样，一般应按辅助生产车间以及产品或劳务设立明细账，账中按成本项目设立专栏，进行明细核算。在辅助生产发生的各项费用中，凡属于直接计入费用的，应直接记入该账户和所属有关明细账的借方；凡属于间接计入费用的，应分配记入该账户和所属有关明细账的借方。

对辅助生产发生的制造费用，即辅助生产车间组织管理性费用，会计上有两种处理方式。一种方法是先记入"制造费用"总账和所属辅助生产费用明细账的借方进行归集，然后在期末从其贷方直接转入或分配转入"辅助生产"总账和所属明细账的借方。采用这种方式，可以单独核算辅助生产车间的制造费用，以便将其实际数与预算数进行对比，考核辅助生产

制造费用预算的执行情况。这种方式适合辅助生产制造费用较大，并且实行预算管理的企业。另一种方式是不单独在"制造费用"总账下设置辅助生产费用明细账，而是在费用发生时直接计入"辅助生产"总账所属的明细账。这种方式适合辅助生产制造费用较少，并且不实行预算管理的企业。如无特别说明，本书中例题采用第二种方法。

【例 4-1】柳林机械厂 201× 年 7 月份供水车间和供电车间归集的辅助生产费用可以列成表 4-1 和表 4-2。

表 4-1 辅助生产明细账

辅助单位：供水车间　　　　　　　　　201× 年 7 月 31 日　　　　　　　　　单位：元

月	日	凭证号数	摘要	原材料	动力	工资费	折旧费	差旅费	办公费	其他	合计	转出	余额
7	31	略	原材料分配	2 000							2 000		
			动力费用分配		1 500						1 500		
			工资费用分配			1 200					1 200		
			折旧费用分配				900				900		
			其他费用分配					500	300	200	1 000		
			合计	2 000	1 500	1 200	900	500	300	200	6 600		
			本月转出									6 600	—

表 4-2 辅助生产明细账

辅助单位：供电车间　　　　　　　　　201× 年 7 月 31 日　　　　　　　　　单位：元

月	日	凭证号数	摘要	原材料	动力	工资费	折旧费	差旅费	办公费	其他	合计	转出	余额
7	31	略	原材料分配	5 300							5 300		
			动力费用分配		2 600						2 600		
			工资费用分配			6 200					6 200		
			折旧费用分配				2 000				2 000		
			其他费用分配					3 000	1 700	1 200	5 900		
			合计	5 300	2 600	6 200	2 000	3 000	1 700	1 200	22 000		
			本月转出									22 000	—

二、辅助生产费用的分配

归集在"辅助生产"账户及其明细账借方的辅助生产费用，由于辅助生产车间生产的产品和提供的劳务不同，其转出分配的程序也不一样。工具和模具车间生产的工具、模具和修理用备件等产品成本，应在产品完工入库时，从"辅助生产"账户及其明细账的贷方分别转入"低值易耗品"和"原材料"账户的借方。动力、机修和运输等车间生产与提供电力、修理及运输等产品和劳务所发生的费用，要在各受益单位之间进行分配。

（一）辅助生产费用分配的特点

辅助生产提供的产品和劳务主要是为基本生产服务的。但同时，在某些辅助生产车间之间，也有相互提供产品和劳务的情况，如供水车间为供电车间提供水，供电车间为供水车间提供电。这样，为了计算水的成本，需要确定电力成本；为了计算电力成本，需要确定水的成本。因此，在分配辅助生产费用时，应在各辅助车间之间进行费用的交互分配，这就是辅助生产费用分配的一个重要的特点。

(二) 辅助生产费用的分配方法

辅助生产费用的分配方法有很多，主要有直接分配法、顺序分配法、一次交互分配法、计划成本分配法和代数分配法。

1. 直接分配法

直接分配法是将辅助生产车间发生费用（成本）直接分配给除辅助生产车间之外的各个受益对象，而不考虑辅助生产车间相互分配费用的方法。

$$某辅助生产车间费用分配率 = \frac{该车间辅助生产费用总额}{该车间提供劳务量 - 其他辅助车间耗用量}$$

$$受益单位分配额 = 该受益单位耗用量 \times 该辅助生产车间费用分配率$$

【例4-2】柳林机械厂有供水和供电两个辅助生产车间。201×年供水车间直接归集的辅助生产费用为6 600元（见表4-1），供电车间直接归集的辅助生产费用为22 000元（见表4-2）。这两个辅助生产车间提供的劳务量如表4-3所示。

根据以上资料，采用直接分配法编制辅助生产费用分配表，如表4-4所示。

表4-3　辅助生产单位劳务供应表

201×年7月

供应对象		耗水（吨）	耗电（度）
基本生产——A产品		1 500	10 000
基本生产——B产品		600	15 000
基本生产车间		900	8 000
辅助生产车间	供电	300	
	供水		4 000
行政管理部门		200	5 000
在建工程		100	2 000
合计		3 600	44 000

表4-4　辅助生产费用分配表

（直接分配法）

201×年7月　　　　　　　　　　　　　金额单位：元

辅助生产车间名称		供水	供电	金额合计
待分配费用		6 600	22 000	28 600
供应辅助生产以外单位的劳务数量		3 300吨	40 000度	
费用分配率		2	0.55	
基本生产——A产品	数量	1 500吨	10 000度	
	金额	3 000	5 500	8 500
基本生产——B产品	数量	600吨	15 000度	
	金额	1 200	8 250	9 450
基本生产车间	数量	900吨	8 000度	
	金额	1 800	4 400	6 200
行政管理部门	数量	200吨	5 000度	
	金额	400	2 750	3 150
在建工程	数量	100吨	2 000度	
	金额	200	1 100	1 300
分配金额合计		6 600	22 000	28 600

表 4-4 中费用分配率计算如下。

供水车间供应辅助生产以外单位的劳务数量 = 3 600 − 300 = 3 300（吨）

供电车间供应辅助生产以外单位的劳务数量 = 44 000 − 4 000 = 40 000（度）

$$供水车间费用分配率 = \frac{6\,600}{3\,300} = 2$$

$$供电车间费用分配率 = \frac{22\,000}{40\,000} = 0.55$$

根据辅助生产费用分配表编制的会计分录如下。

供水车间：

借：基本生产——A 产品	3 000
——B 产品	1 200
制造费用	1 800
管理费用	400
在建工程	200
贷：辅助生产——供水车间	6 600

供电车间：

借：基本生产——A 产品	5 500
——B 产品	8 250
制造费用	4 400
管理费用	2 750
在建工程	1 100
贷：辅助生产——供电车间	22 000

采用直接分配法，各辅助生产车间的待分配生产费用只对外分配一次，计算简便。但是，由于各辅助生产车间的费用不全，如上例中供水车间的费用中不包括耗电的费用，供电车间的费用中不包括耗用水的费用，因而分配结果不够准确。直接分配法适用于辅助生产内部相互提供劳务不多，不进行费用的交互分配，对辅助生产成本和企业产品成本影响不大的情况。

2. 顺序分配法

顺序分配法是先把各辅助生产车间按受益大小顺序排列，受益少的排列在前，先将辅助生产费用分配出去，受益多的排列在后，后将辅助生产费用分配出去。采用顺序分配法的关键是确定辅助生产车间彼此受益的大小，从而决定分配的顺序。在分配时，前序辅助生产车间可以向后序辅助生产车间分配，但后序辅助生产车间不能向前序辅助生产车间分配。

前述例 4-2 中供水车间和供电车间的受益计算如下：

$$供水车间费用分配率 = \frac{6\,600}{3\,600} = 1.83$$

$$供电车间受益 = 300 \times 1.83 = 549（元）$$

$$供电车间费用分配率 = \frac{22\,000}{44\,000} = 0.5$$

$$供水车间受益 = 4\,000 \times 0.5 = 2\,000\,(元)$$

因此，供电车间受益少，先分配，供水车间受益多，后分配。

【例 4-3】沿用前述例 4-2 中供水车间、供电车间的资料，采用顺序分配法编制辅助生产费用分配表，如表 4-5 所示。

表 4-5 中费用分配率计算如下：

$$供电车间费用分配率 = \frac{22\,000}{44\,000} = 0.5$$

$$供水车间费用分配率 = \frac{6\,600 + 2\,000}{3\,600 - 300} = 2.606\,1$$

根据辅助生产费用分配表（表 4-5），可以编制如下会计分录：

供电车间：

借：辅助生产——供水车间	2 000	
基本生产——A 产品	5 000	
——B 产品	7 500	
制造费用	4 000	
管理费用	2 500	
在建工程	1 000	
贷：辅助生产——供电车间		22 000

供水车间：

借：基本生产——A 产品	3 909.1	
——B 产品	1 563.6	
制造费用	2 345.5	
管理费用	521.2	
在建工程	260.6	
贷：辅助生产——供水车间		8 600

上述会计分录的借方或贷方总额为 30 600 元，比供电车间和供水车间待分配费用之和多了 2 000 元，这一差额是由辅助生产内部转账，即将供电费用分配计入供水费用造成的。

上述辅助生产费用表（见表 4-5）的下部呈梯形，因而这种分配方法又称为梯形分配法或半交互分配法。采用这种分配方法，各种辅助生产费用虽然也只分配一次，但它既分配给辅助生产以外的受益单位，又分配给排列在后面的其他辅助生产车间、部门，因此分配结果的准确性和计算的工作量有所增加。由于排列在前面的辅助生产车间、部门不负担排列在后面的辅助生产车间、部门的费用，因此分配结果的准确性仍受到一定影响。这种分配方法适宜各辅助生产车间、部门之间相互受益程度有明显顺序的企业采用。

表 4-5 辅助生产费用分配表

(顺序分配法)

201×年7月

金额单位：元

车间部门	供电车间			供水车间				基本生产——A产品		基本生产——B产品		基本生产车间		行政管理部门		在建工程		分配金额合计
	劳务数量	待分配费用	分配率	劳务数量	待分配费用	分配率		耗用数量	分配金额	耗用数量	分配金额	耗用数量	分配金额	耗用数量	分配金额	耗用数量	分配金额	
分配电费	44 000	22 000	0.5	3 600	6 600			10 000	5 000	15 000	7 500	8 000	4 000	5 000	2 500	2 000	1 000	22 000
	−44 000	−22 000		4 000	2 000													
供水费用合计					8 600													
分配水费				3 300	−8 600	2.606 1		1 500	3 909.1	600	1 563.6	900	2 345.5	200	521.2	100	260.6	8 600
分配金额合计									8 909.1		9 063.6		6 345.5		3 021.2		1 260.6	30 600

3. 一次交互分配法

一次交互分配法是指先根据各辅助生产车间、部门相互提供劳务的数量和交互分配前的费用分配率进行一次交互分配，然后将各辅助生产车间、部门交互分配后的实际费用（即交互分配前的费用加上交互分配转入的费用，减去交互分配转出的费用）按照提供劳务的数量，在辅助生产车间、部门以外的各受益单位之间进行分配。

【例 4-4】仍沿用前述例 4-2 的供水车间、供电车间资料，采用一次交互分配法编制辅助生产费用分配表，如表 4-6 所示。

表 4-6 辅助生产费用分配表

（一次交互分配法）

201× 年 7 月　　　　　　　　　　　　　　　　　金额单位：元

项目		交互分配			对外分配		
辅助生产车间名称		供水	供电	金额合计	供水	供电	金额合计
待分配费用		6 600	22 000	28 600	8 050	20 550	28 600
劳务供应数量总额		3 600 吨	44 000 度		3 300 吨	40 000 度	
费用分配率（单位成本）		1.833 3	0.5		2.439 4	0.513 75	
供水车间	数量		4 000 度				
	金额		2 000	2 000			
供电车间	数量	300 吨					
	金额	550		550			
基本生产——A 产品	数量				1 500 吨	10 000 度	
	金额				3 659.1	5 137.5	8 796.6
基本生产——B 产品	数量				600 吨	15 000 度	
	金额				1 463.6	7 706.25	9 169.85
基本生产车间	数量				900 吨	8 000 度	
	金额				2 195.5	4 110	6 305.5
行政管理部门	数量				200 吨	5 000 度	
	金额				487.9	2 568.75	3 056.65
在建工程	数量				100 吨	2 000 度	
	金额				243.9	1 027.5	1 271.4
分配金额合计					8 050	20 550	28 600

在辅助生产费用分配表（见表 4-6）中，"交互分配"栏中费用分配率计算如下：

$$供水车间费用分配率 = \frac{6\ 600}{3\ 600} = 1.833\ 3$$

$$供电车间费用分配率 = \frac{22\ 000}{44\ 000} = 0.5$$

"对外分配"栏中：

供水车间对外分配的待分配费用 = 交互分配前的费用 + 交互分配转入的费用

－ 交互分配转出的费用

$$= 交互分配前的待分配费用 + 耗用的供电车间提供的电费$$
$$\quad - 给供电车间提供的水费$$
$$= 6\,600 + 2\,000 - 550$$
$$= 8\,050（元）$$

供电车间对外分配的待分配费用 = 交互分配前的待分配费用 + 耗用的供水车间提供的水费
$$\quad - 给供水车间提供的电费$$
$$= 22\,000 + 550 - 2\,000$$
$$= 20\,550（元）$$

费用分配率计算如下：

$$供水车间费用分配率 = \frac{8\,050}{3\,600 - 300} = 2.439\,4$$

$$供电车间费用分配率 = \frac{20\,550}{44\,000 - 4\,000} = 0.513\,75$$

根据辅助生产费用分配表（见表4-6），可以编制如下会计分录。

（1）交互分配会计分录如下。

供水车间：

借：辅助生产——供电车间	550
贷：辅助生产——供水车间	550

供电车间：

借：辅助生产——供水车间	2 000
贷：辅助生产——供电车间	2 000

（2）对外分配会计分录如下。

供水车间：

借：基本生产——A产品	3 659.1
——B产品	1 463.6
制造费用	2 195.5
管理费用	487.9
在建工程	243.9
贷：辅助生产——供水车间	8 050

供电车间：

借：基本生产——A产品	5 137.5
——B产品	7 706.25
制造费用	4 110
管理费用	2 568.75
在建工程	1 027.5
贷：辅助生产——供电车间	20 550

一次交互分配法除以上分配程序外，还有另一种分配程序：第一步，将辅助生产车间发生的直接费用在所有受益对象（包括辅助车间）之间进行分配；第二步，将各辅助生产车间第一步分配进来的费用在除辅助生产车间之外的各受益对象之间进行分配。这种分配程序比第一种分配程序的计算工作量相对要大一些。

采用一次交互分配法，由于对辅助生产车间内部相互提供的劳务全部进行了交互分配，因而提高了分配结果的合理性和准确性。但是，由于各种辅助生产费用都要计算两个分配率，进行两次分配，增加了分配计算工作量。这种方法适用于辅助生产车间之间相互提供的产品或劳务多、无顺序且不平衡的企业。

4. 计划成本分配法

计划成本分配法是指先按辅助生产车间产品或劳务的计划单位成本（即计划价）和实际耗用量进行分配，然后将计划成本调整为实际成本的方法。

采用这种方法的具体分配程序是：先按计划单位成本对各受益对象（包括辅助生产车间）进行分配，然后将辅助生产实际发生的费用（包括辅助生产交互分配转入的费用）与计划成本分配转出的费用相比较，求出差额，再将差额追加分配给除辅助生产车间以外的各受益对象。

【例 4-5】仍沿用前述例 4-2 供水车间、供电车间的资料，假设供水车间的计划单位成本为 2.5 元，供电车间的计划单位成本为 0.5 元。按照计划成本分配方法，编制辅助生产费用分配表，如表 4-7 所示。

表 4-7 辅助生产费用分配表
（计划成本分配表）
201×年7月　　　　　　　　　　金额单位：元

项目		计划成本分配			调整分配			金额合计
		供水车间	供电车间	小计	供水车间	供电车间	小计	
待分配辅助生产费用		6 600	22 000	28 600	-400	750	350	
产品或劳务供应量		3 600 吨	44 000 度		3 300 吨	40 000 度		
单位成本（分配率）		2.5	0.5		-0.121 2	0.018 75		
供水车间	数量		4 000 度					
	金额		2 000	2 000				2 000
供电车间	数量	300 吨						
	金额	750		750				750
基本生产——A 产品	数量	1 500 吨	10 000 度		1 500 吨	10 000 度		
	金额	3 750	5 000	8 750	-181.8	187.5	5.7	8 755.7
基本生产——B 产品	数量	600 吨	15 000 度		600 吨	15 000 度		
	金额	1 500	7 500	9 000	-72.72	281.25	208.53	9 208.53
基本生产车间	数量	900 吨	8 000 度		900 吨	8 000 度		
	金额	2 250	4 000	6 250	-109.08	150	40.92	6 290.92
行政管理部门	数量	200 吨	5 000 度		200 吨	5 000 度		
	金额	500	2 500	3 000	-24.24	93.75	69.51	3 069.51
在建工程	数量	100 吨	2 000 度		100 吨	2 000 度		
	金额	250	1 000	1 250	-12.16	37.5	25.34	1 275.34
分配金额合计		9 000	22 000	31 000	-400	750	350	31 350

在表 4-7 中：

供水车间分配金额合计（计划数）= 750 + 3 750 + 1 500 + 2 250 + 500 + 250
= 9 000（元）

供电车间分配金额合计（计划数）= 2 000 + 5 000 + 7 500 + 4 000 + 2 500 + 1 000
= 22 000（元）

供水车间实际发生的费用 = 6 600 + 2 000 = 8 600（元）

供水车间供水的计划成本 = 9 000 元

差额 = 8 600 − 9 000 = −400（元）（将此差额追加分配给除辅助生产车间以外的各受益单位）

供电车间实际发生的费用 = 22 000 + 750 = 22 750（元）

供电车间供电的计划成本 = 22 000 元

差额 = 22 750 − 22 000 = 750（元）（将此差额追加分配给除辅助生产车间以外的各受益单位）

在表 4-7 中，"调整分配"栏中各辅助车间费用分配率计算如下：

$$供水车间费用分配率 = \frac{6\ 600 + 2\ 000 - 9\ 000}{3\ 600 - 300} = -0.121\ 2$$

$$供电车间费用分配率 = \frac{22\ 000 + 750 - 22\ 000}{44\ 000 - 40\ 000} = 0.018\ 75$$

供水车间"调整分配"栏的负数表示节约额；供电车间"调整分配"栏的正数表示超支额。根据辅助生产费用分配表（见表 4-7），可以编制如下会计分录。

（1）按计划成本分配

供水车间：

借：辅助生产——供电车间		750
基本生产——A 产品		3 750
——B 产品		1 500
制造费用		2 250
管理费用		500
在建工程		250
贷：辅助生产——供水车间		9 000

供电车间：

借：辅助生产——供水车间		2 000
基本生产——A 产品		5 000
——B 产品		7 500
制造费用		4 000
管理费用		2 500
在建工程		1 000
贷：辅助生产——供电车间		22 000

（2）调整计划成本与实际成本差异

供水车间：

借：基本生产——A产品　　　　　　　　　　　　　　　181.8
　　　　　　——B产品　　　　　　　　　　　　　　　72.72
　　制造费用　　　　　　　　　　　　　　　　　　　　109.08
　　管理费用　　　　　　　　　　　　　　　　　　　　24.24
　　在建工程　　　　　　　　　　　　　　　　　　　　12.16
　贷：辅助生产——供水车间　　　　　　　　　　　　　　　　　400

供电车间：

借：基本生产——A产品　　　　　　　　　　　　　　　187.5
　　　　　　——B产品　　　　　　　　　　　　　　　281.25
　　制造费用　　　　　　　　　　　　　　　　　　　　150
　　管理费用　　　　　　　　　　　　　　　　　　　　93.75
　　在建工程　　　　　　　　　　　　　　　　　　　　37.5
　贷：辅助生产——供电车间　　　　　　　　　　　　　　　　　750

计划成本分配法以事先制定的计划单位成本作为分配率，既能简化计算工作，又能加快分配速度。计划成本与实际成本的比较，有利于对辅助生产车间的业绩进行评价和分析，有利于分析、考核各受益单位的经济责任。但是如果计划单位成本偏离实际成本太多，就会产生较大的成本差异，影响辅助生产车间业绩考核的准确性。因此，这种方法适用于辅助生产产品或劳务的计划单位成本比较准确、稳定的企业。

5. 代数分配法

代数分配法是指运用代数中多元一次联立方程组的原理，先计算出辅助生产产品或劳务的实际单位成本，再按照各受益车间、部门的实际耗用量分配辅助生产费用的方法。

【例4-6】仍沿用前述【例4-2】供水车间、供电车间的资料，设供水车间的单位成本为x元，供电车间的单位成本为y元，据以设立联立方程组：

$$\begin{cases} 6\,600 + 4\,000y = 3\,600x \\ 22\,000 + 300x = 44\,000y \end{cases}$$

解此联立方程得：

$$\begin{cases} x = 2.405\,3 \\ y = 0.516\,4 \end{cases}$$

根据上述计算结果，我们采用代数分配法编制辅助生产费用分配表，如表4-8所示。

表4-8　辅助生产费用分配表

（代数分配法）

201×年7月　　　　　　　　　　　　　　　　　　　　　　　　金额单位：元

辅助生产车间名称	供水车间	供电车间	金额合计
待分配费用	6 600	22 000	28 600

(续)

辅助生产车间名称		供水车间	供电车间	金额合计
劳务供应总量		3 600 吨	44 000 度	
单位成本（分配率）		2.405 3	0.516 4	
供水车间	数量		4 000	
	金额		2 065.6	2 065.6
供电车间	数量	300 吨		
	金额	721.59		721.59
基本生产——A 产品	数量	1 500 吨	10 000 度	
	金额	3 607.95	5 164	8 771.95
基本生产——B 产品	数量	600 吨	15 000 度	
	金额	1 443.18	7 746	9 189.18
基本生产车间	数量	900 吨	8 000 度	
	金额	2 164.77	4 131.2	6 295.97
行政管理部门	数量	200 吨	5 000 度	
	金额	481.06	2 582	3 063.06
在建工程	数量	100 吨	2 000 度	
	金额	240.53	1 032.8	1 273.33
分配金额合计		8 659.08	22 721.6	31 380.68

在表 4-8 中，"金额合计"数 31 380.68 元比两个辅助生产车间的"待分配费用"合计数 28 600 元多 2 780.68 元，这一差额是由于供水车间和供电车间之间交互分配费用的辅助生产内部转账造成的。

根据辅助生产费用分配表（见表 4-8），可以编制如下会计分录。

供水车间：

借：辅助生产——供电车间　　　　　　　　　　　　　　　721.59
　　基本生产——A 产品　　　　　　　　　　　　　　　　3 607.95
　　　　　　——B 产品　　　　　　　　　　　　　　　　1 443.18
　　制造费用　　　　　　　　　　　　　　　　　　　　　2 164.77
　　管理费用　　　　　　　　　　　　　　　　　　　　　　481.06
　　在建工程　　　　　　　　　　　　　　　　　　　　　　240.53
　　贷：辅助生产——供水车间　　　　　　　　　　　　　　　　　8 659.08

供电车间：

借：辅助生产——供水车间　　　　　　　　　　　　　　2 065.6
　　基本生产——A 产品　　　　　　　　　　　　　　　5 164
　　　　　　——B 产品　　　　　　　　　　　　　　　7 746
　　制造费用　　　　　　　　　　　　　　　　　　　　4 131.2
　　管理费用　　　　　　　　　　　　　　　　　　　　2 582
　　在建工程　　　　　　　　　　　　　　　　　　　　1 032.8
　　贷：辅助生产——供电车间　　　　　　　　　　　　　　　　22 721.6

采用代数分配法分配费用，分配结果最准确。但是，在分配之前要解联立方程组，如果辅助生产车间、部门较多，计算会比较复杂。因此，在计算工作已经实现电算化的企业中采用这种方法比较适宜。

通过辅助生产费用的归集和分配，应计入本月产品成本的生产费用都已分别归集在"基本生产"和"制造费用"两个总账与所属明细账的借方。其中，记入"基本生产"总账借方的费用已在各产品成本明细账的本月发生额中按有关的成本项目反映。

辅助生产五种分配方法的比较如表 4-9 所示。

表 4-9　辅助生产五种分配方法的比较

名称	直接分配法	顺序分配法	一次交互分配法	计划成本分配法	代数分配法
定义	将辅助生产车间发生的费用分配给除辅助生产车间之外的各个受益对象，而不考虑辅助生产车间相互分配费用的方法	把各辅助生产车间按受益的多少排序，受益少的排在前。前序可向后序分配，后序不能向前分配	（1）在辅助生产车间内部之间分配（2）把实际费用分给除辅助生产车间以外的受益对象	（1）把直接费用在所有受益对象之间分配（2）把分来的分给辅助生产车间以外的受益单位	（1）按计划单位成本和实际耗用量对所有受益对象进行分配（2）比较计划成本分配转出的费用与实际发生的费用（直接费用＋分来），将其差额分配给辅助生产车间以外的受益对象	运用多元一次联立方程组的原理，先计算出辅助生产产品或劳务的实际单位成本，再按各部门实际耗用量分配辅助生产费用
分配率	直接费用÷（总量－辅助生产车间耗用量）	辅1：直接费用÷总量 辅2：（直接费用＋分来）÷（总量－辅1） 以此类推	（1）直接费用÷总量（2）（直接费用＋分来－分走）÷（总量－辅助生产车间耗用量）	（1）直接费用÷总量（2）（分来）÷总量－辅助生产车间耗用量	（1）计划单位成本（2）差额÷（总量－辅助生产车间耗用量）	实际单位成本
评价	计算工作简单，分配结果不够准确	与直接分配法相比，分配结果的准确性和计算的工作量有所增加	提高了分配结果的合理性和准确性，增加了计算量		简化计算工作，加快分配速度。便于评价和分析车间业绩，利于分析、考核各受益单位的经济责任	分配结果最准确，但如果辅助生产车间、部门较多，计算比较复杂
适用范围	辅助生产车间内部相互提供的劳务不多，不进行费用的交互分配以及对辅助生产成本和企业产品成本影响不大的企业	各辅助生产车间之间相互受益程度有明显顺序的企业	辅助生产车间之间相互提供的产品或劳务数量大、无顺序且不平衡的企业		辅助生产产品或劳务的计划单位成本比较准确、稳定的生产企业	计算工作已经实现电算化的企业

第二节　制造费用的归集与分配

制造费用是指企业各个生产单位（包括车间和分厂）为组织和管理生产而发生的各项费用，包括直接用于产品生产但未专设成本项目的专项费用和间接用于产品生产的各项费用，如机器设备的折旧费和修理费、车间厂房的折旧费、车间照明费、车间管理人员的薪酬费用等。

一、制造费用的归集

制造费用的内容比较复杂,为了简化核算程序,可以把相同性质的费用合并反映。如将全车间的机器设备和房屋建筑物的折旧费用合并设立一个"折旧费"项目,而不论其是直接用于产品生产还是间接用于产品生产。

制造费用的归集是通过"制造费用"账户进行的。该账户借方归集月份内发生的制造费用,贷方反映费用的分配,除季节性生产企业外,月末一般无余额。为了分别反映各车间、部门各项制造费用的支出情况,各账户还应按不同的车间、部门设置明细账,账内按照费用项目设立专栏或专户,具体格式如表4-10所示。

表4-10 制造费用明细账

车间名称:基本生产车间　　　　201×年7月　　　　　　　　　　　单位:元

月	日	凭证号数	摘要	机物料消耗	动力费用	工资	折旧费	办公费	运输费	其他	水电费	合计	转出	余额
7	31	略	原材料费用分配	1 200								1 200		
			动力费用分配		1 000							1 000		
			工资费用分配			3 990						3 990		
			折旧费用分配				750					750		
			其他要素费用分配					800	600	650		2 050		
			辅助生产费用分配								6 200	6 200		
			本月合计	1 200	1 000	3 990	750	800	600	650	6 200	15 190		
			本月转出										15 190	—

企业可以根据费用数额的大小和管理要求,另行设立费用项目或对上述费用项目进行合并或细分。费用项目一旦确定,不应随意变更,以利于各期成本费用资料的比较。

由于制造费用大多与产品工艺无直接联系(即大多是间接生产费用),而且一般是间接计入费用,因而只能按车间、部门和费用项目编制计划加以控制。

如果辅助生产车间发生的制造费用是通过"制造费用"账户核算的,则应比照基本生产车间发生的制造费用核算。

二、制造费用的分配

(一)制造费用分配对象的确定

制造费用的分配对象是各车间本期所生产的各种产品和所提供的劳务。由于各车间的制造费用水平不同,因此制造费用应按不同车间进行分配,不应将各车间的制造费用汇总起来在全厂分配。但是,制造费用中可能有一部分是厂部或总厂发生的,涉及全厂范围内所生产的产品或所提供的劳务,如设计制图费和试验检验费等,则这部分制造费用在发生时由厂部或总厂归集,并在厂部或总厂范围内统一分配。

在具体分配时,只生产一种产品的车间发生的制造费用应直接计入该种产品成本。在生产多种产品的车间中，对于制造费用中直接计入产品成本的也应直接计入各种产品的生产成本，对于制造费用中间接计入产品成本的，则应采用适当的方法，在各种产品之间进行分配。

(二) 制造费用的分配方法

制造费用的分配方法很多，常用的方法有以下几种。
(1) 生产工时（实耗工时或定额工时）比例分配法。
(2) 生产工人工资比例分配法。
(3) 机器工时比例分配法。
(4) 年度计划分配率分配法。

采用前三种方法，有关计算公式如下：

$$制造费用分配率 = \frac{制造费用总额}{各种产品生产工时（生产工人工资、耗用机器工时）总数} \times 100\%$$

某种产品应分配的制造费用 = 该产品生产工时（生产工人工资、耗用机器工时）× 制造费用分配率

【例 4-7】 柳林机械厂基本生产车间生产甲、乙两种产品。201×年7月该基本生产车间归集的制造费用总额为 15 190 元。本月甲产品耗用生产工时 3 000 小时，乙产品耗用生产工时 2 000 小时。该企业采用生产工时比例分配法分配制造费用。

分配计算过程如下：

$$制造费用分配率 = \frac{15\,190}{3\,000 + 2\,000} = 3.038$$

甲产品应分配的制造费用 = 3 000 × 3.038 = 9 114（元）
乙产品应分配的制造费用 = 2 000 × 3.038 = 6 076（元）

按生产工时比例分配法编制制造费用分配表，如表 4-11 所示。

表 4-11 制造费用分配表

车间名称：基本生产车间　　　　　201×年7月

应借科目		生产工时（小时）	分配率	分配金额（元）
基本生产	甲产品	3 000	3.038	9 114
	乙产品	2 000	3.038	6 076
合计		5 000		15 190

根据表 4-11，可以编制如下会计分录。

借：基本生产——甲产品　　　　　　　　　　　　　　　9 114
　　　　　——乙产品　　　　　　　　　　　　　　　　6 076
　　贷：制造费用　　　　　　　　　　　　　　　　　　　　　15 190

【例 4-8】 柳林机械厂基本生产车间生产 A、B 两种产品，201×年6月份，基本生产

车间共发生制造费用 60 000 元,为生产 A、B 两种产品分别支付生产工人工资 28 000 元和 22 000 元。该企业采用生产工人工资比例分配法分配制造费用。

$$制造费用分配率 = 60\ 000 \div (28\ 000 + 22\ 000) = 1.2$$

$$A\ 产品应分配的制造费用 = 28\ 000 \times 1.2 = 33\ 600(元)$$

$$B\ 产品应分配的制造费用 = 22\ 000 \times 1.2 = 26\ 400(元)$$

表 4-12　制造费用分配表

车间名称:基本生产车间　　　　　201× 年 6 月

应借科目		生产工人工资(元)	分配率	分配金额(元)
基本生产	A 产品	28 000	1.2	33 600
	B 产品	22 000		26 400
合计		50 000		60 000

根据表 4-12,可以编制如下会计分录。

借:基本生产——A 产品　　　　　　　　　　　　　　　33 600
　　　　　——B 产品　　　　　　　　　　　　　　　26 400
　　贷:应付职工薪酬——工资　　　　　　　　　　　　　　60 000

采用生产工时比例分配法和生产工人工资比例分配法,资料容易取得,核算比较简便。但是,在采用这两种方法时,各种产品生产的机械化程度不能相差悬殊,否则制造费用中机器设备的折旧费、修理费的大部分将由机械化程度低的产品来负担,不能真实反映各产品的成本水平。

机器工时比例分配法适用于机械化、自动化程度较高的车间。因为机器设备的折旧费、修理费等与机器运转的时间密切相关,采用这种方法,必须组织好各种产品所耗用机器工时的记录工作,以保证工时的准确性。但是,制造费用并非都与机器设备的使用有关,一律按机器工时比例分配也不太合理。

为了提高分配结果的准确性,可以对制造费用进行分类,分别按生产工时和机器工时等进行分配。

年度计划分配率分配法是指按照年度开始前确定的全年度内的计划分配率分配制造费用,不管各月实际发生多少制造费用,各月各种产品的制造费用均按年度计划分配率分配。假定以定额工时为分配标准,其计算公式如下:

$$年度计划分配率 = \frac{年度制造费用计划总额}{年度各种产品计划产量的定额工时总数} \times 100\%$$

某月某产品应分配的制造费用 = 该月该产品实际产量的定额工时数 × 年度计划分配率

【例 4-9】柳林机械厂全年制造费用计划数为 60 000 元。全年各种产品的计划产量为:A 产品 2 500 件,B 产品 4 000 件。单件产品定额工时为:A 产品 4 小时,B 产品 5 小时。1 月份实际产量为:A 产品 200 件,B 产品 400 件。1 月份实际发生的制造费用为 5 000 元。

年度计划分配率和 1 月份制造费用分配计算如下:

$$制造费用年度计划分配率 = \frac{60\,000}{2\,500 \times 4 + 4\,000 \times 5} = 2$$

A 产品本月分配制造费用 = 200×4×2 = 1 600（元）

B 产品本月分配制造费用 = 400×5×2 = 4 000（元）

根据上述计算结果，可以编制如下会计分录。

借：基本生产——A 产品　　　　　　　　　　　　　1 600
　　　　　　——B 产品　　　　　　　　　　　　　4 000
　　贷：制造费用　　　　　　　　　　　　　　　　　　　　　5 600

1 月份"制造费用"账户有贷方余额 600 元。

采用年度计划分配率分配法时，"制造费用"账户月末可能有借方余额，也可能有贷方余额。借方余额表示超过计划的预付费用，属于待摊性质费用，应列作企业的资产项目；贷方余额表示按照计划应付而未付的费用，属于预提性质费用，应列作企业的负债项目。全年制造费用的实际发生额与计划分配额的差额，通常在年末调整。如果是超支差异（实际发生额大于计划分配额），应编制蓝字分录，借记"基本生产成本"科目，贷记"制造费用"科目；如果是节约差异（实际发生额小于计划分配额），则用红字冲减。

【例 4-10】承接例 4-9，如果到年度结束，全年实际发生的制造费用为 58 000 元，至年末累计已分配制造费用 62 000 元（其中 A 产品已分配 20 000 元，B 产品已分配 42 000 元），多分配 4 000 元。应按已分配比例调整冲回多分配的制造费用。其计算如下：

$$A\text{ 产品应调减的制造费用} = 4\,000 \times \frac{20\,000}{62\,000} = 1\,290.32（元）$$

$$B\text{ 产品应调减的制造费用} = 4\,000 \times \frac{42\,000}{62\,000} = 2\,709.68（元）$$

年末调整的会计分录如下。

借：基本生产——A 产品　　　　　　　　　　　　　1 290.32
　　　　　　——B 产品　　　　　　　　　　　　　2 709.68
　　贷：制造费用　　　　　　　　　　　　　　　　　　　　　4 000

按年度计划分配率分配制造费用，核算工作比较简便，特别适用于季节性生产的企业。因为在这种企业中，每月发生的制造费用相差不多，但生产的淡季和旺季产量却相差悬殊，如果按实际费用进行分配，各月单位成本中的制造费用忽高忽低，不利于成本分析与考核。而按年度计划分配率分配计划费用，有利于均衡各月的产品成本水平。但是，采用这种分配方法，必须要有较高的计划管理工作水平，否则年度制造费用的计划数与实际数相差太大，会影响企业成本计算的准确性。

通过上述制造费用的归集与分配，除了按年度计划分配率分配制造费用的企业外，月末"制造费用"总账及所属明细账都应当没有余额。

至此，在不单独核算废品损失和停工损失的企业中，应计入当月产品成本的生产费用都已归集在"基本生产"总账的借方,并已归集在所属产品成本明细账本月发生额的有关成本项目中。不再单独核算生产损失的企业,生产费用在各种产品之间的费用界限已经划分清楚,只待划分完工产品和在产品的费用界限。

第三节 生产损失的归集与分配

生产损失是指制造企业在产品生产过程中因生产工艺设备技术、生产组织管理等原因所造成的经济损失,是一种资源浪费。生产损失由废品损失和停工损失两部分组成。在会计上,生产损失是企业产品成本的组成部分,加强对生产损失的核算与控制,对企业降低产品成本、提高经济效益有着重要的作用。

一、废品损失的归集与分配

(一)废品的确认与分类

废品是指在生产过程中或入库后发现的,不符合规定的技术标准和技术要求,不能按原定用途使用,或者需要经过加工修复后才能按原定用途使用的在产品、半成品和产成品。需要注意的是,对于入库时是合格品,由于保管不慎、运输不当或其他原因而损坏、变质的产品不属于废品,这些问题属于管理上的问题,所产生的损失应作为管理费用处理。对于经检验部门鉴定不需要返修而可以降价出售的不合格品,也不属于废品,其成本与合格品相同,其售价低于合格品所发生的损失,体现在产品销售损益之中。

废品按其废损程度和在经济上是否具有修复价值,可以分为可修复废品和不可修复废品两种。可修复废品是指在技术上能够修复的,而且在修复过程中所发生的费用在经济上是合算的废品;不可修复废品是指在技术上已不可修复,或者在技术上虽然能修复,但修复费用在经济上是不合算的废品。经济上是否合算是指修复费用是否小于重新制造同一产品的费用。

(二)废品损失的组成

废品损失是指因产生废品而发生的报废损失和废品修复费用。其中,废品报废损失是指不可修复废品的生产成本扣除收回材料及废料价值后的损失,废品修复费用是指为修复废品所耗费的材料、动力、生产工人工资及福利费和制造费用等修复费用。若有造成废品的责任人负责赔偿的款项,则应冲减废品损失。

为了保证产品的质量,企业各生产车间和有关部门都应配备专职质量检验人员。在产品、半成品和产成品经过质量检验后被确认为废品的,应由检验人员填写废品通知单,该单内应填明废品的名称和数量、发生废品的原因及责任人员、耗费的材料和工时等。在确定废品由责任人负责赔偿时,还应注明赔偿的金额。对于可修复废品,应由原生产车间加工修复,在修复过程中所领用的材料和所耗费的工时,应另行填制领料单和工作通知单,并在单内注明"修复废品"字样;对于不可修复废品,应填制废品交库单,在单内注明废品残料的价值,然后将废品交库单连同废品一同送交废品仓库。废品通知单、领料单、工作通知单和废品交库单是进行废品损失核算的原始凭证。

(三) 废品损失的归集与分配

为了单独反映废品损失情况,加强对废品损失的控制,企业可以设置"废品损失"账户。该账户是成本类账户,用以专门进行废品损失的归集与分配。企业发生可修复废品的修复费用和不可修复废品已耗费的成本转入时,记入该账户的借方;不可修复废品收回残值、应收责任人赔偿款和结转废品净损失时,记入该账户的贷方;该账户期末无余额。该账户应以车间和产品名称设置明细账户。

1. 可修复废品损失的归集与分配

可修复废品损失是指废品在修复过程中所发生的各项修复费用。企业对于可修复废品在返修前发生的生产费用,仍应保留在"基本生产"账户内,不必转出。返修废品发生的修复费用可以根据原材料、动力、职工薪酬和制造费用等分配表分配的结果进行归集,转入"废品损失"账户的借方。如果有收回残值或应收赔偿款,应根据"废品交库单"或"废品通知单"中相关项目的金额从"废品损失"账户转入"原材料"或"其他应收款"账户。期末将"废品损失"账户所归集的可修复废品的净损失全部分配转入"基本生产"账户。

【例 4-11】柳林机械厂 201×年 1 月在生产过程中发现并修复了 5 件废品。

(1) 月末各种费用分配表列明 A 产品的修复费用为 9 024 元,其中,原材料 4 000 元,工资 1 600 元,福利费 224 元,外购动力 1 200 元(款已付),制造费用 2 000 元。编制分录如下。

  借:废品损失——A 产品   9 024
    贷:原材料   4 000
      应付职工薪酬——工资   1 600
         ——福利费   224
      银行存款   1 200
      制造费用   2 000

(2) 可修复 A 产品经批准由责任人负责赔偿 300 元,予以转账。编制分录如下。

  借:其他应收款——责任人   300
    贷:废品损失——A 产品   300

(3) 期末将废品净损失转入 A 产品成本。编制分录如下。

  借:基本生产——A 产品   8 724
    贷:废品损失——A 产品   8 724

2. 不可修复废品损失的归集与分配

企业在归集与分配不可修复废品损失之前,必须先确定不可修复废品的成本。不可修复废品的成本在报废之前是与合格产品归集在一起的,因此必须先采用一定的方法确定不可修复废品的成本,并将其从合格产品的成本中分离出来,然后将不可修复废品的成本减去废品的残料和应收赔偿款,余额即为不可修复废品净损失。

确定不可修复废品成本的方法有实际成本法和定额成本法两种,现分别加以介绍。

(1)采用实际成本法计算不可修复废品成本。实际成本法是指根据合格产品和不可修复废品实际耗用的总成本,按合格产品与不可修复废品的数量比例计算不可修复废品损失的方法。倘若在加工过程中产生废品,则应根据该废品的投料方式和加工程度将其折合成合格品的数量计算。实际成本法的计算公式如下:

$$\text{不可修复废品某成本项目费用分配率} = \frac{\text{该成本项目费用总额}}{\text{合格产品数量} + \text{不可修复废品折合数量}} \times 100\%$$

不可修复废品某成本项目应承担的费用 = 不可修复废品折合数量 × 不可修复废品某成本项目费用分配率

在上式中,某成本项目是指直接材料、直接人工和制造费用项目。

【例4-12】柳林机械厂第一生产车间201×年7月投产B产品1 000件,原材料在生产开始时一次性投入。在加工到50%时,发生10件不可修复废品。全部加工完毕后验收时,合格品为985件,不可修复废品为5件。生产B产品耗用直接材料9 000元,直接人工4 975元,制造费用3 980元。不可修复废品的残料价值为50元。

(1)计算B产品不可修复废品各成本项目的折合数量。

B产品不可修复废品直接材料成本项目折合数量 = 10 + 5 = 15(件)

B产品不可修复废品直接人工(制造费用)成本项目折合数量 = 10×50% + 5 = 10(件)

(2)根据上述资料及B产品不可修复废品的折合数量,编制废品损失计算表,如表4-13所示。

表4-13 废品损失计算表(实际成本法)

车间名称:第一生产车间　　　　　　201×年7月

产品名称:B产品　　　　　　　　　　　　　　　　　　　　　金额单位:元

项目	数量或折合数量(件)	直接材料	数量或折合数量(件)	直接人工	制造费用	合计
生产费用总额	1 000	9 000	995	4 975	3 980	17 955
费用分配率		9		5	4	
废品成本	15	135	10	50	40	225
减:废品残值		50				50
废品净损失		85		50	40	175

(3)根据废品损失计算表(见表4-13),编制如下会计分录。

a. 结转不可修复废品成本

借:废品损失——B产品　　　　　　　　　　　　　　　225

　　贷:基本生产——B产品——直接材料　　　　　　　　135

　　　　　　　　　　　　——直接人工　　　　　　　　　50

　　　　　　　　　　　　——制造费用　　　　　　　　　40

b. 回收废品残料入库价值

借：原材料 50

贷：废品损失——B产品 50

c. 将废品损失转入合格品成本

借：基本生产——B产品——废品损失 175

贷：废品损失——B产品 175

按照废品的实际成本计算和分配不可修复废品损失，符合生产的实际情况，但其核算工作量较大，而且必须等待"基本生产"明细账户将生产费用归集完毕之后才能进行计算。

（2）采用定额成本法计算不可修复废品成本。定额成本法是根据单位产品定额成本和发生的不可修复废品的数量、投料方式、加工程度计算不可修复废品损失的方法。

【例 4-13】柳林机械厂第一生产车间 201× 年 7 月生产 C 产品 2 000 件，原材料在生产开始时一次性投入。在加工到 50% 时，发生 8 件不可修复废品。全部加工完毕验收时，合格品为 1 982 件，不可修复废品为 10 件。该产品定额成本为 170 元，其中直接材料为 80 元，直接人工为 60 元，制造费用为 30 元。不可修复废品的残料价值为 100 元。

（1）计算 C 产品不可修复废品各成本项目的折合数量。

C 产品不可修复废品直接材料成本项目折合数量 = 8 + 10 = 18（件）

C 产品不可修复废品直接人工（制造费用）成本项目折合数量 = 8 × 50% + 10 = 14（件）

（2）根据上述资料及 C 产品不可修复废品的折合数量，编制废品损失计算表，如表 4-14 所示。

表 4-14 废品损失计算表（定额成本法）

车间：第一生产车间　　　　　　201× 年 7 月

产品名称：C 产品　　　　　　　　　　　　　　　　　　　　　　　金额单位：元

项目	数量或折合数量（件）	直接材料	数量或折合数量（件）	直接人工	制造费用	合计
费用定额		80		60	30	170
废品成本	18	1 440	14	840	420	2 700
减：废品残值		100				100
废品净损失		1 340		840	420	2 600

（3）根据废品损失计算表（见表 4-13），编制如下会计分录。

a. 结转不可修复废品成本

借：废品损失——C产品 2 700

贷：基本生产——C产品——直接材料 1 440

　　　　　　　　　　——直接人工 840

　　　　　　　　　　——制造费用 420

b. 回收废品残料入库价值

借：原材料 100

贷：废品损失——C产品 100

c. 将废品损失转入合格品成本

借：基本生产——C 产品——废品损失　　　　　　　　　　　　2 600
　　贷：废品损失——C 产品　　　　　　　　　　　　　　　　　　2 600

采用定额成本法确定不可修复废品成本，计算较为简便，计入产品成本的废品损失不受实际耗费水平高低的影响，有利于对废品损失进行分析和考核。但是，采用这种方法的企业必须有准确的消耗定额，否则会影响成本计算的正确性。

对于废品率低，对产品成本影响不大的企业，如果管理部门不要求会计部门提供专门的废品损失资料，为简化核算工作，可以不设置"废品损失"账户及成本项目。在这种情况下，废品发生的耗费及修复费用与合格产品耗费混在一起，最终计入合格产品成本，提高合格产品的单位成本。

二、停工损失的归集与分配

（一）停工损失的确认与报告

停工损失是指生产车间或班组因计划减产、停电、待料、机器设备发生故障等原因而造成的损失。停工损失包括停工期间支付的生产工人工资、提取的职工福利费、应负担的制造费用和所耗费的燃料及动力等。

企业发生停工的原因很多，应分不同情况进行处理。因季节性生产停工和设备大修理停工而造成的损失，应在"制造费用"账户归集；因自然灾害原因停工而造成的损失，应在"营业外支出"账户归集。为了简化核算工作，企业停工时间较短的，可以不计算停工损失。

企业发生停工时，应由生产车间或班组填制停工报告单。停工报告单一式数联，由生产车间或班组填列后转交劳动工资部门，由其核定工资支付率和支付金额，再转交会计部门，经会计人员审核无误后，作为停工损失核算的主要依据。

（二）停工损失的归集与分配

企业为了掌握停工损失对产品成本的影响程度，明确停工损失的责任，加强对停工损失的控制和分析，减少停工损失，可以设置"停工损失"账户，对停工损失进行单独归集和分配。该账户是成本类账户，用以核算停工期间应计入的费用。企业停工期间发生应计入停工损失的各种费用时，记入该账户的借方；应收责任人或保险公司的赔偿款和结转停工净损失时，记入该账户的贷方；该账户通常期末无余额。该账户应按生产车间设置明细账户。

生产车间在停工期间发生的应计入停工损失的各项生产费用，应根据停工报告单等有关凭证，在编制各种费用分配表时一并参与分配。通常按生产工时和停工工时比例进行分配，然后根据各种费用分配表将应计入停工损失的各种费用归集在"停工损失"账户内。若发生应收赔偿款，则借记"其他应收款"账户，贷记"停工损失"账户。期末将归集的停工净损失进行分配，按停工车间生产产品的生产工人工时或工资、机器工时比例进行分配。分配的公式和方式与制造费用相同，不再赘述。停工净损失经过分配后转入"基本生产"账户。

不单独核算停工损失的企业，不设置"停工损失"账户及成本项目。停工期间发生的停工损失费用直接记入"制造费用""营业外支出"等账户。

【例4-14】柳林机械厂第一生产车间201×年4月生产甲产品,由于机械设备发生故障,该车间停工6天,根据各种材料费用分配汇总表可知,停工期间应支付工人工资36 000元,应提取的福利费用为5 040元,应分摊的制造费用为6 000元。第二基本生产车间生产乙产品,由于发生泥石流,停工3天,根据提供的有关资料可知,停工期间损失的原材料价值3 000元,应支付工人工资10 000元,应提取的福利费用为1 400元,应分摊的制造费用为2 000元,保险公司已同意赔偿3 000元(见表4-15),根据上述资料,编制停工损失的相关分录。

表4-15 发生停工损失合计 单位:元

	损失的材料费用	应支付的工人工资	应提取的福利费用	应分摊的制造费用	合计
第一车间	0	36 000	5 040	6 000	47 040
第二车间	3 000	10 000	1 400	2 000	16 400
合计	3 000	46 000	6 440	8 000	

(1)停工损失归集:

借:停工损失——第一车间　　　　　　　　　　　　　　47 040
　　　　　　——第二车间　　　　　　　　　　　　　　16 400
　贷:原材料　　　　　　　　　　　　　　　　　　　　　3 000
　　　应付职工薪酬——工资　　　　　　　　　　　　　46 000
　　　　　　　　　——福利费　　　　　　　　　　　　 6 440
　　　制造费用——第一车间　　　　　　　　　　　　　 6 000
　　　　　　——第二车间　　　　　　　　　　　　　　 2 000

(2)应收赔偿款:

借:其他应收款——保险公司　　　　　　　　　　　　　 3 000
　贷:停工损失——第二车间　　　　　　　　　　　　　 3 000

(3)结转停工净损失:

借:基本生产——第一车间　　　　　　　　　　　　　　47 040
　　营业外支出　　　　　　　　　　　　　　　　　　　13 400
　贷:停工损失——第一车间　　　　　　　　　　　　　47 040
　　　　　　——第二车间　　　　　　　　　　　　　　13 400

第四节　生产费用在完工产品与在产品之间的分配

一、生产费用在完工产品与在产品之间分配的方式

每月末,当产品成本明细账(即基本生产明细账)中按照成本项目归集了本月生产费用后,如果产品已经全部完工,产品成本明细账中归集的生产费用(如果有月初在产品,还包括月初在产品成本)之和,就是该种完工产品的成本;如果产品全部没有完工,产品成本明

细账中归集的生产费用之和，就是该种在产品的成本；如果既有完工产品，又有在产品，则产品成本明细账中归集的生产费用之和，还必须在完工产品和月末在产品之间，采用适当的分配方法进行分配，以计算出完工产品和月末在产品的成本。

月初在产品成本、本月生产费用、本月完工产品成本和月末在产品成本四者之间的关系，可以用公式表示如下：

月初在产品成本 + 本月生产费用 = 本月完工产品成本 + 月末在产品成本

在上式中，前两项之和在完工产品和月末在产品之间进行分配的方式一般有以下两种。

第一种方式是将前两项之和在完工产品和月末在产品之间按照一定的比例进行分配，同时计算出完工产品和月末在产品的成本。在这种方式下，一旦分配标准和比例确定，完工产品成本和月末在产品成本计算没有先后顺序。

第二种方式是采用一定的方法先确定月末在产品成本，然后从前两项之和中减去月末在产品成本，计算出本月完工产品成本。有时也可以先确定完工产品成本，再倒减出月末在产品成本。在这种方式下，完工产品和月末在产品的成本计算有先后顺序。

企业无论采用哪一种分配方式，都必须正确组织在产品的数量核算，以便为生产费用在完工产品和月末在产品之间的分配提供依据。

二、在产品数量核算

在产品是指已经投入生产，但没有完成全部生产过程，不能作为商品销售的产品。

在产品包括狭义在产品和广义在产品。前者是指某车间或某一生产步骤中正在加工的在制品（含返修中的废品）；后者是指企业各个车间正在加工中的在制品和已经完成一个或几个生产步骤，还能继续加工的半成品（含未经验收入库的产品和等待返修的产品）。狭义在产品是就某一车间或某一生产步骤而言的，广义在产品则是就整个企业而言的。

【例4-15】柳林机械厂生产的甲产品由三个基本生产车间按照顺序依次加工生产。201×年6月末第一车间的在产品数量为60件，第二车间的在产品数量为30件，第三车间的在产品数量为20件，以上所述均为各个车间的狭义在产品。对整个企业而言，广义在产品数量为 60 + 30 + 20 = 110（件）。

在产品数量核算必须具备账面核算资料和实际盘点资料，前者通过设置"在产品台账"，组织在产品收发结存的日常核算。"在产品台账"应分车间，按照产品品种和在产品的名称设置，用以登记车间各种在产品转入、转出和结存的数量。"在产品台账"还可以根据生产特点和管理需要，按照在产品加工工序设置，以便反映在产品在各工序间的转移和数量变动情况。各车间或工序应做好在产品的计量、验收和交接工作，并在此基础上，根据领料凭证、在产品内部转移凭证、产品检验凭证和产品交库凭证，及时登记"在产品台账"。"在产品台账"一般由车间核算人员登记（也可以由班组核算人员登记，车间核算员汇总），其格式如表4-16所示。

表 4-16 在产品台账

在产品名称：甲种在产品

车间名称：××车间　　　　　　　　　　　　　　　　　　　　　　　　单位：件

日期	摘要	收入		转出			结存	
		凭证号	数量	凭证号	合格品	废品	完工	未完工
		101	90	201	88		1	1
		103	80	203	72	2	4	2
		…	…	…	…	…	…	…
	合计		2 000		1 950	20	20	10

企业应对在产品进行定期或不定期的清查，以取得在产品的实际盘存资料，并与"在产品台账"进行核对，编制在产品盘存表，填明在产品的账存数、实存数、盘盈盘亏数及其原因和处理意见等资料。对于报废和损毁的在产品，还要登记残值。如不设置"在产品台账"，则应按月进行在产品盘点，取得实际资料，作为编制在产品盘存表的依据。对于在产品盘存表，必须进行认真审查，分析原因，采取措施，改善在产品管理，并根据审查结果按照财务会计存货盘盈盘亏方法进行账务处理。

库存半成品增减变动及清查的核算，可以比照库存材料的核算进行。辅助生产的在产品数量核算与基本生产车间类似，在"辅助生产"账户中进行。

三、生产费用在完工产品和在产品之间分配的方法

在完工产品和月末在产品之间分配生产费用，应根据在产品数量的多少、各月在产品数量的波动程度、各项费用比重的大小、定额管理水平等具体条件，选用适当的分配方法。

（一）约当产量比例法

约当产量是指将月末在产品实际数量按其完工程度折合为完工产品的数量。约当产量比例法是指按照完工产品产量和在产品约当产量的比例分配费用的方法。计算公式如下：

$$在产品约当产量 = 在产品数量 \times 完工百分比$$

$$某项费用分配率 = \frac{该项费用总额}{完工产品产量 + 在产品约当产量} \times 100\%$$

$$完工产品应分配该项费用 = 完工产品产量 \times 该项费用分配率$$

$$在产品应分配该项费用 = 在产品约当产量 \times 该项费用分配率$$
$$= 该项费用总额 - 完工产品应分配该项费用$$

上述费用的分配应按成本项目进行，以反映完工产品和在产品的成本构成，满足成本核算的要求。

如果产品耗用的直接材料是生产开始时一次性投入的，则无论在产品完工程度如何，都应负担全部直接材料费用，即按在产品实际数量和完工产品产量的比例分配直接材料费用；

如果直接材料是逐次投入的，则在产品的耗料程度应按完工程度确定，此时应按在产品完工程度将其折合为约当产量，再按与完工产品产量的比例进行分配。其他成本项目一律按在产品的约当产量和完工产品产量的比例进行分配。

采用约当产量比例法，在产品完工程度的测定对费用分配的准确性有着决定性影响。在各工序在产品数量和单位在产品在各工序的加工量都相差不大的情况下，后面各工序在产品多加工的程度可以抵补前面各工序少加工的程度。这样，全部在产品完工程度均可按50%平均计算。如果不属于这种情况，则各工序在产品的完工程度要按工序分别测定。

为了提高成本计算的准确性，加速成本计算工作，可以根据各工序的累计工时定额占完工产品工时定额的比例，事前确定各工序在产品的完工率即加工程度。计算公式如下：

$$某道工序在产品完工率 = \frac{前面各道工序工时定额之和 + 本道工序工时定额 \times 50\%}{产品工时定额} \times 100\%$$

在上式中，本道工序（即在产品所在工序）的工时定额之所以乘以50%，是因为该工序中各件在产品的完工程度不同，为简化完工率的测算工作，完工程度都按50%计算。在产品从上一道工序转入下一道工序时，其上一道工序已经完工，因而前面各道工序的工时定额都按100%计算。

【例4-16】柳林机械厂甲产品的工时定额为50小时，甲产品经两道工序加工完成，每道工序的工时定额分别为30小时和20小时。则其完工率计算如下：

$$第一道工序完工率 = \frac{30 \times 50\%}{50} \times 100\% = 30\%$$

$$第二道工序完工率 = \frac{30 + 20 \times 50\%}{50} \times 100\% = 80\%$$

【例4-17】根据例4-16的资料，甲产品月末在产品数量为1 500件，其中第一道工序的在产品数量为1 000件，第二道工序的在产品数量为500件，则甲产品月末在产品约当产量计算如下：

$$第一道工序在产品约当产量 = 1\,000 \times 30\% = 300（件）$$
$$第二道工序在产品约当产量 = 500 \times 80\% = 400（件）$$
$$月末在产品约当产量总数 = 300 + 400 = 700（件）$$

【例4-18】根据例4-17的资料，甲产品本月完工产品数量为2 500件，生产费用合计为320 000元，其中直接材料160 000元，直接人工64 000元，制造费用96 000元。采用约当产量比例法分配甲产品生产费用，计算其完工产品和月末在产品成本（假设甲产品耗用的材料是在生产开始时一次性投入的），则：

$$直接材料费用分配率 = \frac{160\,000}{2\,500 + 1\,500} = 40$$

$$直接人工费用分配率 = \frac{64\,000}{2\,500 + 700} = 20$$

$$制造费用分配率 = \frac{96\,000}{2\,500 + 700} = 30$$

表 4-17 生产费用分配表

成本项目	生产费用合计（元）	约当产量总数（件）	费用分配率	完工产品 数量（件）	完工产品 费用（元）	月末在产品 约当产量（件）	月末在产品 费用（元）
直接材料	160 000	4 000	40	2 500	100 000	1 500	60 000
直接人工	64 000	3 200	20	2 500	50 000	700	14 000
制造费用	96 000	3 200	30	2 500	75 000	700	21 000
合计	320 000				225 000		95 000

（二）在产品按定额成本计价法

在产品按定额成本计价法是根据在产品数量、单位材料消耗定额、单位工时定额与单位定额工时人工定额、费用定额计算在产品成本，然后从生产费用总额中减去在产品定额成本，就是完工产品成本。计算公式如下：

在产品直接材料定额成本 = 在产品数量 × 单位材料消耗定额 × 材料计划单价

在产品直接人工（制造费用）定额成本 = 在产品数量 × 单位工时定额
× 单位定额工时人工（制造费用）定额

在产品定额成本 = 在产品直接材料定额成本 + 在产品直接人工定额成本
+ 在产品制造费用定额成本

完工产品成本 = 生产费用总额 − 在产品定额成本

【例 4-19】柳林机械厂 201× 年 7 月生产乙产品，月初在产品和本月生产费用合计为 618 000 元，其中直接材料成本为 46 000 元，直接人工成本为 6 800 元，制造费用为 9 000 元。该月乙产品完工 800 件，月末在产品 200 件。乙产品定额资料如下：单件产品直接材料费用定额成本为 40 元（原材料在生产开始时一次投入），在产品完成定额工时为 400 小时，每小时直接人工定额成本为 3 元，每小时制造费用定额为 4 元，则乙产品本月完工产品与在产品成本分配计算如表 4-18 所示。

表 4-18 产品成本计算单

产品名称：乙产品　　　　　　　　　201× 年 7 月　　　　　　　　　单位：元

	直接材料	直接人工	制造费用	合计
生产费用合计	46 000	6 800	9 000	61 800
月末在产品成本	8 000	1 200	1 600	10 800
完工产品成本	38 000	5 600	7 400	51 000
完工产品单位成本	47.5	7	9.25	63.75

上表中，月末在产品成本计算如下：

乙产品直接材料定额成本 = 200 × 40 = 8 000（元）

乙产品直接人工定额成本 = 400 × 3 = 1 200（元）

乙产品制造费用定额成本 = 400 × 4 = 1 600（元）

采用定额成本计算在产品成本，当月脱离定额的差异全部由完工产品成本承担。采用这一方法，要求各项定额准确，各月在产品数量变动不大，否则分配结果会不合理。在修订消耗定额时，月末在产品按新定额计价发生的差额，也由完工产品成本承担。因此，采用这种方法，要求消耗定额比较稳定，不宜经常修改。

为了简化计算工作，采用这种方法时可以根据各项费用在成本中的比重，或者只计算在产品的材料定额成本，或者计算在产品的材料和人工定额成本，其他比重较小的费用全部由完工产品成本承担。

（三）定额比例分配法

定额比例分配法是按照完工产品和月末在产品定额费用的比例分配生产费用的方法。其中，直接材料费用按材料定额费用的比例分配，直接人工和制造费用按定额工时的比例分配。计算公式如下：

$$直接材料费用分配率 = \frac{月初在产品直接材料费用 + 本月直接材料费用}{完工产品定额直接材料费用 + 月末在产品定额直接材料费用} \times 100\%$$

$$完工产品分配直接材料费用 = 完工产品定额直接材料费用 \times 直接材料费用分配率$$

$$月末在产品分配直接材料费用 = 月末在产品定额直接材料费用 \times 直接材料费用分配率$$

$$直接人工（制造费用）分配率 = \frac{月初在产品直接人工（制造费用）+ 本月直接人工（制造费用）}{完工产品定额工时 + 月末在产品定额工时} \times 100\%$$

$$完工产品分配直接人工（制造费用）= 完工产品定额工时 \times 直接人工（制造费用）分配率$$

$$月末在产品分配直接人工（制造费用）= 月末在产品定额工时 \times 直接人工（制造费用）分配率$$

为了简化计算，各成本项目中月末在产品应分配的费用，可以通过从生产费用总额中减去完工产品应分配的费用求得。

【例 4-20】 柳林机械厂 201× 年 7 月生产完工丙产品 400 件，月末结存在产品 100 件。完工产品直接材料定额费用 600 元；定额工时 300 小时。月末在产品直接材料定额费用 400 元，定额工时 200 小时。丙产品月初在产品直接材料 120 元；直接人工 800 元；制造费用 280 元。本月生产费用：直接材料 680 元；直接人工 2 500 元；制造费用 1 600 元。完工产品与月末在产品之间，直接材料费用按直接材料定额费用比例分配，其他费用按定额工时比例分配。则：

$$直接材料费用分配率 = \frac{120 + 680}{600 + 400} = 0.8$$

$$直接人工费用分配率 = \frac{800 + 2\,500}{300 + 200} = 6.6$$

$$制造费用分配率 = \frac{280 + 1600}{300 + 200} = 3.76$$

各项费用分配计算结果如表 4-19 所示。

表 4-19　产品成本计算单

产品名称：丙产品　　　　　　　　201×年 7 月　　　　　　　　金额单位：元

	直接材料	直接人工	制造费用	合计
月初在产品成本	120	800	280	1 200
本月生产费用合计	680	2 500	1 600	4 780
生产费用合计	800	3 300	1 880	5 980
完工产品定额	600	300	300	
月末在产品定额	400	200	200	
定额小计	1 000	500	500	
费用分配率	0.8	6.6	3.76	
完工产品成本	480	1 980	1 128	3 588
完工产品单位成本	1.2	4.95	2.82	8.97
月末在产品成本	320	1 320	752	2 392

（四）在产品不计算成本法

在各月月末在产品数量很小的情况下，在产品成本对完工产品成本影响不大，为了简化核算工作，可以不计算在产品成本，即当月发生的生产费用全部由当月该种完工产品负担。

（五）在产品按年初在产品成本计价法

在各月在产品数量不大，或月末在产品数量虽大，但各月月末在产品数量比较稳定的情况下，月初、月末在产品成本的差额对完工产品成本的影响不大，为了简化核算工作，各月月末在产品成本均按年初在产品成本计算。采用这种分配方法，某种产品本月发生的生产费用就是本月完工产品的成本。年终再根据实际盘点的在产品数量，重新计算在产品成本，以保证计算出的在产品成本尽量符合实际。

【例 4-21】柳林公司生产甲种产品，因该种产品的在产品数量在每月月末都比较稳定，因此，公司采用按年初在产品成本计算方法计算月末在产品成本。已知年初在产品成本为 80 000 元，其中直接材料 46 000 元，直接人工 26 000 元，制造费用 8 000 元。本月甲产品的生产费用总额为 960 000 元，其中直接材料 540 000 元，直接人工 360 000 元，制造费用 60 000 元。甲产品本月入库 8 000 件。根据题意编制产品成本计算单，如表 4-20 所示。

表 4-20　产品成本计算单　　　　　　　　　　　　　　　单位：元

	直接材料	直接人工	制造费用	合计
月初在产品成本	46 000	26 000	8 000	80 000
本月生产费用	540 000	360 000	60 000	960 000
生产费用合计	586 000	386 000	68 000	1 040 000
完工产品成本	540 000	360 000	60 000	960 000
完工产品单位成本	67.5	48.25	8.5	124.25
月末在产品成本	46 000	26 000	8 000	80 000

(六）在产品按所耗直接材料费用计价法

在各月在产品数量大、数量不稳定、直接材料费用占产品成本中的比重较大的情况下，为了简化核算工作，月末在产品只按所耗直接材料费用计价，其他费用全部由当期完工产品负担。该产品的全部生产费用减去按直接材料费用计算的在产品成本的余额，即为该完工产品成本。

【例 4-22】 柳林公司生产甲产品，该产品直接材料费用在产品成本中所占比重较大，完工产品与在产品之间的费用分配采用在产品按所耗直接材料费用计价法。甲产品月初在产品直接材料费用（即月初在产品费用）为 36 000 元；本月发生直接材料费用 350 000 元，直接人工费用 16 000 元，制造费用 8 000 元；完工产品 900 件，月末在产品 100 件。该种产品的直接材料费用是生产开始时一次投入的，直接材料费用按完工产品和在产品的数量比例分配。

直接材料费用分配率 =（36 000 + 350 000）÷（900 + 100）= 386

完工产品直接材料费用 = 900 × 386 = 347 400（元）

月末在产品直接材料费用 = 100 × 386 = 38 600（元）

完工产品成本 = 347 400 + 16 000 + 8 000 = 371 400（元）

或 = 36 000 + 350 000 + 16 000 + 8 000 − 38 600 = 371 400（元）

（七）在产品按完工产品成本计价法

当月末在产品已接近完工，或产品已加工完毕，但尚未验收或包装入库时，为了简化核算工作，月末在产品可以按完工产品成本计价，即按完工产品产量和月末在产品数量的比例，分配各项生产费用，以确定月末在产品和完工产品成本。

【例 4-23】 柳林公司生产的甲产品月初在产品费用和本月发生费用累计数为：直接材料费用 80 000 元，直接人工费用 26 000 元，制造费用 8 000 元。完工产品 900 件，月末在产品 100 件，该产品已接近完工，月末在产品成本按完工产品成本计价。其计算分配结果如表 4-21 所示。

表 4-21 分配结果

成本项目	金额（元）	费用分配率	完工产品		月末在产品	
			数量（件）	金额（元）	数量（件）	金额（元）
直接材料	80 000	80	900	72 000	100	8 000
直接人工	26 000	26	900	23 400	100	2 600
制造费用	8 000	8	900	7 200	100	800
合计	114 000			102 600		11 400

其中：

直接材料的费用分配率 = 80 000 ÷（900 + 100）= 80

直接人工的费用分配率 = 26 000 ÷（900 + 100）= 26

制造费用的费用分配率 = 8 000 ÷（900 + 100）= 8

通过以上各种方法分配生产费用，便可以计算出完工产品成本和月末在产品成本。完工产品成本计算出来后，应从"基本生产"账户的贷方转入"库存商品"账户的借方。此时，"基本生产"账户的借方余额即为基本生产在产品成本，也就是在基本生产过程中占用的生产资金。

【例4-24】根据例4-18，采用约当产量比例法计算的生产费用分配（见表4-22），编制结转完工产品成本的分录。

表4-22 生产费用分配表

成本项目	生产费用合计（元）	约当产量总数（件）	费用分配率	完工产品		月末在产品	
				数量（件）	费用（元）	约当产量（件）	费用（元）
直接材料	160 000	4 000	40	2 500	100 000	1 500	60 000
直接人工	64 000	3 200	20	2 500	50 000	700	14 000
制造费用	96 000	3 200	30	2 500	75 000	700	21 000
合计	320 000				225 000		95 000

借：库存商品——甲产品　　　　　　　　　　　　225 000
　　贷：基本生产——甲产品　　　　　　　　　　　　　　225 000

思考题

1. 如何应用一次交互分配法和计划成本分配法？
2. 简述生产损失性费用的会计处理基本原则，废品损失应如何核算？
3. 交互分配法适用的条件是什么？
4. 在完工产品和在产品之间进行分配的时候需要注意哪些情况？采用约当产量计算的时候，完工率的计算方式是什么？

课后习题

一、单选题

1. 辅助生产费用的顺序分配法的基本要求是（　　）。
   A. 受益多的分配在前，受益少的分配在后
   B. 费用多的分配在前，费用少的分配在后
   C. 费用少的分配在前，费用多的分配在后
   D. 受益少的分配在前，受益多的分配在后
2. 采用辅助生产费用的交互分配法，交互分配是在（　　）。
   A. 各受益单位之间进行分配
   B. 受益的各辅助生产车间之间进行分配
   C. 辅助生产车间之外的受益单位之间进行分配
   D. 受益的各基本生产车间之间进行分配

3. 辅助生产费用的归集、分配是通过（　　）账户进行的。
   A. 辅助生产　　　B. 生产成本　　　C. 制造费用　　　D. 基本生产成本
4. 将辅助生产车间的各项费用直接分配给辅助生产车间以外的各受益单位，这种分配方法是（　　）。
   A. 直接分配法　　B. 计划成本分配法　C. 顺序分配法　　D. 代数分配法
5. （　　）是运用代数中多元一次联立方程的原理，在辅助生产车间之间相互提供产品或劳务情况下的分配辅助生产费用的方法。
   A. 直接分配法　　顺序分配法　　　C. 代数分配法　　D. 交互分配法
6. 如果辅助生产的制造费用通过"制造费用"科目核算，辅助生产的待分配费用是（　　）。
   A. 辅助生产车间的制造费用
   B. 辅助生产车间专设成本项目的直接计入费用
   C. 辅助生产车间专设成本项目的间接计入费用
   D. 辅助生产成本明细账和辅助生产制造费用明细账中的待分配费用之和
7. 企业车间因生产产品、提供劳务而发生的各项间接费用，包括工资、福利费、折旧费等，属于（　　）成本项目。
   A. 管理费用　　　B. 制造费用　　　C. 直接人工　　　D. 直接材料
8. 基本生产车间生产的几种产品共同费用的低值易耗品的摊销，应记入（　　）账户。
   A. 生产成本——基本生产成本　　　B. 生产成本——辅助生产成本
   C. 销售费用　　　　　　　　　　　D. 制造费用
9. 制造费用的各种分配方法有各自的适用范围，其中，适用于季节性生产的分配方法是（　　）。
   A. 年度计划分配率分配法　　　　　B. 生产工时比例分配法
   C. 直接成本比例分配法　　　　　　D. 生产工人工资比例分配法
10. 下列各项中，不应计入制造费用的是（　　）。
    A. 季节性或固定资产修理期间的停工损失　　B. 待业保险费
    C. 劳动保护费　　　　　　　　　　　　　　D. 机物料消耗
11. 机器工时比例分配法适用于（　　）。
    A. 产品生产机械化程度较低的车间　　B. 产品生产机械化程度较高的车间
    C. 产品生产机械化程度差别较大的车间　D. 不考虑产品机械化程度的车间
12. 季节性和固定资产大修理发生的损失应记入（　　）账户。
    A. 废品损失　　　B. 营业外支出　　C. 管理费用　　　D. 制造费用
13. 可以降价出售的不合格品的成本与合格品的成本（　　）。
    A. 相同　　　　　B. 不相同　　　　C. 前者大于后者　D. 后者大于前者
14. 工业企业发生的废品损失，最终应计入（　　）。
    A. 管理费用　　　B. 基本生产成本　C. 制造费用　　　D. 辅助生产成本
15. 经过质量检验部门鉴定不需要返修，可以降价出售的不合格品，其降价损失应作为（　　）。
    A. 废品损失　　　B. 产品销售费用　C. 管理费用　　　D. 销售费用

16. 对于各月末在产品数量较多，但各月之间在产品数量起伏不大的企业，在产品计价采用的方法是（ ）。
    A. 在产品不计算成本法 B. 在产品按年初在产品成本计价法
    C. 在产品按定额成本计价法 D. 定额比例法
17. 采用在产品按所耗直接材料费用计价法在完工产品和月末在产品之间分配费用适用于（ ）的企业。
    A. 各月末在产品数量较大 B. 各月末在产品数量变化较大
    C. 直接材料在产品成本中所占比重较大 D. 在产品具有稳定的定额成本
18. 原材料分工序在各工序中陆续投料，在产品的投料程度为（ ）与完工产品材料消耗定额的比率。
    A. 所在工序材料消耗定额
    B. 所在工序累计材料消耗定额
    C. 所在工序累计材料消耗定额的一半
    D. 上道工序累计材料消耗定额和所在工序材料消耗定额的一半的和
19. 按完工产品和月末在产品的数量比例分配计算完工产品和月末在产品的原材料费用，必须具备的条件是（ ）。
    A. 原材料在生产开始时一次性投入 B. 原材料陆续投入
    C. 产品成本中的原材料费用比重大 D. 原材料消耗定额比较准确
20. 某企业生产甲产品顺序经过三道工序加工，各工序的工时定额分别为22小时、10小时和18小时，则第二道工序在产品的完工率为（ ）。
    A. 64%　　　　　B. 60%　　　　　C. 56%　　　　　D. 54%
21. 在各月末在产品数量变化较大并且企业定额管理基础较好的情况下可以采用（ ）来划分完工产品和月末在产品的成本。
    A. 在产品按所耗直接材料费用计价法 B. 约当产量比例法
    C. 在产品按定额成本计价法 D. 定额比例分配法

二、多选题

1. 企业在进行辅助生产费用分配时，可能借记的科目有（ ）。
   A. 生产成本——基本生产成本 B. 生产成本——辅助生产成本
   C. 制造费用 D. 在建工程
2. 下列方法中，属于辅助生产费用分配方法的是（ ）。
   A. 直接分配法　　B. 交互分配法　　C. 代数分配法　　D. 计划成本分配法
3. 下列条件中，属于辅助生产车间的制造费用可以直接计入"辅助生产成本"科目的条件有（ ）。
   A. 制造费用少 B. 辅助生产规模小
   C. 辅助生产车间数量很少 D. 辅助生产车间不对外提供商品
4. 采用代数分配法分配辅助生产费用，（ ）。
   A. 能够提供正确的分配计算结果 B. 能够简化费用的分配计算工作
   C. 适用于实行电算化的企业 D. 便于分析考核各受益单位的成本
5. 辅助生产车间一般不设置"制造费用"科目核算是因为（ ）。

A. 辅助生产车间规模较小,发生的制造费用较少
B. 辅助生产车间不对外销售产品
C. 为了核算简单
D. 没有必要

6. 属于工业企业制造费用核算范围的有( )。
   A. 车间机物料消耗　　　　　　　　　B. 分厂的管理用具摊销
   C. 机器设备的折旧费　　　　　　　　D. 融资租赁费
   E. 分厂的试验检验费

7. "废品损失"账户的贷方对应的账户可能有( )。
   A. 其他应收款　　B. 营业外支出　　C. 基本生产成本　　D. 制造费用

8. "停工损失"账户的贷方对应的账户可能是( )。
   A. 基本生产成本　　B. 制造费用　　C. 原材料　　D. 其他应收款

9. 废品损失应该包括( )。
   A. 不可修复的废品成本　　　　　　　B. 可修复的废品成本
   C. 不合格品的降价损失　　　　　　　D. 产品保管不善的损失

10. 停工损失应包括生产车间( )。
    A. 停工期间发生的原材料、工资等费用　　B. 停工期间发生的制造费用
    C. 保险公司的赔款　　　　　　　　　　　D. 季节性和固定资产修理期间的停工损失
    E. 自然灾害引起的非正常停工损失

11. 与"废品损失"科目贷方对应的科目可能有( )。
    A. 原材料　　B. 其他应收款　　C. 辅助生产成本　　D. 基本生产成本　　E. 应付工资

12. 可修复废品必须具备的条件为( )。
    A. 经过修理可以使用
    B. 经过修理可以使用,但所花费的修理费用在经济上是不合算的
    C. 所花费的修理费在经济上是合算的
    D. 经过修理后仍不能使用

13. 以下属于广义在产品的有( )。
    A. 中间仓库已验收准备继续加工的自制半成品
    B. 中间仓库已验收等待对外销售的自制半成品
    C. 正在某车间加工的产品
    D. 尚未验收入库的最终产成品
    E. 等待返修的废品
    F. 不可修复废品

14. 下列属于在产品控制内容的有( )。
    A. 建立和健全在产品收发结存制度　　　B. 建立和健全在产品台账制度
    C. 加强半成品仓库的管理　　　　　　　D. 加强在产品盘点工作

15. 在产品数量的确定方式通常有( )。
    A. 月末实地盘点确定　　　　　　　　　B. 月末按定额数确定
    C. 月末按固定数确定　　　　　　　　　D. 月末按账面核算资料确定

16. 企业在划分完工产品与在产品成本时，应考虑（　　）。
    A. 月末在产品的数量　　　　　　　B. 月末在产品数量稳定与否
    C. 月末在产品的价值　　　　　　　D. 产品成本中各项费用的比重
    E. 企业定额管理基础的好坏　　　　F. 生产的自动化程度
17. 在完工产品和月末在产品之间分配费用的方法有（　　）。
    A. 约当产量比例法　　B. 交互分配法　　C. 定额比例分配法　　D. 直接分配法
18. 采用在产品按定额成本计价法应具备的条件有（　　）。
    A. 企业各项消耗定额比较正确　　　B. 企业各项消耗定额比较稳定
    C. 月末在产品数量变化较小　　　　D. 月末在产品数量比较多
    E. 在产品基本接近完工
19. 以下会导致产品投入数量和产品产出数量不一致的情况有（　　）。
    A. 发生不可修复废品　　　　　　　B. 发生可修复废品
    C. 生产过程中不可避免的自然损耗和溢余　　D. 在产品盘亏、毁损和报废

三、判断题

1. 企业在只有一个辅助生产车间的情况下，才能采用辅助生产费用的直接分配法。（　　）
2. 采用交互分配法分配辅助生产费用，能够准确地计算对外分配的单位成本，因而能够提供最准确的费用分配资料。（　　）
3. 采用计划分配法分配辅助生产费用，不必在辅助生产车间之间进行交互分配。（　　）
4. 辅助生产费用采用代数分配法分配时，由于各辅助生产费用都要计算两个费用分配率，进行两次分配，因此，计算结果最准确。（　　）
5. 不论采用哪一种程序归集辅助生产费用，"生产成本——辅助生产成本"科目的余额都表示辅助生产的在产品成本，也就是辅助生产过程中占用的资金。（　　）
6. 用于几种产品生产共同耗用的，构成产品实体的原材料费用，可以直接计入各种产品的成本。（　　）
7. 在采用计件工资形式下，如果生产多种产品，则应采用一定的分配标准分配工资后再记入各种产品明细账的"工资及福利费"项目。（　　）
8. 通过制造费用的归集和分配，"制造费用"总账科目和所属明细账都没有年末余额。（　　）
9. 制造费用的费用项目一般是按直接用于产品生产、间接用于产品生产以及用于组织管理来划分的。（　　）
10. 停工损失、季节性生产和大修理停工的损失列为管理费用计入产品成本，其他各种非正常停工损失作为营业外支出。（　　）
11. 不合格品的降价损失应该算作废品损失。（　　）
12. 不单独核算停工损失的企业不设"停工损失"账户，停工期间发生的各种费用记入"制造费用"账户和"营业外支出"账户。（　　）
13. 与"废品损失"科目相同，"停工损失"科目应无月末余额。（　　）
14. 如果停工车间生产多种产品，那么可采用分配制造费用的方法在各种产品之间分配停工损失。（　　）
15. 停工损失是指在停工期间发生的损失，所以，在计算停工损失时，不考虑停工期间的长

短，也不考虑损失发生的地点。（　　）
16. 对于各月末在产品数量较少的企业，月末在产品成本可以忽略不计。（　　）
17. 采用在产品成本按年初固定数额计算的方法时，其基本点是年内各月的在产品成本都按年初在产品成本计价，永远不变。（　　）
18. 按年初固定数额计算在产品成本时，某种产品本月发生的生产费用就是本月完工产品的生产费用。（　　）
19. 采用在产品按所耗直接材料费用计价法时，加工费用全部由完工产品承担。（　　）
20. 约当产量比例法适用于各月末在产品数量较大并且数量变化较大，产品成本中各项费用比重差不多的产品。（　　）
21. 采用约当产量比例法分配原材料费用的投料程度和分配加工费用的完工程度相同。（　　）
22. 后道工序在产品多加工的程度可以弥补前道工序少加工的程度，所以全部在产品的完工程度可以按50%平均计算。（　　）
23. 采用约当产量比例法在完工产品和在产品之间分配原材料费用，如果原材料是分工序在各工序开始时投入的，在产品的数量按实际数量计算。（　　）
24. 成本核算过程既是划清费用界限的过程，又是费用归集和分配的过程。（　　）
25. 采用在产品按定额成本计价法时，月末在产品的定额成本与实际成本的差异全部由完工产品成本承担。（　　）
26. 企业在一定时期内生产耗费的总额与"生产成本——基本生产成本"账户归集的生产成本总额一定相等。（　　）
27. 生产费用在完工产品和月末在产品之间分配的方法较多，企业可根据所生产产品的特点及管理需要而定。一旦采用某种方法，不应随意变动，从而使不同时期的产品成本具有可比性。（　　）

四、综合题

1. 某企业有供电和机修两个辅助生产车间，本月份根据辅助生产成本明细账得知：供电车间直接发生的待分配费用为14 080元，机修车间为13 440元。供电车间和机修车间之间相互提供产品和劳务，供电车间受益少，机修车间受益多。车间本月提供产品和劳务量如表4-23所示。

表4-23　车间本月提供产品和劳务量

车间、部门		用电度数（度）	修理工时（小时）
第一基本生产车间	产品耗用	37 000	—
	一般耗用	3 000	3 600
第二基本生产车间	产品耗用	34 000	—
	一般耗用	2 000	4 200
管理部门		4 000	200
供电车间		—	400
机修车间		8 000	—
合计		88 000	8 400

【要求】
（1）采用直接分配法分配辅助生产费用，并编制相应的会计分录。

（2）采用顺序分配法分配辅助生产费用，并编制相应的会计分录。

（3）采用一次交互分配法分配辅助生产费用，并编制相应的会计分录。

（4）采用代数分配法分配辅助生产费用，并编制相应的会计分录。

（5）采用计划成本分配法分配辅助生产费用，并编制相应的会计分录。（计划单位成本：供电车间0.16元/度，机修车间1.8元/小时。）

2. 某工厂一车间全年制造费用的计划数为351 000元，全年各种产品的计划产量为：A产品19 000件，B产品6 000件，C产品8 000件。单位产品工时定额为：A产品5小时，B产品7小时，C产品7.25小时。3月份实际产量为：A产品1 800件，B产品700件，C产品500件，3月份实际发生的制造费用为30 900元。

【要求】

（1）按年度计划分配率分配法分配制造费用，并编制相应的会计分录。

（2）假如一车间全年实际发生制造费用351 918元，实际产量为：A产品20 000件，B产品8 000件，C产品6 000件。试对"制造费用"科目的年末余额进行调整，并编制相应的会计分录。

3. 某企业生产A产品需经过三道工序加工，其各道工序的工时定额依次如下：12小时、15小时、3小时。该企业的月初在产品成本为：原材料4 500元，工资及福利费2 070元，制造费用1 242元。本月发生的生产费用为：原材料37 590元，工资及福利费12 930元，制造费用8 758元。月末完工产品2 086件，各道工序的在产品分别为200件、400件和120件。该产品的原材料是在生产开始时一次投入的。

【要求】

（1）计算各道工序在产品的完工率。

（2）计算在产品的约当产量。

（3）采用约当产量比例法分配完工产品成本和在产品成本。

4. 某企业B产品的原材料在生产开始时一次投入，产品成本中的原材料费用所占比重很大，月末在产品按其所耗原材料费用计价。其8月初在产品费用为3 500元。该月生产费用为：原材料12 500元，工资及福利费3 300元，其他费用5 000元。该月完工产品300件，月末在产品100件。

【要求】

（1）计算8月份该种完工产品总成本。

（2）登记8月份该种产品成本明细账。

5. 某车间C产品基本生产成本明细账有关资料如表4-24所示。

表4-24 基本生产明细账　　　　　　　　　　　　　　　　单位：元

项目	原材料	直接人工	制造费用	合计
月初在产品成本本月生产费用	1 250	1 005	2 314	4 569
	3 300	1 291	4 574	9 165
合计	4 550	2 296	6 888	13 734

原材料定额费用：完工产品5 600元，在产品3 500元；定额工时：完工产品3 860小时，在产品1 880小时。

【要求】采用定额比例分配法计算分配完工产品和月末在产品费用，并编制完工产品入库的分录。

6. 某产品各项定额消耗比较准确稳定，各月在产品数量变化不大，月末在产品按定额成本计价。该产品月末和本月发生的生产费用合计：原材料 48 740 元，工资和福利费 17 650 元，制造费用 12 000 元。原材料在生产开始时一次投入。单位产品原材料定额费用为 80 元。完工产品产量 450 件，月末在产品 100 件，定额工时共计 1 400 小时。每小时定额费用：工资 2.05 元，制造费用 2.5 元。

【要求】采用月末在产品按定额成本计价法，分配计算月末在产品定额成本和完工产品成本。

第五章

生产类型与成本计算方法

导入案例

汽车生产成本包括原材料、辅助材料、车间工人工资福利、燃动力（电费、水费和煤）等，制造费用包括机物料消耗、修理费、劳动保护费、车间设备固定资产折旧等。

松林汽车生产企业是新设立的股份制企业，主要生产低排量的小汽车，汽车的所有零部件都是由企业自己生产，而且每一种零部件都是在一个独立的生产车间生产的。所产零部件大多是企业自己使用，也有部分对外出售；各零部件生产车间完成生产后都移交进入半成品库，最后由装配部门从半成品库领取并组装成产品对外出售。

问题：根据松林汽车生产企业的工艺流程及生产特点，你认为应该采用哪一种或哪几种成本计算方法？

学习目标

成本计算的目的是为企业生产经营决策提供相关的成本信息支持和服务。任何制造型企业在进行要素费用和综合费用的归集和分配之前，都有一个成本计算方法的选择问题。企业在进行成本计算方法选择时都不可脱离本企业生产的类型和特点，以及内部控制对成本计算信息的需求。因此，本章主要讨论企业生产类型与特点和内部成本管理为什么对成本计算方法有影响，其影响的表现是什么，它们是如何决定不同的成本计算方法的，其规律是什么。

本章内容可以使前面第三章、第四章和后续成本计算方法的介绍更紧密地联系起来，起着承上启下的作用。在学习本章的过程中应当注意如下几点。

1. 了解企业生产类型的划分，以及每一种生产类型的特点，并比较各种生产类型的差异之处。
2. 理解生产类型与成本管理要求不同为什么会决定不同成本计算方法的原理。
3. 从理论上看，成本计算基本方法与辅助方法划分的标准是什么？
4. 为什么对于一个企业的不同生产车间与产品可以将不同的成本计算方法结合使用？

> **难点提示**
> 1. 生产类型与特点不同，成本管理要求不同，会形成不同的成本计算方法。
> 2. 成本计算方法的基本构成因素有成本计算对象、成本计算期、期末在产品计价方法，其中成本计算对象所起的作用如何？

第一节　生产类型及其特点

一、生产类型的划分

企业生产类型是指企业的生产结构类型，也就是产品品种、产量生产的专业化程度在企业生产系统的综合表现。企业的生产过程多种多样，组织生产的方式各不相同，为了便于选择适宜的生产组织形式，编制、实施生产计划，需要按照一定的标准对各种企业的生产过程进行分类，即对生产类型可做如下划分。

（一）按照生产工艺技术过程划分

产品的生产工艺技术过程是指从原材料投入生产到产成品的产出所经过的各个生产阶段和环节的一系列技术工程。工业企业的生产按其生产工艺技术过程的特点，可以分为简单生产和复杂生产。

1. 简单生产

简单生产又称单步骤生产，是指生产工艺技术过程不能间断，或不能分散在不同地点进行的生产，如发电、供水、供气、采掘、铸造等生产。单步骤生产具有生产工艺技术过程简单，生产周期较短，产品品种稳定，生产只能由一个车间或一个企业独立完成的特点。

2. 复杂生产

复杂生产又称多步骤生产，是指生产工艺技术过程可以间断，可以分散在不同地点、时间进行，并由若干加工步骤组成的生产。它具有工艺技术过程复杂，生产周期较长，产品品种不稳定，生产由多个车间或企业协作完成的特点。

按照加工方式和各个生产步骤的内在联系，复杂生产又可以分为装配式复杂生产和连续式复杂生产。

（1）装配式复杂生产。装配式复杂生产是指可以在不同的地点和时间分别加工组成产成品的零部件，然后将零部件组装成最后的产品，如汽车、自行车、缝纫机、家用电器、手表等产品的生产。这类生产的各个生产步骤具有相对的独立性，不存在前后顺序和依存关系。

（2）连续式复杂生产。连续式复杂生产是指从投入原材料到产品完工要经过若干有序的连续加工步骤（或车间），如纺织、水泥、造纸等生产。这类生产的各个生产步骤（或车间）具有先后顺序和依存关系，上一步骤完工的半成品要转入下一步骤作为加工对象继续加工，这样依次转移，直到最后步骤才生产出产成品。

连续式复杂生产和装配式复杂生产的特征不同，其生产管理的侧重点也不一样。二者的比较如表 5-1 所示。

表 5-1 连续式复杂生产与装配式复杂生产的比较

特征	连续式复杂生产	装配式复杂生产	特征	连续式复杂生产	装配式复杂生产
产品品种	较少	较多	对设备的可靠性要求	高	较低
自动化程度	较高	较低	在制品库存	较低	较高
生产能力	可明确规定	模糊的			

（二）按照生产组织方式划分

生产组织方式是指保证生产过程各个环节和各个因素相互协调的生产工作方式。它与产品的品种、数量，生产的重复性及专业化程度有密切联系。按照生产组织方式的特点可以将企业生产分为大量生产、成批生产和单件生产三种类型。

1. 大量生产

大量生产是指大量不断重复生产品种相同的产品，如发电、采掘、冶金、纺织、造纸等生产。这类生产的主要特点是产量大、品种少，生产的重复性强，专业化程度高。

2. 成批生产

成批生产是指按照商品的批别、批量成批重复生产相同的产品，即每隔一定时期重复生产某种产品，如机床、电机、农机、服装等。这类生产的主要特点是产量较大，品种较多，生产有一定的重复性，专业化程度较高。成批生产按照每批产品产量的多少，又可以分为大批生产、中批生产和小批生产。

3. 单件生产

单件生产类似于小批生产，是指根据订货单位的要求，进行个别的特殊产品的生产，如重型机械制造和船舶制造等。在进行这种生产的企业或车间中，产品的品种多而且很少重复。

在上述分类中，我们把生产工艺技术过程特点和生产组织特点区别开来。实际上，生产工艺技术过程特点和生产组织特点是相互联系的。在组织生产时，必须考虑生产工艺技术过程特点，以便生产的组织形式符合生产过程的规律性。上述两种分类也是相互联系的，简单生产和连续式复杂生产通常是大量大批生产，也可以是补充存货型生产；装配式复杂生产可以是大量生产、成批生产或单件生产，也可以是订货型生产、补充存货型生产或混合生产；订货型生产常见的是单件小批复杂生产。

必须指出，同一企业的各个生产车间（或工段、小组）的生产可能具有不同的生产工艺技术过程特点和不同的生产组织特点，如同一企业的基本生产车间与辅助生产车间的生产特点可能不同，同一车间的各个生产工段或小组的生产特点也可能不同，但就整个企业而言，其生产特点是指主要的基本生产车间的生产特点。例如，造船工业的生产属于单件小批装配式复杂生产，但其发电车间的生产则属于大量大批简单生产，其精加工车间的零部件生产通常属于大量大批连续式复杂生产。

第二节　生产类型、管理要求与成本计算方法

一、生产类型、管理要求对成本计算方法的影响

会计上构成产品成本计算方法的主要因素有成本计算对象、成本计算期、完工产品成本与在产品成本的划分（即在产品计价）。

成本计算对象是指归集生产费用、计算产品成本的对象，即生产费用的最终承担者，一般是指产品的品种、产品订单或批别、各个加工步骤的产品、产品的类别等。成本计算期是指计算完工产品（产成品）成本的时间周期，即归集生产费用、计算产成品成本的起讫日期，一般分为按月定期计算和不定期计算两种情况。完工产品成本与在产品成本的划分是指构成产品成本的生产费用在当期完工产品与期末在产品之间进行分配，以确定完工产品实际成本和在产品成本。

生产类型、管理要求对产品成本计算方法的影响主要表现在对成本计算对象、成本计算期和完工产品成本与在产品成本划分的影响等三个方面，其中，对成本计算对象的影响是最重要的。

（一）对成本计算对象的影响

生产类型和成本管理要求不同，产品成本计算的对象也不同。

在大量大批简单生产类型下，由于生产工艺技术过程不可间断，通常是单步骤生产，因而不要求分步骤计算产品成本；由于属于大量大批生产，通常不需要按产品批别组织生产，因而也不要求分批别计算产品成本。所以，在这种生产类型下，成本计算对象就是不同品种的产品。

在大量大批连续式复杂生产类型下，由于生产工艺技术过程可以间断，生产过程由若干有顺序的生产步骤组成，各个生产步骤往往生产自制半成品，因而要求分步骤计算产品成本；由于属于大量大批生产，不要求分批计算产品成本，只要求按不同品种的产品计算成本。可见，在大量大批连续式复杂生产类型下，成本计算对象是分步骤的不同品种的产品（自制半成品）。

在大量大批装配式复杂生产类型下，由于各个生产步骤平行加工构成产成品的零件和部件，通常要求计算各个生产步骤的零件成本，因而这种生产类型的成本计算对象是分步骤的零件和组装成不同品种的产品。

在单件小批装配式复杂生产类型下，由于产品生产是按照批别或订单组织的，产品的批别或订单可以划分，因而要求按产品的批别或订单计算成本，其成本计算对象就是产品的批别或订单。

（二）对成本计算期的影响

因生产类型不同，产品成本计算期也不相同。在大量大批生产类型下，产品分月陆续完工，通常每月月末均有完工产品，因而要求按月定期计算完工产品成本，其成本计算期与会计报告期一致，与生产周期不一致。

在单件小批生产类型下，产品完工的时期与会计报告期不一致，月末不一定有完工产品，因而不要求按月定期计算完工产品成本，其成本计算期与生产周期一致。

可见，生产类型对成本计算期的影响主要是指生产组织的特点对成本计算期的影响，不同的生产组织方式具有不同的成本计算期。

（三）对完工产品成本和在产品成本划分的影响

生产类型和管理要求不仅影响成本计算对象和成本计算期的确定，对生产费用在完工产品和在产品之间的分配也产生直接影响。

在大量大批简单生产类型下，由于期末没有在产品或在产品数量很少，在管理上不要求计算在产品成本，不需要将生产费用在完工产品与在产品之间进行分配，当期生产费用就是该期完工产品总成本。

在大量大批复杂生产类型下，由于期末在产品数量较多，需要将生产费用（含期初在产品成本）在完工产品与在产品之间进行分配，以便确定完工产品成本和月末在产品成本。

在单件小批复杂生产类型下，成本计算期与会计报告期不一定一致，月末如果只有在产品，无完工产品，当期归集的生产费用就是期末在产品成本，无须在完工产品与在产品之间进行分配。如果同批产品分期完工，则月末同时存在完工产品和在产品，此时就需要将生产费用在当期完工产品与期末在产品之间进行分配，以便确定该批产品的当期完工产品成本和期末在产品成本。

第三节 成本计算的基本方法和辅助方法

成本计算方法的构成因素主要是成本计算对象、成本计算期和生产费用在完工产品与在产品之间的划分。其中，成本计算对象是决定成本计算方法的最主要因素，这是因为它不仅是设置生产成本明细账的依据，而且直接影响生产费用的归集及其计入产品成本的程序和方法，是区别不同成本计算方法的标志。

一、成本计算的基本方法

成本计算对象、成本计算期和生产费用在完工产品与在产品之间的划分三者相结合，便构成不同特点的产品成本计算方法。生产类型不同，成本计算对象、成本计算期和生产费用在完工产品与在产品之间的划分方法不一样，成本计算方法就不一样。产品成本计算的基本方法主要包括品种法、分批法和分步法。

1. 品种法

品种法是以产品品种为成本计算对象，归集生产费用，计算产品成本的一种方法。品种法适用于大量大批单步骤生产，如发电、采掘等生产，以及大量大批多步骤生产，且管理上不要求按照步骤计算成本的企业。此外，辅助生产的供水、供气、供电等大量大批单步骤生产也采用品种法计算成本。

2. 分批法

分批法是以产品的批别或订单作为成本计算对象，归集生产费用，计算产品成本的一种方法。分批法一般适用于单件小批生产的企业或车间，例如船舶制造、重型机器制造以及生产精密仪器、专用设备、服装加工的企业，企业新产品的试制和辅助车间的工具模具制造也可以采用该方法。采用分批法核算的产品或服务往往有很大差异。

3. 分步法

分步法是以每种产品生产步骤的半成品和产成品作为成本计算对象，归集生产费用，计算产品成本的一种方法。分步法适用于大量大批且管理上要求分步骤计算成本的多步骤生产企业，如纺织、冶金、造纸、化工等类型的企业。

这三种方法之所以被称为成本计算的基本方法，是因为这三种方法与不同生产类型的特点有着直接联系，而且涉及成本计算对象的确定，因而是计算产品实际成本必不可少的方法。所有工业企业，不论是哪一种生产类型，进行成本计算所采用的基本方法都是这三种。

二、成本计算的辅助方法

随着企业管理的现代化和成本计算方法的发展，成本计算方法又在上述三种基本方法的基础上，衍生了一些辅助方法。

例如，在产品品种、规格繁多的企业，为了简化成本计算工作，可以采用一种更为简便的成本计算方法——分类法；在定额管理工作做得比较好的企业，为了配合和加强生产费用与产品成本的定额管理，可以采用一种适应这种要求的成本计算方法——定额法。因此，成本计算的辅助方法包括简化核算的分类法、加强成本控制的定额法和标准成本法。

但是，这些方法在成本计算理论中都不能被视为独立或基本方法，只能成为辅助成本计算方法。究其原因，一是这些方法在计算过程中常常还需借助于基本方法，才能完成整个计算目的和过程，离开基本方法，它们本身也不会存在；二是这些方法不完全受生产类型的直接制约，它们是为了适应某一方面的管理需要而对基本方法的修改、调整和延伸，以便企业更好地控制生产耗费，如定额法、标准成本法。

企业生产类型和成本管理要求对成本计算方法的影响的归纳总结如表 5-2 所示。

表 5-2　生产类型和成本管理要求对成本计算方法的影响

生产工艺技术特点		生产组织方式特点	成本管理要求	成本计算方法	企业类型
简单（单步骤）生产		大量生产	要求按产品品种计算成本	品种法	发电、采掘等
复杂（多步骤）生产	连续式	大量生产	要求既按产品品种又分步骤计算成本	逐步结转分步法	冶金、水泥等
			要求不分步骤，只按产品品种计算成本	品种法	砖瓦、水泥等
复杂（多步骤）生产	装配式	大量生产	要求按产品品种计算，并计算各步骤份额	平行结转分步法	汽车、自行车等
			只要求按产品品种计算成本	品种法	钟表、收音机等

(续)

生产工艺技术特点		生产组织方式特点		成本管理要求	成本计算方法	企业类型
复杂（多步骤）生产	装配式	成批生产	大批	要求按产品品种计算，并计算各步骤份额	平行结转分步法	机床、农机等
			小批	要求按产品的批别计算	分批法	机械、专用设备等
		单件生产		要求按产品的批别计算	分批法	船舶、重型机器等

成本计算方法多种多样，企业应根据生产类型和管理要求，选择适应自身生产特点的成本计算方法。成本计算方法一旦确定，不得随意改变。

第四节　各种成本计算方法的结合与应用

前述各种成本计算方法适用于不同特点的生产类型，满足不同的管理要求。这些方法在实际工作中的应用比较复杂。对于同一企业的不同车间、同一车间的不同产品，由于其生产特点和管理要求不尽相同，有可能同时应用几种不同的成本计算方法。对于同一企业的同一产品，由于该产品的不同生产步骤，以及各种半成品和成本项目之间的生产特点与管理要求不完全相同，也可以结合应用几种不同的成本计算方法。

一、同时应用几种成本计算方法

对同一企业的不同生产车间，由于各个生产车间的生产特点和管理要求不同可以应用不同的成本计算方法，从而形成几种成本计算方法同时适用于同一企业的不同生产车间的状况。

同一企业的基本生产车间和辅助生产车间往往应用不同的成本计算方法，不同的基本生产车间和辅助生产车间，也可以应用不同的成本计算方法。例如，机床制造厂属于大量大批复杂生产类型企业，其基本生产车间适用分步法计算产品成本；而辅助生产车间中的供电和供水车间的生产属于大量大批简单生产类型，适宜应用品种法计算供电和供水成本；辅助生产车间中的工具车间由于生产的工具品种繁多，可以应用分类法计算各种工具成本；基本生产车间中的铸工车间的生产属于大量大批简单生产类型，可以应用品种法计算铸件成本。可见，对于机床制造厂而言，其基本的成本计算方法是分步法，但在不同的生产车间，可以分别应用品种法和分类法。如果同一企业的基本生产车间和辅助生产车间的生产类型相同，而管理要求不同，也可以分别应用不同的成本计算方法。例如，发电厂的基本生产车间发电车间和辅助生产车间供水车间的生产都属于大量大批简单生产类型，均可以应用品种法计算成本。但是，由于供水车间不是该厂的主要生产车间，企业的规模又较小，在管理上不要求单独计算供水成本，因而供电车间可以应用品种法计算成本，供水车间则不需要单独应用品种法计算成本。

对于同一企业或同一生产车间，由于其生产的各种产品属于不同的生产类型，因而对不同的产品可以应用不同的成本计算方法。一个企业或一个车间同时生产老产品和新产品，由于生产类型不同，其产品成本计算方法也不一样。例如，自行车厂的老品牌自行车属于大量大批复杂生产类型，可以应用分步法计算自行车的成本；而正在试制或者刚刚试制成功但尚未大量投入生产的新产品，比如电动自行车，它属于单件小批复杂生产类型，可以应用分批法计算电动自行车的成本。对一个企业或一个车间生产的各种定型产品，虽然其生产组织类型相同，但生产工艺技术过程不同，因此也可以应用不同的成本计算方法。例如，玻璃制品厂的定型产品——玻璃杯和玻璃仪器的生产都属于大量大批简单生产类型，但是玻璃杯是利用原材料熔制而成的，属于大量大批生产类型，可以应用品种法计算玻璃杯成本；而生产玻璃仪器要先将原料熔制成各种毛坯，然后加工装配成各种仪器，属于大量大批复杂生产，可以应用分步法计算玻璃仪器的成本。

二、结合应用几种成本计算方法

一个企业或一个车间生产同一种产品，由于该产品的各生产步骤具有不同的生产特点和管理要求，因而同一种产品的成本计算，可以以一种成本计算方法为基础，结合应用几种不同的成本计算方法。例如，单件小批复杂生产类型的机器厂，可以应用分批法计算机器成本，同时可以在铸工车间结合应用品种法计算铸件成本；在加工装配车间，可以应用分批法计算各批产品成本；在铸工车间和装配车间之间，可以应用逐步结转分步法结转铸件成本；在加工车间和装配车间之间，如果不要求计算加工车间的半成品成本，则可以应用平行结转分步法结转成本，完成整个产品成本的计算工作。

在同一产品的不同零部件之间，由于其生产特点和管理要求不同，可以应用不同的成本计算方法。例如，对于机械厂生产的各种零部件，其中不外售的专用件，可以不要求单独计算成本；外售的标准件以及各种产品通用的通用件，则应按照这些零部件的生产类型和管理要求，应用分批法、分步法或分类法单独计算零部件成本。

同一产品的不同成本项目，由于管理要求不同，也可以应用不同的成本计算方法。例如，在机器制造厂生产的产品成本中，原材料费用占有较大比重，而且原材料消耗定额资料齐全、稳定，可以应用定额法的原理计算原材料成本，其他项目可以应用分步法或分批法的原理计算成本。又如，在钢铁厂生产的钢材成本中，原材料费用占有较大比重，而且是直接费用，经过若干连续的生产步骤形成最终产品，则可以应用分步法的原理计算原材料成本，其他项目可以应用分类法的原理计算成本。尽管同一产品的不同成本项目可以应用不同的成本计算方法，但对一个企业而言，必须应用一种基本的成本计算方法，并且在基本方法的基础上结合应用其他成本计算方法。上述钢铁厂应用的基本方法是分步法，结合应用的方法是分类法。几种成本计算方法的结合应用，通常应以品种法、分批法或分步法为基本方法，再结合应用其他方法。

成本计算方法的实际应用应与整个成本会计工作保持衔接和协调。如为了加强成本计划管理，成本计算方法与成本计划的计算方法在计算口径上必须保持一致，以利于分析和考核产品成本的完成情况；为了实现同行业的成本对比分析，同行业各企业的成本计算方法应尽可能保持一致；为了对比分析不同时期的成本水平，企业应用的成本计算方法应保持相对稳定。当然，如果企业的生产类型发生变化，管理要求有所改变，成本计算方法也应相应调整，以适应新的生产类型和管理要求。只有从企业实际情况出发，正确应用各种成本计算方法，才能保证成本计算的顺利进行，发挥成本计算的积极作用。

思考题

1. 生产类型的划分。
2. 在产品成本计算的基本方法中，制造业应用得比较多的方法是哪种？

课后习题

一、单选题

1. 生产特点和管理要求对产品成本计算的影响主要表现在（　　）上。
   A. 完工产品和在产品的费用分配　　　B. 成本计算对象
   C. 要素费用的归集和分配　　　　　　D. 成本计算日期
2. 区分各种产品成本计算基本方法的主要标志是（　　）。
   A. 制造费用的分配方法　　　　　　　B. 成本计算期
   C. 完工产品与在产品之间的费用分配方法　D. 成本计算对象
3. 下列成本计算方法不属于成本计算基本方法的是（　　）。
   A. 品种法　　　　B. 分类法　　　　C. 分步法　　　　D. 分批法
4. 工业企业的（　　）生产，是按照工艺过程的特点来划分的。
   A. 简单　　　　　B. 大量　　　　　C. 成批　　　　　D. 单件
5. 工业企业的（　　）生产，是按照生产组织的特点来划分的。
   A. 单步骤　　　　B. 复杂　　　　　C. 多步骤　　　　D. 大量
6. 如果在一张订单中规定有几种产品，产品批别应按（　　）划分。
   A. 订单　　　　　B. 产品品种　　　C. 订单或产品品种　D. 各种产品数量多少
7. 生产类型按照（　　）分类，可以分为加工制造型和提供服务型生产。
   A. 生产形式　　　B. 组织方式　　　C. 生产过程　　　D. 管理特点

二、多选题

1. 产品成本计算的辅助方法包括（　　）。
   A. 品种法　　　　B. 分步法　　　　C. 分类法　　　　D. 分批法
   E. 定额法
2. 工业企业生产按照生产组织划分可以分为（　　）。
   A. 大量生产　　　B. 成批生产　　　C. 单件生产　　　D. 单步骤生产
   E. 多步骤生产
3. 企业选择成本计算方法时考虑的因素有（　　）。
   A. 企业的生产工艺过程特点　　　　B. 企业生产组织特点
   C. 成本会计人员的配置　　　　　　D. 成本会计机构的设置
   E. 企业的成本管理要求
4. 受生产特点和管理要求的影响，在产品成本计算工作中，可以将（　　）作为成本计算对象。

  A. 产品品种 B. 产品类别 C. 产品批别 D. 产品生产步骤

5. 生产类型对成本计算方法的影响主要表现在（ ）。

  A. 成本计算对象的确定 B. 成本计算期的确定

  C. 产品成本在产成品与在产品之间的划分 D. 按费用的分配标准

  E. 成本明细账的设置

6. 企业生产类型是指企业的生产结构类型，也就是（ ）的综合表现。

  A. 产品品种 B. 产品产量 C. 专业化程度 D. 组织方式

三、判断题

1. 生产特点和管理要求对产品成本计算的影响，主要表现在成本计算对象上。（ ）
2. 产品成本计算对象是区分成本计算所有方法的主要标志。（ ）
3. 产品成本计算的基本方法包括品种法、分类法和分批法。（ ）
4. 生产类型不同，管理要求不同，产品成本计算对象也应有所不同。（ ）
5. 单步骤生产由于工艺过程不能间断，因而只能按照产品品种计算成本。（ ）
6. 产品成本计算的辅助方法，是指在成本管理方面作用不大的计算方法。（ ）
7. 在小批和单件生产中，产品的种类和每批产品的批量，都是根据购买单位的订单确定的，因而按批、按件计算产品成本，也就是按照订单计算产品成本。（ ）
8. 如果在一张订单中只规定一件产品，但其属于大型复杂的产品，价值大、生产周期长，也可以按照产品的组成部分分批组织生产，计算成本。（ ）
9. 如果在同一时期内，几张订单规定有相同的产品，还应按订单确定批别，分批组织生产，计算成本。（ ）
10. 如果一张订单规定有几种不同产品，应合为一批组织生产。（ ）

四、综合题

  万兴建筑公司专门从事房屋建筑，是一家以质量优良著称的小型企业。最近，由于公司的创始人万老先生退休了，他将自己的生产交给了他的儿子万经理。万经理接手后便决定对公司进行变革，他认为公司应开拓顾客化住宅和非住宅建筑领域。当他开始考察该策略的可行性时，他对公司现行的成本计算方法感到有些疑惑，他担心公司现行的成本计算方法不适应公司新的发展要求。因此，他与财务负责人张先生进行了讨论。万经理认为，公司过去所盖的住宅都基本相同。虽然在设计方面有一些小变化，但每套房子需要的工作和材料基本相同，简单归集在建筑过程中发生的实际成本，再除以建筑的单元数，就可以算出每套房子的成本。但是，如果进入顾客化住宅或工业建筑领域，原来的方法就不适用了。因为，例如顾客化住宅要用不同的水泥工、木工，还可能要用较贵的材料，比如用极可意水流按摩浴缸，而不用普通浴缸。这些房子在尺寸上可能和原来的标准单元房差别很大。如果简单地用建筑成本除以总建筑单元数，就没法得到各单元房的准确成本。另外，标准单元房的成本也会被歪曲，在工业建筑方面甚至会引起更严重的问题。所以，万经理认为，确实需要采用一个全新的方法来归集建筑成本。

  【要求】万兴公司当前的成本计算方法是否适应变革后公司的生产类型？成本计算方法是否需要改革？如果你是财务负责人张先生，你将会如何建议？

第六章

品 种 法

导入案例

造纸术为中国四大发明之一,在时代的进程中不仅没有消失在历史长河里,反而历久弥新,仍服务于社会大众。目前的造纸术分为机制和手工两种形式,机制是在造纸机上连续进行的,将适合于纸张质量的纸浆,用水稀释至一定浓度,在造纸机的网部初步脱水,形成湿的纸页,再经压榨脱水,然后烘干成纸。手工则用带有竹帘、聚酯网或铜网的框架,将分散悬浮于水中的纤维抄成湿纸页,经压榨脱水,再行晒干或烘干成纸。现代企业往往会同时生产书纸、铜版纸、白卡纸、灰卡纸、特种纸等多种类型的纸张,以满足市场的不同需求,实现企业经营发展。

问题:你认为当代造纸企业应当采用什么方法计算纸张的成本?

学习目标

品种法是一种基本的成本计算方法,广泛应用在大量大批简单生产类型的企业,以及虽然是复杂生产,但不要求分步计算产品成本的生产企业。比如,发电厂、水泥厂、饼干厂、造纸厂等。

品种法是三种成本计算基本方法中最简单、最基础的方法,同时又与分步法有着紧密联系。在国内关于成本会计的书籍中,甚至常常将分步法视为若干品种法的"串联"。因此,通常将其首先介绍讨论。

在学习本章的过程中应当注意如下几点。

1. 了解品种法的特点与适用的企业生产类型。
2. 掌握品种法计算过程的基本流程,熟练地利用所给数据资料计算出各品种产品的总成本和单位成本。

难点提示

品种法在计算过程中各步骤的先后顺序关系,以及成本计算中对于原材料费用、人工费用等的分配问题。

第一节 品种法的特点与计算程序

企业应当根据生产类型和特点，结合成本管理要求选择适合自己的成本计算方法。不管采用什么样的成本计算方法，都是为了更好地服务于企业的成本计算与管理。基于产品定价和损益计算的需要，许多企业都要求按照产品品种计算成本。

一、品种法的特点与适用范围

品种法是指以产品品种为成本计算对象，归集生产费用，计算产品成本的一种方法。

品种法适用于大量大批简单生产的企业或车间，如采掘、发电、供水、供气等生产企业。在大量大批复杂生产的中小企业中，尽管生产工艺、技术过程可以间断，可以划分为若干生产步骤，但在生产规模较小，管理上不要求按生产步骤控制生产费用和计算产品成本时，也可以采用品种法计算产品成本，如小型水泥厂、造纸厂、糖果厂、钟表厂、自行车厂等生产企业。

品种法的主要特点如下。

（1）成本计算对象。在品种法下，企业按产品品种设置基本生产明细账，账内按照成本管理要求设置成本项目，进行生产费用的归集与分配。

如果企业只生产一种产品，则绝大多数生产费用都可以直接计入产品成本，企业的生产费用就按这种产品进行归集。如果企业生产的产品不止一种，则企业的生产费用需要按各种产品分成本项目进行归集。凡属于多种产品直接发生的生产费用，可以直接计入对应的品种产品成本；凡属于多种产品共同发生的耗用，则需要分配之后计入各种产品成本。

（2）成本计算期。品种法一般以月为成本计算期。如前所述，品种法通常适用于大量大批简单生产，以及不需要分步计算成本的大量大批复杂生产。在这两种生产类型下，由于生产过程连续不断地进行，一般每个月结束后既有完工产品，又有在产品，为了加强产成品管理，及时为销售提供成本信息，需要按月计算完工产品成本。因此，在品种法下，成本计算期与会计报告期一致，与产品生产周期不一定一致。

（3）完工产品成本与在产品成本的划分。采用品种法的企业中有些产品生产周期较短，月末没有在产品，或者在产品数量很少，对产品成本影响不大，则可以不计算月末在产品成本，当月归集的生产费用完全计入当期完工产品成本。

当然，如果月末在产品数量较多，为了正确计算产品成本，应当将归集的生产费用合计数（即月初在产品成本加上当月归集的生产费用），并采用一定的分配方法，如约当产量比例法、定额比例分配法、定额成本法等进行分配，以确定完工产品成本和月末在产品成本。

二、品种法的计算程序

采用品种法进行成本计算，一般有以下几个步骤。

（1）按产品品种设置基本生产明细账，即成本计算单，明细账内按照成本项目设置专栏。

（2）审核并根据有关原始凭证和原始凭证汇总表，按照费用发生的地点（如车间）、用途编制各种要素费用分配表，据以登记"基本生产""辅助生产""制造费用"等成本核算账户。

（3）根据辅助生产明细账，按照直接分配法、一次交互分配法、计划成本分配法等分配方法编制辅助生产费用分配表，据以登记辅助生产费用分配情况。

（4）根据制造费用明细账，编制制造费用分配表，登记制造费用分配情况。

管理上需要单独计算生产损失的企业，还应在分配制造费用之后，对"废品损失"和"停工损失"进行归集和分配。如果管理上不要求专门提供生产损失资料，则不需要这一步骤。

（5）根据基本生产明细账，计算出完工入库产品总成本和单位成本，并结转入库成本。

三、品种法的应用案例

【例6-1】长江机器厂是一家大量大批单步骤生产类型的制造企业。结合该厂的生产类型和管理要求，采用品种法计算产品成本。该厂有一个基本生产车间，生产A、B两种产品，还有两个辅助生产车间——供电车间、修理车间。该厂201×年10月的有关产品成本核算资料如下。

1. 该厂10月份生产记录（见表6-1）

表6-1　A产品和B产品产量资料　　　　　　　　　　　　　单位：件

产品名称	月初在产品	本月投产	本月完工产品	月末在产品	完工率
A产品	320	680	600	400	50%
B产品	240	440	480	200	60%

2. 月初在产品资料（见表6-2）

表6-2　A产品和B产品月初在产品成本　　　　　　　　　　单位：件

产品名称	直接材料	直接人工	制造费用	合计
A产品	31 875	4 640	1 557.92	38 072.92
B产品	23 325	2 760	389.48	26 474.48

3. 该厂10月份发生的生产费用资料

（1）材料费用情况。根据领料凭证汇总本月发出原材料计划成本112 100元。其中，A、B产品分别耗用原料及主要材料50 000元和30 000元，A、B产品共同耗用辅助材料20 000元，基本生产车间、供电车间及修理车间分别耗用辅助材料6 000元、2 500元和2 000元，修理车间提供修理劳务耗用修理用备件1 600元。A、B两种产品共同耗用的辅助材料按主要原材料的比例分配。本月该厂的原材料成本差异率为1%。A、B两种产品均为生产开始时一次性投料。

（2）工资及福利费用。根据该厂10月份工资结算汇总表，本月发生工资费用45 000元。其中，基本生产车间工人工资30 000元，车间管理人员工资2 000元；供电车间生产工人工资 3 000 元，车间管理人员工资 2 000 元；修理车间生产工人工资 3 600 元，车间管理人员工资 1 200 元；厂部管理人员工资 3 200 元。基本生产车间工人工资及福利费按照 A、B 产品生产工时比例分配。同时，本月份发生职工福利费 6 300 元，其中，生产车间工人福利费 4 200 元，车间管理人员福利费 280 元，供电车间工人和管理人员福利费 700 元，修理车间工人和管理人员福利费 672 元，厂部管理人员福利费 448 元。

（3）折旧费用。根据固定资产折旧计算表，本月应计提折旧 4 000 元。其中，基本生产车间计提 2 600 元，供电车间计提 200 元，修理车间计提 800 元，厂部管理部门计提 400 元。

（4）其他费用。本月以现金、银行存款支付的其他费用如表 6-3 所示。

表 6-3　其他费用发生情况　　　　　　　　　　　单位：元

其他费用	基本生产车间	供电车间	修理车间	厂部管理部门
办公费	1 200	400	600	1 200
劳动保护费	800	100	200	400
运输费	1 000	300	200	400
合计	3 000	800	1 000	2 000

4. 其他相关资料

（1）本月 A、B 产品的生产工时分别为 8 000 小时和 2 000 小时。

（2）本月供电车间供电 36 900 度。其中，修理车间受益 6 900 度，基本生产车间受益 25 000 度，企业行政管理部门受益 5 000 度。修理车间提供维修工时 4 500 小时，其中供电车间受益 500 小时，基本生产车间受益 2 400 小时，企业行政管理部门受益 1 600 小时。辅助生产车间的辅助生产费用按照一次交互分配法分配，且分别按供电度数和修理工时比例分配。此外，辅助车间发生的组织和管理生产的费用（即制造费用）直接记入"辅助生产"账户，不单独进行核算。

（3）基本生产车间的制造费用按 A、B 产品生产工时比例分配。

（4）生产费用在完工产品和月末在产品之间的分配采用约当产量比例法。

根据上述资料，按照品种法成本计算的一般程序，长江机器厂 10 月的成本计算如下。

1. 开设长江机器厂成本计算明细账，登记期初在产品成本

按照长江机器厂的生产特点，依据品种法的要求，设立 A、B 产品基本生产明细账（见表 6-12 和表 6-13）、基本生产车间制造费用明细账（见表 6-10）、供电和修理车间辅助生产明细账（见表 6-7 和表 6-8），并登记其生产明细账中的月初在产品成本，为生产费用的归集和分配做好准备。

2. 进行要素费用的归集与分配

根据所给资料，进行长江机器厂生产费用的归集和分配。具体归集、分配情况如下。

（1）编制材料费用分配汇总表（见表 6-4），分配材料费用，据以登记"基本生产""辅助生产""制造费用"明细账。

表 6-4　材料费用分配汇总表

201×年 10 月　　　　　　　　　　　　　　　　　　　　　　　　　单位：元

应借账户		成本或费用项目	直接计入	分配计入	计划成本合计	差异率（1%）	实际成本
基本生产	A 产品	直接材料	50 000	12 500	62 500	625	63 125
	B 产品	直接材料	30 000	7 500	37 500	375	37 875
	小计		80 000	20 000	100 000	1 000	101 000
辅助生产——供电		材料费	2 500		2 500	25	2 525
辅助生产——修理		辅料和修理备件	3 600		3 600	36	3 636
制造费用		辅料	6 000		6 000	60	6 060
合计			92 100	20 000	112 100	1 121	113 221

在表 6-4 中，A、B 两种产品共同耗用辅助材料 20 000 元，分配计算过程如下：

$$分配率 = \frac{20\,000}{50\,000 + 30\,000} = 0.25$$

A 产品应分辅助材料 = 50 000 × 0.25 = 12 500（元）

B 产品应分辅助材料 = 30 000 × 0.25 = 7 500（元）

（2）编制工资及福利费分配汇总表（见表 6-5），据以登记"基本生产""辅助生产""制造费用"明细账。

表 6-5　工资及福利费分配汇总表

201×年 10 月　　　　　　　　　　　　　　　　　　　　　　　　　单位：元

应借账户		成本（费用）项目	直接计入	分配计入			工资费用	职工福利费分配数
				生产工时	分配率	分配金额		
基本生产	A 产品	直接人工		8 000	3	24 000	24 000	3 360
	B 产品	直接人工		2 000	3	6 000	6 000	840
	小计			10 000		30 000	30 000	4 200
辅助生产——供电		工资	5 000				5 000	700
辅助生产——修理		工资	4 800				4 800	672
制造费用		工资	2 000				2 000	280
管理费用		工资	3 200				3 200	448
合计			15 000			30 000	45 000	6 300

在表 6-5 中，基本生产车间工人工资 30 000 元，由 A、B 两种产品共同耗用，按生产工时比例分配计算如下。

$$分配率 = \frac{30\,000}{8\,000 + 2\,000} = 3$$

A 产品应分配工资费用 = 8 000 × 3 = 24 000（元）

B 产品应分配工资费用 = 2 000 × 3 = 6 000（元）

（3）根据折旧费用和其他费用发生情况，编制折旧和其他费用分配汇总表（本例中为减少费用分配表的编制工作量，将二者合并为一个费用分配表，但在会计实务中应对二者分开编制），如表 6-6 所示，据以登记"制造费用""辅助生产——供电""辅助生产——修理"明细账。

表 6-6　折旧和其他费用汇总表

201×年10月　　　　　　　　　　　　　　　　　　　单位：元

应借账户	折旧费用	其他费用
辅助生产——供电	200	800
辅助生产——修理	800	1 000
制造费用	2 600	3 000
管理费用	400	2 000
合计	4 000	6 800

3. 进行综合费用的归集与分配

（1）根据供电和修理车间生产明细账（见表 6-7 和表 6-8），编制辅助生产费用分配表（见表 6-9），据以登记"制造费用""管理费用"明细账。

表 6-7　辅助生产明细账

辅助单位：供电车间　　　　　　201×年10月　　　　　　　　　　　单位：元

月	日	凭证号数	摘要	材料	工资	折旧费	其他	合计	转出	余额
10	31	略	材料费用分配（见表6-4）	2 525				2 525		
			工资及福利费分配（见表6-5）		5 700			5 700		
			折旧费和其他费分配（见表6-6）			200	800	1 000		
			本月合计	2 525	5 700	200	800	9 225		
			本月转出						9 225	—

表 6-8　辅助生产明细账

辅助单位：修理车间　　　　　　201×年10月　　　　　　　　　　　单位：元

月	日	凭证号数	摘要	材料	工资	折旧费	其他	合计	转出	余额
10	31	略	材料费用分配（见表6-4）	3 636				3 636		
			工资及福利费分配（见表6-5）		5 472			5 472		
			折旧费和其他费分配（见表6-6）			800	1 000	1 800		
			本月合计	3 636	5 472	800	1 000	10 908		
			本月转出						10 908	—

表 6-9　辅助生产费用分配表

（一次交互分配法）

201×年10月　　　　　　　　　　　　　　　　　　金额单位：元

项目	交互分配			对外分配		
辅助生产车间名称	供电	修理	合计	供电	修理	合计
待分摊费用（元）	9 225	10 908	20 133	8 712	11 421	20 133
劳务供应数量总额	36 900 度	4 500 小时		30 000 度	4 000 小时	
费用分配率	0.25	2.424		0.290 4	2.855 25	

(续)

项目				交互分配		对外分配		
辅助生产耗用	应借"辅助生产"账户	供电车间	数量		500 小时			
			金额		1 212	1 212		
		修理车间	数量	6 900 度				
			金额	1 725		1 725		
		金额小计		1 725	1 212	2 937		
基本生产车间耗用	应借"制造费用"账户		数量			25 000 度	2 400 小时	
			金额			7 260	6 852.6	14 112.6
行政管理部门耗用	应借"管理费用"账户		数量			5 000 度	1 600 小时	
			金额			1 452	4 568.4	6 020.4
分配金额合计						8 712	11 421	20 133

（2）根据基本生产车间"制造费用"明细账（见表 6-10），编制制造费用分配表（见表 6-11），据以登记"基本生产"明细账。

表 6-10 制造费用明细账

201× 年 10 月　　　　　　　　　　　　　单位：元

月	日	凭证号数	摘要	材料费	工资费	折旧费	电费	修理费	其他	合计	转出	余额
10	31	略	材料费用分配（见表 6-4）	6 060						6 060		
			工资及福利费分配（见表 6-5）		2 280					2 280		
			折旧费和其他费分配（见表 6-6）			2 600			3 000	5 600		
			辅助生产费用分配（见表 6-9）				7 260	6 852.6		14 112.6		
			本月合计	6 060	2 280	2 600	7 260	6 852.6	3 000	28 052.6		
			本月转出								28 052.6	—

表 6-11 制造费用分配表

201× 年 10 月　　　　　　　　　　　　金额单位：元

应借账户	生产工时（小时）	分配率	分配金额
基本生产——A 产品	8 000	2.805 26	22 442.08
基本生产——B 产品	2 000	2.805 26	5 610.52
合计	10 000		28 052.6

$$制造费用分配率 = \frac{28\ 052.6}{8\ 000 + 2\ 000} = 2.805\ 26$$

4. 计算完工产品和月末在产品成本

根据上述要素费用分配和综合费用分配的结果，采用约当产量比例法，计算确定基本生产完工产品成本和月末在产品成本（见表6-12和表6-13）。

表6-12 基本生产明细账

（产品成本计算单）

产品名称：A产品　　　　　　201×年10月　　　　　　完工产品：600件　　月末在产品：400件

金额单位：元

月	日	凭证号数	摘要	成本项目			合计
				直接材料	直接人工	制造费用	
9	30	略	月初在产品成本	31 875	4 640	1 557.92	38 072.92
10	31	略	材料费用分配（见表6-4）	63 125			63 125
			工资及福利费分配（见表6-5）		27 360		27 360
			制造费用分配（见表6-11）			22 442.08	22 442.08
			本月生产费用	63 125	27 360	22 442.08	112 927.08
			生产费用合计	95 000	32 000	24 000	151 000
			约当产量（件）	1 000	800	800	
			分配率（单位成本）	95	40	30	165
			转出完工产品成本	57 000	24 000	18 000	99 000
			月末在产品成本	38 000	8 000	6 000	52 000

表6-13 基本生产明细账

（产品成本计算单）

产品名称：B产品　　　　　　201×年10月　　　　　　完工产品：480件　　月末在产品：200件

单位：元

月	日	凭证号数	摘要	成本项目			合计
				直接材料	直接人工	制造费用	
9	30	略	月初在产品成本	23 325	2 760	389.48	26 474.48
10	31	略	材料费用分配（见表6-4）	37 875			37 875
			工资及福利费分配（见表6-5）		6 840		6 840
			制造费用分配（见表6-11）			5 610.52	5 610.52
			本月生产费用	37 875	6 840	5 610.52	50 325.52
			生产费用合计	61 200	9 600	6 000	76 800
			约当产量（件）	680	600	600	
			分配率	90	16	10	116
			转出完工产品成本	43 200	7 680	4 800	55 680
			月末在产品成本	18 000	1 920	1 200	21 120

在表6-12中，约当产量及完工产品与在产品成本计算过程如下。

（1）约当产量的计算。由于A产品是一次投料，月末在产品使用的材料费用与完工产品的一样。材料的完工率按照100%计算，人工费用和制造费用按前面所给条件即50%计算。

直接材料项目约当产量＝600＋400×100%＝1 000（件）

人工和制造费用约当产量＝600＋400×50%＝800（件）

（2）生产费用在完工产品和月末在产品之间的分配如下。

$$直接材料分配率 = \frac{95\,000}{1\,000} = 95$$

完工产品应分配直接材料 = 600×95 = 57 000（元）
在产品应分配直接材料 = 400×95 = 38 000（元）

$$直接人工分配率 = \frac{32\,000}{800} = 40$$

完工产品应分配直接人工 = 600×40 = 24 000（元）
在产品应分配直接人工 = 200×40 = 8 000（元）

$$直接人工分配率 = \frac{24\,000}{800} = 30$$

完工产品应分配制造费用 = 600×30 = 18 000（元）
在产品应分配制造费用 = 200×30 = 6 000（元）

在表 6-13 中，约当产量计算和生产费用合计数在完工和月末在产品之间的分配计算和表 6-12 相同，不再列出其计算过程。

【例 6-2】柳林机械厂其中的一个基本生产车间和一个辅助生产车间有关资料如下。基本生产车间生产 A、B 两种产品，采用品种法计算产品成本。

（1）201× 年 8 月份生产车间发生的经济业务如下。

1）基本生产车间领料 100 000 元，其中，直接用于生产 A 产品的材料成本为 50 000 元，直接用于 B 产品的材料成本为 25 000 元，A、B 产品共同耗用的材料成本为 20 000 元（按 A、B 产品的定额消耗量比例进行分配，A 产品的定额消耗量为 3 000 公斤，B 产品的定额消耗量为 2 000 公斤），车间耗用的一般材料为 5 000 元，辅助生产车间领料 8 000 元，共计 108 000 元。

2）基本生产车间的工人工资为 60 000 元（按 A、B 产品耗用生产工时比例进行分配，A 产品的生产工时为 4 000 小时，B 产品的生产工时为 2 000 小时），管理人员工资为 10 000 元；辅助生产车间的工人工资为 3 000 元，管理人员工资为 1 200 元；共计 74 200 元。

3）按照工资费用的 14% 计提职工福利费。

4）基本生产车间月初在用固定资产原值为 120 000 元，月末在用固定资产原值为 160 000 元；辅助生产车间月初、月末在用固定资产原值均为 50 000 元；按月折旧率 1% 计提折旧。

5）基本生产车间发生其他费用 3 600 元，辅助生产车间发生其他费用 2 800 元，共计 6 400 元，均通过银行办理转账结算。

（2）辅助生产车间（机修车间）提供劳务 12 000 小时，其中，为基本生产车间提供 10 000 小时，为企业管理部门提供 2 000 小时，辅助生产费用按工时比例进行分配。

（3）基本生产车间的制造费用按生产工时比例在 A、B 产品之间进行分配。

（4）A 产品的原材料在生产开始时一次投入，直接材料费用、直接人工费用和制造费用采用约当产量比例法进行分配。A产品本月完工产成品3 000件，月末在产品600件，完工率为60%。B产品各月在产品数量变化不大，生产费用在完工产品与在产品之间的分配，采用在产品按固定成本计价法。A、B产品月初在产品成本资料如表6-14和表6-15所示。要求：编制会计分录，计算成本。

表6-14　产品成本明细账

产品名称：A产品　　　　　　　　　　　　　　　　　　　　　　　　　金额单位：元

项目	直接材料	直接人工	制造费用	合计
月初在产品成本	20 000	13 000	15 000	48 000
本月生产费用				
生产费用合计				
分配率				
完工产品成本				
月末在产品成本				

表6-15　产品成本明细账

产品名称：B产品　　　　　　　　　　　　　　　　　　　　　　　　　金额单位：元

项目	直接材料	直接人工	制造费用	合计
月初在产品成本	8 800	2 900	4 200	15 900
本月生产费用				
生产费用合计				
完工产品成本				
月末在产品成本				

1. 费用分配情况

（1）材料费用分配

$$材料费用分配率 = 20\,000 \div (3\,000 + 2\,000) = 4$$

A产品应负担的全部材料费用 = 3 000 × 4 + 50 000 = 62 000（元）

B产品应负担的全部材料费用 = 2 000 × 4 + 25 000 = 33 000（元）

借：基本生产——A产品　　　　　　　　　　　　　　　　62 000
　　　　　　——B产品　　　　　　　　　　　　　　　　33 000
　　辅助生产——机修车间　　　　　　　　　　　　　　　8 000
　　制造费用　　　　　　　　　　　　　　　　　　　　　5 000
　贷：原材料　　　　　　　　　　　　　　　　　　　　108 000

（2）工资费用分配

$$工资费用分配率 = 60\,000 \div (4\,000 + 2\,000) = 10$$

A产品负担的工资费用 = 4 000 × 10 = 40 000（元）

B产品负担的工资费用 = 2 000 × 10 = 20 000（元）

借：基本生产——A产品　　　　　　　　　　　　　　　　40 000
　　　　　　——B产品　　　　　　　　　　　　　　　　20 000
　　辅助生产——机修车间　　　　　　　　　　　　　　　4 200

  制造费用   10 000

   贷：应付职工薪酬——工资   74 200

（3）计提职工福利费

  借：基本生产——A 产品   40 000×14% = 5 600

      ——B 产品   20 000×14% = 2 800

   辅助生产——机修车间   4 200×14% = 588

   制造费用   10 000×14% = 1 400

   贷：应付职工薪酬——福利费   74 200×14% = 10 388

（4）计提折旧

$$基本生产车间月折旧额 = 120\ 000 \times 1\% = 1\ 200（元）$$

$$辅助生产车间月折旧额 = 50\ 000 \times 1\% = 500（元）$$

  借：辅助生产——机修车间   500

   制造费用   1 200

   贷：累计折旧   1 700

（5）其他支出

  借：辅助生产——机修车间   2 800

   制造费用   3 600

   贷：银行存款   6 400

2. 辅助生产费用分配

$$辅助生产费用合计 = 8\ 000 + 4\ 200 + 588 + 500 + 2\ 800 = 16\ 088（元）$$

$$辅助生产费用分配率 = 16\ 088 \div (10\ 000 + 2\ 000) = 1.34$$

$$基本生产车间负担 = 10\ 000 \times 1.34 = 13\ 400（元）$$

$$企业管理部门负担 = 16\ 088 - 13\ 400 = 2\ 688（元）$$

  借：制造费用   13 400

   管理费用   2 688

   贷：辅助生产——机修车间   16 088

3. 基本生产车间制造费用分配

$$制造费用合计 = 5\ 000 + 10\ 000 + 1\ 400 + 1\ 200 + 3\ 600 + 13\ 400 = 34\ 600（元）$$

$$制造费用分配率 = 34\ 600 \div (4\ 000 + 2\ 000) = 5.77$$

$$A\ 产品负担制造费用 = 4\ 000 \times 5.77 = 23\ 080（元）$$

$$B\ 产品负担制造费用 = 34\ 600 - 23\ 080 = 11\ 520（元）$$

  借：基本生产——A 产品   23 080

      ——B 产品   11 520

   贷：制造费用   34 600

4. 计算填列产品成本明细账

（1）A 产品成本明细账（见表 6-16）。

表 6-16 A产品成本明细账　　　　　　　　　　　　　　　　　　金额单位：元

项目	直接材料	直接人工	制造费用	合计
月初在产品成本	20 000	13 000	15 000	48 000
本月生产费用	62 000	45 600	23 080	130 680
生产费用合计	82 000	58 600	38 080	178 680
分配率	22.78	17.44	11.33	
完工产品成本	68 340	52 320	33 990	154 650
月末在产品成本	13 660	6 280	4 090	24 030

材料费用分配率 = 82 000 ÷ (3 000 + 600) = 22.78

直接人工分配率 = 58 600 ÷ (3 000 + 600 × 60%) = 17.44

制造费用分配率 = 38 080 ÷ (3 000 + 600 × 60%) = 11.33

（2）B产品成本明细账（见表6-17）。

表 6-17 B产品成本明细账　　　　　　　　　　　　　　　　　　单位：元

项目	直接材料	直接人工	制造费用	合计
月初在产品成本	8 800	2 900	4 200	15 900
本月生产费用	33 000	22 800	11 520	67 320
生产费用合计	41 800	25 700	15 720	83 220
完工产品成本	33 000	22 800	11 520	67 320
月末在产品成本	8 800	2 900	4 200	15 900

第二节 品种法延伸——分类法

一、分类法的概念和适用范围

分类法是将企业生产的产品线分为若干类别，首先计算各生产类别产品成本，然后按一定的方法在类内各种产品之间进行分配，从而计算出各种产品成本的方法。这种方法可以视为品种法在多品种生产企业的具体运用和延伸。

在会计实务中，一般都是将类内各种产品之间的分配比例折合为一定的系数，按系数比例分配，因此分类法又称为"系数法"。

在生产工艺技术过程中所耗用原材料相同，产品品种和规格繁多的企业，如果以产品品种、规格直接作为成本计算对象，归集生产费用，计算产品成本，则计算工作量是很大的。为了简化和加速成本计算工作，可以采用分类法计算产品成本。

分类法适用于产品品种、规格繁多，而且可以按照一定的标准将产品划分为若干类别的生产企业，如无线电元件、钢铁、灯泡、针织、服装等生产企业。

二、分类法的成本计算程序

分类法的成本计算程序可以归纳为两大步骤。

（1）先按照产品类别设置类别产品成本计算单，根据各要素费用分配表和综合费用分配表，采用品种法（或分批法、分步法）计算出各类别完工产品成本和期末在产品成本，填制类别产品成本计算单。

（2）按照一定的分配标准，将各类别完工产品的总成本分成本项目在类内各种产品之间进行分配，计算出各种产品的实际总成本和单位成本，并编制按产品类别设置专栏的产品成本计算单。

三、影响分类法成本计算正确性的因素

合理划分产品类别，选择恰当的类内成本分配标准，是影响分类法成本计算正确性的关键因素。

（一）产品类别的划分

产品类别的划分是采用分类法时必须首先考虑的关键因素之一。一般应将产品结构、生产工艺技术和所耗原材料基本相同或相近的产品归为一类。但应注意，产品类别划分太少，会影响成本计算的正确性；产品类别划分太多，起不到简化成本计算的目的。在实务中，会计人员应根据企业的生产类型和特点，结合管理上对成本计算的要求，不断总结经验教训，探索出一种最佳归类方法。

（二）类内产品成本分配标准的选择

类内产品成本分配标准的选择会直接影响成本计算的正确性。一般类内分配标准可以选择产品定额消耗量、产品定额成本费用、产品售价、产品重量、产品体积或长度等。各成本项目可以采用同一个分配标准，也可以采用不同的分配标准。类内分配标准的选择，既要保证费用分配结果的正确、合理，又要使分配工作简单易行。在实务中，应尽量选择与产品成本高低有直接关系的因素作为类内分配的标准。

四、类内产品成本分配方法

类内产品成本的分配，通常选择以下两种分配方法进行。

（一）定额比例法

如果企业的定额基础工作做得比较好，各项消耗定额比较齐全、准确和稳定，那么各类完工产品总成本就可以按照类内各产品的定额消耗量比例进行分配。计算公式为：

$$\text{某类产品某项费用分配率} = \frac{\text{该类完工产品该项费用总额}}{\text{该类内各项产品该项费用的定额成本（或定额耗用量）之和}} \times 100\%$$

$$\text{类内某种产品某项费用实际成本} = \text{类内该种产品该项费用的定额成本（或定额耗用量）} \times \text{该类产品该项费用分配率}$$

（二）系数法

系数法就是将分配标准折算成相对固定的系数，按照系数在类内各种产品之间的分配费用，计算各种产品成本。确定系数时，在同一类产品中选择一种产品作为标准产品。作

为标准产品的产品必须具有代表性，一般应具有产量大、生产批量比较稳定和规格适中的特点。

具体做法是：将单位标准产品的系数视为1，将类内其他产品材料定额、工时定额或产品售价与标准产品的材料定额、工时定额或产品售价相比较，确定类内其他产品的系数，再将各种产品实际产量按系数折算为标准产品的产量。

$$某产品标准产量 = 该产品实际产量 \times 该产品系数$$

$$某类产品某项费用分配率 = \frac{该类完工产品该项费用总额}{该类内各种产品标准产量之和} \times 100\%$$

$$某种产品应分配的某项费用 = 该种产品标准产量 \times 该类产品该项费用分配率$$

五、分类法应用案例

【例6-3】 柳林模具厂是一家专业化生产注塑模具的企业，其模具加工的工艺流程包括：模具坯料准备→零件粗加工→半精加工→热处理→精加工→型腔表面处理→模具装配→上机调试。本月生产甲、乙、丙三种类型模具，基于三种类型模具在用料、工艺流程、产品结构上的相似性，管理上用分类法计算各种模具产品成本。

柳林模具厂采用的成本计算程序如下。

（1）将甲、乙、丙三种模具视为一类产品，根据有关费用分配表登记该类产品成本计算单（见表6-18），将该类产品的生产费用合计，并根据产量资料（见表6-19），采用约当产量比例法在该类完工产品与月末在产品之间进行分配，计算并登记该类产品本月完工产品成本和月末在产品成本。

表6-18 类别产品成本计算单

201×年×月　　　　　　　　　　　　　　　　金额单位：元

项目	直接材料	直接工资	制造费用	合计
月初在产品成本	36 000	1 900	10 000	47 900
本月发生生产费用	45 600	31 199	56 198	132 997
合计	81 600	33 099	66 198	180 897
约当产量（件）	2 040	1 870	1 870	
分配率	40	17.7	35.4	93.1
完工产品成本	68 000	30 090	60 180	158 270
在产品成本	13 600	3 009	6 018	22 627

表6-19 甲产品、乙产品、丙产品产量资料

单位：件

产品名称	月初在产品	本月投产	本月完工产品	月末在产品	完工率
甲产品	80	360	400	40	50%
乙产品	300	640	800	140	50%
丙产品	115	545	500	160	50%

直接材料约当产量 = 400 + 800 + 500 +（40 + 140 + 160）×100% = 2 040（件）

直接人工（制造费用）约当产量 = 400 + 800 + 500 +（40+140+160）×50% = 1 870（件）

（2）根据产品的原材料消耗定额和工时定额，计算并填制产品系数计算表（见表6-20）。

表6-20 产品系数计算表

产品\项目	原材料消耗定额（千克）	原材料成本系数	工时定额	工时定额系数
甲产品	80	1	100	1
乙产品	120	1.5	140	1.4
丙产品	64	0.8	50	0.5

在表6-20中，选择甲产品为标准产品，将甲产品原材料成本系数、工时定额系数分别定为1。

$$乙产品直接材料成本系数 = \frac{120}{80} = 1.5$$

$$丙产品直接材料成本系数 = \frac{64}{80} = 0.8$$

$$乙产品工时定额系数 = \frac{140}{100} = 1.4$$

$$丙产品工时定额系数 = \frac{50}{100} = 0.5$$

（3）根据各种产品的产量资料（见表6-19）和产品系数（见表6-20），分别计算甲、乙、丙三种产品的成本，按产品分别编制产品成本计算单（见表6-21）。

表6-21 产品成本计算单

201×年 ×月　　　　　　　　　　　　　　　金额单位：元

项目\产品名称	产量（台）	分配标准				总成本						合计	单位成本
		直接材料		工时定额		直接材料		直接人工		制造费用			
		系数	总系数	系数	总系数	分配率	分配额	分配率	分配额	分配率	分配额		
甲产品	400	1	400	1	400		13 600		6 800		13 600	34 000	85
乙产品	800	1.5	1 200	1.4	1 120		40 800		19 040		38 080	97 920	122.4
丙产品	500	0.8	400	0.5	250		13 600		4 250		8 500	26 350	52.7
合计			2 000		1 770	34	68 000	17	30 090	34	60 180	158 270	

在表6-21中，直接材料、直接人工、制造费用分配率计算如下：

$$直接材料分配率 = \frac{68\,000}{2\,000} = 34$$

$$直接人工分配率 = \frac{30\,090}{1\,770} = 17$$

$$制造费用分配率 = \frac{6\,0180}{1\,770} = 34$$

甲产品的直接材料分配额 = 34 × 400 = 1 360（元）

甲产品的直接人工分配额 = 17 × 400 = 6 800（元）

甲产品的制造费用分配额 = 34×400 = 13 600（元）

乙产品和丙产品的计算过程与甲产品相同，不再赘述。

采用分类法计算产品成本，不仅可以简化成本计算工作，而且能够在产品品种、规格繁多的情况下，分类掌握产品成本水平。但是，如果类内各种产品之间的分配标准选择不当，就会影响产品成本计算结果的正确性。此外，在产品结构、所耗原材料或工艺技术过程发生较大变动时，还应及时修订分配系数或调整分配标准，以保证产品成本计算的正确性。

六、分类法在联产品、副产品和等级品成本计算中的应用

（一）联产品成本的计算

联产品主要是指利用同种原材料，在同一生产工艺过程中同时生产出两种或两种以上的主要产品。如炼油厂从原油中同时提炼出各种汽油、煤油和柴油等主要产品。

联产品耗用原材料相同，生产工艺技术过程也相同，可以归为一类，采用分类法计算产品成本。如果同一生产过程分离出来的联产品还需要单独加工才能最终制成产成品，还必须对分离出来的联产品按其生产特点，采用其他成本计算方法计算出其加工成本，然后将分立前的产品成本加上分离后的加工成本就是最终产成品的生产成本。

【例6-4】柳林机械厂用同一原材料，通过同一生产过程生产出A、B、C三种主要化工产品。其中，A产品分离后还需继续加工才能制成最终产成品。

柳林机械厂计算A、B、C三种联产品成本的有关资料如下。

1. 产量、单位产品售价和按售价计算的系数（见表6-22）。

表 6-22

产品名称	产量（千克）	单位售价（元）	系数
A产品	800	60	1
B产品	400	48	0.8
C产品	960	30	0.5

2. 类别成本资料（见表6-23）

表 6-23 类别成本资料

项目	直接材料	直接人工	制造费用	合计
分离前类别成本（元）	27 840	3 712	14 848	46 400
各成本项目比重（%）	60	8	32	100
分离后A产品加工成本（元）	400	96	288	784

3. 根据上述资料，采用系数法计算并编制联产品成本计算单（见表6-24）。

表6-24 联产品成本计算单

201×年 ×月　　　　　　　　　　　　　金额单位：元

产品名称 项目	产量	系数	标准产量（千克）	类别成本	标准产品单位成本	联产品成本	联产品单位成本
A产品	800	1	800			23 200	29

（续）

产品名称＼项目	产量	系数	标准产量（千克）	类别成本	标准产品单位成本	联产品成本	联产品单位成本
B产品	400	0.8	320			9 280	23.20
C产品	960	0.5	480			13 920	14.50
合计			1 600	46 400	29	46 400	

根据表 6-22、表 6-23、表 6-24 中的资料，计算并编制 A 产品成本汇总表（见表 6-25）。

表 6-25　A 产品成本汇总表

201×年×月　　　　　　　　　　　　　　　　产量：800 千克

成本项目	分离前分配成本		分离后加工成本（元）	总成本（元）	单位成本（元）
	比重（%）	金额（元）			
直接材料	60	13 920	400	14 320	17.90
直接人工	8	1 856	96	1 952	2.44
制造费用	32	7 424	288	7 712	9.64
合计	100	23 200	784	23 984	29.98

注：可以看出，总成本可以根据各成本项目比重拆分到各个项目，便于后续加总和成本分析。

按单位售价换算为系数，再折合为标准产量对联产品成本进行分配，与按产品售价的比例直接进行分配的结果是一致的。因此，本例题也可以直接按售价比例进行分配。

（二）副产品成本的计算

副产品主要是指在生产主要产品的过程中同时附带生产出来的次要产品。如炼油厂在提炼原油的过程中产生的渣油、沥青等，炼铁厂在生产过程中产生的高炉煤气、炉渣等，炼焦厂在生产过程中产生的煤焦油，电解厂在生产过程中产生的阳极泥等。

副产品是相对于主要产品而言的，如果没有主要产品，也就不存在副产品。如果主要产品不止一种，而是若干种，则这些主要产品同时也是联产品。所以企业的副产品往往是与联产品相联系的。

副产品的生产耗费是与主要产品结合在一起的。由于它不是主要产品，所占的费用比重不大，为了简化计算工作，一般不要求单独计算成本，而是将出自同一生产过程的联产品和副产品视为一类产品，先计算出类别总产品的成本，然后对副产品进行计价并从总成本中扣除，余下的便是主要产品（联产品）的成本。

副产品的计价是否正确，直接影响主要产品成本计算的准确性。副产品通常按照售价减去税金和销售利润后的余额计价，也可以按照规定单价计价。副产品的计价额，一般从总成本的直接材料项目中扣除。如果副产品的售价不能抵偿其费用，说明副产品的经济意义不大，可以不单独计价，而由主要产品（联产品）负担；如果副产品在企业产品中的地位提高，产量比重增大，则此时副产品也就成了联产品，应与其他主要产品一起按联产品计算成本；如果副产品与主要产品分离后还要继续加工，则应采用适当的方法单独计算其加工成本。

【例 6-5】柳林炼油厂本月发生的生产费用为 5 704 800 元，在生产主要产品（联产品）

时生产出沥青、渣油、环烷酸等副产品。副产品按售价减去税金和销售利润后的余额计价，联产品按系数法计算成本。有关资料如下。

1. 副产品计价资料（见表 6-26）

表 6-26　副产品计价资料

项目	产量（吨）	单位售价（元）	适用税率（%）	销售利润率（%）	单位成本（元）	成本合计（元）
沥青	1 200	100	17	8	75	90 000
渣油	4 800	96	17	13	67.2	322 560
环烷酸	8	750	17	18	487.5	3 900
合计						416 460

2. 联产品系数计算资料（见表 6-27）

表 6-27　联产品系数计算资料

产品名称	定额成本（元）	系数计算	系数
汽油	500	500/500	1.00
航空汽油	600	600/500	1.20
煤油	520	520/500	1.04
轻柴油	400	400/500	0.80
重柴油	250	250/500	0.50

根据以上资料和有关费用分配表、产量月报等资料，编制柳林炼油厂炼油产品成本计算单（见表 6-28）

表 6-28　炼油产品成本计算单

201×年×月　　　　　　　　　　　金额单位：元

成本项目	总消耗量（吨）	单价	金额	产品名称	产量（吨）	分配系数	总系数	总成本	单位成本
直接材料				汽油	3 408	1.00	3 408	920 160	270
1. 原油	35 200	150	5 280 000	航空汽油	1 920	1.20	2 304	622 080	324
2. 定额材料				煤油	3 200	1.04	3 328	898 560	280.8
硫酸	102.40	150	15 360	轻柴油	7 200	0.80	5 760	1 555 200	216
烧碱	54.40	800	43 520	重柴油	9 600	0.50	4 800	1 296 000	135
乙基铅	1.44	7 000	10 080						
其他			37 088	联产品合计			19 600	5 292 000	270
直接工资			16 000						
制造费用				沥青	1 200			90 000	75
其中：电力	1 280	120	153 600	渣油	4 800			322 560	67.2
折旧			29 260	环烷酸	8			3 900	487.5
其他			123 552						
				副产品合计				416 460	
总成本			5 708 460	总成本				5 708 460	

（三）等级品成本的计算

等级品是指利用相同的材料，经过同一生产过程生产出的品种相同而质量品级不同的产品，如玉石加工企业雕刻出的不同等级的玉雕，碗厂烧制出的具有不同质量品级的碗等。

等级品按其形状形成的原因，可以分为两种：一种是由于自然原因或工艺技术条件不同而形成的等级品，这些等级品可以视同联产品，其成本计算可以采用分类法的原理，计算各等级品的实际总成本及单位成本；另一种是因管理不善或操作原因形成的不同等级的产品，这种情况下产生的各等级品成本不应有所区别，不宜采用分类法计算产品成本，而采用实物量分配法。

【例6-6】201×年12月，柳林炼油厂在生产轻柴油的过程中，出现了不同质量等级的轻柴油产品。相关资料信息如下：本月生产的轻柴油实际产量为7 200吨，其中，一等品3 000吨，二等品3 600吨，三等品600吨。三种等级品的市场售价为：一等品售价250元，二等品售价200元，三等品售价150元。本月轻柴油产品的总成本为1 755 000元。

分两种等级品形成原因，对各等级品的成本进行分配。

（1）假设不同质量等级的轻柴油产品，是由于目前的生产技术水平、工艺技术条件或自然条件造成的，采用系数法计算各等级品成本。成本计算结果如下（见表6-29）。

表6-29 轻柴油的等级品成本计算单

201×年12月　　　　　　　　　　　　　　　　　金额单位：元

产品等级	实际产量（吨）	系数	标准产量（吨）	分配率	各等级产品总成本	各等级产品单位成本
一等品	3 000	1.25	3 750		843 750	281.25
二等品	3 600	1	3 600		810 000	225
三等品	600	0.75	450		101 250	168.75
合计			7 800	225	1 755 000	

在表6-27中，等级品系数根据不同等级品的售价进行确认，此案例选取二等品作为标准产品。

$$一等品的系数 = \frac{250}{200} = 1.25$$

$$三等品的系数 = \frac{150}{200} = 0.75$$

$$分配率 = \frac{1\,755\,000}{7\,800} = 225$$

一等品总成本 = 3 750 × 225 = 843 750（元）

二等品总成本 = 3 600 × 225 = 810 000（元）

三等品总成本 = 450 × 225 = 101 250（元）

（2）假设不同质量等级的产品，是由于违规操作，或者技术不熟练等主观原因造成的，采用实物量分配法计算各等级品成本。成本计算结果如下（见表6-30）。

表6-30 轻柴油的等级品成本计算单

201×年12月　　　　　　　　　　　　　　　　　单位：元

产品等级	实际产量	分配率	各等级产品总成本	各等级产品单位成本
一等品	3 000		731 250	243.75

(续)

产品等级	实际产量	分配率	各等级产品总成本	各等级产品单位成本
二等品	3 600		877 500	243.75
三等品	600		146 250	243.75
合计	7 200	243.75	1 755 000	

企业在生产主要产品时，还生产少量的零部件或自制材料和工具等，这些零星生产的产品虽然耗用的材料和工艺技术过程不完全相同，但因其品种、规模繁多，而且数量少、费用小，为了简化计算工作也可以将它们归为一类，按分类法计算成本。

思考题

1. 品种法成本计算的特点是什么？试举出一个品种法计算成本的企业案例。
2. 在生产单一产品和多种产品的企业中，使用品种法计算成本有何不同？
3. 采用分类法时，如何确定类内成本分配标准？最常用的分配方法是什么？

课后习题

一、单选题

1. 产品成本计算的分类法适用于（　　）。
   A. 品种、规格繁多的产品
   B. 可以按照一定标准分类的产品
   C. 品种、规格繁多，而且可以按照产品结构、所用原材料和工艺过程的不同划分为若干类别的产品
   D. 只适用于大批大量生产的产品
2. 采用分类法的目的在于（　　）。
   A. 分类计算产品成本　　　　　　B. 简化各种产品的成本计算工作
   C. 简化各类产品的成本计算工作　　D. 准确计算各种产品的成本
3. 只能采用分类法计算产品成本的是（　　）。
   A. 联产品　　　B. 副产品　　　C. 主要产品　　　D. 等级产品
4. 按照系数比例分配同类产品中各种产品成本的方法（　　）。
   A. 是一种在完工产品和月末在产品之间分配费用的方法
   B. 是一种单独的成本计算方法
   C. 是一种简化的分类法
   D. 是一种分配间接费用的方法
5. 采用系数法时，被选定作为标准产品的应该是（　　）。
   A. 盈利较多的产品　　　　　　　　B. 亏损较多的产品
   C. 成本计算工作量较大的产品　　　D. 产量较大、生产比较稳定或规格适中的产品
6. 在分离后再发生的加工成本称为（　　）。

A. 联合成本　　　　B. 共同成本　　　　C. 可分离成本　　　D. 加工成本
7. 对于副产品的计价，一般可以从总成本的（　　）项目中扣除。
　　A. 制造费用　　　　B. 直接人工　　　　C. 直接材料　　　　D. 废品损失
8. 主观原因造成的等级产品的成本可以（　　）。
　　A. 按实物数量分配　　　　　　　　　　B. 按定额比例分配
　　C. 按约当产量比例分配　　　　　　　　D. 按系数分配
9. 原材料脱离定额差异是（　　）。
　　A. 数量差异　　　　　　　　　　　　　B. 价格差异
　　C. 一种定额变动差异　　　　　　　　　D. 原材料成本差异
10. 在完工产品成本中，如果月初在产品定额变动差异是正数，说明（　　）。
　　A. 定额提高了　　　　　　　　　　　　B. 定额降低了
　　C. 本月定额管理和成本管理不利　　　　D. 本月定额管理和成本管理取得了成绩

二、多选题

1. 按照系数比例分配同类产品中各种成本的方法（　　）。
　　A. 是一种单独的产品成本计算方法
　　B. 是一种在完工产品和月末在产品之间分配费用的方法
　　C. 是分类法的一种
　　D. 是一种简化的分类法
2. 可以或者应该采用分类法计算成本的产品，是（　　）。
　　A. 联产品
　　B. 由于工人操作所造成的质量等级不同的产品
　　C. 品种、规格繁多，但可按规定标准分类的产品
　　D. 品种、规格繁多，且数量少、费用比重小的一些零星产品
3. 按照固定的系数分配同类产品内各种产品成本的方法（　　）。
　　A. 是分类法的一种　　　　　　　　　　B. 是一种简化的分类法
　　C. 也叫系数法　　　　　　　　　　　　D. 是一种单独的成本计算方法
　　E. 是一种间接计入费用的方法
4. 采用分类法，在某类产品中的各种产品之间分配费用的标准可以选用（　　）。
　　A. 定额成本　　　B. 相对固定的系数　　C. 计划成本　　　D. 定额消耗量
　　E. 产品售价
5. 采用分类法计算成本的优点有（　　）。
　　A. 可以简化成本计算工作
　　B. 可以分类掌握产品成本情况
　　C. 可以使类内的各种产品成本的计算结果更为准确
　　D. 便于日常成本控制
6. 分类法的类内产品成本的分配方法一般有（　　）。
　　A. 约当产量比例法　B. 系数分配法　　C. 定额比例法　　　D. 品种法
7. 组成联产品的成本有（　　）。
　　A. 联合成本　　　　B. 可归属成本　　　C. 制造成本　　　　D. 销售成本

8. 对等级产品的描述正确的有（　　）。
   A. 等级产品的产品种类不同　　　　B. 等级产品是非合格品
   C. 等级产品的差别不影响产品的使用　D. 等级产品在质量上存在差别
9. 等级产品主要是由于（　　）等原因造成的。
   A. 技术不熟练　　　　　　　　　　B. 所耗原材料的质量
   C. 废品　　　　　　　　　　　　　D. 违规操作
   E. 生产技术水平
10. 定额法的主要缺点（　　）。
    A. 不便于成本分析工作
    B. 较其他成本计算方法计算工作量大
    C. 只适用于大批量生产的制造类企业
    D. 能合理简便地解决完工产品和月末在产品之间的费用分配问题
11. 采用定额法计算产品成本时，产品实际成本计算的指标有（　　）。
    A. 按现行定额计算的产品定额成本　B. 按旧定额计算的产品定额成本
    C. 脱离现行定额的差异　　　　　　D. 原材料或半成品成本差异
12. 品种法适用于（　　）。
    A. 大量大批的单步骤生产
    B. 大量大批的多步骤生产
    C. 管理上不要求分步计算成本的多步骤生产
    D. 小批单件，管理上不要求分步骤计算成本的多步骤生产

三、判断题

1. 分类法是以产品类别为成本计算对象的一种产品成本计算的基本方法。（　　）
2. 按照系数分配计算类内各种产品成本的方法，是一种简化的分类法。（　　）
3. 分类法的适用与否与产品的生产类型直接相关。（　　）
4. 分类法与生产类型有关，因而不是所有类型的企业都可以使用。（　　）
5. 采用分类法计算产品成本，不论选择什么作为分配标准，其产品成本的计算结果都有不同程度的假设性。（　　）
6. 分类法不需要分产品品种计算成本，因而产品成本明细账可按类别设置。（　　）
7. 为了简化成本计算工作，凡是品种、规格繁多的产品生产，都采用分类法计算成本。（　　）
8. 联产品和副产品没有本质上的区别，它们的成本计算只要将其按一定标准作价，从分离点前的联合成本中扣除就可以了。（　　）
9. 副产品与主产品分离后，还需要单独进行加工的，应按其分离后继续加工的生产特点和管理要求单独计算成本。（　　）
10. 销售价格分配法适用于分离后还需进一步加工的联产品。（　　）
11. 等级品和不合格品是两个不同的概念。等级品的质量差别是在允许范围内的，而不合格品的质量未达到要求。（　　）
12. 品种法是各种成本计算方法中最基本的方法。（　　）
13. 由于每个工业企业最终都必须按照产品的品种算出成本，因而品种法适用于所有工业企

业，应用范围最广泛。（　　）
14. 在一般情况下，品种法的成本计算期与生产周期是一致的。（　　）
15. 单件生产是指根据需用单位的要求，生产个别的、特定的产品，这种生产的产品品种一般较多且很少重复生产。（　　）
16. 品种法一般适用于大量大批多步骤生产的产品成本核算。（　　）

四、简答题

1. 简述分类法的适用范围及应用条件。
2. 简述副产品的特点。

五、计算题

1. 某厂为大量大批单步骤生产的企业，采用品种法计算产品成本。企业设有一个基本生产车间，生产甲、乙两种产品，还设有一个辅助生产车间——运输车间。该厂200×年5月份有关产品成本计算资料如下。

a. 产量资料（见表6-31）

表6-31　产量资料　　　　　　　　　　单位：件

产品名称	月初在产品	本月投产	完工产品	月末在产品	完工率
甲	800	7 200	6 500	1 500	60%
乙	320	3 680	3 200	800	40%

b. 月初在产品成本（见表6-32）

表6-32　月初在产品成本　　　　　　　单位：元

产品名称	直接材料	直接人工	制造费用	合计
甲	8 090	5 860	6 810	20 760
乙	6 176	2 948	2 728	11 852

c. 该月发生的生产费用

（1）材料费用。生产甲产品耗用材料4 410元，生产乙产品耗用材料3 704元，生产甲、乙产品共同耗用材料9 000元（甲产品材料定额耗用量为3 000千克，乙产品材料定额耗用量为1 500千克）。运输车间耗用材料900元，基本生产车间耗用消耗性材料1 938元。

（2）工资费用。生产工人工资10 000元，运输车间人员工资800元，基本生产车间管理人员工资1 600元。

（3）其他费用。运输车间固定资产折旧费为200元，水电费为160元，办公费为40元。基本生产车间厂房、机器设备折旧费为5 800元，水电费为260元，办公费为402元。

（4）工时记录。甲产品耗用实际工时为1 800小时，乙产品耗用实际工时为2 200小时。

（5）本月运输车间共完成2 100千米运输工作量，其中，基本生产车间耗用2 000千米，企业管理部门耗用100千米。

（6）该厂有关费用分配方法如下。

1）甲、乙产品共同耗用材料按定额耗用量比例分配。

2）生产工人工资按甲、乙产品工时比例分配。

3）辅助生产费用按运输里程比例分配。

4）制造费用按甲、乙产品工时比例分配。

5）按约当产量比例法分配计算甲、乙完工产品成本和月末在产品成本。甲产品耗用的材料随加工程度陆续投入，乙产品耗用的材料于生产开始时一次投入。

【要求】采用品种法计算甲、乙产品成本。

2. 某企业采用品种法计算产品成本。该企业生产A、B两种产品，月末在产品成本只包括原材料价值，不分摊工人工资和其他费用。A、B两种产品的共同费用按工人工资的比例分配。该企业2000年9月初A产品的在产品实际成本为2 200元，B产品无在产品。9月末，A产品在产品应负担的原材料为3 400元，B产品全部完工。9月份发生下列经济业务。

（1）基本生产车间领用原材料，实际成本为13 200元，其中，A产品耗用10 000元，B产品耗用3 200元。

（2）基本生产车间领用低值易耗品，实际成本为500元，该企业的低值易耗品采用一次摊销法摊销。

（3）计提固定资产折旧费1 150元，其中车间折旧费为980元，厂部管理部门折旧费为170元。

（4）应付职工工资5 000元，其中，生产工人工资为3 000元（生产A产品工人的工资为1 800元，生产B产品工人的工资为1 200元），车间管理人员工资为500元，厂部管理人员工资为1 500元。

（5）生产工人发生福利费420元（A产品为252元，B产品为168元），车间管理人员发生福利费120元，厂部管理人员发生福利费210元。

（6）分配间接费用。

【要求】根据上述经济业务，编制会计分录，计算A、B两种产品的总成本及A产品在产品成本，结转完工产品成本。

3. 某企业有一个基本生产车间，大量生产甲、乙两种产品，另有一个机修辅助生产车间，该厂采用品种法计算产品成本，设置"直接材料""直接人工""制造费用"三个成本项目。该企业2000年9月有关产品产量及成本资料如表6-33至表6-36所示。

表6-33　月初在产品成本　　　　　　　　　　　　　　　　　单位：元

产品	直接材料	直接人工	制造费用	合计
甲产品	7 680	6 592	3 574.78	17 846.78
乙产品	8 320	2 008	2 320.02	12 648.02

表6-34　产量资料　　　　　　　　　　　　　　　　　　　　单位：件

项目	甲产品	乙产品	项目	甲产品	乙产品
期初在产品	340	280	本月完工	800	600
本月投产	860	720	月末在产品	400	400

表6-35　定额消耗量、工时记录

		生产工时	修理工时	定额消耗
基本车间	甲产品	2 480		540
	乙产品	1 520		460
	一般耗用		6 000	
企业行政管理部门			4 000	

表 6-36 生产费用资料　　　　　　　　　　　　单位：元

费用要素＼用途	甲产品生产用	乙产品生产用	甲乙产品共用	基本生产一般用	辅助生产生产用	辅助生产一般用	合计
原材料	24 000	18 000	8 000	2 000	600	400	53 000
工资			60 000	4 200	5 800	2 500	72 500
福利费			8 400	588	812	350	10 150
折旧费				12 000		3 000	15 000
外购动力费				14 200		12 800	27 000
办公费及其他				25 400		6 600	32 000

材料在开工时一次投入，在产品的完工率为 50%，甲、乙两种产品共同耗用的材料按甲、乙产品的定额消耗量比率分配，基本生产车间生产工人工资、制造费用按生产工时比率分配。辅助生产车间费用按修理工时比率分配。甲、乙两种产品采用约当产量比例法计算完工产品成本和月末在产品成本。

【要求】根据上述资料，编制各种费用分配表，计算甲、乙两种产品的总成本和单位成本，并写出相应的会计分录。

第七章

分 批 法

导入案例

某服装厂是一家小型服装工厂,该企业设有一个生产车间,生产工艺分为裁剪、缝纫和烫熨三道工序。该企业按订货单位要求的花色品种、规格和批量分批生产各种服装。

问题:根据该企业的生产特点,该企业可以采用哪一种或哪几种产品成本计算方法?

学习目标

分批法是按照产品的批别或订单计算产品成本的方法,也是一种基本的成本计算方法,主要广泛应用于小批单件类型的生产,比如造船业、重型机器制造业、服装服饰行业等。

在小批单件生产企业,如果同一时期投产的产品批次很多,为了提高成本计算的效率,减少生产单位间接费用分配工作量,也可以采用简化的分批法。

在学习本章的过程中应当注意如下几点。

1. 了解分批法的概念、特点,以及适用的企业生产类型。
2. 熟悉分批法成本计算基本程序,并能熟练地利用分批法资料计算出各批别产品成本。
3. 理解简化分批法成本计算原理,能熟练地使用其资料计算出各批别产品成本。

难点提示

1. 会计实务中产品订单与产品生产批别的关系问题,如何根据产品订单确定产品生产批别。
2. 简化分批法成本计算原理,及其与成本计算准确性的关系问题。

第一节 分批法的特点与计算程序

一、分批法的特点

分批法是指以产品批别或件别为成本计算对象,归集生产费用,计算各批或各件产品成本的一种方法。在单件小批生产企业中，一般按照购买单位的订货单，由企业生产计划部门下达任务通知单，用以安排每批或每件产品的生产。因此，分批法又可以称为订单法。

分批法主要具有以下几个特点。

（1）采用分批法，成本计算对象一般为产品生产批别或件别。由于企业在生产中一般是根据购买单位的订货单确定产品的种类和批量的，所以，实际上企业是以购买单位的订货单确定成本计算对象的。

在实际确定成本计算对象时，需做具体分析。如果企业接到的一张订单上要求生产两种以上的产品，为了便于管理，应按产品品种分批组织生产，并以同一品种的产品批别作为成本计算对象，这样，成本计算对象就不是订单，而是两种以上产品的批别；如果在同一张订单上要求生产一种产品，但批量很大，且购买单位要求分批交货，则此时企业应分数批组织生产，并以同一种产品的不同批量分别作为成本计算对象；如果在同一时期内，若干张订单要求生产同一种产品，且批量不大，为了便于管理并简化成本计算，也可以将几张订单合并为一批组织生产，此时，成本计算对象是由几张订单合并而成的同一批产品。

（2）由于各批或各订单产品的实际总成本需待该批或该订单产品完工后才能结出，因此，完工产品的成本计算是不定期的，它与生产周期一致，而与会计报告期不一致。

（3）在分批法下，由于成本计算期与产品的生产周期一致，在月末一般不单独计算在产品成本。

如果是单件生产，则产品完工以前发生的所有生产费用都是在产品成本，产品完工以后的所有生产费用都是完工产品的成本，因而在月末计算成本时，一般不存在在完工产品和在产品之间分配费用的问题。

如果是小批生产，由于同一批产品一般同时完工，在月末计算成本时，或者全部已经完工，或者全部没有完工，因而一般不存在在完工产品和在产品之间分配费用的问题。但是，如果同一批产品存在跨月陆续完工的情况，月末既有部分完工又有部分未完工，则需要单独核算在产品成本。如果当月月末完工产品数量不多，可按计划成本或定额成本计算完工产品成本，实际成本与计划成本或定额成本的差异由月末在产品成本负担；如果当月月末完工产品数量较多，为了提高成本计算的准确性，应根据具体条件采用适当的分配方法，在完工产品和月末在产品之间分配生产费用，计算完工产品成本和月末在产品成本。

二、分批法的适用范围

分批法主要适用于单件、小批且管理上不要求分步计算成本的复杂生产企业或车间，如船舶、精密仪器、专用工具模具和专用设备制造以及新产品试制等。在某些简单生产的情况下，如果企业的生产是按单件、小批组织的，也可以采用分批法计算各批产品成本，如某些特殊或精密铸件的熔铸等。

三、采用分批法计算成本的基本程序

采用分批法计算成本时,其基本程序如下。

(1)根据产品的批别、件别或订单,设置基本生产明细账或成本计算单,以便归集生产费用,计算各批或各件产品成本。

(2)各个基本生产车间、辅助生产车间应将各种费用的原始凭证按其用途进行归类管理,据以编制各种费用分配表,登记基本生产明细账、辅助生产明细账和其他成本核算账户。

(3)根据辅助生产明细账归集的费用,按照各车间、部门所耗用辅助生产车间的产品或劳务的数量进行分配。

(4)根据制造费用明细账归集的费用,按照一定的标准在各批产品之间进行分配。

(5)根据成本计算单归集的生产费用和有关生产记录,计算完工产品成本和月末在产品成本。

分批法的成本计算程序如图 7-1 所示。

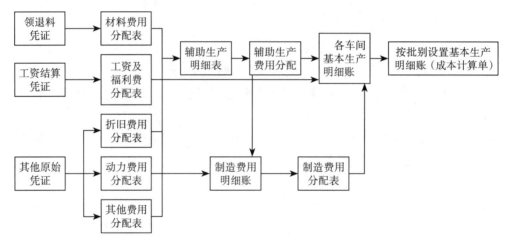

图 7-1 分批法的成本计算程序

四、一般分批成本法在制造业中的应用

【例 7-1】 柳林机械厂属于单件、小批量生产类型的企业,采用分批法计算产品成本。该厂设有一个基本生产车间。生产成本明细账设直接材料、直接人工、制造费用等成本项目,直接人工和制造费用按生产工时的比例分配。2016 年 5 月尚有三批产品在同时生产,批号分别为 601、602、603。其中,601 为甲产品 10 台,3 月投产,5 月完工;602 为乙产品 20 台,3 月投产,4 月完工 12 台,5 月完工 8 台,4 月完工时按计划成本结转;603 为甲产品 15 台,5 月投产,预计 6 月完工。表 7-1、表 7-2 分别为批号 601、602 的基本生产成本明细账,因 2016 年 5 月份的数据尚未登记,账上反映的是至 4 月底的记录;表 7-3、表 7-4 分别为 2016 年 5 月编制的材料费用分配表和工资费用分配表;表 7-5、表 7-6 为 2016 年 5 月的制造费用明细账和制造费用分配表(以下单位未特别指出,以元计算费用)。

表 7-1 基本生产成本明细账

产品批号：601　　　　　　　　　　　　　　　　　　　　　　开工日期：2016 年 3 月
产品名称：甲产品　　　　　　产量：10 台　　　　　　预计完工日期：2016 年 5 月 31 日

月份	摘要	直接材料	直接人工	制造费用	合计
3 月	本月生产费用	46 000	6 700	5 370	58 070
4 月	本月生产费用	70 000	9 000	7 100	86 100
4 月	生产费用合计	116 000	15 700	12 470	144 170

表 7-2 基本生产成本明细账

产品批号：602　　　　　　　　　　　　　　　　　　　　　　开工日期：2016 年 3 月
产品名称：乙产品　　　　　　产量：20 台　　　　　　完工日期：2016 年 4 月完工 12 台
　　　　　　　　　　　　　　　　　　　　　　　　　　　　　　　　　2016 年 5 月完工 8 台

月份	摘要	直接材料	直接人工	制造费用	合计
3 月	本月生产费用	120 000	27 000	21 640	168 640
4 月	本月生产费用	60 000	12 000	9 460	81 460
4 月	生产费用合计	180 000	39 000	31 100	250 100
4 月	转出完工产品 12 台成本	138 000	38 400	27 600	204 000
4 月	在产品成本	42 000	600	3 500	46 100

表 7-3 材料费用分配表

2016 年 5 月

应借账户	原料及主要材料	辅助材料	合计
生产成本			
601	82 000	8 000	90 000
602	48 000	6 000	54 000
603	94 000	6 000	100 000
小计	224 000	20 000	244 000
制造费用			
物料消耗		6 200	6 200
小计		6 200	6 200
合计	224 000	26 200	250 200

表 7-4 工资费用分配表

2016 年 5 月

应借账户	生产工时	分配率	金额
生产成本			
601	9 000	3.5	31 500
602	8 000	3.5	28 000
603	6 000	3.5	21 000
小计	23 000	3.5	80 500
制造费用			8 500
合计			89 000

表 7-5 制造费用明细账

车间名称：基本生产车间　　　　　　2016 年 5 月

日期	摘要	物料消耗	工资	折旧费	水电费	办公费	修理费	其他费用	合计
5/31	材料费用分配表	6 200							6 200
5/31	工资费用分配表		8 500						8 500
5/31	有关费用分配表			1 200	8 000	5 000	5 600	14 500	34 300
	合计	6 200	8 500	1 200	8 000	5 000	5 600	14 500	49 000

结算制造费用明细账，按生产工人工时比例，编制分配表，如表 7-6 所示。

表 7-6 制造费用分配表

2016 年 5 月

应借账户	生产工时	分配率	分配金额
生产成本			
601	9 000	2.130	19 170
602	8 000	2.130	17 040
603	6 000	2.130	12 790
合计	23 000	2.130	49 000

借：基本生产——601　　　　　　　　　　　　　　19 170
　　　　　　——602　　　　　　　　　　　　　　17 040
　　　　　　——603　　　　　　　　　　　　　　12 790
　　贷：制造费用　　　　　　　　　　　　　　　　49 000

根据 5 月份的材料费用分配表、工资费用分配表、制造费用分配表等资料，登记各批产品生产成本明细账。601 批号的甲产品于 5 月一次全部完工，需将其全部成本转出并计算单位成本。602 批号是 20 台乙产品，在 4 月份完工了 12 台，已按计划成本结转了 12 台的成本。到 5 月时剩下的 8 台完工了，所以要将这 8 台的成本转出，只需将账面上的余额转出即可。由于这一批号的产品已全部完工，还需计算完工产品总成本和单位成本。603 批号的产品尚未完工，只需将当月发生的成本记入生产成本明细账即可。5 月数据登记后各批产品生产成本明细账如表 7-7、表 7-8、表 7-9 所示（以下单位未特别指出，以元计算费用）。

表 7-7 基本生产成本明细账

产品批号：601　　　　　　　　　　　　　　开工日期：2016 年 3 月
产品名称：甲产品　　　　　产量：10 台　　完工日期：2016 年 5 月 31 日

月份	摘要	直接材料	直接人工	制造费用	合计
3	本月生产费用	46 000	6 700	5 370	58 070
4	本月生产费用	70 000	9 000	7 100	86 100
4	生产费用合计	116 000	15 700	12 470	144 170
5	本月生产费用	90 000	31 500	19 170	140 670
5	生产费用合计	206 000	47 200	31 640	284 840
5	完工产品成本转出	206 000	47 200	31 640	284 840
5	完工产品单位成本	20 600	4 720	3 164	28 484

表 7-8　基本生产成本明细账

产品批号：602　　　　　　　　　　　　　　　　　　　开工日期：2016 年 3 月
产品名称：乙产品　　　　　　　产量：20 台　　　完工日期：2016 年 4 月完工 12 台
　　　　　　　　　　　　　　　　　　　　　　　　　　　2016 年 5 月完工 8 台

月份	摘要	直接材料	直接人工	制造费用	合计
3	本月生产费用	120 000	27 000	21 640	168 640
4	本月生产费用	60 000	12 000	9 460	81 460
4	生产费用合计	180 000	39 000	31 100	250 100
4	转出完工产品 12 台成本	138 000	38 400	27 600	204 000
4	在产品成本	42 000	600	3 500	46 100
5	本月生产费用	54 000	28 000	17 040	99 040
5	生产费用合计	96 000	28 600	20 540	145 140
5	转出完工产品 8 台成本	96 000	28 600	20 540	145 140
5	完工产品总成本	234 000	67 000	48 140	349 140
5	完工产品单位成本	11 700	3 350	2 407	17 457

表 7-9　基本生产成本明细账

产品批号：603　　　　　　　　　　　　　　　　　　　开工日期：2016 年 5 月
产品名称：甲产品　　　　　　　产量：15 台　　　预计完工日期：2016 年 6 月

月份	摘要	直接材料	直接人工	制造费用	合计
5	本月生产费用	100 000	21 000	12 790	133 790

根据生产成本明细账计算的完工产品成本，做完工产品入库的会计分录如下。

　　借：库存商品——甲产品　　　　　　　　　　　　　　284 840
　　　　　　　　——乙产品　　　　　　　　　　　　　　145 140
　　　贷：基本生产——甲产品——601　　　　　　　　　284 840
　　　　　　　　——乙产品——602　　　　　　　　　　145 140

【例 7-2】柳林工业企业根据购买单位订单小批生产 A、B 两种产品，采用分批法计算产品成本。直接材料在生产开始时一次投入。201× 年 7 月的生产情况和生产费用支出情况的资料如下。

（1）本月份生产产品的批号。

1 号 A 产品 5 件，5 月投产，本月全部完工。

2 号 A 产品 12 件，6 月投产，本月完工 8 件，未完工 4 件。

3 号 B 产品 10 件，本月投产，计划 8 月完工，本月提前完工 3 件。

（2）生产费用支出情况。

1）各批产品的月初在产品费用如表 7-10 所示。

表 7-10　月初在产品费用表　　　　　　　　　　　　　　　　　　　单位：元

批号	直接材料	直接人工	制造费用	合计
1 号	8 500	5 600	2 300	16 400
2 号	13 500	8 600	2 800	24 900

2）根据各种费用分配表，汇总各批产品本月发生的生产费用，如表7-11所示。

表7-11 本月发生费用表　　　　　　　　　　　　　　　　　　单位：元

批号	直接材料	直接人工	制造费用	合计
1号		4 000	1 000	5 000
2号		6 000	3 000	9 000
3号	102 000	5 200	3 800	111 000

（3）在完工产品与在产品之间分配费用的方法。

1）2号A产品的原材料是在生产开始时一次投入，其发生的费用采用约当产量比例法在完工产品和月末在产品之间进行分配，在产品完工程度为50%。

2）3号B产品的本月末完工产品数量为3台。为简化核算，完工产品按计划成本转出，每台计划成本为：直接材料1 200元，直接人工1 000元，制造费用400元，合计2 600元。

根据上述各项资料，登记各批产品成本明细账，如表7-12至表7-14所示。

表7-12　1号A产品成本明细表　　　　　　　　　　　　　　　单位：元

项目	直接材料	直接人工	制造费用	合计
月初在产品成本	8 500	5 600	2 300	16 400
本月生产费用		4 000	1 000	5 000
生产费用合计	8 500	9 600	3 300	21 400
完工产品成本	8 500	9 600	3 300	21 400
完工产品单位成本	1 700	1 920	660	4 280

2号A产品成本计算：

完工产品应分配的直接材料费用 = 13 500÷（8+4）×8 = 9 000（元）

在产品应分配的直接材料费用 = 13 500÷（8+4）×4 = 4 500（元）

月末在产品约当产量 = 4×50% = 2（件）

完工产品应分配的直接人工费用 =（8 600+6 000）÷（8+2）×8 = 11 680（元）

月末在产品应分配的直接人工费用 =（8 600+6 000）÷（8+2）×2 = 2 920（元）

完工产品应分配的制造费用 =（2 800+3 000）÷（8+2）×8 = 4 640（元）

月末在产品应分配的制造费用 =（2 800+3 000）÷（8+2）×2 = 1 160（元）

表7-13　2号A产品成本明细表　　　　　　　　　　　　　　　单位：元

项目	直接材料	直接人工	制造费用	合计
月初在产品成本	13 500	8 600	2 800	24 900
本月生产费用		6 000	3 000	9 000
生产费用合计	13 500	14 600	5 800	33 900
完工产品成本（8件）	9 000	11 680	4 640	25 320
完工产品单位成本	1 125	1 460	580	3 165
月末在产品成本	4 500	2 920	1 160	8 580

表7-14　3号B产品成本明细表　　　　　　　　　　　　　　　单位：元

项目	直接材料	直接人工	制造费用	合计
本月生产费用	102 000	5 200	3 800	111 000

(续)

项目	直接材料	直接人工	制造费用	合计
单件计划成本	1 200	1 000	400	2 600
完工产品成本（3件）	3 600	3 000	1 200	7 800
月末在产品成本	98 400	2 200	2 600	103 200

第二节　简化分批法

一般来说，在单件小批生产的企业或车间，同一时间内投产的产品批数往往很多，达几十批甚至几百批，且月末未完工的产品批数也比较多。在这种情况下，如果当月发生生产费用，无论各批产品是否已经完工，间接计入费用都要按月在各批产品之间进行分配，费用分配的核算工作将极其烦琐。为了简化核算工作，可以采用简化分批法。

一、简化分批法的特点和适用范围

采用简化分批法，每月只归集各批产品的直接计入费用，不再按月分配间接计入费用。具体方法是：通过设置基本生产二级账分成本项目逐月累计登记间接计入费用，待该批产品完工时，才分配计入该批产品成本。对各批完工产品间接计入费用通常采用累计工时比例进行分配。累计间接费用分配率的计算公式如下：

全部产品某项累计间接费用分配率＝全部产品某项间接费用累计数 ÷
　　　　　　　　　　　　　　　　全部产品累计工时 ×100%

　某批完工产品应分配的间接费用＝该批完工产品累计工时 × 分配率

与一般分批法相比，简化分批法具有以下特点。

（1）需设立基本生产二级账，按成本项目汇总登记各批别产品当月发生和累计发生的生产费用、生产工时，分配完工产品的间接计入费用，核算完工产品成本和在产品总成本。

（2）仍应按产品批别设立基本生产明细账，基本生产明细账只登记直接材料费用和生产工时，不分配间接计入费用。只有在月末核算完工产品的情况下，才进行完工产品间接计入费用的分配，核算完工产品总成本和单位成本。

（3）在完工之前，各批产品每月发生的间接计入费用无须按月在各批产品之间分配登记，而是先累计登记，待产品完工时才进行间接计入费用的分配登记。因此，全部产品的在产品成本只是以总数反映在基本生产明细账中，并不分批计算在产品成本。此方法又可以称为不分批计算在产品成本的分批法。

综上所述，简化分批法之所以能简化产品成本的核算工作，主要是因为它能通过累计间接费用分配率，将在各批产品之间分配间接计入费用的工作以及在完工产品和月末在产品之间分配费用的工作合并在一起进行。也就是说，生产费用的横向分配工作和纵向分配工作在产品完工时是依据同一费用分配率一次性完成的，从而大大简化了生产费用的分配和登记工作。月末未完工产品的批别越多，其核算工作就越简化。

但是，这种方法只在满足产品投产批数较多、生产周期较长、各月间接计入费用水平稳定且月末未完工产品批数较多等条件的企业内适用。因为如果在未满足这些条件的企业内采用简化分批法，不仅简化效果不明显，而且还会影响完工产品成本计算的准确性。例如，在月末未完工产品批数不多的情况下，绝大多数产品的批别仍要分配间接计入费用，计算工作量没有减少多少，计算的准确性反而会受到影响。

二、简化分批法的计算程序

采用简化分批法计算产品成本时，可以按以下步骤进行。

（1）根据产品的批别、件别或订单，设置基本生产明细账或成本计算单，同时设置基本生产二级账。

（2）将各种材料费用的原始凭证按用途归类、整理，编制材料费用分配表，在各批产品完工之前，按月在基本生产明细账中登记直接材料费用和生产工时的当月发生数与合计数。根据辅助生产费用分配表、工资费用分配表和制造费用明细账等，按成本项目在基本生产二级账中平行登记当月发生和累计发生的其他费用。

（3）待产品完工时，根据基本生产二级账的记录资料，计算间接费用分配率；按完工产品累计工时分配间接计入费用，并记入基本生产明细账，计算完工产品总成本和单位成本。

（4）将计算出的各批别的完工产品总成本记入基本生产二级账，并计算出月末在产品成本。

其中，基本生产二级账的具体登记方法如下。

（1）"期初余额"根据上年期末余额转入。

（2）"本月发生费用、工时"根据各项费用汇总表不分产品批别汇总登记，其中工时根据工时汇总登记。

（3）"累计费用、工时"根据"期初余额"加计"本月发生费用、工时"累计登记。

（4）"累计间接费用分配率"根据前述工时计算登记。

（5）"转出完工产品成本"根据各批产品成本计算单计算的完工产品成本汇总登记。

（6）"期末余额"根据公式计算登记，计算公式为"期末余额＝期初余额＋本月发生费用－转出完工产品成本"。

三、简化分批法应用案例

【例7-3】柳林机械厂是一家专业化生产各种类型、尺寸轴承的企业，根据客户订单常常采用小批量多次生产组织方式，成本核算上采用简化分批法计算轴承成本。该企业201×年6月的生产情况和"基本生产二级账"累计资料如表7-15和表7-16所示。

表7-15 生产记录表

订单号	产品名称	投产量	本月完工	月末在产品
101#号	A型轴承	4月投产10件	10件	
102#号	B型轴承	5月投产5件	2件（定额工时600小时）	3件
103#号	C型轴承	6月投产4件		4件

表 7-16 基本生产二级账

(各批别产品全部成本) 单位：元

201×年		摘要	直接材料	工时(小时)	直接人工	制造费用	合计
月	日						
5	31	月末在产成本	7 550	3 350	1 725	2 350	11 625
6	30	本月发生费用	850	2 900	1 400	2 025	4 275
		累计生产费用	8 400		3 125	4 375	15 900
		累计工时		6 250			
		分配率			0.5	0.7	
		转出完工产品成本	5 000	2 850	1 425	1 995	8 420
		月末在产品成本	3 400	3 400	1 700	2 380	7 480

注：直接材料为直接费用，不需在各批产品之间进行分配。

根据上述资料，该企业201×年6月的成本计算如下。

(1) 计算全部产品累计间接费用分配率

$$全部产品累计直接人工分配率 = \frac{3\,125}{6\,250} = 0.5$$

$$全部产品累计制造费用分配率 = \frac{4\,375}{6\,250} = 0.7$$

转出完工产品直接人工成本 = 2 850 × 0.5 = 1 425（元）

转出完工产品制造费用 = 2 850 × 0.7 = 1 995（元）

(2) 编制各批产品成本计算单（见表7-17、表7-18和表7-19，其中B型产品耗用的直接材料是开工时一次投入的）。

表 7-17 产品成本计算单

订单号：101#号 投产日期：4月
产品名称：A型轴承 完工日期：6月
产品批量：10件 本月完工：10件
单位：元

201×年		摘要	直接材料	工时(小时)	直接人工	制造费用	合计
月	日						
6	1	期初余额	3 750	1 800			
6	30	本月发生费用	250	450			
		累计数	4 000	2 250			
		累计间接费用分配率			0.5	0.7	
		转出完工产品成本	4 000	2 250	1 125	1 575	6 700
		单位成本	400		112.5	157.5	670

注：累计间接费用分配率根据基本生产二级账登记。

在表7-17中：

转出完工产品直接人工成品 = 2 250 × 0.5 = 1 125（元）

转出完工产品制造费用 = 2 250 × 0.7 = 1 575（元）

表 7-18　产品成本计算单

订单号：102# 号　　　　　　　　　　　　　　　　　　　　　　　投产日期：3 月
产品名称：B 型轴承　　　　　　　　　　　　　　　　　　　　　　完工日期：
产品批量：5 件　　　　　　　　　　　　　　　　　　　　　　　　本月完工：2 件
　　　　　　　　　　　　　　　　　　　　　　　　　　　　　　　单位：元

201×年		摘要	直接材料	工时（小时）	直接人工	制造费用	合计
月	日						
6	1	期初余额	2 200	590			
6	30	本月发生费用	300	810			
		累计数	2 500	1 400			
		累计间接费用分配率			0.5	0.7	
		转出完工产品成本	1 000	600（定额）	300	420	1 720
		单位成本	500		150	210	860
		期末余额	1 500	800			

表 7-19　产品成本计算单

订单号：103# 号　　　　　　　　　　　　　　　　　　　　　　　投产日期：6 月
产品名称：C 型轴承　　　　　　　　　　　　　　　　　　　　　　完工日期：
产品批量：4 件　　　　　　　　　　　　　　　　　　　　　　　　本月完工：
　　　　　　　　　　　　　　　　　　　　　　　　　　　　　　　单位：元

201×年		摘要	直接材料	工时（小时）	直接人工	制造费用	合计
月	日						
6	1	期初余额	1 600	960			
6	30	本月发生费用	300	1 640			
		累计数	1 900	2 600			

采用简化分批法，可以简化间接计入费用分配和登记的工作量，月末未完工产品的批数越多，减少的工作量就越多，但由于各批未完工产品基本生产明细账不反映间接计入费用，也就不能完整地反映各批产品的在产品成本。同时，由于累计分配率实际上是一种加权平均分配率，如各月间接计入费用水平相差悬殊，则分配的间接计入费用与实际情况不相符合，必然会影响各月产品成本的准确性。这种方法适用于各月完工批数较少，未完工批数较多，间接计入费用水平及其分配标准水平大致均衡的企业。

思考题

1. 分批法与品种法相比较，主要差异是什么？
2. 在分批法下，如何根据客户订单确定产品的生产批别？
3. 简化分批法中简化的内容是什么？是否会在提高计算效率的同时降低成本计算的准确性？
4. 如果企业同一时期生产的产品种类、批别都特别多，除了简化分批法之外，你还有什么办法可以解决成本计算问题？

课后习题

一、单选题

1. 采用简化分批法，在产品完工之前，产品成本明细账（　　）。
   A. 不登记任何费用
   B. 只登记直接计入费用（例如原材料费用）和生产工时
   C. 只登记原材料费用
   D. 登记间接计入费用，不登记直接计入费用

2. 在简化分批法下，累计间接计入费用分配率（　　）。
   A. 只是在各批产品之间分配间接计入费用的依据
   B. 只是在各批在产品之间分配间接计入费用的依据
   C. 既是在各批产品之间，也是在完工产品与在产品之间分配间接计入费用的依据
   D. 只是在完工产品与在产品之间分配间接计入费用的依据

3. 某企业采用分批法计算产品成本。3月1日投产甲产品5件，乙产品3件；3月15日投产甲产品4件，乙产品4件，丙产品3件；3月26日投产甲产品6件。该企业3月份应开设产品成本明细账的张数是（　　）张。
   A. 3   B. 5   C. 4   D. 6

4. 下列不宜采用简化分批法的情况是（　　）。
   A. 各月间接计入费用水平相差较多   B. 月末未完工产品批数较多
   C. 同一月份投产的批数很多   D. 各月间接计入费用水平相差不多

5. 分批法适用于（　　）。
   A. 小批单件生产   B. 大批大量生产
   C. 大批大量单步骤生产   D. 大批大量多步骤生产

6. 分批法的成本计算对象是（　　）。
   A. 产品品种   B. 产品批别   C. 产品类别   D. 产品的生产步骤

7. 分批法一般是按客户的订单来组织生产的，所以也叫（　　）。
   A. 订单法   B. 系数法   C. 分类法   D. 定额法

二、多选题

1. 采用分批法计算产品成本时，如果批内产品跨月陆续完工的情况不多，完工产品数量占全部批量的比重很小，先完工的产品可以（　　）从产品成本明细账中转出。
   A. 按计划单位成本计价   B. 按定额单位成本计价
   C. 按近期相同产品的实际单位成本计价   D. 按实际单位成本计价

2. 简化分批法的适用范围有（　　）。
   A. 同一月份投产的产品批数很多   B. 月末完工产品的批数较少
   C. 各月间接计入费用水平相差不多   D. 各月生产费用水平相差不多

3. 采用简化分批法，（　　）。
   A. 必须设立基本生产二级账
   B. 在产品完工之前，产品成本明细账只登记直接计入费用和生产工时
   C. 在基本生产二级账中累计登记间接计入费用

D. 不分批计算在产品成本
4. 适合采用分批法计算产品成本的有（　　）
A. 根据购买者订单生产的企业　　　　B. 承揽修理业务的企业
C. 产品种类经常变动的小规模制造厂　　D. 石油加工企业

三、判断题

1. 采用分批法，如果批内产品跨月陆续完工情况不多，完工产品数量占全部批量比重较小，完工产品可按计划成本或定额成本计算。　　　　　　　　　　　　　　　　（　　）
2. 为了使同一批产品同时完工，避免跨月陆续完工的情况，减少在完工产品与月末在产品之间分配费用的工作，产品的批量越小越好。　　　　　　　　　　　　　　　　（　　）
3. 由于简化分批法只对完工产品分配间接计入费用，而不分批计算在产品成本，因而又称不分批计算在产品成本的分批法。　　　　　　　　　　　　　　　　　　　　　（　　）
4. 采用简化分批法，各批产品之间分配间接计入费用的工作和在完工产品与在产品之间分配间接计入费用的工作，都是利用累计间接计入费用分配率，到产品完工时合并在一起进行的。
　　　　　　　　　　　　　　　　　　　　　　　　　　　　　　　　　　　　　（　　）
5. 采用简化分批法，必须设立基本生产二级账。　　　　　　　　　　　　　　（　　）
6. 采用分批法计算产品成本，只有在该批产品全部完工时才计算成本。　　　（　　）
7. 一定时期的产品总成本和生产费用总额在任何情况下都是不相等的。　　　（　　）
8. 采用累计间接费用分批法，在间接费用水平相差悬殊的情况下，会影响成本的正确性。
　　　　　　　　　　　　　　　　　　　　　　　　　　　　　　　　　　　　　（　　）
9. 采用分批法时，某批完工产品应负担的间接费用应该等于该批完工产品当月耗用的工时数乘以全部产品累计间接费用分配率。　　　　　　　　　　　　　　　　　　（　　）
10. 采用累计间接费用分批法，适用于当月投产的批数较多，而完工批数较少的情况，采用这种方法，简化了费用的分配和登记工作。　　　　　　　　　　　　　　　（　　）
11. 由于每批或每件产品的品种、数量以及计划开工与完工时间一般都是根据客户的订单以生产通知单的形式下达的，因此分批法也叫订单法。　　　　　　　　　　　　（　　）
12. 如果一个订单的批量较大，我们可以把它分为几批组织生产。　　　　　（　　）
13. 分批法的特点是不按产品的生产步骤而只按产品的类别计算成本。　　　（　　）
14. 在分批法下，会计部门应以需用单位的订单作为产品批别，设立产品成本明细账。
　　　　　　　　　　　　　　　　　　　　　　　　　　　　　　　　　　　　　（　　）
15. 如果是单件生产，在产品完工以前，产品成本明细账所记的生产费用，都是在产品成本。
　　　　　　　　　　　　　　　　　　　　　　　　　　　　　　　　　　　　　（　　）
16. 产品成本计算的分批法比品种法简单。　　　　　　　　　　　　　　　　（　　）
17. 在简化分批法下，在各批产品成本明细账中，对于没有完工产品的月份，只登记直接材料费用和生产工时。　　　　　　　　　　　　　　　　　　　　　　　　　　（　　）

四、综合题

1. 企业生产甲、乙、丙三种产品，生产组织属于小批生产，采用分批法计算成本。
（1）9月份生产的产品批号有如下三种。
1 001批号：甲产品10台，本月投产，本月完工6台。

1 002 批号：乙产品 10 台，本月投产，本月全部未完工。

1 003 批号：丙产品 20 台，上月投产，本月完工 5 台。

（2）1 003 号月初在产品成本：原材料 1 200 元，工资及福利费 1 060 元，制造费用 2 040 元。

（3）本月各批号生产费用如下。

1 001 批号：原材料 3 360 元，工资及福利费 2 350 元，制造费用 2 800 元。

1 002 批号：原材料 4 600 元，工资及福利费 3 050 元，制造费用 1 980 元。

1 003 批号：原材料 2 680 元，工资及福利费 2 450 元，制造费用 3 020 元。

1 001 批号甲产品完工数量较大，原材料在生产开始时一次投入，其他费用在完工产品与在产品之间采用约当产量比例法分配，在产品完工程度为 50%。

1 002 批号由于全部未完工，本月生产费用全部是在产品成本。

1 003 批号丙产品完工数量少，完工产品按计划成本结转。每台产品计划单位成本：原材料 190 元，工资及福利费 180 元，制造费用 250 元。

【要求】根据上述资料，采用分批法登记产品成本明细账，计算各批产品的完工产品成本和月末在产品成本。

2. 某工业企业的生产组织属于小批生产，产品批数多，采用简化分批法计算产品成本。

（1）9 月份投产的产品批号及完工情况如下。

901 批号：甲产品 10 件，9 月 1 日投产，9 月 25 日完工。

902 批号：乙产品 10 件，9 月 5 日投产，月末完工 5 件。

903 批号：丙产品 5 件，9 月 15 日投产，尚未完工。

904 批号：丁产品 5 件，9 月 20 日投产，尚未完工。

（2）各批号的原材料费用（在生产开始时一次投入）和生产工时如下。

901 批号：原材料 6 120 元，工时 3 250 小时。

902 批号：原材料 3 680 元，工时 750 小时，其中，完工 5 件产品，工时 480 小时，在产品 5 件，工时 270 小时。

903 批号：原材料 1 360 元，工时 2 840 小时。

904 批号：原材料 1 290 元，工时 2 120 小时。

（3）9 月末全部产品的原材料费用为 12 450 元，工时为 8 960 小时，工资及福利费为 3 584 元，制造费用为 5 376 元。

【要求】根据上述资料，采用简化分批法，登记基本生产二级账和各批产品成本明细账；计算完工产品成本。

第八章

分 步 法

导入案例

超星科技股份有限公司是一家基础装备企业，主要生产大型机床，其生产主要分成五步进行。第一个生产步骤是将客户确定的机床模型经重工检验部检验合格后送铸造车间开始准备铸造。第二个生产步骤是铸造前要把消失模型刷灰，这层灰是防止铸件表面抱沙。第三个步骤是在消失模型刷的灰晾干后工人师傅开始造型，这个是最关键的工序。第四个步骤是带型埋好后开始准备浇铸。第五个步骤是在浇铸完三天后（铸件自然冷却）开始清沙、回火、粗加工、二次回火、精加工。

问题：你认为该企业是采用分批法还是分步法计算成本？

学习目标

分步法是指按照产品的品种和生产步骤计算成本的方法，是三种基本成本计算方法中最复杂的一种成本计算方法。根据每个生产步骤是否计算完工半成品成本，可以将分步法分成逐步结转分步法和平行结转分步法。

逐步结转分步法按照半成品成本从上一步骤结转到下一步骤的方式不同，可以分为分项逐步结转分步法和综合逐步结转分步法两种。相对而言，后者的成本计算工作量少一些，但无法直接提供产品成本的原始构成，在需要产品原始构成的情况下需要做成本还原工作。平行结转分步法是将每一步生产步骤发生的生产费用在最终完工产品和本步骤在产品之间进行分配，然后将最终完工产品在各步骤的份额按成本项目平行相加，计算出最终完工产品在整个生产过程中的成本。

在学习本章的过程中应当注意如下几点。

1. 了解分步法的概念、特点，以及适用的生产类型。
2. 理解分步法按半成品成本结转方式的分类原理。
3. 掌握分项逐步结转分步法下的成本计算流程，能根据所给资料计算产品成本。
4. 掌握综合逐步结转分步法下的成本计算流程，能根据所给资料计算产品成本。
5. 掌握平行结转分步法下的成本计算流程，能根据所给资料计算产品成本。

| 难点提示 |

1. 逐步结转分步法和平行结转分步法的区别与联系。
2. 综合逐步结转分步法下成本还原的原理，以及还原的流程。

第一节 分步法的特点及其划分

一、分步法的特点和适用范围

产品成本计算分步法是按照产品品种及其生产步骤归集生产费用，计算各步骤和最终产品成本的一种方法。它主要适用于大量大批复杂生产且管理上要求分步骤计算成本的企业或车间，如冶金、纺织、机器制造、造纸等企业或车间。在这种方法下，为了与企业的生产特点相适应，加强成本管理，既要求计算各种产品的成本，又要求计算这些产品在各个生产步骤的成本或份额。

分布法具有以下几个主要特点。

（1）在分步法下，成本计算对象是生产的产品品种及其所经过的各个生产步骤，在计算产品成本时，一般按照产品品种及生产步骤开设基本明细账。

这里所说的生产步骤不一定与生产车间的概念相一致。在按生产步骤设立生产车间的企业中，一般可以将生产车间视为生产步骤，这样，分步骤计算成本便是分车间计算成本。如果企业规模不大，管理上又不要求分车间计算成本，可以把多个生产车间合并作为一个生产步骤计算成本，这样，分步骤计算成本就不是分车间计算成本；相反，如果企业规模大，管理上又要求在车间内分步骤计算成本，则把车间内的生产工段作为生产步骤计算成本，这样，分步骤计算成本也不是分车间计算成本，而是分工段（或几个工段合并作为一个生产步骤）计算成本。在实际确定作为成本计算对象的生产步骤时，应根据管理的需要，本着简化计算工作的原则而定。

（2）由于大量大批复杂生产的生产周期较长，产品往往跨月连续生产并陆续完工，一般每个月均有完工产品，因此，其成本计算是按月定期进行的。成本计算期与会计报告期一致，而与产品生产周期不一致。

（3）由于产品陆续完工，月末通常有在产品，因此，对于各步骤、各种产品的成本计算单上归集的生产费用，还应采用一定的分配方法，在各步骤、各种产品的完工产品与月末在产品之间进行分配，以计算各种产品的成本和各步骤的完工产品成本及月末在产品成本。

（4）在分步法下，企业的产品生产往往是分步骤进行的，上一步骤生产的半成品是下一步骤的加工对象，因此，还需按照产品品种结转各步骤的成本。这是分步法的一个重要特点。

二、分步法的划分

分步法是按照各个生产步骤来归集生产费用，再汇总据以计算产品成本的，因此需要将各生产步骤归集的生产费用采用一定的方法结转到下一步骤，以确定最终完工产品成本。根据企业内部成本管理对各生产步骤成本资料的需求，按照各生产步骤是否计算半成品成本将分步法分为逐步结转分步法和平行结转分步法两种方法。

逐步结转分步法又称为计算半成品成本的分步法，是按照各生产步骤的先后顺序，逐步计算并结转每个步骤的半成品成本，直到计算出最后一个步骤的产成品成本。

平行结转分步法又称为不计算半成品成本的分步法，是指各生产步骤不计算本步骤所产半成品成本，也不计算本步骤所耗上一步骤半成品成本，只计算本步骤发生的各项费用以及这些费用中应计入最终完工产成品成本的"份额"，然后将相同产品的各步骤产品明细账的"份额"平行结转汇总，计算出最终完工产成品成本。

第二节　逐步结转分步法

一、逐步结转分步法的计算程序

在大量大批连续式复杂生产企业中，产品生产从原料投入到产品制成，中间需经过一系列循序渐进、性质不同的生产步骤，各个步骤生产的半成品既可以作为下一步骤继续加工的对象，又可以作为商品对外销售，如钢铁厂的钢锭、纺织厂的棉纱等，还有一些半成品为企业内几种产品共同耗用。为了计算外售半成品成本，以满足同行业同类半成品的比较和考核，或者为了分别计算各种产品的成本，必须计算各个生产步骤的半成品成本。逐步结转分步法就是为了分步计算半成品成本而采用的一种分步法。

在逐步结转分步法中，在计算各步骤的产品成本时，由于上一步骤的半成品将作为下一步骤的加工对象，因此，上一步骤要计算的半成品成本要随着半成品实物的转移一起从上一步骤基本生产明细账转入下一步骤相同产品的基本生产明细账，以便依次计算各步骤的半成品成本和最后生产步骤的产成品成本。

在逐步结转分步法下，各步骤半成品成本的结转应与半成品实物的转移相适应。在设半成品库进行半成品收发的情况下，下一步骤不能直接领用上一步骤的完工半成品，而是通过半成品库进行。因此，应设置自制半成品明细账，结转完工入库和生产领用的半成品成本。在验收入库时，应将入库半成品成本借记"自制半成品——上一步骤"账户，贷记"基本生产——上一步骤"账户。在下一步骤领用自制半成品时，再借记"基本生产——下一步骤"账户，贷记"自制半成品——上一步骤"账户。其核算程序如图8-1所示。

二、逐步结转分步法的特点

根据以上所述，逐步结转分步法就是按照产品加工步骤的顺序，逐步计算并结转半成品成本，直至最后一个步骤计算出产成品成本的一种方法，也称作计算半成品成本的分步法。

逐步结转分步法的主要特点为：成本计算对象为各种产品的生产步骤和产品品种；成本计算期与会计报告期一致，而与产品生产周期不一致；月末需计算每一步骤的完工产品成本和在产品成本，并按照产品的生产加工顺序依次在生产步骤之间进行半成品成本的结转工作。

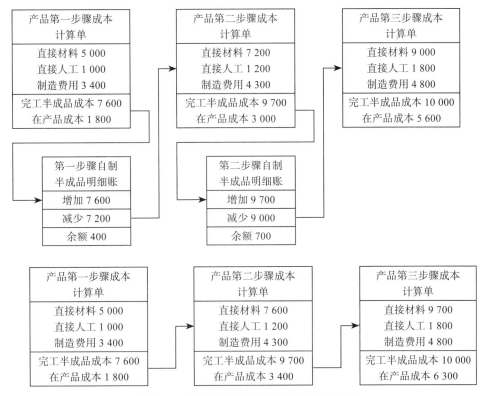

图 8-1 核算程序图（不设自制半成品库）

注：图中数字无实际意义，只是便于理解。

三、逐步结转分步法的划分

逐步结转分步法按照半成品成本向下一步骤结转的方式不同，又可以分为分项逐步结转分步法和综合逐步结转分步法两种。

（一）分项逐步结转分步法

1. 分项逐步结转分步法的结转程序

分项逐步结转分步法是指各步骤在结转所耗用的半成品成本时，需将成本项目从上一步骤转入下一步骤成本计算单中相应的成本项目，直至最后步骤，从而累计计算完工产品成本的方法。实际上也就是按产品的成本项目分项累计计算产品成本的方法。

分项结转半成品成本，既可以按照半成品的实际成本结转，也可以按照半成品的计划成本结转，然后按照成本项目分别调整成本差异。只是由于调整半成品成本差异的工作量较大，一般多采用按实际成本分项结转。

如果设自制半成品库进行半成品收发，则在自制半成品明细账中登记半成品成本时，也应按成本项目分项登记。其结转程序如图 8-2 所示。

如果不设自制半成品库进行半成品收发，则分项逐步结转分步法的结转程序如图 8-3 所示。

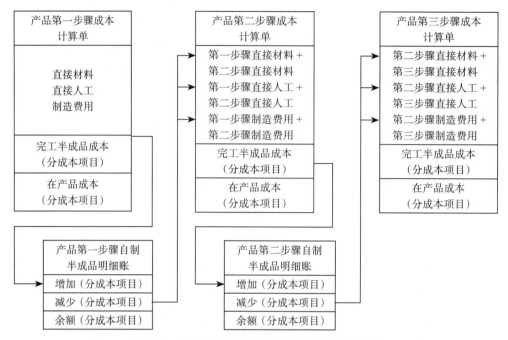

图 8-2 分项逐步结转程序图（设自制半成品库）

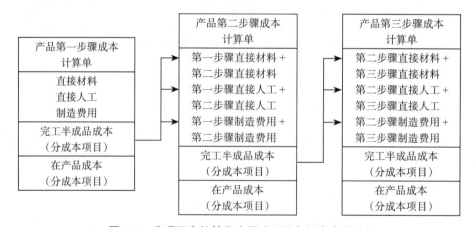

图 8-3 分项逐步结转程序图（不设自制半成品库）

2. 分项逐步结转分步法应用案例

【例 8-1】柳林机械厂 2011 年 6 月生产甲产品，该产品依次经过第一、第二和第三生产车间连续加工完成。原材料在生产开始时一次性投入，其他费用陆续发生。该企业设置自制半成品库进行半成品的收发核算。各车间月末在产品按定额成本计价，半成品成本按全月一次加权平均单位成本计算。该企业根据内部控制对成本信息的需求，采用分项逐步结转的方式计算各生产车间的半成品成本和产成品成本。

柳林机械厂有关生产费用和成本计算资料如下。

该企业产量记录如表 8-1 所示。

表 8-1 产量记录

项目	单位	第一车间	第二车间	第三车间
月初在产品	件	600	300	450
本月投产或上一车间转入	件	1 800	1 200	800
本月完工转入下一车间	件	1 200	800	
本月完工对外销售	件		100	1 000
月末在产品	件	1 200	600	250

（1）各车间月末在产品定额成本数据如表 8-2 所示。

表 8-2 月末在产品定额成本数据　　　　　　　　　　　单位：元

项目	第一车间		第二车间		第三车间	
	单位消耗定额	计划单价	单位消耗定额	计划单价	单位消耗定额	计划单价
直接材料	31	2.5	31	2.5	31	2.5
直接人工	32.5	0.9	50	0.995	60	0.8
制造费用	38.5	1	51	1.25	64	1
单位成本		145.25		191		189.5

表 8-3 生产费用数据　　　　　　　　　　　单位：元

项目	月初在产品成本				本月发生生产费用			
	第一车间	第二车间	第三车间	合计	第一车间	第二车间	第三车间	合计
直接材料	46 500	23 250	34 875	104 625	140 000			140 000
直接人工	20 500	26 700	34 900	82 100	63 500	25 800	23 000	112 300
制造费用	25 900	31 900	45 200	103 000	84 500	27 500	36 500	148 500
合计	92 900	81 850	114 975	289 725	288 000	53 300	59 500	400 800

根据上述资料计算甲产品成本，如表 8-4 至表 8-8 所示。

表 8-4 成本计算单

车间名称：第一车间　　　　　　　　　　　　　　　　　　完工产品：1 200 件
产品名称：甲产品　　　　　　　　　　　　　　　　　　　月末在产品：1 200 件
　　　　　　　　　　　　　　　　　　　　　　　　　　　　单位：元

凭证号数	摘要	成本项目			
		直接材料	直接人工	制造费用	合计
	月初在产品成本	46 500	20 500	25 900	92 900
表 8-3	本月发生生产费用	140 000	63 500	84 500	288 000
表 8-3	生产费用合计	186 500	84 000	110 400	380 900
表 8-3	完工半成品总成本	93 500	48 900	64 200	206 600
	完工半成品单位成本	77.92	40.75	53.5	172.17
	月末在产品成本	93 000	35 100	46 200	174 300

按定额成本计算月末在产品成本：

$$月末在产品直接材料成本 = 31 \times 2.5 \times 1\,200 = 93\,000（元）$$

$$完工半成品总成本 = 186\,500 - 93\,000 = 93\,500（元）$$

$$完工半成品单位成本 = \frac{935\,000}{1\,200} = 77.92（元/件）$$

直接人工、制造费用的计算方法与直接材料一致。

表 8-5　自制半成品明细账

车间名称：第一车间　　　　　　　　　　　　　　　　　产品名称：半成品甲

单位：元

凭证号数	项目	数量（件）	直接材料	直接人工	制造费用	合计
	月初余额	1 000	88 200	39 100	54 600	181 900
表 8-4	本月增加	1 200	93 500	48 900	64 200	206 600
	合计	2 200	181 700	88 000	118 800	388 500
	单位成本		82.59	40	54	176.59
	本月减少	1 200	99 108	48 000	64 800	211 908
	月末余额	1 000	82 592	40 000	54 000	176 592

表 8-6　成本计算单

车间名称：第二车间　　　　　　　　　　　　　　　　　完工产品：900 件

产品名称：甲产品　　　　　　　　　　　　　　　　　　月末在产品：600 件

单位：元

凭证号数	摘要	成本项目			
		直接材料	直接人工	制造费用	合计
	月初在产品成本	23 250	26 700	31 900	81 850
表 8-5	转入半成品成本	99 108	48 000	64 800	211 908
表 8-3	本月发生生产费用		25 800	27 500	53 300
表 8-3	生产费用合计	122 358	100 500	124 200	347 058
	完工半成品总成本	75 858	70 650	85 950	232 458
	完工半成品单位成本	84.29	78.5	95.5	258.29
	月末在产品成本	46 500	29 850	38 250	114 600

表 8-7　自制半成品明细账

车间名称：第二车间　　　　　　　　　　　　　　　　　产品名称：半成品甲

单位：元

凭证号数	项目	数量（件）	直接材料	直接人工	制造费用	合计
	月初余额	1 100	177 350	85 350	106 050	368 750
表 8-6	本月增加	900	75 858	70 650	85 950	232 458
	合计	2 000	253 208	156 000	192 000	601 208
	单位成本		126.6	78	96	300.6
	本月减少	800	101 280	62 400	76 800	240 480
	月末余额	1 200	151 928	93 600	115 200	360 728

表 8-8　成本计算单

车间名称：第三车间　　　　　　　　　　　　　　　　　完工产品：1 000 件

产品名称：甲产品　　　　　　　　　　　　　　　　　　月末在产品：250 件

单位：元

凭证号数	摘要	成本项目			
		直接材料	直接人工	制造费用	合计
	月初在产品成本	34 875	34 900	45 200	114 975
表 8-7	转入半成品成本	101 280	62 400	76 800	240 480
表 8-3	本月发生生产费用		23 000	36 500	59 500

(续)

凭证号数	摘要	成本项目			
		直接材料	直接人工	制造费用	合计
表 8-3	生产费用合计	136 155	120 300	158 500	414 955
	完工半成品总成本	116 780	108 300	142 500	367 580
	完工半成品单位成本	116.78	108.3	142.5	367.58
	月末在产品成本	19 375	12 000	16 000	47 375

根据第一车间产品成本计算单和半成品入库单，编制会计分录如下。

借：自制半成品——第一车间半成品甲　　　　　206 600
　　贷：基本生产车间——第一车间甲产品　　　　　　　　　206 600

根据第二车间半成品领用单和成本资料，编制会计分录如下。

借：基本生产——第二车间甲产品　　　　　　　211 908
　　贷：自制半成品——第一车间半产品甲　　　　　　　　　211 908

根据第二车间产品成本计算单和半成品入库单，编制会计分录如下。

借：自制半成品——第二车间半成品甲　　　　　232 458
　　贷：基本生产车间——第一车间甲产品　　　　　　　　　232 458

根据第三车间半成品领用单和成本资料，编制会计分录如下。

借：基本生产——第三车间甲产品　　　　　　　240 480
　　贷：自制半成品——第二车间半产品甲　　　　　　　　　240 480

分项逐步结转分步法可以直接提供产品成本的原始构成，不需要进行成本还原，有利于成本结构的分析与考核。但是，采用这一方法，成本结转工作比较烦琐，而且从各步骤成本计算单中的"完工产品总成本"和"月末在产品"这两行中看不出本步骤消耗的上一步骤转来的半成品费用与本步骤的加工费用，不利于各步骤成本的深入分析和考核。因此，这种方法主要适用于只要求反映原始成本构成，而不需要提供各步骤完工产品和月末在产品所耗的上一步骤半成品费用与本步骤加工费用的企业。

【例 8-2】201×年，柳林制造企业生产的甲产品经过两个车间连续加工制成，一车间生产 H 半成品后，直接转入二车间加工成甲成品。其中，1 件甲产品耗用 1 件 H 半成品。原材料于生产开始时一次投入，各车间月末在产品完工率均为 60%。各车间生产费用在完工产品和在产品之间的分配采用约当产量比例法。

本月各车间产量资料如表 8-9 所示（单位：件）。

表 8-9　各车间产量资料

项目	第一车间	第二车间
月初在产品数量	100	80
本月投入数量或上步结转	400	380
本月完工产品数量	380	420
月末在产品数量	120	40

各车间月初及本月费用资料如表8-10所示。

表8-10 月初及本月费用资料　　　　　　　　　　单位：元

摘要		直接材料	直接人工	制造费用	合计
一车间	月初在产品成本	16 000	8 000	9 000	33 000
	本月生产费用	100 000	45 000	52 000	197 000
二车间	月初在产品成本		15 000	6 000	21 000
	本月生产费用		68 000	72 000	140 000

根据上述资料，编制一车间成本计算单，如表8-11所示。

表8-11 成本计算单　　　　　　　　　　单位：元

项目	直接材料	直接人工	制造费用	合计
月初在产品成本	16 000	8 000	9 000	33 000
本月生产费用	100 000	45 000	52 000	197 000
生产费用合计	116 000	53 000	61 000	230 000
约当产量合计	500	452	452	
单位成本	232	117.26	134.96	484.22
完工半成品成本	88 160	44 558.8	51 284.8	184 003.6
月末在产品成本	27 840	8 441.2	9 715.2	45 996.4

其中，约当产量计算：

$$直接材料的约当产量 = 380 + 120 = 500（件）$$

$$直接人工和制造费用的约当产量 = 380 + 120 \times 60\% = 452（件）$$

单位成本：

$$直接材料单位成本 = 116\,000 \div 500 = 232（元/件）$$

$$直接人工单位成本 = 53\,000 \div 452 = 117.26（元/件）$$

$$制造费用单位成本 = 61\,000 \div 452 = 134.96（元/件）$$

完工半成品成本：

$$直接材料 = 232 \times 380 = 88\,160（元）$$

$$直接人工 = 117.26 \times 380 = 44\,558.8（元）$$

$$制造费用 = 134.96 \times 380 = 51\,284.8（元）$$

据此填制一车间成本明细账，如表8-12所示。

表8-12 成本明细账　　　　　　　　　　单位：元

201×年		凭证号数	摘要	直接材料	直接人工	制造费用	合计
月	日						
			月初在产品成本	16 000	8 000	9 000	33 000
			本月生产费用	100 000	45 000	52 000	197 000
			生产费用合计	116 000	53 000	61 000	230 000
			完工半成品成本	88 160	44 558.8	51 284.8	184 003.6
			半成品单位成本	232	117.26	134.96	484.22
			月末在产品成本	27 840	8 441.2	9 715.2	45 996.4

同样地，根据已知资料编制二车间成本计算单，如表8-13所示。

表 8-13　成本计算单　　　　　　　　　　　　　单位：元

项目	直接材料	直接人工	制造费用	合计
月初在产品成本		15 000	6 000	21 000
本月本步骤生产费用		68 000	72 000	140 000
本月耗用上步骤半成品费用	88 160	44 558.8	51 284.8	184 003.6
本月生产费用合计	88 160	127 558.8	129 284.8	345 003.6
约当产量合计（件）	460	444	444	
单位成本	191.65	287.29	291.18	770.12
完工产品成本	80 493	120 661.8	122 295.6	323 450.4
月末在产品成本	7 667	6 897	6 989.2	21 553.2

其中，本月耗用上步骤半成品费用数字即为一车间完工半成品成本的转入。

约当产量计算：

$$直接材料的约当产量 = 420 + 40 = 460（件）$$

$$直接人工和制造费用的约当产量 = 420 + 40 \times 60\% = 444（件）$$

单位成本：

$$直接材料单位成本 = 88\ 160 \div 460 = 191.65（元/件）$$

$$直接人工单位成本 = 127\ 558.8 \div 444 = 287.29（元/件）$$

$$制造费用单位成本 = 129\ 284.8 \div 444 = 291.18（元/件）$$

完工半成品成本：

$$直接材料 = 191.65 \times 420 = 80\ 493（元）$$

$$直接人工 = 287.29 \times 420 = 120\ 661.8（元）$$

$$制造费用 = 291.18 \times 420 = 122\ 295.6（元）$$

据此编制二车间成本明细账，如表 8-14 所示。

表 8-14　成本明细账　　　　　　　　　　　　　单位：元

201×年		凭证号数	摘要	直接材料	直接人工	制造费用	合计
月	日						
			月初在产品成本		15 000	6 000	21 000
			本月生产费用		68 000	72 000	140 000
			本月耗用上步骤半成品费用	88 160	44 558.8	51 284.8	184 003.6
			本月生产费用合计	88 160	127 558.8	129 284.8	345 003.6
			完工产品成本	80 493	120 661.8	122 295.6	323 450.4
			单位成本	191.65	287.29	291.18	770.12
			月末在产品成本	7 667	6 897	6 989.2	21 553.2

（二）综合逐步结转分步法

1. 综合结转分步法的结转程序

综合逐步结转分步法是指在逐步结转各步骤半成品成本时，将上一步骤的综合成本（不分成本项目）结转到下一步骤成本计算单中的"直接材料"或"自制半成品"项目中，直至累积到最后步骤计算出完工产品成本的一种方法。

在综合结转半成品成本时，同样既可以按照半成品的实际成本结转，也可以按照半成品的计划成本结转，在自制半成品明细账中登记半成品成本时，可以按照成本项目分项登记，只要登记综合单位成本。

如果设自制半成品库进行半成品收发，则其结转程序如图8-4所示。

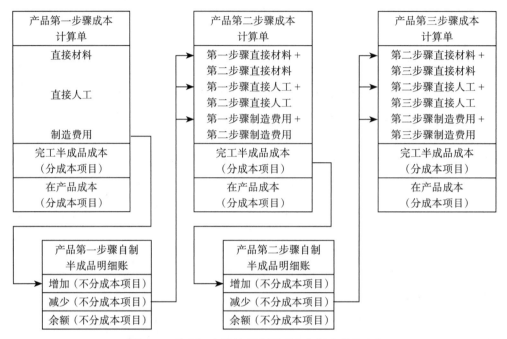

图 8-4　综合逐步结转程序图（设自制半成品库）

如果不设自制半成品库进行半成品收发，则其结转程序如图8-5所示。

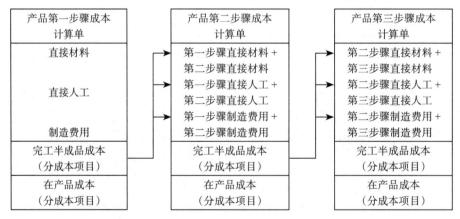

图 8-5　综合逐步结转程序图（不设自制半成品库）

按实际成本综合结转各步骤半成品成本时，各步骤半成品成本应按所耗上一步骤半成品数量乘以半成品的实际单位成本计算。所耗半成品的实际单位成本可以根据企业的实际情况，选择采用先进先出法、加权平均法等方法。

为了简化核算，如果半成品月初余额较大，本月所耗半成品大部分是由以前月份生产的，则可以将上月末的实际平均单位成本作为计算本月所耗半成品费用的依据。

2. 综合逐步结转分步法应用案例

【例 8-3】柳林制药厂主要生产销售消化系统用药、眼科用药等药品。消化系统药品采用综合逐步结转分步法计算产品成本，201×年6月有三个基本生产车间（三个步骤）生产消化系统 A 型产品，各车间的自制半成品直接转入下一生产车间，药品所需原材料系一次性投入，各步骤在产品的完工程度按 50% 考虑，完工产品与在产品之间生产费用的分配采用约当产量比例法。

（1）柳林制药厂6月份消化系统 A 型产品的产量记录如表 8-15 所示。

表 8-15　A 型产品产量记录

项目	单位	第一车间	第二车间	第三车间
月初在产品数量	件	160	480	880
本月投产或转入数量	件	4 000	3 520	3 200
本月完工转入数量	件	3 520	3 200	3 680
月末在产品数量	件	640	800	320

（2）柳林制药厂6月份消化系统 A 型产品的成本资料如表 8-16 所示。

表 8-16　A 型产品月初在产品与本月生产费用　　　　　　　　　　单位：元

成本项目	月初在产品成本			本月生产费用发生额		
	第一车间	第二车间	第三车间	第一车间	第二车间	第三车间
直接材料	20 000			479 200		
自制半成品		85 120	201 200			
直接人工	1 640	7 840	16 000	73 240	107 360	141 440
制造费用	2 360	10 160	24 000	110 920	141 040	214 080
合计	24 000	103 120	241 200	663 360	248 400	355 520

（3）柳林制药厂按照综合逐步结转分步法计算 A 型产品成本，如表 8-17、表 8-18 和表 8-19 所示，计算结果保留小数点两位。

表 8-17　成本计算单

车间名称：第一车间　　　　　　　　　　　　　　　　　　完工半成品：3 520 件
产品名称：A 产品　　　　　　　　201×年6月　　　在产品：640 件；完工程度：50%

单位：元

凭证号数	摘要	成本项目			
		直接材料	直接人工	制造费用	合计
略	月初在产品成本	20 000	1 640	2 360	24 000
	本月发生生产费用	479 200	73 240	110 920	663 360
	生产费用合计	499 200	74 880	113 280	687 360
	约当产量（件）	4 160	3 840	3 840	
	完工半成品单位成本	120	19.50	29.50	169
	完工半成品成本	422 400	68 640	103 840	594 880
	月末在产品成本	76 800	6 240	9 440	92 480

表 8-18　成本计算单

车间名称：第二车间　　　　　　　　　　　　　　　　　　　完工产品：3 200 件
产品名称：A 产品　　　　　　201×年 6 月　　　在产品：800 件；完工程度：50%
　　　　　　　　　　　　　　　　　　　　　　　　　　　　　　单位：元

凭证号数	摘要	成本项目			
		直接材料	直接人工	制造费用	合计
略	月初在产品成本	85 120	7 840	10 160	103 120
	本月转入半成品成本	594 880			594 880
	本月发生生产费用		107 360	141 040	248 400
	生产费用合计	680 000	115 200	151 200	946 400
	约当产量（件）	4 000	3 600	3 600	
	完工半成品单位成本	170	32	42	244
	完工半成品成本	544 000	102 400	134 400	780 800
	月末在产品成本	136 000	12 800	16 800	165 600

表 8-19　成本计算单

车间名称：第三车间　　　　　　　　　　　　　　　　　　　完工产品：3 680 件
产品名称：A 产品　　　　　　201×年 6 月　　　在产品：320 件；完工程度：50%
　　　　　　　　　　　　　　　　　　　　　　　　　　　　　　单位：元

凭证号数	摘要	成本项目			
		直接材料	直接人工	制造费用	合计
略	月初在产品成本	201 200	16 000	24 000	241 200
	本月转入半成品成本	780 800			780 800
	本月发生生产费用		141 440	214 080	355 520
	生产费用合计	982 000	157 440	238 080	1 377 520
	约当产量（件）	4 000	3 840	3 840	
	完工半成品单位成本	245.50	41	62	348.50
	完工半成品成本	903 440	150 880	228 160	1 282 480
	月末在产品成本	78 560	6 560	9 920	95 040

3. 综合逐步结转分步法下的成本还原

采用综合逐步结转分步法时，各步骤半成品成本是以"自制半成品"或"直接材料"综合项目反映的。这样计算出来的产品成本不能反映产品的原始成本构成，不符合产品成本结构的实际情况，因而不能据以分析和考核产品成本的构成与水平，不利于分析和考核产品成本计划的执行情况。为此，必须进行成本还原，即将产品成本还原为按原始成本项目反映的成本。

成本还原是指将所耗半成品的综合成本分解还原为上一步骤的原始成本项目，从而按原始成本构成计算产品成本。成本还原一般采用项目比重还原法，即按上一步骤半成品每一成本项目的金额占半成品成本的比重逐步还原。其计算公式如下：

$$某成本项目所占比重 = \frac{该成本项目金额}{半成品各成本项目合计} \times 100\%$$

具体做法是从最后一个步骤开始，把各步骤所耗上一步骤半成品的综合成本乘以上一步骤该种半成品成本项目所占比重，依次逐步向前一步骤分解还原成直接材料、直接人工、制造费用等原始成本项目，直至第一步骤，然后将分解还原后的数字按原始成本项目相加，从而求得按原始成本构成反映的产品成本。

现以上述例 8-3 柳林制药厂综合逐步结转分步法的成本计算资料为依据，编制该制药厂 A 型产品成本还原计算表，如表 8-20 所示。

表 8-20　A 型产品成本还原计算表

201× 年 6 月　　　　　　　　　　　　　　　　　　　　单位：元

成本项目	第三车间（还原前成本）	第二车间			第一车间			还原后的产品成本	
		本月所产半成品成本	各成本项目所占比重（%）	产成品成本中半成品成本还原	本月所产半成品成本	各成本项目所占比重（%）	产成品成本中半成品成本还原	总成本	单位成本
自制半成品	1 282 480								
直接材料	903 440	544 000	69.67	629 426.65	422 400	71	466 892.92	446 892.9	121.44
直接人工	150 880	102 400	13.11	118 440.98	68 640	11.54	72 635.84	341 965.82	92.93
制造费用	228 160	134 400	17.22	155 572.38	103 840	17.46	109 897.89	493 630.28	134.13
合计	1 282 480	780 800	100	903 440	594 880	100	629 426.65	1 282 480	348.5

值得注意的是，这种成本还原方法没有考虑以前月份所产半成品与本月所产半成品的成本结构不一致带来的影响。因此，在各月半成品成本结构变化较大的情况下，按上述方法进行成本还原的结果不够准确。为此，可以将产品成本计算单中所记的月初在产品成本、本月发生的费用和月末在产品成本中所耗上一步骤半成品的综合成本全部按原始的成本项目进行分解，并根据月初在产品成本加上本月发生的生产费用减去月末在产品成本等于完工产品成本的原理，计算按原始成本项目反映的完工产品成本。这样还原，计算结果准确，但工作量大，因而一般只在计算工作已实现电算化的企业中采用。

采用综合逐步结转分步法，可以在各步骤产品成本计算单中直接反映所耗半成品的费用和本步骤的加工费用，便于进行各生产步骤和产成品的成本分析与考核。但是，由于成本还原的计算工作比较繁重，一般只适宜在各步骤所生产的半成品具有独立经济意义，管理上要求计算各步骤完工产品所耗半成品费用，而不要求进行成本还原或者成本还原工作比较简单的情况下采用。

第三节　平行结转分步法

平行结转分步法是只计算本步骤发生的各项生产费用，以及这些费用中应计入最终完工产品成本的份额，然后将各步骤计入同一产品成本的份额平行汇总，计算产品成本的一种方法。平行结转分步法适用于各步骤所产半成品种类较多，但外售情况较少，在管理上不要求计算半成品成本的各类大量大批复杂生产企业。

一、平行结转分步法的特点

平行结转分步法相对于逐步结转分步法来说，具有以下几个特点。

（1）在生产过程中，上一步骤的半成品实物转入下一步骤时，其半成品成本不随实物的转移而结转，仍保留在原步骤内，不要求计算各步骤半成品成本，只要求计算各步骤发生的各项费用中应计入完工产品成本的份额，并于产品完工进入产成品库时，平行汇总计入完工产品成本。所以，此方法又可以称为"不计算半成品成本的分步法"。

（2）为了正确计算各步骤应计入产成品成本的份额，各步骤应将本步骤月初在产品成本与本期生产费用（不包括耗用的上一步骤半成品成本）的合计数在最终产成品与广义在产品之间进行分配。广义在产品是从全厂的角度出发，相对于最终产成品而言的在产品，而不是各步骤本身结存的在产品。它包括各步骤正在加工中的在制品、本步骤已完工转入半成品库的半成品，以及已转移到以后各步骤进一步加工，但尚未最后形成产成品的一切半成品。分配方法可以采用约当产量比例法或定额比例分配法等方法。

（3）由于不计算各步骤的半成品成本，因而半成品无论是在各步骤之间直接转移，还是通过半成品库收发，均不通过"自制半成品"账户进行价值核算，只需进行自制半成品的数量核算。

（4）由于产成品成本一般是按照成本项目平行结转汇总各步骤应计入产成品成本的份额得出的，因而不存在成本还原的问题。各步骤可以同时计算成本，不需要等待上一步骤的成本计算结果，成本计算更为及时。

二、平行结转分步法下约当产量的计算

（1）在平行结转分步法中，完工产品指的是企业最后完工的产成品，某个步骤的在产品指的是广义在产品，包括该步骤尚未加工完成的在产品（称为该步骤的狭义在产品）和该步骤已完工但尚未最终完成的产品（即后面各步骤的狭义在产品）。换句话说，凡是该步骤参与了加工，但还未最终完工形成产成品的，都属于该步骤的"广义在产品"。

（2）在平行结转分步法中，计算某步骤的广义在产品的约当产量时，实际上计算的是"约当该步骤完工半成品"的数量，由于后面步骤的狭义在产品耗用的是该步骤的完工半成品，所以，计算该步骤的广义在产品的约当产量时，对于后面步骤的狭义在产品的数量，不用乘以其所在步骤的完工程度。企业不通过半成品库进行收发时，用公式表示如下：

某步骤约当产量 = 本步骤月末在产品折合本步骤半成品数量
　　　　　　　　＋以后各步骤月末在产品数量＋最后步骤完工产品数量

某步骤约当产量 = 本步骤月末在产品折合本步骤半成品数量
　　　　　　　　＋本步骤完工产品数量＋以后各步骤月初在产品数量

【例8-4】某工厂设有三个基本生产车间，第一车间生产甲半成品，第二车间将甲半成品加工成乙半成品，第三车间将乙半成品加工成丙产成品。该企业采用平行结转分步法计算产

品成本，原材料在生产开始时一次投入，各车间生产费用在完工产品与月末在产品之间的分配采用约当产量比例法。第一、第二、第三车间连续加工的产量记录如表8-21所示。假设在产品的完工程度均为50%。

表8-21 产量记录　　　　　　　　　　　　　　　单位：件

项目	第一车间	第二车间	第三车间
月初在产品	200	160	240
本月投入	1 000	900	1 000
本月完工	960	1 000	1 100
月末在产品	240	60	140

要求：计算各车间不同成本项目下的约当总产量。

第一步骤约当产量：

直接材料：$240 \times 100\% + 60 + 140 + 1\ 100 + 960 - 900 = 1\ 600$（件）

工费：$240 \times 50\% + 60 + 140 + 1\ 100 + 960 - 900 = 1\ 480$（件）

第二步骤约当产量：

直接材料：$60 \times 100\% + 140 + 1\ 100 = 1\ 300$（件）

工费：$60 \times 50\% + 140 + 1\ 100 = 1\ 270$（件）

第三步骤约当产量：

直接材料：$140 \times 100\% + 1\ 100 = 1\ 240$（件）

工费：$140 \times 50\% + 1\ 100 = 1\ 170$（件）

需要注意的是，如果上一步骤的产出不等于下一步骤的投入，则可理解为除了生产车间外另有自制半成品的库存，所以若用第一个计算公式，则需要加上自制半成品的期末库存，若用第二个计算公式，则还应加上自制半成品的期初库存。

三、平行结转分步法的计算程序

平行结转分步法的基本计算程序如下。

（1）分步骤、按产品品种设置基本车间明细账或成本计算单，归集生产费用。

（2）各步骤（或车间）根据各种费用分配表，登记各步骤（或车间）产品成本计算单，以确定不包括耗用上一步骤半成品费用在内的其他各项费用的数额。

（3）采用约当产量比例法或定额比例分配法等方法，按成本项目将各步骤月初在产品与本期归集的生产费用的合计数在最终产成品与广义在产品之间进行分配，以确定各步骤应计入产成品成本的份额和各步骤的广义在产品成本。

（4）产成品入库时，将各步骤应计入产成品成本的份额平行汇总，编制产成品成本计算单，以确定产成品的实际总成本及单位成本。

平行结转分步法的成本结转程序如图8-6所示。

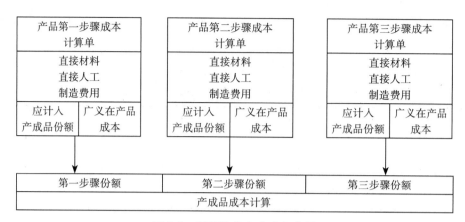

图8-6 平行结转分步法程序图

四、平行结转分步法应用案例

【例8-5】红花药业股份公司主营业务以中成药为主，产品类型丰富，公司已形成以消化系统用药、儿科用药、呼吸感冒用药为重点的三大领域，拥有药品批准文号423个、中药保护品种4个、独家品种10个，红花品牌是全国知名品牌。该企业的红花感冒灵由三个基本车间按照顺序，分三个步骤大量大批生产。该企业采用平行结转分步法计算红花感冒灵成本，该产品生产耗用的原材料于开工时一次性投入。该企业按约当产量比例法计算红花感冒灵的完工产品成本和期末在产品成本。

该企业201×年6月的生产情况和费用资料如下。

1. 产量资料（见表8-22）

表8-22 红花感冒灵生产统计表

201×年6月　　　　　　　　　　　　　　　　单位：件

项目	第一车间	第二车间	第三车间
月初在产品数量	60	30	40
本月投入或上月转入半成品	180	120	90
本月完工	120	90	100
月末在产品	120	60	30
完工程度（%）	50	60	80

2. 本月生产费用资料（见表8-23）

表8-23 红花感冒灵生产费用资料

201×年6月　　　　　　　　　　　　　　　　单位：元

车间成本\\成本项目	第一车间		第二车间		第三车间	
	月初在产品成本	本月发生生产费用	月初在产品成本	本月发生生产费用	月初在产品成本	本月发生生产费用
直接材料	1 600	9 250				
直接人工	2 300	3 100	1 144	2 591	1 056	1 300

(续)

成本项目\车间成本	第一车间		第二车间		第三车间	
	月初在产品成本	本月发生生产费用	月初在产品成本	本月发生生产费用	月初在产品成本	本月发生生产费用
制造费用	4 800	6 050	2 470	3 921	1 325	3 201
合计	8 700	18 400	3 614	6 512	2 381	4 501

根据上述资料,计算红花制药公司红花感冒灵的产品成本,如表 8-24、表 8-25 和表 8-26 所示。

表 8-24 产品成本计算单

车间名称:第一车间
产品名称:红花感冒灵　　　　　　201×年6月　　　　　　完工产品:100 件
　　　　　　　　　　　　　　　　　　　　　　　　　　　　　　　单位:元

凭证号数	摘要	成本项目			
		直接材料	直接人工	制造费用	合计
	月初在产品成本	1 600	2 300	4 800	8 700
	本月发生费用	9 250	3 100	6 050	18 400
	生产费用合计	10 850	5 400	10 850	27 100
	约当产量(件)	310	250	250	
	费用分配率	35	21.6	43.4	100
	应计入最终产品份额	3 500	2 160	4 340	10 000
	月末在产品成本	7 350	3 240	6 510	17 100

(1)第一车间产成品成本计算如下。

约当产量合计:

　　　　直接材料项目:120 + 60 + 30 + 100 = 310(件)
　　　　其他成本项目:120×50% + 60 + 30 + 100 = 250(件)

费用分配率计算:

$$直接材料分配率 = \frac{10\,850}{310} = 35$$

$$直接人工分配率 = \frac{5\,400}{250} = 21.6$$

$$制造费用分配率 = \frac{10\,850}{250} = 43.4$$

应计入产成品份额:

　　　　直接材料 = 100×35 = 3 500(元)
　　　　直接人工 = 100×21.6 = 2 160(元)
　　　　制造费用 = 100×43.4 = 4 340(元)

月末在产品成本:

　　　　直接材料 = 210×35 = 7 350(元)

$$直接人工 = 150 \times 21.6 = 3\,240（元）$$
$$制造费用 = 150 \times 43.4 = 6\,510（元）$$

表 8-25　产品成本计算单

车间名称：第二车间
产品名称：红花感冒灵　　　　　　　201×年 6 月　　　　　　　完工产品：100 件

单位：元

凭证号数	摘要	成本项目			
		直接材料	直接人工	制造费用	合计
	月初在产品成本		1 144	2 470	3 614
	本月发生费用		2 591	3 921	6 512
	生产费用合计		3 735	6 391	10 126
	费用分配率		22.5	38.5	61
	约当产量（件）		166	166	
	应计入最终产品份额		2 250	3 850	6 100
	月末在产品成本		1 485	2 541	4 026

（2）第二车间产品成本计算如下。

$$约当产量合计：60 \times 60\% + 30 + 100 = 166（件）$$

费用分配率：

$$直接人工分配率 = \frac{3\,735}{166} = 22.5$$

$$制造费用分配率 = \frac{6\,391}{166} = 38.5$$

应计入产成品成本份额：

$$直接人工 = 100 \times 22.5 = 2\,250（元）$$
$$制造费用 = 100 \times 38.5 = 3\,850（元）$$

月末在产品成本：

$$直接人工 = 66 \times 22.5 = 1\,485（元）$$
$$制造费用 = 66 \times 38.5 = 2\,541（元）$$

表 8-26　产品成本计算单

车间名称：第三车间
产品名称：红花感冒灵　　　　　　　201×年 6 月　　　　　　　完工产品：100 件

单位：元

凭证号数	摘要	成本项目			
		直接材料	直接人工	制造费用	合计
	月初在产品成本		1 056	1 325	2 381
	本月发生费用		1 300	3 201	4 501
	生产费用合计		2 356	4 526	6 882
	约当产量（件）		124	124	

（续）

凭证号数	摘要	成本项目			
		直接材料	直接人工	制造费用	合计
	费用分配率		19	36.5	55.5
	应计入最终产品份额		1 900	3 650	5 550
	月末在产品成本		456	876	1 332

（3）第三车间产品成本计算如下。

$$约当产量合计：30 \times 80\% + 100 = 124（件）$$

费用分配率：

$$直接人工分配率 = \frac{2\,356}{124} = 19$$

$$制造费用分配率 = \frac{4\,526}{124} = 36.5$$

应计入产成品成本份额：

$$直接人工 = 100 \times 19 = 1\,900（元）$$
$$制造费用 = 100 \times 36.5 = 3\,650（元）$$

月末在产品成本：

$$直接人工 = 24 \times 19 = 456（元）$$
$$制造费用 = 24 \times 36.5 = 876（元）$$

根据上述各个生产车间产品成本计算单，平行汇总产成品的制造成本，编制红花感冒灵的产品成本汇总计算单（见表 8-27）

表 8-27 产品成本汇总计算单（平行汇总）

产品名称：红花感冒灵　　　　　　201×年 6 月　　　　　　完工产品：100 件

单位：元

凭证号数	摘要	成本项目			
		直接材料	直接人工	制造费用	合计
	第一车间应计入最终产品成本份额	3 500	2 160	4 340	10 000
	第二车间应计入最终产品成本份额		2 250	3 850	6 100
	第三车间应计入最终产品成本份额		1 900	3 650	5 550
	完工产品总成本	3 500	6 310	11 840	21 650
	完工产品单位成本	35	63.1	118.4	216.5

【例 8-6】柳林公司生产的甲产品需要经过三个车间连续加工才能完成，第一车间生产 A 半成品，直接转入第二车间加工制成 B 半成品，B 半成品直接转入第三车间加工成甲产成品。A、B、甲产品之间相互转换都是 1:1 的关系。原材料于第一车间生产开始时一次投入。各车间月末在产品完工率均为 60%。各车间生产费用在完工产品和在产品之间的分配采用约当产量比例法。根据表 8-28 和表 8-29 中的资料，采用平行结转分步法计算甲产品成本。

本月各车间产量情况如表 8-28 所示。

表 8-28 各车间产出资料表   单位：件

项目	第一车间	第二车间	第三车间
月初在产品数量	200	300	260
本月投产数量或上步转入	10 000	9 600	9 000
本月完工产品数量	9 600	9 000	9 100
月末在产品数量	600	900	160

各车间月初及本月发生费用资料如表 8-29 所示。

表 8-29 各车间月初及本月费用   单位：元

项目		直接材料	直接人工	制造费用	合计
第一车间	月初在产品成本	2 000	1 000	1 200	4 200
	本月生产费用	120 000	50 000	62 000	232 000
第二车间	月初在产品成本		2 000	1 600	3 600
	本月生产费用		30 000	40 000	70 000
第三车间	月初在产品成本		1 400	1 600	3 000
	本月生产费用		36 000	30 000	66 000

根据以上资料，编制各生产步骤的约当产量计算表，如表 8-30 所示。

表 8-30 约当产量计算表   单位：件

项目	直接材料	直接人工	制造费用
第一车间约当产量	600 + 900 + 160 + 91 00 = 10 760	600 × 60% + 900 + 160 + 9 100 = 10 520	10 520
第二车间约当产量		900 × 60% + 160 + 9 100 = 9 800	9 800
第三车间约当产量		160 × 60% + 9 100 = 9 196	9 196

编制甲产品的成本计算单，如表 8-31 所示。

表 8-31 产品成本计算单

车间：第一车间   产品名称：甲产品（A 半成品）   单位：元

凭证号数	摘要	成本项目			
		直接材料	直接人工	制造费用	合计
	月初在产品成本	2 000	1 000	1 200	4 200
	本月发生费用	120 000	50 000	62 000	232 000
	生产费用合计	122 000	51 000	63 200	236 200
	约当产量（件）	10 760	10 520	10 520	
	费用分配率	11.34	4.85	6	
	应计入最终产品份额	103 194	44 135	54 600	201 929
	月末在产品成本	18 806	6 865	8 600	34 271

其中，应计入最终产品份额 = 最终完工产品数量 × 费用分配率，如：直接材料应计入最终产品份额 = 11.34 × 9 100 = 103 194（元）。

表 8-32　产品成本计算单

车间：第二车间　　　　　　产品名称：甲产品（B 半成品）　　　　　　单位：元

凭证号数	摘要	成本项目			
		直接材料	直接人工	制造费用	合计
	月初在产品成本		2 000	1 600	3 600
	本月发生费用		30 000	40 000	70 000
	生产费用合计		32 000	41 600	73 600
	约当产量（件）		9 800	9 800	
	费用分配率		3.27	4.24	
	应计入最终产品份额		29 757	38 584	68 341
	月末在产品成本		2 243	3 016	5 259

表 8-33　产品成本计算单

车间：第三车间　　　　　　产品名称：甲产品　　　　　　单位：元

凭证号数	摘要	成本项目			
		直接材料	直接人工	制造费用	合计
	月初在产品成本		1 400	1 600	3 000
	本月发生费用		36 000	30 000	66 000
	生产费用合计		37 400	31 600	69 000
	约当产量（件）		9 196	9 196	
	费用分配率		4.07	3.44	
	应计入最终产品份额		37 037	31 304	68 341
	月末在产品成本		363	296	659

编制产品成本汇总表，如表 8-34 所示。

表 8-34　产品成本汇总表　　　　　　　　　　　　　　　　　　单位：元

项目	数量（件）	直接材料	直接人工	制造费用	总成本	单位成本
第一车间		103 194	44 135	54 600	201 929	22.19
第二车间			29 757	38 584	68 341	7.51
第三车间			37 037	31 304	68 341	7.51
合计	9 100	103 194	110 929	124 488	338 611	37.21

根据以上资料，编制产成品入库的会计分录如下。

借：库存商品——甲产品　　　　　　　　　　　　　338 611
　　贷：基本生产——第一车间　　　　　　　　　　　　　201 929
　　　　　　　　——第二车间　　　　　　　　　　　　　 68 341
　　　　　　　　——第三车间　　　　　　　　　　　　　 68 341

综上所述，采用平行结转分步法时，各生产步骤（或车间）可以同时计算应计入产成品成本的份额，无须等待上一步骤半成品的成本计算和结转，可以简化和加速成本计算工作。由于是按成本项目进行汇总的，其份额反映了产品成本的原始构成，无须进行成本还原，有利于成本结构分析。但是，由于不能提供各步骤半成品成本资料，不利于分析和考核各步骤生产耗费水平；各步骤半成品实物转移与其成本结转脱节，各步骤在产品的实际价值与账面价值不一致，不利于加强在产品的实物管理和资金管理。平行结转分步法的优缺点恰好与逐步结转分步法的优缺点相反。采用此方法，应加强各步骤在产品实物的数量核算及清查工作，以利于在产品管理和全面反映各步骤的生产耗用水平。

本章小结

分步法是以产品品种及生产步骤为对象，归集生产费用，计算产品成本的方法，广泛应用于大量大批复杂生产且管理上要求提供各步骤成本数据的企业，比如机器制造、纺织、冶金、造纸、家用电器等生产类型的企业。在分步法下，成本计算对象是产品品种和生产步骤，成本计算期一般与会计报告期一致，期末在产品可以按约当产量比例法、定额比例分配法等方法计算。

分步法按照各步骤是否计算半成品成本，分为逐步结转分步法和平行结转分步法。

逐步结转分步法是为了分步计算半成品成本而采用的一种方法，具体计算时需将下一步骤耗用上一步骤的半成品成本从上一步骤成本计算单（在设半成品库的情况下，是自制半成品明细账）转入下一步骤成本计算单，从而在最后一个生产步骤计算出完工产品的总成本和单位成本。逐步结转分步法在结转各步骤半成品的成本时，可以采用两种方式：一种是分成本项目进行结转，从而形成分项逐步结转分步法；另一种是不分成本项目而是按半成品的总成本进行结转，形成综合逐步结转分步法。在综合逐步结转分步法下，由于不能够反映产品的原始成本构成，在需要产品原始成本结构数据的情况下，还需进行成本还原计算，以便分析产品结构的合理性。

所谓产品成本还原，就是将每一步骤所耗上一步骤半成品的综合成本，按照上一步骤本期半成品成本的成本结构（及比重）分解还原为原始成本项目，从而按照原始成本构成计算产品成本。成本还原是从最后一个步骤开始，依次向上一步骤还原，直到求得原始成本结构为止。

在平行结转分步法下，各步骤之间不结转半成品成本，而是将每个步骤发生的生产费用在最终完工产品和本步骤的广义在产品之间进行分配，计算出最终完工产品在各步骤的份额及所耗用的费用，然后将最终完工产品在各步骤的份额按照成本项目平行相加，就得到最终完工产品在整个生产过程中的总成本，除以产量就是单位成本。

思考题

1. 说明分步法成本计算的特点，以及适用的生产类型。
2. 在分步法下，产品生产工艺技术步骤与产品成本计算步骤是什么关系？如何根据工艺技术步骤确定成本计算步骤？
3. 说明分步法下广义在产品与狭义在产品的关系。
4. 逐步结转分步法和平行结转分步法在成本计算程序上有何差异？

5. 在大量大批多步骤生产类型中，为什么要计算各步骤的半成品成本？
6. 什么是成本还原？为什么要进行成本还原？怎样进行成本的还原计算？
7. 平行结转分步法的特点是什么？适用于哪一种生产类型的企业？
8. 在平行结转分步法下，如果各步骤完工半成品都要入半成品库，最后总装车间直接在半成品库领用所需的半成品，是否应当计算各步骤的半成品成本？成本计算上有何变化？

课后习题

一、单选题

1. 在下列方法中，属于不计算半成品成本的分步法是（　　）。
   A. 逐步结转分步法　　　　　　　　B. 综合结转分步法
   C. 分项逐步结转分步法　　　　　　D. 平行逐步结转分步法
2. 采用逐步结转分步法，完工产品与在产品之间的费用分配，是指在（　　）之间的费用分配。
   A. 产成品与月末在产品
   B. 完工半成品与月末加工中的在产品
   C. 产成品与广义在产品
   D. 前面步骤的完工半成品与加工中的在产品及最后步骤的产成品与加工中的在产品
3. 采用逐步结转分步法，按照半成品成本在下一步骤成本明细账中的反映方法，可以分为（　　）。
   A. 实际成本结转分步法和计划成本结转分步法
   B. 综合结转分步法和分项结转分步法
   C. 平行结转分步法和分项结转分步法
   D. 平行结转分步法和综合结转分步法
4. 成本还原的对象是（　　）。
   A. 产成品成本　　　　　　　　　　B. 产成品所耗上一步骤半成品的综合成本
   C. 最后步骤的产成品成本　　　　　D. 各步骤半成品成本
5. 进行成本还原，应以还原分配率分别乘以（　　）。
   A. 本月所产半成品各个成本项目的费用
   B. 本月所耗半成品各个成本项目的费用
   C. 本月所产该种半成品各个成本项目的费用
   D. 本月所耗该种半成品各个成本项目的费用
6. 在下列方法中，需要进行成本还原的是（　　）。
   A. 平行结转分步法　　　　　　　　B. 逐步结转分步法
   C. 综合结转分步法　　　　　　　　D. 分项结转分步法
7. 分步法适用于（　　）。
   A. 大量大批生产　　B. 单件生产　　C. 小批生产　　D. 大量生产

二、多选题

1. 采用逐步结转分步法，按照结转的半成品成本在下一步骤产品成本明细账中的反映方法，分为（   ）。
   A.综合结转分步法　B.分项结转分步法　C.按实际成本结转法　D.按计划成本结转法
2. 平行结转分步法的特点有（   ）。
   A.各生产步骤不计算半成品成本，只计算本步骤所发生的生产费用
   B.各步骤间不结转半成品成本
   C.各步骤应计算本步骤所发生的生产费用中应计入产成品成本的份额
   D.将各步骤应计入产成品成本的份额平行结转，汇总计算产成品的总成本和单位成本

三、判断题

1. 分步法是按照产品的生产步骤归集生产费用、计算产品成本的一种方法。（   ）
2. 由于各个企业生产组织的特点不同，各生产步骤成本的计算和结转采用两种不同的方法：逐步结转分步法和平行结转分步法。（   ）
3. 逐步结转分步法就是为了计算半成品成本而采用的一种分步法。（   ）
4. 采用逐步结转分步法，半成品成本的结转与半成品实物的转移是一致的，因而有利于半成品的实物管理和在产品的资金管理。（   ）
5. 采用逐步结转分步法，按照结转的半成品在下一步骤产品成本明细账户的反映方法，分为综合结转法和分项结转分步法两种方法。（   ）
6. 成本还原的对象是产成品成本。（   ）
7. 成本还原的依据是本月所产该种半成品的成本构成。（   ）
8. 分项结转半成品成本时，在各步骤完工产品成本中看不出所耗上一步骤半成品的费用和本步骤加工费用的水平。（   ）
9. 采用平行结转分步法，各生产步骤不计算半成品成本，不能提供各个步骤的半成品成本资料。（   ）
10. 在平行结转分步法下，在产品费用不按其发生地点登记，而按其所在地点登记。（   ）
11. 采用平行结转分步法，各步骤可以同时计算产品成本，但各步骤间不结转半成品成本。（   ）
12. 分步计算成本就是分车间计算成本。（   ）
13. 逐步结转分步法实际上就是品种法的多次连续应用。（   ）
14. 对于多步骤生产企业，根据同一成本核算资料，第一步骤基本生产成本明细账月末在产品余额，按平行结转分步法核算的数额必定大于按逐步结转分步法核算的数额。（   ）
15. 采用平行结转分步法，能够直接提供按原始成本项目反映的产成品成本资料，不必进行成本还原。（   ）

四、综合题

1. 某厂生产甲产品，分两个步骤分别在两个车间进行生产。采用综合逐步结转分步法计算产成品成本。第一车间为第二车间提供半成品甲，第二车间将半成品甲加工成为产成品甲。半成品甲通过仓库收发（半成品成本用加权平均法计算）。2000年9月份第一车间和第二车间发生的生产费用（不包括所耗半成品费用）如表8-35所示。

表 8-35　生产费用　　　　　　　　　　　　　　　　　　　　　　单位：元

车间名称	原材料	工资及福利费	制造费用	合计
第一车间	4 600	5 800	4 200	14 600
第二车间		6 450	5 850	12 300

各车间的月初及月末在产品按定额成本计算如表 8-36 和表 8-37 所示。

表 8-36　月初在产品定额成本　　　　　　　　　　　　　　　　单位：元

车间名称	原材料	半成品	工资及福利费	制造费用	合计
第一车间	1 600		2 200	1 800	5 600
第二车间		2 140	1 820	2 040	6 000

表 8-37　月末在产品定额成本　　　　　　　　　　　　　　　　单位：元

车间名称	原材料	半成品	工资及福利费	制造费用	合计
第一车间	1 800		2 000	1 600	5 400
第二车间		5 120	2 840	2 540	10 500

半成品仓库半成品甲月初余额 220 件，实际成本 6 800 元。本月份第一车间加工完工半成品甲 500 件送交半成品仓库。第二车间从半成品仓库领用半成品甲 600 件。本月完工入库产成品甲 400 件。

【要求】计算自制半成品甲和产成品甲的成本；登记半成品明细账；进行成本还原，编制半成品入库、领用和产成品入库的会计分录。

2. 某厂有三个基本生产车间，第一车间生产半成品 A 直接转入第二车间，第二车间生产半成品 B 直接转入第三车间，由第三车间生产产成品 C。本月产品的生产情况如表 8-38 所示。

表 8-38　生产情况　　　　　　　　　　　　　　　　　　　　　　单位：台

	第一车间	第二车间	第三车间
月初在产品数量	160	20	140
本月投入数量	440	500	400
本月完工数量	500	400	480
月末在产品数量	100	120	60

本月的月初在产品成本资料及本月发生的生产费用如表 8-39 和表 8-40 所示。

表 8-39　月初在产品成本　　　　　　　　　　　　　　　　　　单位：元

车间名称	原材料	工资及福利费	制造费用	合计
第一车间	1 600	80	240	1 920
第二车间	200	70	130	400
第三车间	1 400	980	1 680	4 060

表 8-40　本月生产费用　　　　　　　　　　　　　　　　　　　单位：元

车间名称	原材料	工资及福利费	制造费用	合计
第一车间	4 400	470	1 410	6 280
第二车间		2 250	3 150	5 400
第三车间		880	1 760	2 640

原材料一次性投入，在产品完工率为 50%。

【要求】根据上述资料，采用分项逐步结转分步法计算半成品 A、B 及产成品 C 的成本。

3. 某企业有三个基本生产车间生产甲产品,第一车间生产丙半成品直接转入第二车间,第二车间加工乙半成品转入第三车间,第三车间加工甲产成品。本企业产品成本计算采用平行结转分步法,月末在产品(广义)按定额成本计算。材料一次性投入,在产品完工率为50%。2000年9月份的产量记录如表8-41所示。

表8-41　产量记录　　　　　　　　　　　　　　　　　单位:台

项目	第一车间	第二车间	第三车间
期初在产品数量	20	50	40
本期投入数量	180	160	180
本月完工产品数量	160	180	200
期末在产品数量	40	30	20

各车间的月末在产品(广义)单位定额成本如表8-42所示。

表8-42　各车间月末在产品(广义)单位定额成本　　　　单位:元

项目	原材料	工资及福利费	制造费用
第一车间丙半成品	25	5	6
第二车间乙半成品		10	12
第三车间甲产成品		10	11

各车间月初在产品定额成本资料如表8-43所示。

表8-43　月初在产品定额成本资料　　　　　　　　　　单位:元

摘要	原材料	工资及福利费	制造费用	合计
第一车间	1 000	60	100	1 160
第二车间		200	120	320
第三车间		180	160	340

各车间本月发生费用资料如表8-44所示。

表8-44　各车间本月发生费用资料　　　　　　　　　　单位:元

摘要	原材料	工资及福利费	制造费用	合计
第一车间	18 400	2 200	2 400	23 000
第二车间		3 200	4 800	8 000
第三车间		3 450	2 550	6 000

【要求】根据上述资料,计算各车间应计入产品成本份额;计算完工产品总成本、单位成本,编制完工产品入库的会计分录。

第九章

作业成本法

导入案例

承光机械制造有限公司主要生产两种产品，即 A 产品和 B 产品。A 产品的工艺相对简单，常常批发出售，B 产品的工艺复杂，价格高于 A 产品，常常小批量生产。公司设有一个生产车间，主要工序包括零部件排序准备、自动插件、手工插件、压焊、技术冲洗及烘干、质量检测和包装。原材料和零部件均为外购。公司一直采用传统成本计算法计算产品成本，将直接材料按照产品产量进行分配，制造费用按照工时进行分配。近来，A 产品和 B 产品的市场销售状况让公司管理层困惑。B 产品十分畅销，而且报价高于定价方针的要求。A 产品却遭到了价格抵制，被要求按照远远低于定价方针的价格出售，这样该产品可能就无利润可言。公司管理层认为这是由于产品成本计算和定价上出现了问题。经过反复讨论，大家觉得制造费用的分配可能存在问题。看来，公司需要一个更精确的成本计算方法。因此，财务经理决定采用作业成本法来改进产品的成本计算。

学习目标

作业成本法是为了适应世界新技术革命的需要，与实时生产系统、全面质量管理相结合而产生的一种成本会计制度。作业成本法彻底改变了传统成本计算的观念和基础，将成本计算以"产品"为中心变成了以"作业"为中心，建立起了"资源－作业－成本"的逻辑，极大地扩展了成本会计领域。在学习本章时应该注意如下几点。

1. 了解作业成本法产生的必然性。
2. 了解作业、产业链、成本动因等概念，理解作业成本法的基本原理。
3. 了解作业成本法与传统成本法相比的优势和适用性。

难点提示

1. 对作业、作业链、成本动因基本概念的理解与运用。
2. 作业成本具体的计算与分析。

第一节 作业成本法概述

一、作业成本法的产生背景

自 20 世纪 80 年代以来，企业所处的制造环境与市场条件都发生了巨大的变化。传统成本核算制度在企业管理中愈发显示出其弊端，难以给管理层提供精确的成本核算数据，影响成本分析和企业决策。作业成本法作为一种全新的方法应运而生，并展现出广阔的应用前景。

（一）现代信息化的制造环境

随着科技的进步，当今社会的企业已经从劳动密集型企业发展成技术密集型企业。以电子数控机床、机器人、电脑辅助设计、电脑辅助工程和弹性制造系统为代表的高新技术在企业中得到了广泛的运用，迅速取代了传统的制造模式并展现出蓬勃的生命力。在现代信息化的制造环境下，产品成本构成中的直接人工比例大幅下降，制造费用比例大幅上升。继续运用传统成本会计中单一地以工时为主要依据的成本分摊方式，会导致成本信息失真，影响企业的生产经营和管理决策。

（二）多样化的产品与服务需求

为顺应人们日益增长的物质文化需求，市场致力于使用多种类型的分销渠道，提供越来越多的、各种各样的产品与服务。此外，随着客户需求的多样化、个性化，企业需要为不同的客户提供专门的、定制的服务。多样化、小批量的商品需求会增加企业生产的复杂性，复杂性的提高也意味着需要对更多的制造费用进行管理。这是使得制造费用比例大幅上升的另一个重要原因。由于产品结构的变化，传统成本会计已不能正确核算企业自动化的成本和效益。

（三）管理理念与技术的创新

为了适应日益激烈的竞争环境，企业不断创新管理理论与方法。实时采购与制造系统，以及与其密切相关的战略成本管理、全面质量管理、零库存等崭新的管理理念与技术应运而生。作业成本法通过提供企业各主要作业活动的成本信息，能进行系统化、全面化和动态化的管理与控制，顺应现代化的管理模式。

二、作业成本法的含义

作业成本法是先将作业进行归集，计算出作业成本，再按作业成本与成本对象之间的因果关系，将作业成本分配到成本对象的一种成本计算方法。

作业成本法的本质是将作业作为分配间接费用的基础，并关注发生成本的原因——成本动因，而不仅仅只是关注成本结果本身。根据作业成本法的概念，企业的全部经营活动是由一系列作业组成的，每项作业的运行又需要耗用一定的资源。企业所生产的产品成本，就是这一系列作业所消耗的资源的总和。"产品消耗作业，作业消耗资源"，这就是作业成本法的基本指导思想。

作业成本法不再局限于传统成本法所采用的单一数量分配基础，而是采用了多种成本动因进行分配；不再局限于以财务变量为基础，而是更强调非财务变量（例如产品的零部件数量、调整准备次数、运输距离、质量检测时间等）。作业成本法的出现弥补了传统成本法下间接费用分配标准单一的缺陷，从而提高产品成本信息的准确性和相关性，有利于企业的成本核算和成本控制。

三、作业成本法下的几个概念

（一）资源

资源是能够带来价值的源泉，对于一个企业组织来说，资源也是成本的源泉。企业在生产经营活动中所用到的一切物资、原料，包括企业拥有或控制的人力资源，都属于企业的资源。资源成本信息主要反映在企业的总分类账和相关的明细账上，例如办公费、修理费、折旧费、税金、人工费等。

（二）作业

作业是特定组织（成本中心、部门或产品线）基于一定目的而重复执行的特定的或标准化的操作。例如产品设计、材料采购、合同签订、生产营销等。一项作业可能是一项非常具体的活动，如车工作业；也可以泛指一类活动，如机加工车间的车、铣、刨、磨等机加工作业；甚至还可以将机加工作业、产品组装作业等统称为生产作业（相对于产品研发、设计、销售等作业而言）。由若干个相互关联的具体作业所组成的作业集合，一般称为作业中心。

任何一项作业都需要消耗一定的资源，任何一种产品的形成都要消耗一定的作业，因此作业是联结资源与产品成本的纽带，它在消耗资源的同时生产出产品。产品成本表现为生产产品或提供劳务的全部作业所消耗的资源总和。作业可以按照不同的标准进行分类，例如，按照是否增加企业产品或服务价值分类，可分为增值作业和非增值作业；按照主次关系分类，可分为一级作业和二级作业。一般来说，按照受益对象的不同，将作业分为以下四种。

（1）单位作业。它是使单位产品受益的作业。每生产一单位产品，就要发生一次作业。这种作业的成本与产品产量呈正比例变动，如直接材料、直接人工等。

（2）批次作业。它是使一批产品受益的作业。每生产一批产品，就要发生一次作业。这种作业的成本与生产批次呈正比例变动，如成批采购与检验、机器调试、订单处理等。它们的成本取决于批次，与每批产品的数量无关。

（3）产品作业。它是使某种产品全部单位受益的作业。它服务于具体某种规格、型号或样式的产品，如制图、工艺改造、产品更新等。这种作业的成本取决于产品品种，而与生产批次和产品数量无关。

（4）维持性作业。它是使某个机构或某个部门受益的作业，是企业为维持整个生产过程所从事的作业，而非专门针对某种产品或某批产品，例如工厂管理、整体维护、财产保险等。这种作业的成本一般随企业的整体情况发生变动，与产品的种类和数量无关，一般而言，对于那些无法追溯到单位产品，而且和产品批次、种类无明显关系的成本，都可以认定为维持性作业。

（三）成本动因

成本动因是指作业成本或产品成本的驱动因素。例如，产量增加时，直接材料成本就增加，产量是直接材料成本的驱动因素，即直接材料成本的成本动因；检验成本随着检验次数的增加而增加，检验次数就是检验成本的驱动因素，即检验成本的成本动因。在作业成本法中，成本动因分为资源成本动因和作业成本动因两类。

1. 资源成本动因

资源成本动因是引起作业成本增加的驱动因素。资源成本动因作为衡量资源消耗量与作业量关系的计量标准，反映了消耗资源的起因和作业对资源的消耗情况。

2. 作业成本动因

作业成本动因是引起产品成本增加的驱动因素。作业成本动因衡量一个成本对象需要的作业量，是将作业成本分配到最终产品的方式和原因。

四、作业成本法的主要特点

作业成本法的主要特点体现在它与传统成本计算方法的区别上。

（一）成本计算分为两个阶段

作业成本法的基本指导思想是，"产品消耗作业，作业消耗资源"。因此，作业成本法将成本计算分为两个阶段：第一阶段是将作业执行中消耗的资源分配到作业中，计算作业的成本；第二阶段是将作业成本分配到各有关成本对象。

传统成本计算方法也是分两步进行的，但是中间的成本中心是按部门建立的，即先把直接成本追溯到产品，同时将不同性质的各种间接费用按部门归集在一起，然后以产量作为分配基础，将间接费用分配到各种产品中。

由此可见，作业成本法和传统成本法在对间接费用的分配路径上有显著差异。在作业成本法下，间接成本的分配路径为"资源→作业→产品"，传统成本计算方法的分配路径则是"资源→部门→产品"。

（二）成本分配强调因果关系

在作业成本法下，将成本分配到成本计算对象有三种不同的形式，包括追溯、动因分配和分摊。

（1）追溯，是将成本直接确认分配到某一成本对象的过程。一项成本能否追溯到产品，可以通过实地观察来判断。比如，确认生产一台机器所需要的零部件数量，是可以通过观察实现的。通过直接追溯的方式，可以得到最准确的成本资料。因此，在作业成本法下，应尽可能扩大追溯到某产品的成本比例，以尽量避免成本分配引起的信息失真，在传统成本法下，直接成本仅限于直接人工和直接材料，将其他成本都统一归集到制造费用中进行分配。这样的分配方式较作业成本法而言准确性较差。

（2）动因分配，是指根据成本动因将成本分配到各成本对象的过程。尽管作业成本法强调直接追溯，但在企业生产活动中，并非所有资源的耗费都能直接追溯到成本计算对象。因此，对于不能直接追溯的成本，可以使用动因（包括资源成本动因或作业成本动因）分配的方式，将成本分配到成本计算对象（作业或产品）。在传统成本法下，将产量作为分配间接费用的唯一动因，并不符合实际情况，会导致成本失真。

采用动因分配的方式，需要首先找到成本变动的真正原因，即成本与成本动因之间的因果关系，比如，机器运行作业应归集的成本，以机器小时作为资源动因进行分配，是因为机器小时与机器运行作业应承担的成本之间存在因果关系。需要指出的是，动因分配虽然不像追溯那样准确，但只要因果关系建立恰当，成本分配的结果同样可以达到较高的准确程度。

（3）分摊，是指有些成本既不能追溯，也不能合理、方便地找到成本动因，只好使用产量作为分配基础，将其强制分摊给成本对象。

作业成本法的成本分配主要采用追溯和动因分配，尽可能减少不准确的分摊，因此能够提供更加真实、准确的成本信息。

（三）成本分配使用众多不同层面的成本动因

作业成本法的独到之处，在于首先将资源追溯到作业，然后使用不同层面和数量众多的作业动因将作业成本分配到成本计算对象。

在传统成本法下，产量被认为是能够解释产品成本变动的唯一动因，并因此作为分配间接费用的依据。然而，制造费用是一个由各种不同性质的间接费用组成的集合，有的间接费用随着产量的变动而变动，有的并不随产量变动而变动，因此使用单一的产量作为制造费用的分配依据显然是不合理的。

第二节　作业成本法应用

一、作业认定

作业认定是作业成本计算与作业管理的基础，也是作业成本法区别于传统成本计算制度的关键所在。

作业认定就是对每项消耗资源的作业进行清晰的描述和定义，识别每项作业在生产活动中所起的作用、与其他作业的区别，以及每项作业与资源消耗之间的联系等。作业认定有两种形式，"自上而下"和"自下而上"。

"自上而下"，就是站在企业高层的角度，根据企业总的生产流程，自上而下地进行分解，进一步确认子流程和具体作业。

"自下而上"，就是从基层开始逐级汇报自身作业情况，最后由上级加以批复和认定所需要的作业。通常的做法是与员工和经理人员沟通交谈，了解他们所做的相关工作，据此逐一认定作业。

在实务中，通常将"自上而下"和"自下而上"这两种方式结合起来使用，使得作业认定详略得当,既能满足需要,又能保证作业成本计算和作业管理的可行性与效率。

为了对认定的作业进行进一步的分析和归类,一般需要列出作业清单。表 9-1 是某变速箱制造企业的作业清单。

表 9-1　某企业作业清单

作业名称	作业说明
材料订购	包括选择供应商、签订合同、明确供应方式等
材料检验	对每批购入的材料进行质量、数量检验
生产准备	每批产品投产前,进行设备调整等准备工作
发放材料	每批产品投产前,将生产所需材料发往各生产车间
材料切割	将管材、圆钢切割成适于机加工的毛坯工件
车床加工	使用车床加工零件(轴和连杆)
铣床加工	使用铣床加工零件(齿轮)
产品组装	人工转配变速箱
产品质量检验	人工检验产品质量
包装	用木箱将产品包装
车间管理	组织和管理车间生产,提供维持生产的条件

二、资源成本的分配

在对作业进行认定、区分和归类的基础上,可将相关的资源成本依据资源成本动因分配到各项作业。如果某项资源的消耗可以直接追溯到成本对象,则直接计入该产品成本;如果某项资源的耗费呈现出混合或共同耗费的情况,则需要选择适当的资源动因首先将资源分配到相关作业。在将资源分配到作业时,要注意资源动因和作业成本之间要存在恰当的因果关系。比如机器设备调试所需要承担的电力成本,可以选择设备单位时间耗用量和开动时间作为资源动因进行分配,因为设备调试所消耗的电力成本与耗电量存在因果关系。

三、作业成本的分配

在将资源成本分配到作业后,就可将相关的作业成本依据作业动因分配到有关产品等核算对象。作业动因的选择需要注意产品成本与作业之间的因果关系。作业成本分配的一般思路是,首先根据具体作业成本动因,计算该作业的分配率,然后根据产品所消耗的作业量的大小,分别将各具体作业成本分配给产品,通过汇总计算出最终产品成本。

$$某作业成本分配率 = 该作业总成本 \div 该作业总量$$
$$某产品应分配的作业成本 = 该作业成本分配率 \times 该产品耗用的作业量$$
$$某产品总成本 = \sum 该产品分配的相关作业成本$$

作业量的计量单位——作业成本动因一般分为三类,即业务动因、持续动因和强度动因。

(1)业务动因通常以执行的次数作为作业动因,并假定执行每次作业的成本(包括耗用的时间和单位时间耗用的资源)相等。

$$某作业成本分配率 = 该作业总成本 \div 该作业总次数$$
$$某产品应分配的作业成本 = 该作业成本分配率 \times 该产品耗用的作业次数$$

（2）持续动因通常以执行一项作业所需的时间作为作业动因，并假定执行作业的单位时间内耗用的资源是相等的。当不同产品所需作业量的差异较大时，不宜采用业务动因作为分配成本的基础，而应改用持续动因作为分配基础。

$$某作业成本分配率 = 该作业总成本 \div 该作业总作业时间$$
$$某产品应分配的作业成本 = 该作业成本分配率 \times 该产品耗用的作业时间$$

（3）强度动因通常是指在某些特殊情况下，将作业执行中实际耗用的全部资源单独归集，并将该项单独归集的作业成本直接计入某一特定的产品。强度动因一般适用于某一特殊订单或某种新产品试制等。

在以上三种作业成本动因中，业务动因的精确度最差，但其执行成本最低；强度动因的精确度最高，但其执行成本也最高；持续动因的精确度和执行成本居中。

四、作业成本计算案例

【例9-1】某企业生产甲、乙两种产品。在生产过程中，发生机器调试成本50 000元，其中生产甲产品调试400次，生产乙产品调试100次；发生产品验收成本40 000元，其中生产甲产品验收250次，生产乙产品验收150次；发生设备维修成本30 000元，其中生产甲产品维修工时350小时，生产乙产品维修工时150小时；发生生产订单成本70 000元，其中甲产品订单400份，乙产品订单300份；发生材料订单成本40 000元，其中生产甲产品材料订单400份，生产乙产品材料订单100份；发生生产协调成本36 000元，其中甲产品协调35次，乙产品协调25次。其他有关资料如表9-2所示。要求：分别按照传统成本法和作业成本法计算甲、乙两产品的总成本与单位成本。

表9-2 甲、乙两种产品相关资料

单位：元

项目	甲	乙
产量（件）	15 000	5 000
机器制造工时（小时）	3 320	2 000
直接人工成本	225 000	50 000
直接材料成本	225 000	75 000
制造费用总额	266 000	

1. 按照传统成本计算方法

$$制造费用分配率 = \frac{266\,000}{3\,320 + 2\,000} = 50$$

甲产品应分配制造费用 = $50 \times 3\,320 = 166\,000$（元）

乙产品应分配制造费用 = $50 \times 2\,000 = 100\,000$（元）

甲产品总成本 = $225\,000 + 225\,000 + 166\,000 = 616\,000$（元）

甲产品单位成本 = $616\,000 \div 15\,000 = 41.07$（元/件）

乙产品总成本 = $50\,000 + 75\,000 + 100\,000 = 225\,000$（元）

乙产品单位成本＝225 000÷5 000＝45.00（元/件）

2. 按照作业成本法计算

（1）以成本动因为标准按作业中心归集成本，并计算出成本动因分配率，如表9-3所示。

表9-3 成本动因分配率表

单位：元

项目	成本动因	待分配制造费用	作业量			成本动因分配率
			甲	乙	合计	
机器调试成本	调试次数	50 000	400	100	500	100
产品验收成本	验收次数	40 000	250	150	400	100
设备维修成本	维修工时	30 000	350	150	500	60
生产订单成本	订单份数	70 000	400	300	700	100
材料订单成本	订单份数	40 000	400	100	500	80
生产协调成本	协调次数	36 000	35	25	60	600

（2）计算出甲、乙两种产品应分配的作业成本。

表9-4 甲、乙产品应分配的作业成本

单位：元

项目	成本动因分配率	甲		乙		作业成本合计
		作业量	作业成本	作业量	作业成本	
机器调试成本	100	400	40 000	100	10 000	50 000
产品验收成本	100	250	25 000	150	15 000	40 000
设备维修成本	60	350	21 000	150	9 000	30 000
生产订单成本	100	400	40 000	300	30 000	70 000
材料订单成本	80	400	32 000	100	8 000	40 000
生产协调成本	600	35	21 000	25	15 000	36 000
合计			179 000		87 000	266 000
产量			15 000		5 000	
单位产品应分摊的作业成本			11.93		17.40	

（3）计算出甲、乙产品的总成本和单位成本

甲产品总成本＝225 000＋225 000＋179 000＝629 000（元）

甲产品的单位成本＝629 000÷15 000＝41.93（元/件）

乙产品总成本＝50 000＋75 000＋87 000＝212 000（元）

乙产品单位成本＝212 000÷5 000＝42.40（元/件）

（4）传统成本法与作业成本法比较如表9-5所示。

表9-5 传统成本法与作业成本法计算结果比较

单位：元

产品单位成本	传统成本法	作业成本法	差值
甲产品	41.07	41.93	－0.86
乙产品	45.00	42.40	2.60

【例9-2】柳林公司生产三种产品，分别是产品甲、产品乙、产品丙。产品甲是三种产品中工艺最简单的一种，公司每年销售12 000件；产品乙工艺相对复杂一些，公司每年销售20 000件，在三种产品中销售量最大；产品丙工艺最复杂，公司每年销售6 000件。公司设有一个生产车间，主要工序包括零部件排序准备、自动插件、手工插件、压焊、技术冲洗及烘干、质量检测和包装。原材料和零部件均外购。柳林公司一直采用传统成本计算法计算产品成本。

1. 传统成本计算法

（1）公司有关成本资料如表9-6所示。

表9-6 成本资料

	产品甲	产品乙	产品丙	合计
产量（件）	12 000	20 000	6 000	
直接材料（元）	600 000	1 800 000	100 000	2 500 000
直接人工（元）	660 000	1 600 000	200 000	2 460 000
制造费用（元）				3 900 000
机器工时（小时）	40 000	80 000	10 000	130 000

（2）在传统成本计算法下，柳林公司以机器工时为基础分配制造费用如表9-7所示。

表9-7 制造费用分配

	产品甲	产品乙	产品丙	合计
机器工时（小时）	40 000	80 000	10 000	130 000
分配率	3 900 000÷130 000＝30			
制造费用（元）	1 200 000	2 400 000	300 000	3 900 000

（3）采用传统成本法计算的产品成本资料如表9-8所示。

表9-8 成本资料　　　　　　　　　　　　　　　单位：元

	产品甲	产品乙	产品丙
直接材料	600 000	1 800 000	100 000
直接人工	660 000	1 600 000	200 000
制造费用	1 200 000	2 400 000	300 000
合计	2 460 000	5 800 000	600 000
产量（件）	12 000	20 000	6 000
单位产品成本	205	290	100

2. 公司的定价策略及产品销售方面出现的问题

（1）公司的定价策略。公司采用成本加成定价法作为定价策略，按照产品成本的120%设定目标售价，如表9-9所示。

表 9-9　　　　　　　　　　　　　　　　　　　单位：元

	产品甲	产品乙	产品丙
产品成本	205	290	100

(续)

	产品甲	产品乙	产品丙
目标售价（产品成本×120%）	246	348	120
实际售价	246	310	220

（2）产品销售方面出现的问题。经过管理人员分析发现，公司在销售方面存在严重问题。产品甲按目标售价出售；而产品乙的实际售价310元低于其目标售价348元。产品丙因市场上供不应求，实际售价远高于其目标售价。上述情况表明，产品甲的销售及盈利状况正常，产品丙是一种高盈利、低产量的优势产品，而产品乙是公司的主要产品，年销售量最高，但是其盈利能力却达不到管理人员的预期，因此产品乙成为公司管理人员关注的焦点。在分析过程中，管理人员对传统成本计算法提供的资料的准确性产生了质疑，他们决定使用作业成本法重新计算产品成本。

3.作业成本法的计算

（1）管理人员经过分析，认定了公司发生的主要作业，相关资料如表9-10所示。

表9-10 资料

制造费用	金额（元）
装配	1 200 000
启动准备	5 000
物料处理	700 000
质量检测	600 000
包装	395 000
设备调整	200 000
工程处理	800 000
合计	3 900 000

成本动因如表9-11所示。

表9-11 成本动因

制造费用	成本动因	作业量			
		产品甲	产品乙	产品丙	合计
装配	机器小时（小时）	12 000	26 000	10 000	48 000
启动准备	准备次数（次）	1 000	4 000	5 000	10 000
物料处理	材料移动（次）	800	3 000	6 200	10 000
质量检测	检测小时（小时）	5 000	10 000	10 000	25 000
包装	包装次数（次）	500	4 000	5 500	10 000
设备调整	调整次数（次）	200	300	500	1 000
工程处理	过程处理时间（小时）	12 000	20 000	18 000	50 000

（2）计算作业率，如表9-12所示。

表9-12 作业率

作业	作业成本动因	成本	作业消耗	作业率
装配	机器小时（小时）	1 200 000	48 000	25

(续)

作业	作业成本动因	成本	作业消耗	作业率
启动准备	准备次数（次）	5 000	10 000	0.5
物料处理	材料移动（次）	700 000	10 000	70
质量检测	检测小时（小时）	600 000	25 000	24
包装	包装次数（次）	395 000	10 000	39.5
设备调整	调整次数（次）	200 000	1 000	200
工程处理	工程处理时间（小时）	800 000	50 000	16

（3）将制造费用按作业率分配到各产品中，分配结果如表 9-13 所示。

表 9-13 分配结果　　　　　　　　　　　　　　　单位：元

	作业率	产品甲		产品乙		产品丙	
		作业量	作业成本	作业量	作业成本	作业量	作业成本
装配	25	12 000	300 000	26 000	650 000	10 000	250 000
启动准备	0.5	1 000	500	4 000	2 000	5 000	2 500
物料处理	70	800	56 000	3 000	210 000	6 200	434 000
质量检测	24	5 000	120 000	10 000	240 000	10 000	240 000
包装	39.5	500	19 750	4 000	158 000	5 500	217 250
设备调整	200	200	40 000	300	60 000	500	100 000
工程处理	16	12 000	192 000	20 000	320 000	18 000	288 000
合计	—		728 250	—	1 640 000	—	1 531 750

（4）经过上述重新计算，得到产品成本资料（结果保留两位小数），如表 9-14 所示。

表 9-14 产品成本资料　　　　　　　　　　　　单位：元

	产品甲	产品乙	产品丙
直接材料	600 000	1 800 000	100 000
直接人工	660 000	1 600 000	200 000
制造费用	728 250	1 640 000	1 531 750
合计	1 988 250	5 040 000	1 831 750
产量（件）	12 000	20 000	6 000
单位产品成本	165.69	252.00	305.29

4. 问题得到解决（见表 9-15）

表　9-15　　　　　　　　　　　　　　　　　　单位：元

	产品甲	产品乙	产品丙
单位产品成本（传统）	205	290	100
单位产品成本（作业）	165.69	252	305.29
目标售价（传统×120%）	246	348	120
目标售价（作业×120%）	198.83	302.4	366.35
实际售价	246	310	220

比较传统成本法计算的单位产品成本与作业成本法计算的单位产品成本可知，在作业成本法下计算的产品甲和产品乙的成本都明显低于采用传统成本法计算的单位产品成本，而产

品丙的情况则恰恰相反。根据作业成本法计算的产品成本，产品乙的目标售价应为302.4元，比原定目标售价要低，并且与实际售价基本吻合，说明产品乙的销售并无问题。产品甲的实际售价远高于其成本，说明它是一种高盈利的产品。产品丙在传统成本法下计算的产品成本远低于作业成本法下的产品成本，并且实际售价远低于其产品成本，公司的问题就出在这里，如果不能采取措施提高售价或降低产品成本，则公司应考虑放弃产品丙的生产和销售。

这仅仅是作业成本法在实际应用中的一个方面，作业成本法能够提供更加准确、可靠的成本资料，帮助公司管理层做出符合公司情况的正确的决策。

思考题

说明资源、作业、产品三者之间的关系。

课后习题

一、单选题

1. 在作业成本法下，引起作业成本增加的驱动因素称为（　　）。
   A. 作业成本动因　　　　　　　　　B. 资源成本动因
   C. 产品成本动因　　　　　　　　　D. 数量动因
2. 在作业成本法下，引起产品成本增加的驱动因素称为（　　）。
   A. 作业成本动因　　　　　　　　　B. 资源成本动因
   C. 产品成本动因　　　　　　　　　D. 数量动因
3. 传统成本法与作业成本法的区别主要集中在（　　）的分配上。
   A. 直接材料成本　　　　　　　　　B. 直接人工成本
   C. 销售管理费用　　　　　　　　　D. 制造费用
4. 作业成本法中，间接成本的分配路径为（　　）。
   A. 资源→部门→产品　　　　　　　B. 资源→作业→产品
   C. 资源→成本→产品　　　　　　　D. 资源→会计主体→产品
5. 作业成本动因中精确度最高的是（　　）。
   A. 业务动因　　　　　　　　　　　B. 产品动因
   C. 持续动因　　　　　　　　　　　D. 强度动因
6. 下列关于作业成本法所包含的内容，表述正确的是（　　）。
   A. 只关注成本结果本身　　　　　　B. 将作业作为分配直接费用的基础
   C. 关注成本发生的原因　　　　　　D. 只采用单一数量的分配基础
7. 使单位产品受益的作业，叫作（　　）。
   A. 批次作业　　　　　　　　　　　B. 产品作业
   C. 单位作业　　　　　　　　　　　D. 维持性作业
8. 作业成本计算与作业管理的基础是（　　）。
   A. 作业计算　　　B. 作业认定　　　C. 作业分配　　　D. 作业消耗

二、多选题

1. 下列属于作业成本法产生的原因有（　　）。
   A. 现代信息化的制造环境
   B. 传统成本法已经完全不能适应时代需要
   C. 多样化的产品与服务需求
   D. 管理理念与技术的创新

2. 作业成本法中，按照受益对象的不同，将作业分为（　　）。
   A. 单位作业　　B. 批次作业　　C. 产品作业　　D. 维持性作业

3. 在作业成本法中，下列关于成本计算的步骤的表述中，正确的是（　　）。
   A. 第一阶段是将作业执行中消耗的资源分配到作业，计算作业的成本
   B. 第一阶段是将作业执行中消耗的成本分配到作业，计算作业的成本
   C. 第二阶段是将作业成本分配到各有关成本对象
   D. 第二阶段是将资源分配到各有关成本对象

4. 下列属于作业认定的形式有（　　）。
   A. 自上而下
   B. 自下而上
   C. 管理层统一认定
   D. 各部门分别认定

5. 下列关于传统成本法与作业成本法的说法中，正确的是（　　）。
   A. 两种方法的区别主要表现在直接费用的分配上
   B. 这两种方法都可以将直接材料成本和直接人工成本直接归集到成本对象
   C. 传统成本法下，以直接人工工时或机器工时为制造费用的分配依据
   D. 作业成本法下，制造费用按成本动因直接分配，避免了传统成本法下的成本扭曲

6. 下列属于作业成本动因的有（　　）。
   A. 业务动因
   B. 持续动因
   C. 产品动因
   D. 强度动因

7. 下列各项目中属于作业的有（　　）。
   A. 包装
   B. 质量检验
   C. 产品组装
   D. 设备维护

三、判断题

1. 作业成本法只关注成本结果本身。　　　　　　　　　　　　　　　　　（　　）
2. 作业成本法的基本指导思想是"产品消耗作业，作业消耗资源"。　　　（　　）
3. 作业成本法与传统成本法一样是以财务变量为基础，而不考虑非财务变量。（　　）
4. 作业成本法下，将成本分配到成本计算对象有两种不同的形式，包括动因分配和分摊。
   （　　）
5. 当有些成本既不能追溯，也不能合理、方便地找到成本动因时，只能使用产量作为分配基础，将其强制分摊给成本对象。　　　　　　　　　　　　　　（　　）
6. 在作业成本法下，成本动因是导致成本发生的诱因，是成本分配的依据。（　　）
7. 在传统成本法下，产量被认为是能够解释产品成本变动的唯一动因，并因此作为分配间接费用的依据。　　　　　　　　　　　　　　　　　　　　　　（　　）
8. 传统成本法与作业成本法最主要的区别是直接费用的分配方法不一样。（　　）
9. 作业的计算是作业成本计算与作业管理的基础，也是作业成本法区别于传统成本计算制度的关键所在。　　　　　　　　　　　　　　　　　　　　　　（　　）

10. 在将资源分配到作业时，可以不考虑资源动因和作业成本之间是否存在因果关系。（　　）

四、综合题

1. 201×年度，A企业生产甲产品和乙产品。两种产品的生产加工工艺不同，甲产品每月生产400件，乙产品每月生产300件。本期间的相关资料如表9-16至表9-18所示。

表9-16　甲产品和乙产品的直接材料和直接人工资料　　　　单位：元

项目	产品名称	
	甲产品	乙产品
产品产量（件）	400	300
直接材料	30 000	15 000
直接人工	6 000	4 000

表9-17　甲产品和乙产品的间接费用　　　　单位：元

包装	质量检测	设备维护	装卸搬运	合计
9 000	12 000	15 000	6 000	42 000

表9-18　作业类别和相关作业量

作业类别	成本动因	作业量		
		甲产品	乙产品	合计
包装	包装批次	5	4	9
质量检测	质量检测小时	7	5	12
设备维护	设备维护时数	8	4	12
装卸搬运	装卸搬运次数	3	2	5

【要求】
（1）按作业成本法将间接费用在甲产品和乙产品之间进行分配。
（2）按作业成本法计算甲产品和乙产品的总成本和单位成本。

2. 柳林公司制造并销售电脑。2017年10月该公司生产的甲、乙两种型号电脑的有关产量和成本数据以及其他相关资料如表9-19至表9-21所示。

表9-19　产量及部分成本资料

项目	甲型号	乙型号
产销量（件）	100	300
售价（元）	6 000	4 000
直接材料成本（元）	160 000	220 800
直接人工成本（元）	140 000	20 000
直接人工工时（小时）	30 000	70 000

表9-20　作业成本库及作用成本动因表　　　　单位：元

作业	预算成本库	作业成本动因
设备调整	36 000	调整次数
机器运行	150 000	机器小时
质量检测	50 000	检验小时
产品包装	20 000	产品数量

表 9-21 实际作业量表

作业成本动因	甲型号	乙型号	合计
调整次数（次）	4	5	9
机器小时（个）	120 000	180 000	300 000
检测小时（个）	200	300	500
产品数量（件）	300	700	1 000

【要求】

（1）按照传统的成本核算方法，计算甲型号与乙型号电脑应分配的间接费用及其总成本、单位成本。

（2）按作业成本法，计算甲型号与乙型号电脑应分配的间接费用及其总成本、单位成本。

第十章

其他主要行业成本计算

| 导入案例 |

华西医院是西南地区规模最大,诊疗技术雄厚,集医、教、研为一体的大型综合性教学医院,也是全国首批通过评定的三级甲等医院。自改革开放以来,医院在经济管理改革,特别是成本核算管理方面进行了大胆探索和实践,并取得了丰硕的成果。医院借鉴工业企业成本会计核算思想,以科室为成本核算中心,对医疗活动中的服务活动、物资消耗和业务成果进行成本核算。通过对科室收支经济指标的分析考核,及时反映科室劳动效率、设备的利用程度、物资的消耗状况等,不仅为医院管理层提供了切实可靠的经济管理信息,有利于管理层对科室建设、人员分配、资源配置等做出重要决策,还有利于全院职工增强财务管理和成本效益意识,以最低的劳动、物资消耗取得最好的医疗技术经济成果。

| 学习目标 |

在国民经济中,除了制造业之外,还有建筑业、房地产开发业、商品流通业、交通运输业等行业,这些行业的成本计算与一般制造业相比,有其特殊性。本章主要介绍一些代表性行业的成本计算方法,以丰富对其他行业成本计算的了解。

| 难点提示 |

1. 如何根据行业特征设置成本计算单?
2. 行业成本项目设置有什么规律?

第一节 交通运输企业成本计算

一、交通运输企业概述

交通运输企业是指使用交通工具使旅客、货物的空间位置发生变化,但不创造新的具体实物形态的产品的特殊物质生产部门。运输企业包括铁路、公路、水路、航空运输及机场、港口、外轮代理等企业。

(一) 交通运输企业经营活动的特点

与工商企业相比，交通运输企业有如下显著的特点。

(1) 交通运输企业提供的是使旅客和货物位置发生移动的服务，并不产生新的实物形态的产品。

(2) 交通运输企业的生产过程其实也是消费过程，二者表现为空间和时间上的统一。运输过程结束后，就完成了消费过程。

(3) 交通运输企业的生产过程具有流动性和分散性，既有短途运输又有长途运输，既有国内运输又有跨国运输，由此也产生了大量的结算工作。

(二) 交通运输企业成本计算的特点

(1) 交通运输企业的成本计算对象包括货物运输业务、旅客运输业务和客货综合运输业务。对于不同的业务类型，其成本计算对象的确定各不相同。

(2) 交通运输企业中除了远洋运输外，生产周期一般较短，因此其成本计算期一般与会计报告期一致。对于从事远洋运输的企业来说，由于其航行距离远、时间长，一般以航次作为成本计算期。

(3) 交通运输企业的成本计算单位为周转量，采用运送数量和运输距离相结合的复合型指标，分为吨千米、人千米、换算吨千里三大指标。

(4) 交通运输企业的成本计算方法单一。在计算营运成本时，只需要将营运过程中发生的直接燃料费用、直接人工费用、材料费用和营运间接费用等分配计入营运成本，而其他诸如管理费用、财务费用等直接计入当期损益即可。

二、交通运输企业的成本构成和成本账户设置

(一) 交通运输企业的成本构成

1. 直接材料费

直接材料费包括企业在运输生产过程中实际耗用的各种燃料、材料、油料、备件、备品、航空高价周转件、垫隔材料、轮胎、专用工器具、动力照明、周转材料等物质性支出。

2. 直接人工费

直接人工费包括直接从事运输生产活动的人员的工资、工资性津贴、福利、奖金和补贴等支出。

3. 其他费用

其他费用包括企业在营运生产活动中发生的固定资产折旧费、修理费、租赁费（不包括融资租赁）、取暖费、水电费、办公费、差旅费、保险费、设计制图费、紧急救护费、巷道养护费、水路运输管理费、船舶检验费、行李杂费、车辆清洗费等支出。

(二) 交通运输企业的成本科目设置

为了准确、合理地反映交通运输企业的成本水平，一般可考虑设置以下会计科目。

1. "运输支出"科目

该科目核算运输企业经营旅客、货物运输业务所发生的各项费用支出。借方登记经营运输业务所发生的各项费用,贷方登记期末结转入"本年利润"科目的数额,该账户月末结转后一般无余额。

2. "装卸支出"科目

该科目核算运输企业经营装卸业务所发生的各项费用支出。借方登记经营装卸业务所发生的全部支出,贷方登记期末结转入"本年利润"科目的数额,该账户月末结转后一般无余额。

3. "堆存支出"科目

该科目核算企业经营仓库和堆场业务所发生的各项费用支出。借方登记堆存所发生的全部支出,贷方登记期末结转入"本年利润"科目的数额,该科目月末结转后一般无余额。

4. "营运间接费用"科目

该科目核算企业在营运过程中不能直接计入成本计算对象的各项间接费用,包括办公费、水电费、差旅费、劳动保护费、房屋和设备的折旧费、装卸队费用等。借方登记实际发生的营运间接费用,贷方登记按一定标准分配转入"运输支出""装卸支出""堆存支出"等科目的数额,该科目月末结转后一般无余额。

5. "其他业务成本"科目

该科目核算企业除营运业务以外的其他业务所发生的各项支出,包括相关的成本、营业税金及附加等。

三、交通运输企业成本计算

(一)公路运输企业成本计算

公路运输成本计算对象是客车运输业务和货车运输业务,也就是按照客车运输和货车运输分别归集成本。此外,企业还可考核大、中、小车型分别产生的经济效益,可进一步计算主要车型成本。公路运输企业一般采取复合型计量单位,如客车运输采用"元/千人千米",货车运输采用"元/千吨千米"。按月计算成本。

企业可设置"运输支出"科目,并分别设置"客车运输支出"和"货车运输支出"等明细科目,用来核算客车运输业务和货车运输业务所发生的直接费用,设置"装卸成本"科目核算装卸费用,设置"营运间接费用"来核算运输过程中发生的各项间接费用。期末按照一定的比例将营运间接费用分配给运输业务成本和装卸业务成本,分别计入"运输支出"和"装卸支出"科目。期末汇总"运输支出"和"装卸支出"各明细科目的余额,即为各运输业务的总成本。

(二)民航运输企业成本计算

民航运输企业一般按照每种机型为成本核算对象归集和分配各项成本费用,成本计算单位为"元/吨千米"。

民航运输的成本主要包括飞行费用、飞机维修费和经营业务费。企业可设置"运输成本"科目,核算民航运输过程中发生的直接费用。设置"飞机维修费"科目,核算飞机、发动机修理维护所发生的费用和零部件的修理费用。营业费用按照各机型所完成的运输周转量进行分配,货物周转量和旅客周转量可按照一定的比例进行换算,分别计入各机型成本。月末按照各机型归集分配各项成本费用,编制运输成本计算表,计算运输业务总成本。

四、运输企业成本核算举例

【例10-1】柳林运输公司有A、B两个车队。2017年10月份的有关营运情况如下。

(1)A、B两车队月初汽油存量分别为700升和800升,当月分别领用汽油8 000升和6 000升,月末汽油存量分别为300升和200升。汽油的实际成本为每升3元。公司对燃料耗用数采用盘存制进行核算。

(2)A车队司机的工资为40 000元,B车队司机的工资为20 000元。福利费按工资总额的10%提取。A车队当月运输货物1 000千吨千米,乙车队当月运输货物600千吨千米。

(3)A车队计提车辆折旧费150 000元,B车队计提车辆折旧费100 000元。

(4)A、B车队分别发生车辆清洗费、保险费、过桥过路费等杂费25 000元和12 000元。

(5)共发生营运间接费用30 000元。柳林公司采用直接费用为标准对营运间接费用进行分摊。

(1)10月份汽油耗用情况如表10-1所示。

表 10-1

	月初	领用	月末	本月耗用(升)	实际成本(元)
	①	②	③	④=①+②-③	⑤=④×3
A车队汽油(升)	700	8 000	300	8 400	25 200
B车队汽油(升)	800	6 000	200	6 600	19 800

借:运输支出——A车队(燃料)　　　　　　　　　　　　　　25 200
　　　　　　——B车队(燃料)　　　　　　　　　　　　　　19 800
　　贷:原材料——燃料　　　　　　　　　　　　　　　　　　45 000

(2)10月份工资及福利费如表10-2所示。

表 10-2　　　　　　　　　　　　　　　　　　　　单位:元

	工资	福利费	总计
A车队	40 000	4 000	44 000
B车队	20 000	2 000	22 000

借:运输支出——A车队(工资及福利费)　　　　　　　　　　44 000
　　　　　　——B车队(工资及福利费)　　　　　　　　　　22 000
　　贷:应付职工薪酬——工资　　　　　　　　　　　　　　　60 000
　　　　　　　　　　——福利费　　　　　　　　　　　　　　6 000

(3)计提折旧费用。

借：运输支出——A车队（折旧费）　　　　　　　　　　150 000
　　　　　　——B车队（折旧费）　　　　　　　　　　100 000
　　贷：累计折旧　　　　　　　　　　　　　　　　　　　　250 000

（4）发生其他费用：

借：运输支出——A车队（其他费用）　　　　　　　　　25 000
　　　　　　——B车队（其他费用）　　　　　　　　　12 000
　　贷：银行存款　　　　　　　　　　　　　　　　　　　　37 000

（5）按直接费用对营运间接费用进行分摊，分别计入A、B车队的运输支出，如表10-3所示。

表 10-3　　　　　　　　　　　　　　　　　　　　单位：元

	燃料成本	工资及福利	折旧费用	其他费用	直接费用	分配率 ①	营运间接费用 ②	营运费用 ①×②
A车队	25 200	44 000	150 000	25 000	244 200	0.61	30 000	18 300
B车队	19 800	22 000	100 000	12 000	153 800	0.39		11 700
合计					398 000			30 000

借：运输支出——A车队（营运间接费用）　　　　　　18 300
　　　　　　——B车队（营运间接费用）　　　　　　11 700
　　贷：营运间接费用　　　　　　　　　　　　　　　　　30 000

第二节　施工企业成本计算

一、施工企业概述

施工企业也称建筑安装企业，是指从事建筑、安装工程施工活动的生产经营型企业。建筑工程主要包括：①房屋、设备基础等建筑工程；②管道、通信导线等铺设工程；③道路工程、铁路工程、水利工程、桥梁工程等砌筑工程等。安装工程主要是指生产、动力、起重、运输、传动、医疗、实验等各种需要安装设备的装置工程。

（一）施工企业经营活动的特点

施工企业的产品作业对象一般为不动产。与一般的工业企业相比，施工企业的生产经营活动具有如下特点。

（1）独特性。施工企业的各种建筑安装产品基本上都是按照建造合同的要求加以组织和进行施工的。因此每一工程几乎都有其独特的形式、结构和质量要求，采用不同的施工方法组织施工。

（2）流动性。由于建筑安装产品的固定性，以及不同施工项目的地点比较分散，决定了施工人员和施工设备需要进行流动作业。

（3）长期性。由于建筑产品一般规模较大，生产周期往往较长，一般都需要跨年度施工。另外，建筑安装产品一般都是在露天进行施工，会受到自然气候条件的直接影响。

（二）施工企业成本计算的特点

（1）成本计算对象为具体的单件工程。施工企业生产具有单件性，所以一般以施工概图为依据，结合具体工程的特点，按照建造合同会计准则的要求，并考虑合同分立与合并的相关准则，将相对独立的单件工程作为施工企业的成本计算对象。按单件工程计算成本，有利于企业将产品成本与预算成本相比较，以分析预算的执行情况，进行成本分析和考核等。

（2）分级管理与分级核算。施工企业生产经营活动具有长期性和流动性等特点，导致施工人员和施工设备以及后勤组织机构等需要随着工程流动，较大工程还可以采取层层分包的方式。为了更好地组织各单项工程的成本核算和管理工作，施工企业一般采取分级管理和分级核算的方式，以使会计核算和工程施工有效地结合起来。

（3）按完工进度确认收入并结转成本。施工企业的生产经营往往具有长期性，需要跨会计年度施工。因此施工周期很难与会计核算期间保持一致。施工企业一般采取完工百分比法确认合同收入，并按照相应的施工进度确认并结转建造合同成本。

二、施工企业的成本构成和成本账户设置

（一）施工企业的成本构成

根据现行企业会计准则，施工企业执行建造合同而发生的直接费用以及组织施工活动而发生的间接费用可计入工程成本。因此，可将施工企业发生的工程成本分为直接成本和间接成本。

直接成本是指施工过程中消耗的构成工程实体或有助于工程实体形成的各项支出，包括直接材料费、直接人工费、机械使用费和其他直接费用等。

（1）直接材料费是指施工过程中耗用的构成工程实体的原材料、辅助材料、修理用备品备件、结构件、管件半成品以及各种周转材料的成本摊销等。

（2）直接人工费是指直接参与施工安装过程人员的工资、奖金、职工福利费、津贴、社会保险费、劳动保护费以及工会经费等。

（3）机械使用费是指工程施工过程中使用自有机械所发生的机械使用费和租用外单位机械的租赁费以及施工机械的安装、拆卸和进出场费等。

（4）其他直接费用是指施工过程中除了直接材料、直接人工和机械使用费以外的其他直接费用，如施工过程中发生的材料二次搬运费、施工现场发生的水电费、工具使用费、检测试验费、工程定位复测费等。

间接成本是指施工单位为组织和管理工程而发生的各项支出，包括施工单位管理人员的工资福利等职工薪酬、行政管理用固定资产的折旧及修理费、水电费、办公费、差旅费、排污费及其他费用。

（二）施工企业的成本科目设置

为了全面反映和监督各项施工费用的发生情况，施工企业一般应设置"工程施工""机械

作业""辅助生产""工程结算"等成本类科目。

1. "工程施工"科目

该科目核算企业在施工过程中发生的计入工程成本的各项支出，可下设"合同成本""合同毛利""间接费用"等明细科目。该科目借方核算施工过程中发生的直接材料费、直接人工费、机械使用费、其他直接费用以及分配的间接费用，贷方核算已完工工程的成本。期末余额在借方，反映企业未完工工程的实际成本。

2. "机械作业"科目

该科目核算施工企业及其内部独立核算的施工单位、机械站和运输队使用自有施工机械或运输设备进行作业时所发生的各项费用，并按照施工机械或运输设备的种类设置明细账。该科目借方核算实际发生的机械作业支出，贷方核算已分配结转的支出。在费用分配完成后，该科目应无期末余额。

3. "辅助生产"科目

该科目核算企业非独立核算的辅助生产部门，如机修车间、木工车间、供电站、供水站、运输队等，为工程施工、产品生产、机械作业等提供产品和劳务所发生的各项费用。该科目借方核算辅助生产部门发生的各项费用，贷方核算按照受益对象分配结转的费用，期末余额在借方，反映在产品或未完作业的实际成本。

4. "工程结算"科目

该科目核算企业已完工工程且已办妥工程价款结算的实际成本，是"工程施工"的备抵科目。该科目借方核算从"工程施工"科目的贷方转入的已完工工程实际成本，贷方核算转入"本年利润"账户的已完工工程实际成本。该科目期末无余额。

三、施工企业成本计算方法

（一）材料费用的归集和分配

施工企业在建筑安装活动中耗用的材料数量大、品种多，并且领用次数频繁。为了准确核算材料成本，应按照材料领用的不同情况进行归集和分配。

（1）材料领用时即能点清数量和分清受益对象的，应在领料单上填写受益对象的名称，并将该材料费用直接计入受益对象的成本。

（2）材料领用时能点清数量，但不能明确某个受益对象，需要进行集中配料或统一下料的，应在领料单上注明"工程集中配料"字样。月末，材料部门再根据配料情况，结合材料消耗定额编制集中配料耗用计算表，将材料费用分配至各受益单位。

（3）材料领用时既不能点清数量，又不能明确某个受益对象的一些大堆材料，比如砖、瓦、砂石等，可先由材料员或领料单位验收保管。月末进行实地盘点出结存数，再根据月初数与本月收入量，倒挤出本月耗用量。然后根据材料耗用定额，编制大堆材料耗用计算表，据以分配进入各成本计算对象。

（4）施工过程中使用的脚手架、模板等周转材料，应按各成本计算对象实际领用的数量和规定的摊销方法，编制周转材料摊销计算表，据以确定各成本计算对象应摊销的费用。

（二）人工费用的归集和分配

人工费用的核算方法，一般应根据企业采用计时工资制还是计件工资制来分别确定。

（1）采用计件工资制的，人工费用的受益对象很容易确定，可根据"工程任务单"和"工程结算汇总表"，直接将所归集的人工费用计入工程成本。

（2）采用计时工资制的，如果能准确区别工人的服务对象，就可以采用和计件工资一样的方法，直接将人工费用计入该工程成本；如果工人同时为多项工程工作，就需要将人工费用在多项工程之间进行分配。分配方法为：用当月计时工资总额除以当月建筑安装工人实际工日数，得到当月每工日平均工资，然后用当月每工日平均工资乘以各工程当月实际耗用工时，就可以得到某工程应分配的人工费用。

（三）机械使用费的归集和分配

企业应设置"机械作业"科目来核算构成施工成本的机械使用费。该科目可根据机械类别或每台机械分别归集，月末再根据各个成本核算对象实际使用的施工机械台数或作业量比例来分配机械使用费。

（四）间接费用的归集和分配

施工单位为组织管理施工活动而发生的间接费用，往往不能由某个工程成本计算对象承担，而应先通过"工程施工——间接费用"进行归集，月末再采用一定的分配方法计入各工程成本。

在分配间接费用时，一般有直接费用比例法和人工费用比例法等。计算公式如下：

$$间接费用分配率 = \frac{本期实际发生的间接成本总和}{各工程本期发生的直接费用（人工费用）总和}$$

某工程本期应负担的间接费用 = 该工程本期的直接费用（人工费用）× 间接费用分配率

（五）已完工工程成本的计算

施工企业的各项生产费用，在各成本计算对象之间进行归集和分配后，应计入本月各成本计算对象的费用，归集在"工程施工"科目和有关的成本计算单中。企业应定期及时地计算已完工工程的实际成本，以便与预算成本相比较，及时反映工程成本的超、降情况。已完工工程成本可以根据以下公式计算：

已完工工程成本 = 期初在建工程成本 + 本期发生的施工生产费用 − 月末未完工工程成本

其中，期初在建工程成本是已知的，本期发生的施工生产费用经过归集、分配之后可以确定下来，只要计算出月末未完工工程成本，即可计算出已完工工程成本。

月末未完工工程成本一般有以下两种计算方法。

（1）按照预算成本计价。由于工程的预算成本一般都是以分部工程或分项工程为对象确定的，因此对于未完工工程，可通过月末实地盘点，确定工程进度后计算。

未完工工程成本 = 预算单价 × 未完工工程实物量

（2）按照预算成本比例计价。

$$月末未完工工程成本 = 月末未完工工程预算成本 \times \frac{月初未完工工程实际成本 + 本月发生的施工耗费}{本月已完工工程预算成本 + 月末未完工工程预算成本}$$

施工企业的成本计算是在"工程施工"明细账内进行的。其格式如表10-4所示。

表10-4 工程施工明细账　　　　　　　　　　　　　　　　单位：元

201×年		凭证号数	摘要	工程实际成本					合计	工程预算成本	月末未完施工成本	已完工程	
				材料费	人工费	机械使用费	其他直接费用	间接成本				实际成本	预算成本
月	日	(略)	期初余额										
×	1		分配材料费										
	31		分配人工费										
	31		分配机械费										
	31		分配其他费用										
	31		分配间接成本										
	31		合计										

四、施工企业成本核算举例

【例10-2】柳林建筑工程公司目前有A、B两项工程。2017年9月份的相关情况如下。

（1）材料费用分配表如表10-5所示。

表10-5 材料费用分配表　　　　　　　　　　　　　　　　单位：元

	主要材料			其他材料
	钢材	水泥	合计	
A 工程	160 000	100 000	260 000	30 000
B 工程	100 000	60 000	160 000	20 000

（2）该公司采用计时工资制，每小时工资15元，A工程耗用4 000工时，B工程耗用3 000工时。

（3）按施工机械的实际台时分配机械使用费。该公司的一台挖掘机和一台搅拌机分别对A、B两项工程实施了机械作业。当月挖掘机的机械使用费为36 000元，A工程使用挖掘机160小时，B工程使用挖掘机80小时。当月搅拌机的机械使用费为60 000元，A工程使用搅拌机60小时，B工程使用搅拌机90小时。

（4）公司运输队本月发生各种费用共计186 000元。本月运输队总共提供200 000吨千米的运输服务，其中为A项目提供120 000吨千米的运输服务，为B项目提供80 000吨千米的运输服务。

（5）按各工程的直接成本实际数分配间接费用。该公司本月发生间接费用56 000元。

A工程发生的直接材料费用 = 260 000 + 30 000 = 290 000（元）

B工程发生的直接材料费用 = 160 000 + 20 000 = 180 000（元）

编制分录：

借:工程施工——合同成本——A 工程(直接材料)　　　　290 000
　　　　　　——合同成本——B 工程(直接材料)　　　　180 000
　　贷:原材料　　　　　　　　　　　　　　　　　　　　　　　　　470 000

(6)直接人工费用如表 10-6 所示。

表 10-6　直接人工费用　　　　　　　　　　　　　　　金额单位:元

	耗用人工工时	单位成本	人工费用
A 工程	4 000	15	60 000
B 工程	3 000		45 000

借:工程施工——合同成本——A 工程(直接人工)　　　　60 000
　　　　　　——合同成本——B 工程(直接人工)　　　　45 000
　　贷:应付职工薪酬　　　　　　　　　　　　　　　　　　　　　　105 000

(7)机械使用费的分配情况,如表 10-7 所示。

表 10-7　机械使用费分配情况　　　　　　　　　　　　金额单位:元

	挖掘机				搅拌机				合计
	总计	耗用工时	分配率	机械使用费	总计	耗用工时	分配率	机械使用费	
A 工程	36 000	160	66.67%	24 000	60 000	60	40%	24 000	48 000
B 工程		80	33.33%	12 000		90	60%	36 000	48 000
合计		240		36 000		150		60 000	96 000

借:工程施工——合同成本——A 工程(机械使用费)　　　48 000
　　　　　　——合同成本——B 工程(机械使用费)　　　48 000
　　贷:机械作业——挖掘机　　　　　　　　　　　　　　　　　　36 000
　　　　　　——搅拌机　　　　　　　　　　　　　　　　　　　60 000

(8)发生运输费用。

A 工程应分摊=186 000×120 000÷(120 000+80 000)=111 600(元)
B 工程应分摊=186 000×80 000÷(120 000+80 000)=74 400(元)

借:工程施工——合同成本——A 工程(辅助生产费用)　　111 600
　　　　　　——合同成本——B 工程(辅助生产费用)　　74 400
　　贷:辅助生产　　　　　　　　　　　　　　　　　　　　　　　186 000

(9)分配间接费用如表 10-8 所示。

表 10-8　间接费用分配表　　　　　　　　　　　　　　金额单位:元

	直接材料	直接人工	机械使用费	运输费用	直接费用总计	分配率	间接费用总计	应分配的间接费用
A 工程	290 000	60 000	48 000	111 600	509 600	0.59	56 000	33 040
B 工程	180 000	45 000	48 000	74 400	347 400	0.41		22 960
合计	470 000	105 000	96 000	186 000	857 000			56 000

借:工程施工——合同成本——A 工程(间接费用)　　　　33 040
　　　　　　——合同成本——B 工程(间接费用)　　　　22 960
　　贷:制造费用　　　　　　　　　　　　　　　　　　　　　　　56 000

第三节　房地产开发企业成本计算

一、房地产开发企业概述

房地产开发企业是指从事房屋建设开发、土地开发、销售、出租等经营活动的企业。房地产是房产和地产的总称，其中房产包括各种住宅、商铺、厂房等；地产即土地财产，包括土地及地下设施，如供电、供水、供热、供气、排污等地下管线等。房地产开发企业既是房地产产品的生产者，又是房地产商品的经营者。

（一）房地产开发企业经营活动的特点

（1）开发经营具有计划性。房地产开发企业所征用的土地、建设的房屋、基础设施以及其他设施都应严格遵照国家规定，按照规划、征地、设计、施工、配套、管理"六统一"的原则和企业的建设计划、销售计划进行开发经营。

（2）房地产兼具消费性和投资性。一方面，房地产企业开发的房地产满足了人类的居住需求，为人类生存、发展和享受提供了条件；另一方面，房地产的增值保值特性又使得它具有投资性，活跃了相关产权交易。

（3）开发建设周期较长。房地产企业建造房地产商品，要从规划设计开始，经过可行性研究、征地拆迁、安置补偿、七通一平、建筑安装、配套工程、绿化环卫工程等多个开发阶段，少则一年，多则数年才能全部完成。不仅开发建设周期长，而且每个阶段还要投入大量资金，造价较高。

（4）开发经营活动涉及面广、内容复杂。一方面，房地产开发企业经济往来对象较多。企业不仅因购销关系与设备、材料物资供应单位等发生经济往来，而且因工程的发包和招标与勘察设计单位、施工单位发生经济往来，还会因受托代建开发产品、出租开发产品等与委托单位和承租单位发生经济往来。另一方面，房地产企业经营业务内容复杂。企业除了土地和房屋开发外，还要建设相应的基础设施和公共配套设施。经营业务囊括了从征地、拆迁、勘察、设计、施工、销售到物业管理等各个方面。

（5）房地产经营具有周期性和风险性。房地产企业可以说是国家经济发展的一个晴雨表，其生产经营受宏观经济形势和产业经济政策影响较大，呈现出很强的周期性。房地产企业开发产品单位造价高、建设周期长、负债多，具有较大风险性。

（二）房地产开发企业成本计算的特点

与房地产开发经营特点相适应，其成本核算也有一定特殊性，主要包括以下特点。

（1）成本范围的广泛性。房地产开发企业经营的业务范围比较广泛，从征地到竣工交付产品的全过程，所发生的各项支出都应该计入开发产品成本中，包括土地征用及拆迁补偿费、前期工程费、建筑安装工程费、基础设施费、公共配套设施费等。

（2）成本核算具有较长的周期性。房地产开发企业的成本核算期一般与生产周期保持一致，因而成本核算期较长。

（3）成本核算的复杂性。房地产开发企业经营的业务范围比较广泛，涉及的施工单位较多，往往会同时开展土地、房屋及配套设施的建设等多项业务，需要不同的施工单位同时作业，因而成本核算具有一定的复杂性。

二、房地产开发企业的成本构成和成本账户设置

（一）房地产开发企业的成本构成

房地产开发企业的成本内容按照经济用途，可划分为以下几个大的类别。

（1）土地征用及拆迁补偿费，指房地产企业在征用土地时所发生的各项费用，包括土地征地费、劳动力安置费、青苗补偿费、拆迁补偿费及其他因征用土地而发生的费用。

（2）前期工程费，指企业在前期筹备阶段所发生的费用，包括规划、设计、项目可行性研究以及勘察设计费、测绘费、"三通一平"等支出。

（3）基础设施费，指建造各种基础设施发生的费用，包括房屋、土地开发过程中发生的供水、供电、供气、排污、通讯、照明、绿化等费用。

（4）建筑安装工程费，指开发项目在开发过程中发生的各项建筑安装工程费和设备费。

（5）公共配套设施费，指为开发项目服务的，不能有偿转让的公共配套设施费用，包括锅炉房、水塔、公共厕所、自行车棚、居委会等设施支出。

（6）开发间接费，指房地产企业在土地开发和房屋建造过程中所发生的各种间接费用，包括福利费、折旧费、修理费、办公费、水电费、劳动保护费等。

（二）房地产开发企业的成本科目设置

房地产企业为了核算开发土地、房屋、配套设施等发生的各项成本费用，并确定各成本核算对象的开发成本，应设置"开发成本"和"开发间接费用"科目。

1. "开发成本"科目

该科目核算房地产企业在土地、房屋、配套设施和代建工程等开发过程中发生的各项费用，可按照开发成本的种类，设置"土地开发""房屋开发""配套设施开发""代建工程开发"等明细科目，并按成本核算对象进行明细核算。该科目借方登记开发过程中发生的各项费用，贷方结转开发完成的完工成本，期末余额在借方，反映在建工程的实际成本。

2. "开发间接费用"科目

该科目核算房地产企业在土地开发和房屋建造过程中所发生的各种间接费用，包括福利费、折旧费、修理费、办公费、水电费、劳动保护费等，按照企业内部不同的单位、部门设置明细账。该科目借方登记各项间接费用，贷方登记分配计入开发成本各核算对象的费用。该账户月末无余额。

三、房地产开发企业成本计算

（一）土地开发成本计算

土地开发成本是指房地产企业开发土地所发生的各项成本费用，主要是指开发商品性建

设场地的成本。

企业在土地开发过程中发生的费用支出，除了能直接计入房屋开发成本的自用土地支出外，其他土地开发支出均应通过"开发成本——土地开发"科目核算，并按照"自用土地开发""商品性土地开发"设置明细账户。

【例10-3】 柳林房地产开发企业开发土地150亩，支付征地拆迁费4 500 000元，耕地占用税9 000 000元，劳动力安置费900 000元，出售拆迁房屋回收材料75 000元，发生前期工程费675 000元，支付给施工单位基础设施费1 050 000元，建筑工程安装费450 000元。各项成本经分配计算，该开发土地应负担的开发间接费用为600 000元。土地开发完成并验收合格后，60亩对外销售，90亩留待企业继续开发。根据以上资料计算出土地的开发成本，如表10-9所示。

表10-9 开发产品成本计算单　　　　　　　　　　　　　单位：元

201×年		凭证编号	摘要	土地征用及拆迁补偿费	前期工程费	基础设施费	建筑安装工程费	开发间接费用	合计
月	日								
×	×	略	发生征地拆迁费	4 500 000					
			发生耕地占用税	9 000 000					
			发生劳动力安置费	900 000					
			回收拆迁房残值	−75 000					
			发生前期工程费		675 000				
			发生基础设施费			1 050 000			
			发生建安费				450 000		
			应分配开发间接费					600 000	
			合计	14 325 000	675 000	1 050 000	450 000	600 000	17 100 000
			结转开发成本	5 730 000	270 000	420 000	180 000	240 000	6 840 000
			期末余额	8 595 000	405 000	630 000	270 000	360 000	10 260 000

（二）房屋开发成本计算

房屋开发是房地产企业的主要经营业务。其开发的房屋按其用途可以分为以下四类：一是为销售而开发的商品房；二是为出租经营而开发的经营房；三是为安置拆迁居民而开发的周转房；四是受其他单位委托而开发的代建房。虽然这些房屋的经济用途不用，但其成本核算方法大致类似。

企业在房地产开发过程中发生的土地征用及补偿费、基础设施费、前期工程费、建筑安装工程费，凡是能明确成本计算对象的，应直接计入有关成本计算对象；由两个或两个以上成本计算对象负担的费用，应先通过"开发成本——土地开发"账户进行归集，再采用一定的方法分配计入相关房屋开发成本。

房地产开发过程中发生的间接费用，通过"开发间接费用"进行归集，月末分配结转入相关的房屋开发成本。

第四节　商品流通企业成本计算

一、商品流通企业的特点

商品流通企业是指从事商品购销活动为主的、自主经营、自负盈亏和独立核算的经济实体。商品流通企业通过购、销、存等经营业务组织商品流转，将社会产品从生产领域转移到消费领域，满足人们的生活需要，实现商品的价值并获得盈利。

商品流通企业与工业企业相比，没有生产过程，主要表现为产品购进和产品销售两大环节，完成产品从生产领域到消费领域的转换。商品流通企业可分为批发企业和零售企业，在经营活动中有着各自的特点。

（一）批发企业商品经营的特点

批发企业以从事批量销售业务为主，使商品从生产领域进入消费领域，在消费领域继续流转，或者进入生产领域用于进一步加工。批发企业在业务经营方面有以下特点。

（1）购销业务发生的次数相比零售业少，但每次交易的规模大。企业的规模相对较大，专业性强，要求有严格的分工。

（2）商品经营一般按照经济合同执行，购销双方都能够出具比较完整的交易凭证，以利于商品交接和货款结算。

（3）批发企业为了保持稳定的市场供应，一般会有商品储备。因而对商品不仅要进行价值管理，还要进行数量核算。

（二）零售企业商品经营的特点

零售企业是指从生产企业或批发企业购进商品，再销售给个人或企事业单位等用于非生产性消费的商品流通企业。零售企业是商品流转的最终环节，与批发企业相比，零售企业具有以下经营特点。

（1）零售企业的销售对象主要是个人消费者，单次成交量少，交易频繁，多采用钱货两清的销售方式。

（2）零售企业多实行快销方式，不会预留过多的库存。

（3）零售业网点的设置较分散，商品的品种和规格繁多，进货次数频繁。

二、商品采购成本的核算

（一）商品采购成本

商品的采购成本是指因采购商品而发生的相关支出，包括购进商品的购买价款、相关税费以及其他可归属于商品采购成本的进货费用等。

（1）购买价款，指企业购入商品时所取得发票上列明的价格。一般纳税人在采购商品时支付的增值税进项税额，按规定可以从销项税额中抵扣，不应计入购货成本。

（2）相关税费，指企业购买商品时发生的进口关税、消费税、资源税和不能抵扣的增值税进项税额等应计入商品采购成本的税费。

（3）其他可归属于商品采购成本的进货费用。即采购成本中除上述各项以外的可归属于存货采购成本的费用，如在采购过程中发生的仓储费、包装费、运输过程中的合理损耗、入库前的挑选整理费等。这些费用若能明确成本计算对象，可直接计入相关对象的采购成本；若不能分清负担对象的，可先进行归集，期末再按照所购商品的存销情况进行分摊。

购入商品包括国内采购的商品和国外进口的商品两大类。因所购商品的来源不同，其成本构成内容存在一定差异，成本确认方法也有所不同。

1. 国内购进商品采购成本

国内购进的用于国内销售和用于出口的商品，以进货价格以及购进商品时所发生的进货费用作为其采购成本，但不包括符合税法规定抵扣条件的增值税进项税额。对外出口的商品，若取得的出口商品退税款小于该出口商品实际进项税额，应按其差额增加当期出口销售商品的采购成本。

企业购入的农副产品，其采购成本包括购买价款和购入环节缴纳的不准予抵扣的税费。

2. 国外进口商品采购成本

企业从国外进口的商品，其采购成本包括进口商品在到达目的地港口以前所发生的全部支出，具体包括以下几方面。

（1）国外进价，即进口商品按对外承付货款日国家外汇牌价结算的到岸价格（CIF）。如果进口合同不是以到岸价格而是以离岸价格（FOB）成交的，商品到达目的地港口前应有企业以外币支付的运费、保险费、佣金，以及到达我国口岸后发生的金额较大的进货费用，也应当计入商品的采购成本。

（2）进口税金，即商品进口报关时应缴纳的进口关税等应计入采购成本的税金。

（3）企业委托其他单位代理进口的商品，其采购成本为实际支付给代理单位的全部价款。

另外，企业在购进商品时，发生的购货折扣、退回和折让及购进商品发生的经确认的索赔收入应冲减商品进价成本。

（二）商品采购成本的科目设置

为准确核算商品的采购成本，可设置以下科目。

1. "在途物资"科目

该科目核算企业购入商品的采购成本。借方登记购入商品的成本，贷方登记已验收入库的商品成本，期末借方余额在借方，反映企业已完成购入手续，但尚未到达或尚未入库的在途商品的采购成本。该科目应按照供应单位、商品品种进行明细核算。

2. "库存商品"科目

该科目核算企业库存的各种商品的实际成本，包括库存外购商品、存放在门市部准备出售的商品、寄存在外库的商品、发出展览的商品等。该科目借方登记验收入库的商品增加额，贷方登记库存商品的减少额，期末余额在借方，反映企业全部库存商品的实际成本。批发企业的库存商品一般采用进价进行核算，零售企业的库存商品一般采用售价进行核算。

3. "商品进销差价"科目

该科目核算企业采用售价核算的商品售价与进价之间的差额。贷方登记售价与进价之间的差额，借方登记月末分摊已销商品的进销差价，期末余额反映库存商品的进销差价。

三、商品销售成本的核算

由于商品的进货渠道、时间、地点不同，同种商品的成本也会存在差异。因此，需要根据企业的经营情况和管理要求，采用合理的计价方法来计算结存的库存商品成本和已销商品的成本。

库存商品成本的核算可采用数量进价金额核算法和售价金额核算法。数量进价金额核算法以商品的数量和进价核算库存商品成本，库存商品明细账按商品的编号、品种、规格分户记录商品的购进、销售及结存情况。这种方法一般适用于批发企业。售价金额核算法以商品的数量和售价核算库存商品成本。这种方法一般适用于零售企业。

已销商品的成本计算方法因库存商品成本核算方法的不同而不同。在采用数量进价金额核算法核算库存商品的企业，已销商品的成本可以采用先进先出法、加权平均法、毛利率法计算。在采用售价金额核算法的企业，在商品销售后，可以先按照售价金额结转商品销售成本，月末，再采用一定方法计算已销商品应负担的进销差价，并从商品销售成本中转出，求得已销商品的实际成本。

（一）批发企业销售成本的核算

1. 批发企业的成本核算方法

商品批发企业经营的是大宗商品购销活动，交易次数不多，但每次成交数量多、金额大。为保证经营活动的正常进行，批发企业通常还会保持一定的库存量。为了准确反映和控制商品的交易活动，随时掌握商品的购进、销售和储存情况，商品批发企业通常采用数量进价金额核算法。

（1）已销商品进价成本的确定。由于商品进货渠道、交货方式等不同，因此各批商品的进货单价并不完全相同。采用数量进价金额核算法的企业，可根据具体经营情况采用先进先出法、加权平均法、毛利率法计算已销商品的单位进价成本。

1）先进先出法，是以先入库的商品先发出为假设前提，按照商品的购入顺序依次计算每次发出商品的成本和库存商品的实际成本。在这种方法下，每次发出的商品都假定是购入最久的商品，而库存商品是新近购入的商品，因此库存商品的价值接近于市场价格。

【例 10-4】柳林百货公司 11 月份书包的购进、销售及成本结算情况如表 10-10 所示。

表 10-10　　　　　　　　　　　　　　　　　金额单位：元

2016 年		摘要	购进			销售			结存		
月	日		数量（件）	单价	金额	数量（件）	单价	金额	数量（件）	单价	金额
11	1	上期结存							900	40	36 000
	6	购进	500	39.8	19 900				1 400		55 900

(续)

2016年		摘要	购进			销售			结存		
月	日		数量（件）	单价	金额	数量（件）	单价	金额	数量（件）	单价	金额
	10	销售				700		28 000	700		27 900
	16	购进	1 000	39.5	39 500				1 700		67 400
	20	销售				900		35 800	800		31 600
	24	购进	600	39.7	23 820				1 400		55 420
	28	销售				1 000		39 540	400		15 880

其中：

10日销售商品成本＝700×40＝28 000（元）

20日销售商品成本＝27 900＋200×39.5＝35 800（元）

28日销售商品成本＝31 600＋200×39.7＝39 540（元）

商品销售成本＝28 000＋35 800＋39 540＝103 340（元）

2）加权平均法，是以数量为权数计算各种商品的平均单位成本，从而确定销售商品实际成本的方法。它可分为全月一次加权平均法和移动加权平均法。

全月一次加权平均法，是指在每月末以本月全部购入商品数量与月初商品数量之和为权数，一次汇总计算出全月商品的加权平均成本，并据此计算当月发出商品和库存商品成本的方法。计算公式如下：

$$一次加权平均单位成本 = \frac{月初结存商品金额 + 本月购入商品金额}{月初结存商品数量 + 本月购入商品数量}$$

本月销售商品成本＝本月销售商品数量×一次加权平均单位成本

移动加权平均法是以每次购入商品成本和原有库存成本，除以每次购入商品数量和原有库存数量，据以计算加权平均单位成本，并据此计算当月发出商品和库存商品成本的方法。计算公式如下：

$$移动加权平均单位成本 = \frac{上批结存商品金额 + 本批购入商品金额}{上批结存商品数量 + 本批购入商品数量}$$

本批销售商品成本＝本批销售商品数量×移动加权平均单位成本

【例10-5】资料同上例，公司采用全月一次加权平均法计算销售商品成本，则11月份书包的销售成本计算如下：

加权平均单位成本＝（36 000＋19 900＋39 500＋23 820）÷（900＋500＋1 000＋600）
　　　　　　　　＝39.74（元/件）

销售成本＝39.74×（700＋900＋1 000）＝103 324（元）

3）毛利率法，是以本月实际销售额和上季实际毛利率或本季计划毛利率为依据，计算本月销售毛利，再倒挤出本月销售商品成本的一种计算方法。计算公式如下：

本月销售毛利＝本月销售收入×上季度实际毛利率（或本季度计划毛利率）

本月销售成本＝本月销售收入－本月销售毛利

【例 10-6】柳林公司采用毛利率法计算销售商品成本，该公司上一季度的实际毛利率为 20%，本月商品的销售收入为 126 000 元。

本月销售毛利 =（26 000+60 000+40 000）×20% = 126 000×20% = 25 200（元）

本月商品销售成本 = 126 000 - 25 200 = 100 800（元）

（2）商品成本核算顺序的确定。确定了已销商品的单位进价成本后，可确定商品的销售成本或期末库存存货的成本。先确定商品销售成本，再据此确定库存商品的成本，为顺序成本法，计算公式如下：

商品销售成本 = 商品销售数量 × 商品单位进价成本

期末库存商品成本 = 期初商品存货成本 + 本期购进的商品成本 - 商品销售成本

先确定期末库存商品成本，再据此确定商品销售成本，为倒序成本法，计算公式如下：

期末库存商品成本 = 期末库存商品数量 × 商品单位进价成本

商品销售成本 = 期初商品存货成本 + 本期购进的商品成本 - 期末库存商品成本

（二）零售企业销售成本的核算方法

根据商品零售企业购销活动的特点和经营管理的要求，除少数贵重物品和鲜活商品外，一般采用售价金额核算法。库存商品按照售价登记，售价与进价之间的差额平时不做处理，而是在"商品进销差价"科目进行归集。商品销售后，以售价金额结转成本，月末再将已销商品的进销差价从销售成本中转出，从而使"主营业务成本"科目反映的是已销商品的实际成本。所以，零售企业销售成本核算的重点，就是对已销商品进销差价的计算，其核算方法可采用进销差价率法。计算方法如下：

进销差价率 = 月末"商品进销差价"科目余额 ÷（月末"库存商品""发出商品""委托代销商品"等科目借方余额 + 本月"主营业务收入"科目贷方发生额）

本月已销商品应分摊的进销差价 = 本月"主营业务收入"科目贷方发生额 × 进销差价率

本月已销商品的实际成本 = 本月商品销售收入 - 本月已销商品应分摊的进销差价

【例 10-7】柳林零售商店 10 月末"发出商品"总额科目余额为 356 000 元，"委托代销商品"总账科目余额为 105 000 元，"受托代销商品"总账科目余额为 89 500 元，本月"主营业务收入"科目的贷方发生额为 206 000 元，月末"商品进销差价"科目余额为 96 000 元。

进销差价率 = 96 000 ÷（356 000 + 105 000 + 206 000）= 14.4%

本月已销商品应分担的进销差价 = 206 000 × 14.4% = 29 664（元）

本月已销商品的实际成本 = 206 000 - 29 664 = 176 336（元）

第五节　医院成本计算

一、医院成本计算概述

医院成本是指医院在医疗活动过程中所消耗的资金总和，包括医疗成本和药品成本。医院追求经济效益但不以盈利为目的，以社会效益为最高原则，因此不同于企业、行政单位的成本核算。

医院成本计算是指依据成本会计核算原则，对医疗服务过程中发生的各种耗费进行分类、记录、归集和分配，以提供给医院总成本、科室成本、服务单元成本等相关成本信息的经济管理活动。成本计算遵循权责发生制和重要性原则。

医院实行成本核算，一是为了能真实、准确地反映医院成本信息，促进成本控制，加强绩效考核；二是为了顺应卫生事业改革政策和市场经济发展趋势，强化成本意识，提高医院效率与效益；三是为了完善医疗保险机制提供参考依据；四是为了强化医院资产的规范管理，确保国有资产的安全完整和保值增值。

二、医院成本计算的内容

（一）成本计算对象

医院以科室成本中心为成本计算对象。医院科室按服务性质可分为直接医疗类、医疗技术类、药品类、医疗辅助类和行政类。

直接医疗类科室是指直接为病人提供医疗服务的科室，包括门诊科室和住院科室。

医疗技术类是指为直接医疗科室和病人提供医疗技术服务的科室，包括手术室、检验科、放射科等。

药品类是指为直接医疗科室和病人提供药品的科室，包括药剂科、药房等。

医疗辅助类是指为直接医疗科室和医疗技术科室提供辅助服务的科室，包括锅炉房、病员食堂、收费处、挂号处、保管室等。

行政类是指为组织和管理医院业务开展的行政管理科室，包括院办、党办、宣传科、团委、财务科、保卫科等。

其中，直接医疗类、医疗技术类和药品类为直接成本中心，医疗辅助类和行政类是间接成本中心。医院成本计算周期与会计期间一致。

（二）成本项目构成

按照医院的业务特点和各类费用的经济用途，一般将医院的成本项目分成以下几类。

（1）人力资源费，主要核算在职人员的基本工资、津贴、绩效工资、奖金和其他福利支出等。

（2）一般卫生材料费用，主要核算用于医疗服务的各种卫生材料、一次性材料、医用的低值易耗品等。一般卫生材料不可收费。

（3）专属卫生材料费用，主要核算需要单独核算计价的卫生材料。

（4）药品费用，主要核算医院的药品采购成本。

（5）公用经费，主要核算办公费、工会经费、差旅费、宣传学习费等。

（6）其他费用，包括折旧费、水电气费、清洁卫生材料等其他费用。

（三）成本科目设置

为准确地核算和反映医院成本，可设置以下成本计算科目。

1. "医疗直接成本"科目

该科目核算开展业务活动过程中发生的各种直接医疗服务成本，可按照门诊医疗科室、住院临床科室、医技科室等成本中心进行明细核算。该科目期末有余额。

2. "药品直接成本"科目

该科目归集核算医疗服务过程中所用药品的各种成本费用，可按照门诊药房和住院药房进行明细核算。该科目期末有余额。

3. "辅助业务成本"科目

该科目归集为基本业务服务进行的后勤保障供应而发生的辅助业务成本，可按照门诊辅助科室、住院辅助科室、药品辅助科室、后勤保障供应科室等成本中心进行明细核算。该科目期末无余额。

4. "管理费用"科目

该科目核算为组织和管理医院各种活动而发生的成本费用。该科目期末无余额。

（四）成本计算程序

医院总成本由医疗直接成本、药品直接成本、辅助成本和管理成本构成。医院发生的各项成本支出，首先通过费用要素（成本项目）进行归集，凡是能直接计入各科室的费用，应该直接计入科室成本；凡是不能直接计入科室的费用，先归集，再用合理的方法分摊计入。辅助成本按一定的方法分摊，管理成本可按照人员比例法、收入比例法、科室房屋面积比例法和科室固定资金比例法进行分摊。

（1）直接成本核算。对于发生的能直接计入各科室的成本，按照成本核算单元、费用发生明细进行追溯，直接计入成本。

（2）辅助费用分摊。将医疗辅助科室的成本按照服务对象分摊至直接医疗科室、医疗技术科室、药品供应科室，计算出直接医疗类的项目成本（医务成本）、医疗技术类的项目成本（医务成本）、药品供应类的药事成本。

（3）管理成本分摊。将管理服务类科室的管理成本分摊至直接医疗科室、医疗技术科室、药品供应科室，计算出直接医疗类的项目成本（医疗成本）、医疗技术类的项目成本（医疗成本）、药品成本等。

（4）医疗技术成本分摊。将医疗技术成本分摊至直接医疗科室，计算出直接医疗科室的医疗总成本和诊次医疗成本、单病种医疗成本等。

（5）药品成本分摊。将药品成本分摊至直接医疗科室，计算出直接医疗科室的医疗总成本和诊次成本、单病种成本等单位成本。

三、医院成本核算举例

【例10-8】柳林医院为一家三级综合医院，划分有医疗科室、医技科室和药品科室三个主要的成本计算中心。该医院20×7年5月发生的有关成本核算资料如下。

（1）本月发生直接成本550 000元，其中医疗科室发生350 000元，医技科室发生

50 000元,药品科室发生150 000元。

(2)后勤部门和行政科室各领取价值10 000元的材料物资。

(3)根据5月份工资结算汇总表,本月共发生工资费用500 000元,其中医疗科室人员工资200 000元,医技科室人员工资70 000元,药品科室人员工资11 000元,后勤部门人员工资50 000元,行政科室人员工资70 000元,并分别按照工资的10%计提职工福利费。

(4)根据固定资产折旧表,本月应计提折旧费用135 000元,其中医疗科室、医技科室和药品科室分别计提45 000元、35 000元和20 000元,后勤部门计提20 000元,行政科室计提15 000元。

(5)本月以现金、银行存款支付其他费用65 000元。

根据以上信息,归集相关成本,填写表10-11。其中辅助费用按各科室收入比例分配,管理费用按各科室员工数量比例分配。

表10-11 各科室成本明细表　　　　　金额单位:元

		直接成本费用	工资费用	折旧费用	其他费用	材料物资	收入	人员数量(人)
医疗科室	门诊	150 000	50 000	15 000	4 000	—	350 000	7
	住院	200 000	150 000	30 000	7 000	—	500 000	15
医技科室		50 000	70 000	35 000	10 000	—	200 000	5
药品科室	门诊	45 000	30 000	10 000	6 000	—	150 000	5
	住院	105 000	80 000	10 000	10 000	—	300 000	8
辅助科室		—	50 000	20 000	16 000	10 000	—	4
行政科室		—	70 000	15 000	12 000	10 000	—	6
合计		550 000	500 000	135 000	65 000	20 000	1 500 000	50

(1)编制人员经费分配汇总表,据以登记各科室明细账,如表10-12所示。

表10-12 人员经费分配汇总表　　　　　单位:元

应借项目		工资费用	福利费计提比例	职工福利费	合计
医疗科室	门诊	50 000	10%	5 000	55 000
	住院	150 000	10%	15 000	165 000
医技科室		70 000	10%	7 000	77 000
药品科室	门诊	30 000	10%	3 000	33 000
	住院	80 000	10%	8 000	88 000
辅助科室		50 000	10%	5 000	55 000
行政科室		70 000	10%	7 000	77 000
合计		500 000		50 000	550 000

(2)编制折旧及其他费用分配汇总表,据以登记各科室明细账,如表10-13所示。

表10-13 折旧及其他费用分配汇总表　　　　　单位:元

应借项目		折旧费用	其他费用	合计
医疗科室	门诊	15 000	4 000	19 000
	住院	30 000	7 000	37 000
医技科室		35 000	10 000	45 000

(续)

应借项目		折旧费用	其他费用	合计
药品科室	门诊	10 000	6 000	16 000
	住院	10 000	10 000	20 000
辅助科室		20 000	16 000	36 000
行政科室		15 000	12 000	27 000
合计		135 000	65 000	200 000

（3）根据辅助科室的辅助业务成本明细账，编制辅助业务成本分配表，据以登记医疗科室、医技科室和药品科室明细账，如表10-14和表10-15所示。

表10-14　辅助业务成本明细账　　　　　　　　　　　　　单位：元

摘要	材料物资	人员经费	折旧及其他费用	合计	转出
材料费用分配	10 000			10 000	
工资及福利费分配		55 000		55 000	
折旧及其他费用分配			36 000	36 000	
本月合计	10 000	55 000	36 000	101 000	
本月转出					101 000

表10-15　辅助业务成本分配表　　　　　　　　　　　　金额单位：元

应借项目		收入	分配率	分配额
医疗科室	门诊	350 000	0.23	23 566.67
	住院	500 000	0.33	33 666.67
医技科室		200 000	0.13	13 466.67
药品科室	门诊	150 000	0.10	10 100.00
	住院	300 000	0.20	20 200.00
合计		1 500 000		101 000.01①

① 由于四舍五入，分配额加总不等于101 000元。

（4）根据行政科室的管理费用明细账，编制管理费用分配表，据以登记医疗科室、医技科室和药品科室明细账，如表10-16和表10-17所示。

表10-16　管理费用明细账　　　　　　　　　　　　　单位：元

摘要	材料物资	人员经费	折旧及其他费用	合计	转出
材料费用分配	10 000			10 000	
工资及福利费分配		77 000		77 000	
折旧及其他费用分配			27 000	27 000	
本月合计	10 000	77 000	27 000	114 000	
本月转出					114 000

表10-17　管理费用分配表

应借项目		人员数量（人）	分配率	分配额（元）
医疗科室	门诊	7	0.175	19 950
	住院	15	0.375	42 750
医技科室		5	0.125	14 250

（续）

应借项目		人员数量（人）	分配率	分配额（元）
药品科室	门诊	5	0.125	14 250
	住院	8	0.2	22 800
合计		40		114 000

（4）根据上述各要素费用分配和综合费用分配的结果，将医疗成本和药品成本归集，如表 10-18 和表 10-19 所示。

表 10-18　医疗成本明细账　　　　　　　　　　　　　　单位：元

应借项目		直接成本费用	人员经费	折旧及其他费用	辅助费用	管理费用	成本合计
医疗科室	门诊	150 000.00	55 000.00	19 000.00	23 566.67	19 950.00	267 516.67
	住院	200 000.00	165 000.00	37 000.00	33 666.67	42 750.00	478 416.67
医技科室		50 000.00	77 000.00	45 000.00	13 466.67	14 250.00	199 716.67
本月合计		400 000.00	297 000.00	101 000.00	70 700.01	76 950.00	945 650.01

表 10-19　药品成本明细账　　　　　　　　　　　　　　单位：元

应借项目		直接成本费用	人员经费	折旧及其他费用	辅助费用	管理费用	成本合计
药品科室	门诊	45 000.00	33 000.00	16 000.00	10 100.00	14 250.00	118 350.00
	住院	105 000.00	88 000.00	20 000.00	20 200.00	22 800.00	256 000.00
本月合计		150 000.00	121 000.00	36 000.00	30 300.00	37 050.00	374 350.00

思考题

1. 施工企业成本由哪些内容构成？与制造业相比有什么异同？
2. 商品流通企业为什么会选进价核算法和售价核算法两种方法？

课后习题

一、单选题

1. 下列对于房地产开发企业成本核算的特殊性表述中正确的是（　　）。
   A. 成本范围较窄　　　　　　　　　　B. 成本核算比较简单
   C. 成本核算期间与会计期间一致　　　D. 成本核算周期较长
2. 在商品流通企业中，核算售价与进价之间的差额的科目是（　　）。
   A. 产品进销差价　　B. 材料成本差异　　C. 商品进销差价　　D. 材料进销差价
3. 批发企业的成本核算方法是（　　）。
   A. 售价金额核算法　　　　　　　　　B. 数量进价金额核算法
   C. 售价进价金额核算法　　　　　　　D. 数量金额核算法
4. 在施工企业中，很容易确定人工费用的受益对象时，一般采用（　　）方法核算人工费用。
   A. 计时工资制　　B. 多劳多得工资制　　C. 计件工资制　　D. 月固定工资制

5. 在交通运输企业中，用来核算企业在营运过程中不能直接计入成本计算对象的各项间接费用的科目是（   ）。
   A. 运输间接费用   B. 营运间接费用   C. 经营间接费用   D. 制造费用

二、多选题

1. 在下列选项中，属于交通运输企业成本计算的特点的有（   ）。
   A. 运输企业的成本计算对象包括货物运输业务、旅客运输业务和客货综合运输业务
   B. 运输企业的成本计算单位为周转量
   C. 运输企业生产周期一般较长
   D. 运输企业的成本计算方法多样

2. 为了准确、合理地反映交通运输企业的成本水平，一般可考虑设置以下会计科目（   ）。
   A. "装卸支出"科目   B. "库存商品"科目
   C. "堆存支出"科目   D. "运输支出"科目

3. 与一般的工业企业相比，属于施工企业的生产经营活动特点的有（   ）。
   A. 独特性   B. 流动性   C. 长期性   D. 固定性

4. 下列属于施工企业成本计算特点的是（   ）。
   A. 成本计算对象为具体的单件工程
   B. 在收到合同价款时确认收入的实现
   C. 采取分级管理与分级核算的方式
   D. 采取完工百分比法确认合同收入

5. 下列属于房地产开发企业经营活动特点的是（   ）。
   A. 周期性   B. 开发建设周期较长
   C. 开发经营活动较为单一   D. 风险性

6. 批发企业可以采用下列哪些方法对已销商品成本进行核算？（   ）
   A. 先进先出法   B. 加权平均法   C. 毛利率法   D. 个别计价法

7. 医院的管理成本可按照哪些方法进行分摊？（   ）
   A. 人员比例法   B. 收入比例法
   C. 科室房屋面积比例法   D. 科室固定资金比例法

8. 与工商企业相比，下列属于交通运输企业经营活动显著特点的有（   ）。
   A. 流动性
   B. 在经营活动过程中，产生新的实物形态的产品
   C. 分散性
   D. 其生产过程就是消费过程

三、判断题

1. 施工企业的施工活动中包括安装工程。（   ）
2. 房地产开发企业的成本核算方法因房地产的用途不同而不同。（   ）
3. 施工企业的产品作业对象一般为动产。（   ）
4. 商品流通企业除购销活动以外，还从事生产活动。（   ）
5. 零售企业采用的成本核算方法是售价金额核算法。（   ）

6. 施工企业的成本包括机械使用费。（ ）
7. 进货费用不计入商品流通企业中商品的采购成本。（ ）
8. 零售企业采用进销差价率法对已销商品进销差价进行核算。（ ）
9. 医院以服务单元成本中心为成本计算对象。（ ）
10. 医院发生的管理成本，期末需要将其分摊至直接医疗科室、医疗技术科室以及药品供应科室。（ ）

四、综合题

1. 成都市柳林百货批发公司201×年第二季度各大类商品的销售收入和上季度实际毛利率如表10-20所示。

表 10-20　　　　　　　　　　　　　　　　　　　　　　　单位：元

	日用品类	食品类	家电类	服装类
4月份销售收入	805 000	949 600	1 316 000	8 252 000
5月份销售收入	876 000	860 000	1 680 000	9 258 000
6月份销售收入	917 000	9 560 000	1 885 000	8 692 000
第一季度毛利率	20%	25%	35%	40%

【要求】应用"毛利率"法计算第二季度各月份的商品销售成本。

2. 柳林房地产开发公司于201×年1月1日开始兴建"滨河御园小区"。该项目共占用土地面积60 000平方米，预计建设两幢高级住宅楼、20幢普通住宅楼和4店面（配套设施）。开发项目中，高级住宅楼、普通住宅楼以及店面占土地面积比例分别为15%、80%和5%。将各开发项目当作独立的成本计算对象予以核算。

发生如下经济业务。

（1）向政府有关部门支付土地出让金2 000万元。

（2）201×年度，共支付建筑安装工程费用116 000万元，其中，高级住宅楼31 000万元，普通住宅楼72 000万元，店面13 000万元。

（3）支付劳动保护费80万元，计提职工福利费16.8万元，固定资产发生折旧费用200万元，支付办公费60万元。间接费用按发生的直接费用比例分摊。

【要求】对上述发生的业务进行会计处理。

第十一章

成本规划

导入案例

Andy是一位成功的工程师，他拥有自己的办公室大楼，这座大楼他出租给了一家专业公司，而他的公司也设在里面。公司的年收入超过了750 000美元，他本人的薪水为150 000美元，他和家人在一个高级住宅区拥有一所大房子。

然而Andy最近却收到了一封美国国税局的挂号信。信中警告他说，要冻结他的公司，并拍卖他的财产，因为他在过去6个月里没有缴纳薪酬税。在过去，Andy靠抵押自己的私人住宅或办公室的资产来借款解决类似的问题，目前办公楼上还没有足够的资产来解决税务问题。为了彻底解决财务上的问题，他的第一个举措是辞退了他的财务资源管理员，然后请了会计师事务所的人员来诊断公司反复出现财务困难的根源。

事务所表示Andy的财务困难是由于缺少适当的规划和控制而造成的。他们建议Andy建立一套正式的预算编制系统来解决现状。

请问一套正式的预算编制系统如何能帮助Andy摆脱财务困境？许多小公司不编制预算，因为它们的规划很小，只记录所有人的收入与支出，如何评价这种观点？

学习目标

1. 了解成本预测、决策与预算的定义、原则、程序。
2. 掌握与运用成本预测、决策中的各种定性、定量预测的具体方法。
3. 理解目标成本、定额成本、计划成本三者之间的关系。
4. 了解成本预测与成本决策之间的关系。

难点提示

1. 成本预测模型、成本决策方法的选择。
2. 成本计划的编制。

第一节　成本预测

一、成本预测的定义及意义

（一）定义

成本预测是指利用相关历史成本资料和经济信息，通过对构成成本的各要素及影响成本变动的有关因素进行分析测算，进而对企业未来一定时期内的成本水平及其发展趋势进行的定量分析与科学推断。

成本预测按其涉及范围大小，可以分为全面预测和单一预测，全面预测关系到企业整体的成本规划，单一预测则是针对某一产品、某一项经济活动或某一个成本项目的预测；按照时间期限，可以分为长期成本预测和短期成本预测，长期成本预测指企业生产经营规划中的成本预测，短期成本预测指企业生产过程中的成本预测；按产品的不同分类，可以分为可比产品预测和不可比产品预测，可比产品预测是利用历史成本资料来进行成本预测，不可比产品预测则是根据科学技术方法来进行成本预测。成本预测既是成本管理工作的起点，也是成本事前控制的关键，科学严谨的成本预测是合理有效的成本决策和成本计划的基础。

（二）成本预测的意义

在现代企业经营管理中，一般通过成本来衡量一个企业的经济管理效果。在保证产品质量的前提下，降低成本有利于提高企业的市场竞争力。通过事前准确的成本预测，制定计划期的目标成本，可以提高企业生产经营的预见性，减少决策的盲目性，有利于企业规划成本，控制成本，从而有效地降低成本，便于企业利润的目标管理。其主要表现在以下几个方面。

（1）成本预测有利于确定目标成本，进而采取合理有效的措施达到目标成本。通过成本预测，可以事前预计企业的相关成本，确定目标成本，以此激励企业员工发挥潜力，花费最少的资源来完成目标成本。

（2）成本预测促进在成本决策中选择最优方案。成本预测利用大量的历史成本资料和经济信息，来掌握企业未来的成本水平和变动趋势，为决策提供了多种选择方案，使决策者理性选择最优方案。

（3）成本预测促进成本计划的编制。正确的成本计划需要经过多次探索降低成本的途径，论证和评价各种方案，而成本预测为编制成本计划提供科学的资料依据。

（4）成本预测为企业成本控制、分析、考评提供正确的依据，从而保证企业成本控制的合理性和企业成本分析、考评的正确性。

（5）成本预测是改善企业经营管理的重要工具。成本预测是企业事前控制的关键，良好的开端是企业经营管理取得成效的关键。

二、成本预测的原则

企业在进行成本预测时，要遵循以下原则。

（1）充分性原则。在进行成本预测时，必须充分考虑企业在生产经营过程中的各方面因素及可能遇见的多种情况，分析、评价各因素的内在联系和其对成本的影响，由此才能保证预测的结果与实际发生的情况相吻合，提高预测的准确性。通过对各因素的变动趋势及性质做合理的分析和取舍，建立实用的成本预测模型，并结合成本管理人员长期积累的实践经验，得出预测结果。

（2）相关性原则。预测结果的准确性在很大程度上取决于所选择的因素与成本之间的相关性。在进行成本预测时，有时所选的因素与成本有明显的因果关系，相关性较强；有时成本受众多因素的影响，并无明显的相关因素。前者较适合采用因素分析等方法预测，后者一般采用趋势分析法预测。

（3）时间性原则。预测可分为长期预测和短期预测，针对时间长度的不同应采用不同的预测方法。预测期越短，定量预测的精确度就越高；预测期越长，精确度就越差，不确定因素越多。因此，短期成本预测可以比较具体，采用的预测模型可以简单些，考虑的因素可以相应少些；长期成本预测一般不可能十分具体，它要采用较为复杂的预测模型和多种预测方法，考虑的因素也多些。

（4）客观性原则。成本预测结果的正确与否，最关键的是要取决于所依据的统计资料是否完整、准确。在进行成本预测之前必须广泛搜集客观、准确的成本资料信息，并给予认真的审查和必要的处理，尽可能排除统计资料中那些偶然因素对成本的影响，保证资料具有连续性、全面性和一般性，以真正反映成本变动的一般规律。

（5）效益性原则。成本预测是为了增加企业效益，在进行成本预测时，只有可能取得的相关效益比预测本身所花的代价大，企业才有动力进行成本预测；如果预测本身所花的代价大于可能取得的相关效益，企业利益受损，企业会选择不进行成本预测。

（6）可变性原则。客观条件是不断变化的，在未做出决策之前，预测结果应随着客观条件的变化做适当的修正。

三、成本预测的一般程序

1. 确定预测目标

在进行成本预测时，首次必须确定预测目标，预测目标应根据企业经营的总体目标进行设计和选择，通过预测目标成本，寻求降低成本的途径。在确定预测目标的同时，还要确定预测的范围、时间期限及数量单位等。

2. 制订预测计划

根据预测目标来制订预测计划，作为进行成本预测分析的保证，如采用什么方法、什么时间开始预测、由谁负责以及成本预测的各项准备工作。

3. 收集、分析信息资料

制订计划后，收集并整理用于成本预测的各种成本信息资料和数据，研究收集到的信息所反映的成本变动规律，作为成本预测的依据。

4. 选择合理的预测方法

以收集、分析的资料为基础，选择适当的预测方法。定量分析方法适用于那些资料齐全，可以建立数学模型的预测对象，以此来寻找其内在联系及规律性。定性分析方法适用于那些缺乏定量分析资料，无法建立数学模型的预测对象。

5. 实际进行预测

应用选定的成本预测方法，结合掌握的信息资料，进行定量分析和定性分析，并提出实事求是的预测结果。

6. 分析预测差异，修正预测结果

经过一段时间，用实际数与预测数进行比较，检查过去成本预测结果是否准确，并分析差异原因，以便及时修正预测方法。原使用定量分析方法的，用定性分析方法的因素去修正定量预测分析的结果；原使用定性分析方法的，用定量分析方法的因素加以修正、补充，使预测结果更接近实际。

7. 报告预测结果

根据上一阶段的修正、补充，形成文字报告，把最后的预测结论上报管理层。

成本预测的一般程序是必要的，但不是简单机械排列的，在实际工作中，根据实际情况合理选择预测程序，进行有效预测，在预测过程中要做到及时沟通信息和进行信息反馈。

四、成本预测的基本方法

在进行成本预测时由于分析对象、时间期限、目的等因素的不同，采用的预测方法也会有所不同，但基本方法可归纳为两大类，即定量分析法和定性分析法。

定量分析法又称数量分析法，是指利用历史成本统计资料以及成本与影响因素之间的数量关系，通过一定的数学模型来推测、计算未来成功的可能结果。常用的成本预测的定量分析法有高低点法、回归分析法和因素分析法。

定性分析法是指成本管理人员根据专业知识和实践经验，对产品成本的发展趋势、性质以及可能达到的水平做出分析与判断。常用的定性分析法有调查研究判断法、主观概率法和类推法等。

定性与定量相结合，在成本管理实践中，定量分析法和定性分析法是相辅相成的。定量分析法主要是依据成本统计资料，对成本变动的历史发展趋势和规律做出准确的描述，没有考虑到国家政策及政治经济形势的变动、市场竞争者的动态以及消费者习惯的改变等因素对成本的影响。定性分析法正好可以弥补这一缺陷，成本管理人员根据实践经验和职业判断能力来判断这些因素对成本预测的影响。定性预测方法及其与定量预测方法的结合应用，是提高成本预测可靠性的重要方面。

五、可比产品成本预测

前文讲到，按照产品的不同分类，成本预测可分为可比产品成本预测和不可比产品成本预测，下面进行具体介绍。

可比产品是指以往年度正常生产过的产品，其过去的成本资料比较健全和稳定，可比产品成本预测的基本方法有高低点法、回归分析法和因素分析法。

（一）高低点法

成本按照其习性可分为固定成本、变动成本和混合成本，而实际工作中大多数为混合成本。把成本的发生额与相应的业务量联系起来，区分出其中的固定成本和变动成本，可以找出成本的变化规律，进而可以预测其目标成本。

高低点法是求出一定时期历史资料中最高业务量的总成本和最低业务量的总成本之差（Δy）与其所对应的业务量之差（Δx）的比值，确定为单位变动成本 b；然后计算固定总成本额 a 的方法，其计算过程如下。

当业务量最高（x_1）时，其成本为 $y_1=a+bx_1$；当业务量最低（x_2）时，其成本 $y_2=a+bx_2$。则有：

$$b=\frac{(y_1-y_2)}{(x_1-x_2)}$$

$$a=y_1-bx_1=y_2-bx_2$$

进而可以推出混合成本的一般数学模型：

$$y=a+bx$$

求出了 a、b 以及混合成本 $y=a+bx$ 的一般模型，当已知未来业务量时，即可预测该项成本的计划期目标成本。

【例 11-1】欣荣公司 2016 年 1～6 月的产销量和总成本资料如表 11-1 所示。

表 11-1　欣荣公司 2016 年上半年产销量和总成本统计表

月份	产销量（件）	总成本（元）	月份	产销量（件）	总成本（元）
1	125	7 500	4	155	9 050
2	100	8 250	5	180	9 550
3	140	8 800	6	200	9 500

要求：

（1）用高低点法对欣荣公司的产销量和总成本资料进行成本分解。

（2）预测产销量为 160 件的总成本是多少？

解：（1）$9\ 500=a+b\times 200$

　　　　$8\ 250=a+b\times 100$

　　解得：$a=7\ 000$　　$b=12.5$

　　则：$y=7\ 000+12.5x$

（2）$y=7\ 000+12.5\times 160=9\ 000$（元）

高低点法在计算混合成本时简便易行，容易理解，只要有两个以上不同时期的业务量和成本数据，就可以求解，但它仅以诸多历史资料中最高和最低业务量相对应的两组数据作为确定成本习性的依据，没有考虑两点之间业务量和成本的变化，因而由此建立起的成本习性模型可能不具有代表性，计算误差较大。这种方法只适用于历史资料变动趋势比较稳定的企业。

（二）回归分析法

回归分析法就是把非线性的成本函数线性化，使产量（销售量）和成本不规律的因果关系趋向于具有规律性的方法。运用这种规律性可以对未来的状况进行预测。根据过去一定时期的业务量和成本资料，运用最小二乘法的原理建立反映成本和业务量之间关系的回归直线方程，并据此确定成本中的固定成本和变动成本的一种定量分析方法。

为成本估计获取回归估计资料是最重要的一步，是在影响成本的作业和估计成本之间建立一组逻辑关系。这些作业可以称为回归方程式的预计因素——自变量（x）拟予估计的成本为回归方程式的因变量（y）。虽然回归程序中 y 项和 x 项可以代任何数据，但如果代入时数据不符合逻辑关系，就可能导致错误的估计。成本会计人员的责任就在于确定作业水平与成本是否有逻辑关系。

假设共有若干（n）期业务量（x）和成本（y）的资料，每期资料 x、y 之间的关系可以用直线方程 $y=a+bx$ 表示，根据资料及最小二乘法的原理可求得 a、b。

$$a = \frac{\Sigma y - b\Sigma x}{n}$$

$$b = \frac{n\Sigma xy - \Sigma x \Sigma y}{n\Sigma x^2 - (\Sigma x)^2}$$

【例 11-2】沿用例 11-1 的资料说明回归分析法的具体运用。

解：（1）为便于计算，先将资料进行加工，如表 11-2 所示。（结果保留两位小数）

表 11-2　回归分析资料

月份	产销量（x）	总成本（y）	xy	x^2
1	125	7 500	937 500	15 625
2	100	8 250	825 000	10 000
3	140	8 800	1 232 000	19 600
4	155	9 050	1 402 750	24 025
5	180	9 550	1 719 000	32 400
6	200	9 500	1 900 000	40 000
合计	900	52 650	8 016 250	141 650

根据表 11-2 计算如下：

$$b = \frac{n\Sigma xy - \Sigma x \Sigma y}{n\Sigma x^2 - (\Sigma x)^2} = \frac{6 \times 8\,016\,250 - 900 \times 52\,650}{6 \times 141\,650 - 900^2} = 17.86$$

$$a = \frac{\Sigma y - b\Sigma x}{n} = \frac{52\,650 - 17.86 \times 900}{6} = 6\,096$$

则：$y = 6\,096 + 17.86x$

（2）当 $x=160$ 时，$y = 6\,096 + 17.86 \times 160 = 8\,953.6$（元）

与高低点法相比，回归分析法使用了全部的历史资料，因此其产生的估计数具有更为广泛的基础。此外，回归分析法可产生许多附加的统计数据，而这些数据在一定的假设下，可使成本管理人员能够估计确定回归方程式是怎样描述成本和作业水平之间的关系的。

(三) 因素分析法

因素分析法是依据成本与其影响因素的关系，从数量上确定各因素对成本影响方向和影响程度，进而预测计划期成本水平的方法。因素分析法既可以全面分析各因素对成本的影响，又可以单独分析某个因素对成本的影响。一般可以从节约原材料消耗，提高劳动生产率，合理利用设备，节约管理费用支出，减少废品损失等方面进行测算。

1. 测算材料费用对成本的影响

原材料费用是构成产品成本的主要项目之一，在产品成本中一般占有较大的比重。在保证产品质量的前提下，合理、节约地使用原材料，降低原材料费用，是降低产品成本的主要途径。影响原材料费用变动的因素有材料消耗定额和材料价格。材料消耗定额和材料价格的下降，会使产品单位成本中的材料费用相应降低。又由于材料费用只是产品成本的一个组成部分，材料费用的降低率并不等于产品成本的降低率。

因此，材料消耗定额降低形成的节约应按下列公式计算：

材料消耗定额降低影响成本降低率 = 材料消耗定额降低的百分比 × 材料费用占成本百分比

如果在材料消耗定额发生变动的同时价格也发生变动，则材料价格变动对成本的影响可按下列公式计算：

材料价格变动影响成本降低率 = (1 - 材料消耗定额降低百分比) × 材料价格变动百分比 × 材料费用占成本的百分比

以上两个公式可合并计算如下：

材料消耗定额和价格同时降低影响成本降低率 = [1 - (1 - 材料消耗定额降低百分比) × (1 - 材料价格降低的百分比)] × 材料费用占成本的百分比

由于在一些工业企业里提高原材料利用率是节约材料费用的重要途径，因此也可以单独测算提高原材料利用率对产品的影响程度。其计算公式如下：

原材料利用率提高影响的成本降低率 = $\left(1 - \dfrac{\text{上年的原材料利用率}}{\text{计划年度的原材料利用率}}\right)$ × 材料费用占成本的百分比

2. 测算工资费用对成本的影响

（1）计算在生产工人人数和工资不变的情况下由于劳动生产率提高对成本的影响。劳动生产率提高，说明单位时间内的产量增加，在其他因素不变的条件下单位产品所分担的工资费用就减少了。因此，只有劳动生产率一个因素变动时对成本的影响可按下列公式计算：

劳动生产率提高影响的成本降低率 = $\left(1 - \dfrac{1}{1 + \text{劳动生产率提高的百分比}}\right)$ × 生产工人工资占成本的百分比

（2）测算由于劳动生产率提高超过平均工资增长率对成本的影响。劳动生产率的变动同单位产品中工资费用的变动呈反比例关系，而平均工资的增长同单位产品中工资费用的增长呈正比例关系。所以，当劳动生产率的增长超过平均工资的增长速度时，就能节约产品成本中的工资费用。其计算公式如下：

$$劳动生产率和平均工资相互作用影响的成本降低率 = \left(1 - \frac{1+平均工资增长的百分比}{1+劳动生产率增长的百分比}\right) \times 生产工人工资占成本的百分比$$

（3）测算由于工时定额降低和平均工资增长对成本的影响。由于产量表示的劳动生产率同以工时表示的劳动生产率互为倒数，所以当掌握了计划年度工时定额降低幅度的资料时，可用下列公式计算成本降低率：

$$工时定额降低影响的成本降低率 = \left(1 - \frac{1+平均工资增长的百分比}{1+工时定额降低的百分比}\right) \times 生产工人工资占成本的百分比$$

3. 测算生产增长超过制造费用增长对成本的影响

计入产品成本的制造费用，按其与产量的关系，一部分属于与产量变动没有直接关系的固定制造费用，一部分属于与产量变动有直接关系的变动性制造费用。当产量增加时，单位产品中的固定制造费用降低，可使产品成本下降，而变动制造费用却会随产量的增长而提高。因此，要使产品成本下降，必须采取适当的措施使变动制造费用提高的幅度低于产量的增长幅度。

（1）测算生产增长超过变动制造费用增长对成本的影响。

$$生产增长超过变动制造费用增长影响的成本降低率 = \left(1 - \frac{1+变动制造费用增长的百分比}{1+生产率增长的百分比}\right) \times 变动制造费用占成本的百分比$$

（2）测算生产增长固定制造费用不变对成本的影响。

$$生产增长固定制造费用不变影响的成本降低率 = \left(1 - \frac{1}{1+生产率增长的百分比}\right) \times 固定制造费用占成本的百分比$$

4. 测算废品率降低对成本的影响

生产中废品增加，会使合格产品的成本上升，而降低废品率可以减少废品损失，从而降低产品成本，其计算公式如下：

$$废品损失减少影响的成本降低率 = 废品损失减少的百分比 \times 废品损失占成本的百分比$$

【例11-3】某企业2016年C产品实际成本金额及成本结构如表11-3所示。

表11-3　某企业2016年C产品实际成本金额及成本结构表

成本项目	成本金额（元）	成本比重（%）
直接材料	500 000	50
直接人工	280 000	28
制造费用	160 000	16
其中：变动制造费用	60 000	6
固定制造费用	100 000	10

(续)

成本项目	成本金额（元）	成本比重（%）
废品损失	60 000	6
合计	1 000 000	100

该企业 2016 年拟采取以下增产节约措施：材料消耗定额降低 9%，生产工人平均工资增长控制在 5% 以内，变动制造费用增长控制在 4% 以内，废品损失下降 20%，劳动生产率提高 25%，可比产品产量增长 30%，根据市场调查，预测材料价格将上升 5%，固定制造费用不变。

要求：预测 2016 年的成本金额。

解：（1）计算各因素变动影响的成本降低率。

材料消耗定额和价格同时降低影响成本降低率 $= (1-(1-9\%)\times(1+5\%))\times 50\% = 2.225\%$

劳动生产率和平均工资相互作用影响的成本降低率 $= \left(\dfrac{1+5\%}{1+25\%}\right)\times 28\% = 4.48\%$

生产增长超过变动制造费用增长影响的成本降低率 $= \left(1-\dfrac{1+4\%}{1+30\%}\right)\times 6\% = 1.20\%$

生产增长固定制造费用不变影响的成本降低率 $= \left(1-\dfrac{1}{1+30\%}\right)\times 10\% = 2.31\%$

废品损失下降影响的成本降低率 $= 20\%\times 6\% = 1.20\%$

（2）预测期 A 产品的总成本 $= 500\,000\times(1-2.225\%)+280\,000\times(1-4.48\%)+60\,000\times(1-1.20\%)+100\,000\times(1-2.31\%)+60\,000\times(1-1.20\%) = 972\,581$（元）。

六、不可比产品成本预测

不可比产品是指企业以往年度没有正式生产过的产品，其成本水平无法与过去进行比较，因而不能像可比产品那样通过采用下达成本降低指标的方法控制成本支出。但在科学技术高速发展的今天，新产品不断出现，原有产品更新换代加快，不可比产品的比重不断上升。为了全面控制企业费用支出，加强成本管理，除了对可比产品成本进行预测外，还应对不可比产品成本进行预测。预测时主要采用以下三种方法。

（一）技术测定法

技术测定法是指根据产品设计结构、制作工艺和企业的生产技术条件对生产中所消耗的各种要素逐项进行技术测试，以计算出产品成本的方法。由于生产总消耗的要素比较多，运用这种方法需要对消耗的要素逐项进行测试，因此这种方法的工作量比较大。但由于逐项测定，其预测结果较为准确。这种方法适用于不可比产品种类不多，产品技术资料比较完整的企业。其计算公式为：

某种不可比产品的单位预测成本 = 材料预计单价 × 单位产品消耗定额 + 工时定额 × （小时费用率 + 小时工资率）

（二）类比分析法

类比分析法是比照其他单位的同类产品，结合单位自身的生产条件和水平、市场供求、原材料来源渠道等情况，测算产品成本的一种方法。这种方法工作量小，比较简便，但预测结果不十分准确。其计算公式如下：

$$预测产品成本 = 同类可比产品成本 \times 调整系数$$

（三）目标成本法

目标成本法是根据产品的价格构成来制定产品目标成本的一种方法。一般产品价格包括产品成本、销售税金和利润三个部分。在企业实行目标管理的过程中，先确定单位产品价格和单位利润目标，然后按下列公式计算出单位产品的目标成本：

$$单位产品目标成本 = 预测单位售价 - 单位产品销售税金 - 单位产品目标利润$$

第二节　成本决策

一、成本决策的定义及意义

（一）定义

成本决策是指为了实现成本管理的预定目标，在成本预测的基础上，通过大量的调查预测，根据有用的信息和可靠的数据，并充分考虑客观的可能性，在进行正确的计算与判断的基础上，从各种形成成本的备选方案中选定一个最佳方案的管理活动。

在选择最佳方案时，判断依据如下：一是方案是否合理可行，具有可操作性，即可行性；二是该方案能否给企业带来经济效益，即经济性。可行性是前提，经济性是关键。

（二）意义

企业成本决策是指在成本预测的基础上，为实现企业目标，从不同的预测方案中选择最佳方案的科学方法。最佳方案一般是实现企业目标的成本水平最低化的方案，其在企业经营管理中具有重要作用。

（1）企业成本决策促进实现目标利润。在其他因素不变的条件下，企业成本越高，企业利润越低；企业成本降低，相应的企业利润会有所增加。成本决策意在选择成本水平低、收益高的方案，为实现企业目标利润提供了保证。

（2）企业成本决策是成本计划工作的前提条件。只有进行成本决策并选择出一个最佳方案，才能在此基础上编制成本计划，并使所编制的成本计划能切实保证目标利润的实现。

（3）企业成本决策是其他经营决策的重要依据。成本决策选择最佳方案的依据是低消耗、高收入，所以在进行其他经营决策时，也应遵循这一原则，最终实现企业以最低的成本支出，取得最大的收益。

（4）企业成本决策是企业提高管理水平的手段。企业的经营管理水平低，主要表现在成本支出大而难以控制，从而导致企业盈利水平低。进行成本决策可以为企业计划期的生产经营确定最低消耗目标，通过成本计划、成本控制等环节控制企业成本，促使各部门努力工作，提高企业经营管理水平。

（5）企业成本决策是企业进行成本控制的依据。企业通过成本预测和成本决策确定了企业在一定时期生产技术水平下的目标成本。为保证实现该目标成本，在各个阶段必须进行严格的成本控制，这既有利于保证目标成本的实现，又有利于促进合理配置和有效利用各种资源。

（三）原则

在成本决策过程中，企业应遵循以下原则。

（1）整体性原则。企业成本管理涉及整个企业人力物力资源的配置以及各个生产经营环节，每个环节的成本支出都直接影响企业的成本水平。因此，在成本决策时要使各种生产要素和各个生产环节都统一服从于企业的总体成本目标。从实现整体总目标出发，进行各个因素之间的综合平衡，以形成整体的经济效益。

（2）主观性原则。成本决策主要是由相关人员分析降低成本的各因素（包括劳动、消耗、费用、管理、技术、环境等多方面），当客观的物质与环境条件处于既定情况时，员工对系统控制的优劣，对整个系统的成败起着决定性主观作用。因此，在成本决策中，要充分重视员工在系统中的主观能动性作用。

（3）相对性原则。成本是一个相对的概念，建立在现代成本决策的观念基础上。成本并非越低越好，当然更不是越高越好。标准是什么？标准是看综合效益如何。如果投入的成本能够带来更多效益，那么这种成本支出就是合理的。

（4）最优化原则。成本决策中，多种复杂因素的影响，往往是此消彼长的。例如，为了扩大生产规模投资于固定资产，从而增加了折旧成本和资金成本，但由于产量的增加，又相对降低了单位产品的固定成本；又例如，投入技术研究工作，增加了科技开发费用支出，但由于生产技术的改进，增加产品产量，提高了产品质量，减少了废品率，从而降低了产品成本。所以，在成本决策时，要从多种因素、多个方案中，权衡利弊，根据最优化原则，从中选择整体效益最优的方案。

二、成本决策的基本方法

（一）差异成本法

差异成本法一般是以各备选方案的成本差额作为最终的评价指标。如产品的零部件是自制还是外购核算？对于这类问题的决策，主要是比较成本的高低。如外购零部件进货成本包括购价、运费、验收费等，自制成本包括直接材料、直接人工、变动性制造费用等，将这两部分成本进行比较，选取成本低的方案。

【例11-4】某工厂制造某产品，每年需要甲零件1 000件，如果外购，其外购成本每件为18元，该厂有多余的生产能力，这剩余的生产能力亦无其他用途，可供制造此种部件，制造成本如下：直接材料8元，直接人工4元，变动性制造费用3元，固定性制造费用5元，合计 20 元。

从资料中可以看到，零件自制的单位成本为 20 元，比外购单位价格高 2 元，似乎应选择外购合算。其实，这样的决策是不正确的。因为在自制成本中包括了与决策无关的成本，即固定性制造费用，就算企业不自制该零件，该项费用也会发生，因此固定性制造费用为非相关成本，在决策时不予考虑。所以为制造零件而发生的直接原材料、直接人工、变动性制造费用是决策的相关成本。现将甲零件 1 000 件的自制与外购的相关成本进行比较如表 11-4 所示。

表 11-4 自制和外购方案成本比较表　　　　　　　　　　单位：元

项目	自制方案差别成本	外购方案差别成本
直接材料	1 000 × 8 = 8 000	
直接人工	1 000 × 4 = 4 000	
变动制造费用	1 000 × 3 = 3 000	
合计	15 000	1 000 × 18 = 18 000
差异	3 000	

上述计算分析表明，甲零件外购的差别成本比自制的差别成本高 3 000 元，甲零件应该由企业自制。

（二）成本平衡点法

成本平衡点法适用于当与成本相关的业务量不确定时，要做出正确的成本决策，可计算出各备选方案的成本平衡点，例如在零部件需要量未知情况下的决策。

【例 11-5】甲零部件外购价每件 18 元；如果自制，单位变动成本为 15 元，生产该零件需追加固定成本 1 200 元。要求做出该零件是自制还是外购的决策。

在本例中，零部件自制会增加固定成本，且零件的需用量未知，因此应该采用成本平衡点法找出自制方案和外购的成本平衡点。

设自制方案及外购方案的成本平衡点为 x，则：

$$0 + 18 \times x = 1\,200 + 15 \times x$$
$$x = 400 \text{（件）}$$

说明零件需要量在 400 件以上，自制成本低于外购成本，应以自制为宜；若零件需要量在 400 件以下，自制成本高于外购成本，应以外购为宜。

（三）机会成本法

机会成本法是指选择某一方案而放弃另一方案，所丧失的被放弃方案的潜在收益。它可以理解为决定选择某种方案而付出的代价，或者说是由于放弃某一机会而失去的收益。这里应注意的是，机会成本并非实际支出，会计核算不予确认。

将最优方案所发生的其他成本与机会成本一并考虑，才能对决策方案的经济效益做出全面评价。尽管这种机会成本并没有实际发生货币支出，但它因选择方案而丧失了选择次优方案的机会。

【例11-6】在例11-4中，假定该企业如不制造甲零件，生产设备可用于生产A产品，每年可获利10 000元，其他条件不变。要求做出甲零件是自制还是外购决策分析。

自制甲零件的成本为：
$$15\ 000 + 10\ 000 = 25\ 000（元）$$

外购甲零件的成本为：
$$1\ 000 \times 18 = 18\ 000（元）$$

根据以上分析，甲零件自制比外购多发生7 000元的成本，因此该企业应以外购甲零件为宜。

第三节 成本计划

一、成本计划的定义

（一）定义

成本计划是在成本预测的基础上，以货币形式预先规定企业在计划期内的生产耗费和各种产品成本水平、产品成本降低任务及其降低措施的书面性文件。成本计划是成本决策目标的具体化，成本计划既是企业计划管理的有机组成部分，又是企业成本管理会计的一个重要组成内容。

（二）作用

成本计划以成本预测与决策为基础，它使员工明确成本方面的奋斗目标是成本控制的先导和业绩评价的尺度。其重要作用具体表现在以下几个方面。

（1）成本计划有利于督促员工完成企业目标成本。成本计划以成本预测和决策为基础，是为实现企业的目标而制订的，是一种确保目标成本落实和具体化的程序，它促使实现目标的行动变得最经济而有效。

（2）成本计划有利于企业实现责任成本制度和加强成本控制。成本计划是按照企业内部各车间及各部门成本、费用开支情况，通过上下结合而编制的。因此，成本计划一经确定，应把指标分解并落实到车间、班组和有关职能部门，以确定各级单位和各职能部门在成本上应承担的责任，也为企业实行责任成本制度奠定了基础。

（3）成本计划有利于评价考核企业及部门成本业绩。企业通过定期分析成本计划完成情况，查明企业和各部门的成本差异，分清主客观原因，以便评价和考核各部门的工作业绩，作为奖惩的依据，从而调动各部门及职工努力完成目标成本的积极性。

二、成本计划的编制方法

成本计划按业务量基础的数量特征的不同，预算的编制方法可以分为固定预算法和弹性预算法；按出发点的特征不同，预算的编制方法可以分为增量预算法和零基预算法；按预算的时间特征不同，预算的编制方法可以分为定期预算法和滚动预算法。

（一）固定预算法

固定预算法又称静态预算法，是指根据预算期内正常可能实现的某一业务活动水平而编制预算的方法。固定预算法的基本特征：一是不考虑预算期内业务活动水平可能发生的变动，而只以预算期内计划预定的某一共同的业务活动水平为基础确定相应的数据；二是将实际结果与预算数进行比较分析，并据以进行业绩评价、考核。

【例11-7】A公司预计生产甲产品100万件，单位产品成本构成为直接材料100元，直接人工60元，变动性制造费用50元，其中间接材料10元，间接人工30元，动力费10元；固定性制造费用150万元，其中办公费40万元，折旧费100万元，租赁费10万元。该公司实际生产并销售甲产品150万件。采用固定预算法，该公司生产成本预算如表11-5所示。

表11-5 成本预算分析表　　　　　　　　　　单位：万元

项目	固定预算	实际发生	差异
生产产量（万件）	100	150	+50
变动成本			
直接材料	10 000	15 000	+5 000
直接人工	6 000	9 000	+3 000
变动性制造费用	5 000	7 500	+2 500
其中：间接材料	1 000	1 500	+500
间接人工	3 000	4 500	+1 500
动力费	1 000	1 500	+500
固定性制造费用	150	150	0
其中：办公费	40	40	0
折旧费	100	100	0
租赁费	10	10	0
生产成本合计	21 150	31 650	+10 500

从表11-5中可以看出，这里的生产成本预算分别以预计产量和实际产销量为基础，固定预算与实际发生额之间的差异不能恰当地说明企业成本控制的情况。也就是说，计算表中的不利差异为10 500万元，究竟是产销量增加而引起成本增加，还是由于成本控制不利而发生超支，很难通过固定预算与实际发生的对比正确地反映出来，而且也降低了控制、评价生产经营和财务状况的作用。

由固定预算法的特点可知，固定预算的控制性仅限于实际业务量水平与预期业务量水平相近的情况，这种预算编制的方法简单易行，一般用于与日常业务量无关或关系不大的费用预算。但由于市场变幻莫测，许多企业难以准确预计市场需求，当实际业务量水平与预算确定的业务量水平相差甚远时，用固定预算法就很难正确地考核和评价费用预算的执行情况，从而降低了预算的控制和考核能力，而弹性预算法则能弥补这一缺陷。

（二）弹性预算法

弹性预算法是在固定预算法的基础上发展起来的一种预算方法。它是根据计划期或预算期可预见的多种不同业务量水平，分别编制其相应的预算，以反映在不同业务量水平下所应发生的费用和收入水平。其预算编制的依据不是某一固定的业务量，而是一个可预见的业务量范围，因而预算具有伸缩弹性，故又称变动预算法。

采用弹性预算法编制预算，制订财务计划，有效地克服了固定预算方法的缺陷。弹性预算法的出现，使不同的经济指标水平或同一经济指标的不同业务量水平计算出了相应的预算数。因此，在实际业务量发生后，可将实际发生数同与之相适应的预算数进行对比，以揭示生产经营过程中存在的问题。

【例11-8】A公司在计划期内预计销售乙产品1 000件，销售单价为60元，产品单位变动成本为30元，固定成本总额为2万元。采用弹性预算法编制收入、成本和利润预算如表11-6和表11-7所示。

表11-6 收入、成本和利润弹性预算表　　　　　　　　　　　　　　　单位：元

项目	1 000（件）	1 200（件）	1 400（件）	1 600（件）
销售收入	60 000	72 000	84 000	96 000
变动成本	30 000	36 000	42 000	48 000
边际贡献	30 000	36 000	42 000	48 000
固定成本	20 000	20 000	20 000	20 000
利润	10 000	16 000	22 000	28 000

预期内企业实际执行结果为销售量1 200件、变动成本总额4万元，固定成本总额增加5 000元。

表11-7 收入、成本和利润弹性预算表　　　　　　　　　　　　　　　单位：元

项目	固定预算 （1 000）	弹性预算 （1 200）	实际 （1 200）	预算差异	成本差异
栏次	1	2	3	4=2-1	5=3-2
销售收入	60 000	72 000	72 000	12 000	
变动成本	30 000	36 000	40 000	6 000	+4 000
边际贡献	30 000	36 000	32 000	6 000	-4 000
固定成本	20 000	20 000	25 000		+5 000
利润	10 000	16 000	7 000	6 000	-9 000

从表11-7可以看出，由于实际销售量比固定预算原定的指标多200件，在成本费用开支维持正常水平的情况下，应当增加边际利润6 000元，这6 000元属于预算差异。但是，将实际资料与弹性预算相比较会发现，变动成本和固定成本分别超支4 000元和5 000元，使实际利润比弹性预算的要求减少9 000元，减少的这部分利润属于成本差异。这两种差异的相互补充，可以更好地说明实际利润比固定预算利润减少3 000元的原因。销售量的增加本来应当使利润上升6 000元，但由于成本超支9 000元，企业利润最终减少了3 000元。

由此可见，弹性预算法的适用性较强，关键是要掌握弹性的概念及其原理，即成本、费用的性态特征。其中，变动性成本、费用随业务量正比例增减变动，应重点控制其单位额；

固定性成本、费用则不受业务量的影响，相对固定不变，应重点控制其总额。弹性预算的优点是：弹性预算可以根据一系列业务量水平或实际业务量水平编制或调整；它扩大了预算法的使用范围，并为实际结果与预算的比较提供了一个动态的基础，从而使预算执行情况的评价和考核更具有客观性。

（三）零基预算法

零基预算法是指任何预算期的任何预算项目，其费用预算额都以零为起点，按照预算期内应该达到的经营目标和工作内容，重新考虑每项预算支出的必要性及其规模，从而确定当期预算的方法。零基预算法的编制程序包括以下三个步骤。

（1）单位内部各有关部门根据单位的总体目标，对每项业务说明其性质和目的，详细列出各项业务所需要的开支和费用。

（2）对每个费用开支项目进行成本效益分析，将其所得与所费进行对比，说明某种费用开支后将会给企业带来什么影响；然后把各个费用开支项目在权衡轻重缓急的基础上，分成若干层次，排出先后顺序。

（3）按照第二步所确定的层次顺序，对预算期内可动用的资金进行分配，落实预算。

【例11-9】A公司采用零基预算法编制下年度的营业费用预算，有关资料及预算编制的基本程序如下。

（1）该公司销售部门根据下半年企业的总体目标及本部门的具体任务，经认真分析，确认该部门在预算期内将发生如下费用：薪酬费用20万元、差旅费10万元、办公费2万元、广告费15万元、培训费1万元。

（2）讨论后认为，薪酬费用、差旅费和办公费均为预算期内该部门最低费用支出，应全额保证，广告费和培训费则根据企业的财务状况的情况增减。另外，对广告费和培训费进行成本—效益分析后得知：1元广告费可以带来25元利润，而1元培训费只可带来15元利润。

（3）假定该公司计划下年度经营费用支出50万元，那么，其资金的分配应为：

一是，全额保证薪酬费用、差旅费和办公费开支的需要，即20+10+2=32（万元）。

二是，将尚可分配的18万元资金（50−32=18）按成本收益率的比例分配给广告费和培训费。

$$广告费资金 = 18 \times 25 \div (25+15) = 11.25 （万元）。$$
$$培训费资金 = 18 \times 15 \div (25+15) = 6.75 （万元）。$$

零基预算法的优点是：既能压缩费用支出，又能将有限的资金用在最需要的地方，充分发挥各部门人员的积极性和创造性，不受前期预算的影响，能促进各部门精打细算、合理使用资金。

（四）增量预算法

增量预算法，是指在上年度预算实际执行情况的基础上，考虑了预算期内各种因素的变动,相应增加或减少有关项目的预算数额,以确定未来一定期间收支的一种预算方法。

这种方法主要适用于在计划期由于某些采购项目的实现而应相应增加的支出项目。如预算单位计划在预算年度上采购或拍卖小汽车,从而引起的相关小汽车燃修费、保险费等采购项目支出预算的增减。其优点是预算编制方法简便、容易操作。缺点是以前期预算的实际执行结果为基础,不可避免地受到既成事实的影响,易使预算中的某些不合理因素得以长期沿袭,因而有一定的局限性。同时,它也容易使基层预算单位养成资金使用上"等、靠、要"的思维习惯,滋长预算分配中的平均主义和简单化,不利于调动各部门增收节支的积极性。

【例 11-10】柳林公司基于 2×16 年预算的实际执行情况,在考虑了 2×17 年的各种因素变动后,编制了 2×17 年的预算。其中固定成本采用固定预算法编制,变动成本法采用增量预算法编制。编制的预算表如表 11-8 所示。

表 11-8 预算表   单位:元

费用项目	2×16年实际发生额	2×17年增减比率	增减变动额	2×17年预算指标
一、固定成本				
管理人员工资	500 000	0%	0	500 000
固定资产折旧费	200 000	0%	0	200 000
其他固定费用	100 000	0%	0	100 000
二、变动成本				
销售人员工资	300 000	20%	60 000	360 000
广告宣传费	180 000	10%	18 000	198 000
人员培训费	90 000	8%	7 200	97 200
其他变动成本	75 000	6%	4 500	79 500

(五)定期预算法

定期预算法是指在编制预算时以会计年度作为预算期的一种预算编制方法。这种预算方法主要适用于服务类的一些经常性政府采购支出项目,如会议费和印刷费等。

其优点是能够使预算期间与会计年度相配合,便于考核和评价预算的执行结果。缺点是由于预算一般在年度前两三个月编制,跨期长,对计划期的情况不够明确,只能进行笼统的估算,具有一定的盲目性和滞后性,同时,执行中容易导致管理人员只考虑本期计划的完成,缺乏长远打算,因此其运用受到一定的局限。

(六)滚动预算法

滚动预算法是在定期预算的基础上发展起来的一种预算方法,它是指随着时间推移和预算的执行,其预算时间不断延伸,预算内容不断补充,整个预算处于滚动状态的一种预算方法。滚动预算法的基本原理是使预算期永远保持 12 个月,比如:每过 1 个月,立即在期末增列一个月的预算,逐期往后滚动。因而在任何一个时期都使预算保持 12 个月的时间跨度,故亦称"连续编制方式"或"永续编制方式",这种预算能使单位各级管理人员对未来永远保持 12 个月时间工作内容的考虑和规划,从而保证企业的经营管理工作能够稳定有序地进行。

三、成本计划的编制

成本计划在分级编制下，大体上包括三个方面的内容：①编制辅助生产车间成本计划；②编制基本生产车间成本计划；③汇编全厂产品成本计划。

（一）编制辅助生产车间成本计划

辅助生产车间主要是为基本生产提供产品或劳务，如修理、动力车间，同时也为各管理部门、销售部门服务，甚至以其产品或劳务对外出售。辅助生产车间成本计划包括辅助生产费用预算和辅助生产费用分配两大部分。

辅助生产费用是指计划期内辅助生产车间预计发生的各项生产费用总额，不同费用项目确定计划发生数的方法有别。

（1）有消耗定额、工时定额的项目，可根据计划产量和工时总数、单位产品（或劳务）的消耗定额和工时定额、计划单价和工时费用率计算，如原材料、辅助材料、燃料及动力、工人工资等项目。

（2）没有消耗定额和开支标准的费用项目，可根据上年资料结合本期产量的变化，并考虑本年节约的要求予以匡算，如低值易耗品、修理费等项目。计算公式为：

$$本年费用计划数 = 上年费用预计数 \times (1 + 产量增长\%) \times (1 - 费用节约\%)$$

相对固定的费用项目，可根据历史资料，并考虑本年节约的要求予以匡算，如办公费、水电费等项目。计算公式为：

$$本年费用计划数 = 上年费用预计数 \times (1 - 费用节约\%)$$

其他计划中已有现成资料的费用项目，根据其他计划有关资料编制，如管理人员薪酬、折旧费等项目。有规定开支标准的项目，按有关标准计算编制，如劳保费等项目。

分配方法在成本核算有关章节里有详细介绍，在此不加赘述。

（二）编制基本生产车间成本计划

基本生产车间编制成本计划的程序是：首先将直接材料、直接薪酬等直接费用编制直接费用计划；然后将各项间接生产费用编制制造费用预算，并将预计的制造费用在各产品间分配；最后汇总编制车间产品成本计划。

1. 直接材料预算

直接材料预算是以生产预算为基础编制的，它主要是确定预算期直接材料的耗用数量、单位成本以及预计直接材料成本。其中，至关重要的因素就是如何制定单位成本定额耗用量与材料计划成本，即直接材料的耗用量标准与单位成本。

直接材料预算应按照材料类别分别依据下列公式计算：

$$预计材料耗用量 = 预计生产量 \times 单位产品定额消耗量$$
$$预计耗用材料成本 = 预计材料耗用量 \times 材料单位成本$$

【例11-11】假定 A 公司在计划年度（2016年）只生产一种产品，单位产品的材料消耗定额为5千克，计划单位成本为10元/千克。现编制计划年度的分季直接材料采购预算。如

表 11-9 所示。

表 11-9　A 公司直接材料采购预算

2016 年度　　　　　　　　　　　　　　　　　　　　　　　　　　　　单位：元

季度	1	2	3	4	全年
预计生产量（件）	1 200	1 500	2 000	1 300	6 000
单位产品材料消耗定额（千克/件）	5	5	5	5	5
预计生产需要量（千克）	6 000	7 500	10 000	6 500	30 000
材料计划成本（元/千克）	10	10	10	10	10
预计材料成本（元）	60 000	75 000	100 000	65 000	300 000

2. 直接人工预算

直接人工预算是以生产预算为基础进行编制的，它是用来确定预算期内生产车间人工工时消耗水平、人工成本水平以及相关的预计现金支出需要额的预算，通常根据生产预算的预计生产量、单位产品标准或定额工时（量）及标准或定额小时工资率进行编制。其计算公式为：

预计直接人工成本总额 = 预计生产量 × 单位产品直接人工工时定额 × 定额小时工资率

企业生产产品耗用的直接人工工种往往不同，由于工种不同，小时工资也不同，这时直接人工预算则应该按工时类别分别计算，然后汇总求得直接人工成本总数。

直接人工预算包括直接人工预算项目和直接人工预计现金支出额。

【例 11-12】 假设 A 公司在计划期间内所需直接人工只有一个工种，单位产品工时定额为 10 小时，单位小时工资率为 6 元/小时。编制直接人工预算，如表 11-10 所示。

表 11-10　A 公司直接人工预算

2016 年度　　　　　　　　　　　　　　　　　　　　　　　　　　　　单位：元

季度	1	2	3	4	全年
预计生产量（件）	1 200	1 500	2 000	1 300	6 000
单位产品工时定额	10	10	10	10	10
直接人工总工时	12 000	15 000	20 000	13 000	60 000
小时工资率（元/小时）	6	6	6	6	6
直接人工成本总额	72 000	90 000	120 000	78 000	360 000

3. 制造费用预算

制造费用预算是指生产中除直接材料、直接人工以外的其他各项生产费用的预算，包括制造费用项目预算和相关的预计现金支出两个部分。其中，制造费用项目预算要按成本性质细分为变动制造费用和固定制造费用两大类，并按费用的明细项目编制。编制的关键在于确认可变的具体项目，并选择成本分配的基础，如机器工时、人工工时、产量、作业量等，然后计算变动制造费用分配率。固定制造费用则直接列入利润表，作为期间成本处理。

相关计算公式为：

预计制造费用 = 预计变动制造费用 + 预计固定制造费用

= 预计业务量 × 变动制造费用分配率 + 预计固定制造费用

$$变动制造费用分配率 = \frac{预算期变动制造费用总额}{预算期产量（工时总额）}$$

【例 11-13】依前例，A 公司预算期制造费用预算编制如表 11-11 所示。

表 11-11　A 公司制造费用预算表

2016 年度　　　　　　　　　　　　　　　　　　　　单位：元

成本明细项目		金额	费用分配率
变动费用	间接人工	25 000	
	间接材料	20 000	
	维护费	5 000	$变动费用分配率 = \frac{变动费用预算合计}{预计产量工时总额} = \frac{72\,000}{60\,000} = 1.2$
	水电费	16 000	
	润滑剂	6 000	
	合计	72 000	
固定费用	维护费	12 000	
	折旧费	15 000	
	管理费	30 000	$固定费用分配率 = \frac{固定费用预算合计}{预计产量工时总额} = \frac{63\,500}{60\,000} = 1.058\,3$
	保险费	5 000	
	财产税	1 500	
	合计	63 500	

4. 单位产品成本和期末产品存货成本预算

计算单位产品成本时，需判断企业是采用变动成本法还是完全成本法，若是采用变动成本法，则单位产品成本＝直接材料＋直接人工＋变动制造费用；若是采用完全成本法，则单位产品成本应增加固定制造费用。直接材料预算、直接人工预算、制造费用预算则采用价格标准乘以用量标准。期末存货预算依据单位产品成本预算和预算期期末存货量编制。

【例 11-14】依前例，A 公司计算单位产品成本采用变动成本法。依据前面预算中资料，编制单位成本及期末存货成本如表 11-12 所示。

表 11-12　A 公司单位产品成本预算和期末存货预算（变动成本法）

2016 年度　　　　　　　　　　　　　　　　　　　　单位：元

成本项目	价格标准	用量标准	合计
直接材料	10 元/千克	5 千克	50
直接人工	6 元/工时	10 工时	60
变动制造费用	1.2 元/工时	10 工时	12
单位产品成本	—	—	122
期末存货预算		期末存货量（件）	100
		单位产品成本	122
		期末存货金额	12 200

（三）汇编全厂产品成本计划

厂部财会部门对各车间编制的成本计划加以审查后，综合编制全厂产品成本计划。

思考题

1. 什么是成本预测？成本预测的作用是什么？
2. 简述成本决策及其意义。
3. 简述成本预测的一般程序。

课后习题

一、单选题

1. （   ）是成本管理工作的起点。
   A. 成本计算　　　B. 成本计划　　　C. 成本决策　　　D. 成本预测
2. 在进行成本决策中，应当遵循（   ）原则。
   A. 重要性　　　　B. 相关性　　　　C. 整体性　　　　D. 效益性
3. 以各备选方案的成本差额作为最终的评价指标的成本决策方法是（   ）。
   A. 本量利分析法　B. 差异成本法　　C. 机会成本法　　D. 成本平衡点法
4. 选择某一方案而放弃另一方案，所丧失的潜在收益是（   ）。
   A. 机会成本　　　B. 历史成本　　　C. 沉没成本　　　D. 机动成本
5. 为了克服固定预算法的缺点，（   ）预算法应运而生。
   A. 定期　　　　　B. 滚动　　　　　C. 零基　　　　　D. 弹性
6. 为了克服定期预算法的缺点，（   ）预算法应运而生。
   A. 定期　　　　　B. 滚动　　　　　C. 增量　　　　　D. 弹性
7. 变动成本法下，单位产品成本的计算公式为（   ）。
   A. 单位产品成本＝直接材料＋直接人工＋变动制造费用
   B. 单位产品成本＝直接材料＋直接人工＋制造费用
   C. 单位产品成本＝直接材料＋直接人工＋固定制造费用
   D. 单位产品成本＝直接材料＋直接人工＋变动制造费用＋变动期间费用

二、多选题

1. 成本预测的意义主要表现在以下哪几个方面？（   ）
   A. 促进在成本决策中选择最优方案　　　B. 为企业成本控制和分析提供依据
   C. 是改善企业经营管理的重要工具　　　D. 促进财务报告的编制
2. 企业在进行成本预测时，要遵循以下哪些原则？（   ）
   A. 相关性　　　　B. 重要性　　　　C. 效益性　　　　D. 时间性
3. 常用的成本预测的定量分析法有（   ）。
   A. 高低点法　　　B. 回归分析法　　C. 平均值法　　　D. 因素分析法
4. 因素分析法中，通常从哪些方面测算其对成本的影响（   ）。
   A. 材料费用　　　B. 设备的利用程度　C. 人工费用　　　D. 废品损失
5. 不可比产品成本预测主要采用哪些方法（   ）。
   A. 类比分析法　　B. 技术测定法　　C. 目标成本法　　D. 回归分析法
6. 下列关于成本决策的表述正确的是（   ）。

A. 对企业实现目标利润起着促进作用　　B. 成本计划是成本决策的前提
C. 是其他经营决策的重要依据　　D. 成本控制是制定成本决策的依据
7. 成本决策的基本方法有（　　）。
　　A. 机会成本法　　B. 成本平衡点法　　C. 差异成本法　　D. 历史成本法
8. 预算编制方法有哪些（　　）。
　　A. 固定预算法　　B. 零基预算法　　C. 滚动预算法　　D. 变动预算法
9. 编制基本生产车间成本计划一般包括（　　）。
　　A. 直接材料预算　　B. 直接人工预算　　C. 制造费用预算　　D. 期间费用预算

三、判断题

1. 成本预测不需要利用历史成本资料进行分析测算。（　　）
2. 高低点法的关键是计算出变动成本与固定成本。（　　）
3. 历史资料变动趋势较大的企业，运用高低点法进行成本预测时，计算误差较大，准确度不高。（　　）
4. 回归分析法运用的是最小二乘法的原理。（　　）
5. 技术测定法适用于不可比产品种类较多，产品技术资料比较完整的企业，预测结果比较准确。（　　）
6. 企业通过成本预测和成本决策，能确定企业在一定时期生产技术水平下的目标成本。（　　）
7. 当存在机会成本时，会计核算将其考虑在内了。（　　）
8. 成本计划以成本预测与决策为基础。（　　）
9. 按出发点的特征不同，预算的编制方法可以分为固定预算法和弹性预算法。（　　）
10. 在编制基本生产车间成本计划时，需要将预计的制造费用在各产品间进行分配。（　　）

四、综合题

1. 柳林公司近五年的资金总量和销售收入的资料如表 11-13 所示。

表 11-13　资金总量与销售收入情况表　　　　　　　　　　单位：万元

年度	销售收入	资金总量	年度	销售收入	资金总量
2012	800	450	2015	1 020	560
2013	920	530	2016	980	470
2014	950	500			

如果柳林公司 2017 年预测的销售收入为 1 200 万元，用高低点法预测 2017 年的资金需用量。

2. 柳林公司制造某产品，每年需要 A 零件 2 000 件，如果外购，其外购成本每件为 16 元，该厂有多余的生产能力，可供制造此种部件，制造成本如下：直接材料 6 元，直接人工 5 元，变动性制造费用 3 元，固定性制造费用 2 元，合计 16 元。如果该厂外购该零件，则剩余生产能力可以对外出租，每年可以获取租金收入 1 000 元。柳林该如何选择。

3. 柳林公司的一个辅助生产车间，本年度制造费用计划数分别为工资 10 000 元，办公费 1 500 元，固定资产折旧费 1 000 元，发生的其他费用 3 000 元。直接材料消耗定额为 300 千克，计划单价为 130 元/千克；直接工资消耗定额为 3 000 小时，计划单价为 6 元/

小时；提供劳务工时总量为 10 000 小时，其中一车间 6 000 小时，二车间 4 000 小时。

【要求】根据上述资料，编制辅助生产车间的成本计划。所需表格如表 11-14 和表 11-15 所示。

表 11-14 辅助生产车间的成本计划　　　　　　　　　　　　单位：元

成本项目	辅助生产车间的成本计划		
	消耗定额	单价	金额
直接材料			
直接人工			
制造费用如下：			—
工资			
办公费			
固定资产折旧费			
其他费用			
制造费用小计			
合计	—	—	

表 11-15 辅助生产车间成本的分配计划　　　　　　　　　　单位：元

基本生产车间	工时	分配率	金额
一车间			
二车间			
合计			

4. 柳林公司某一生产车间计划 2018 年只生产 A 产品，单位产品的材料消耗定额为 5 千克，计划单位成本为 8 元 / 千克。单位产品工时定额为 12 小时，单位小时工资率为 8 元。该生产车间计划发生的制造费用如表 11-16 所示。

要求：编制直接材料采购预算表、直接人工预算表、制造费用分配预算表和单位产品成本预算和期末存货预算表。所需表格如表 11-17 至表 11-20 所示。

表 11-16 制造费用预算表　　　　　　　　　　　　　　　　单位：元

成本明细项目		金额
变动费用	间接人工	30 000
	间接材料	28 000
	修理费	6 000
	水电费	2 000
	合计	66 000
固定费用	折旧费	25 000
	管理费	20 000
	保险费	2 000
	合计	47 000

表 11-17 直接材料采购预算表　　　　　　　　　　　　　金额单位：元

季度	1	2	3	4	全年
预计生产量（件）	1 400	1 600	2 400	1 500	

(续)

季度	1	2	3	4	全年
单位产品材料消耗定额（千克/件）					
预计生产需要量（千克）					
材料计划成本（元/千克）					
预计材料成本（元）					

表 11-18　直接人工预算　　　　　　　　　　金额单位：元

季度	1	2	3	4	全年
预计生产量（件）	1 400	1 600	2 400	1 500	
单位产品工时定额					
直接人工总工时					
小时工资率（元/小时）					
直接人工成本总额					

表 11-19　制造费用分配预算表　　　　　　　　　单位：元

成本明细项目		金额	费用分配率
变动费用	间接人工	30 000	
	间接材料	28 000	
	修理费	4 000	
	水电费	1 000	
	合计	63 000	
固定费用	折旧费	25 000	
	管理费	20 000	
	保险费	3 000	
	合计	48 000	

表 11-20　单位产品成本预算和期末存货预算　　　　　单位：元

成本项目	价格标准	用量标准	合计
直接材料			
直接人工			
变动制造费用			
单位产品成本	—	—	
期末存货预算	期末存货量（件）		200
	单位产品成本		
	期末存货金额		

第十二章

成本控制

导入案例

2004年10月,北京三元牛奶已经在大本营市场上退居第三,排在蒙牛、伊利之后,而在巅峰时期,三元曾占据了北京市场的八成,即使是2003年,三元也有超过50%的市场份额。面对此次大本营失守,相关专业人士分析,三元牛奶成本控制乏力是主要原因。2004年,各种原材料都出现了不同幅度的涨价。与2003年相比,最高时,玉米价格涨幅33%,大豆涨幅为73%,而与此同时,奶价却下跌了近四成。这虽然是行业性的困难,但与它的主要竞争对手相比,三元的成本控制能力明显较弱。2004年1月至9月,伊利主营业务成本占主营业务比例为70.34%,而三元的比例为79.11%。这直接导致了三元的主营业务利润率低于伊利8个百分点,三元的管理费用占主营业务收入比例也是伊利的好几倍。三元成本高于对手,除了地处北京,土地、原材料、环保以及奶源建设投入大,人工成本几乎要高于某些竞争对手两倍以上。

那么企业在日常经营管理中应该如何进行成本控制才能有效地规避各种风险呢?

学习目标

1. 掌握目标成本控制、定额成本控制和标准成本控制的特点、计算程序、适用范围及优缺点。
2. 掌握目标成本、定额成本和标准成本是如何促进成本控制的。
3. 理解在什么情况下,采用何种方法进行成本控制。

难点提示

1. 目标成本的控制和分解。
2. 标准成本差异的计算与分析。

第一节 成本控制的原则与程序

一、成本控制的概念

成本控制主要是在企业生产经营过程中,运用成本会计方法,对产品成本的一切生产成本和经营管理费用进行严格的计算、分析和控制,将实际成本、费用与预算相比较,及时发现偏差,并采取有效措施,将产品实际成本和经营管理费用限制在预定的标准范围之内的一种管理行为。

成本控制有广义和狭义之分。广义的成本控制包括事前控制、事中控制和事后控制,成本控制贯穿生产经营过程的各个环节。狭义的成本控制指在产品生产过程中的控制,即事中成本控制。

二、成本控制的原则

成本控制是成本管理的重要组成部分,在成本控制过程中应遵循以下原则。

1. 全面性原则

全面控制原则是指成本控制包括全员、全过程和全部控制。全员控制是指成本控制涉及企业的全部员工,不仅包括财务和成本管理人员,还包括高层管理人员、生产技术人员等,全部员工一起同心协力,才能使成本控制有效进行。全过程控制要求以产品寿命周期成本形成的全过程为控制领域,从产品设计到产品售后的所有阶段都进行成本控制。全部控制是指对产品生产的全部费用进行控制,不仅要控制变动成本,还要控制产品生产的固定成本。

2. 差异性原则

根据这一原则,要求成本管理人员在日常生产经营过程中,注意留意那些重要的、不正常的、不符合常规的关键性成本差异。成本控制要将注意力集中在产生差异的因素上,分析差异产生的原因,这样才能抓住主要问题,大大降低成本控制的耗费。

3. 经济性原则

成本控制的目的是为了降低成本,提高经济效益。提高经济效益并不是一定要降低成本的绝对数,更为重要的是实现相对的成本节约,取得最佳经济效益,以一定的消耗取得更多的成果。同时,成本控制制度的实施,也要符合经济效益原则。

三、成本控制的基本程序

1. 制定成本标准

成本标准是用来评价和判断成本控制工作完成效果和效率的尺度。在成本控制过程中,必须事先制定一种衡量标准,用以衡量实际的成本水平。目标成本控制中的目标成本、定额成本控制中的成本定额和标准成本控制中的标准成本都是这样的成本标准。在实际工作中,成本控制的标准应根据成本形成的阶段和内容不同具体确定。成本标准要适中才能合理体现成本控制的价值。

2. 具体各项成本控制

将成本标准层层分解，具体落实到各个项目上，落实到具体负责人，充分调动全员成本控制的积极性和创造性。成本形成过程的控制主要包括以下几个方面。

（1）设计成本控制。产品成本控制是由产品设计开始的，设计的合理才可以生产出优质、低成本的产品，给企业带来良好的经济效益。产品的设计阶段不仅可以控制产品投产后的生产成本，还可以控制产品用户的使用成本，在市场竞争日益激烈的今天，这一点尤其重要。确立成本优势，就是要在成本水平一定的情况下，提高客户的使用价值，或在成本水平提高不大的情况下，客户的使用价值大幅度地提高，要做到这一点，设计阶段的成本控制至关重要。因此，必须从全局出发，研究产品生产成本与使用成本之间的关系，比较各设计方案的经济效果，做出适当的决策。

（2）生产成本控制。它是通过对产品生产过程中的物流控制来控制价值形成的过程，包括对供应过程中的原材料采购和储备的控制、生产过程中的原材料耗用控制及各项费用的控制。这是一个动态的过程，必须不断地对照成本标准，对成本的实际发生过程进行控制。

（3）费用预算控制。产品制造费用的控制，主要通过预算来进行，使成本的发生处于预算监督下。

3. 揭示成本差异

利用成本标准、预算与实际发生的费用相比较计算成本差异，是成本控制的中心环节。通过揭示差异，发现实际成本与成本标准或预算是否相符，是节约还是超支。如果实际成本高于标准成本或预算，就存在不利差异，就要分析差异产生的原因，采取相应的措施，控制成本的形成过程。为了便于比较，揭示成本差异时所搜集的成本资料的口径应与成本标准的制定口径一致，避免出现两者不可比的现象。

4. 进行考核评价

通过对成本责任部门的考核和评价，奖优罚劣，促进成本责任部门不断改进工作，实现降低成本的目标。同时，通过考核评价，发现目前成本控制中存在的问题，改进现行成本控制制度及措施，以便有效进行成本控制。

四、成本控制的意义

1. 成本控制是企业成本管理的核心

成本管理按时间先后分为事前管理、事中管理和事后管理。其中事前管理包括成本预测、成本决策和成本计划；事中管理包括成本控制；事后管理包括成本核算、成本分析和成本考核。成本控制在企业成本管理的全过程中处于核心地位。成本控制一方面要将成本控制在成本预测、决策和计划范围内，另一方面要保证企业目标的实现。成本预测、成本决策和成本计划为成本控制提供依据，成本核算、成本分析和成本考核反映了成本控制的结果。因此，成本控制工作是否做好，直接关系到企业成本目标、成本计划能否实现，从而直接影响企业利润目标的实现。

2. 成本控制是提高企业经济效益的手段

成本费用与企业经济效益是一个此消彼长的关系，成本费用高，经济效益就会差，成本费用低，经济效益就会高。所以，降低成本、节约费用是提高企业经济效益的主要途径。要求达到降低成本、节约费用的目的，就必须加强成本管理，其中的一项重要工作就是强化成本控制。成本控制属于事中控制，对企业生产经营过程中的一切耗费进行约束控制，使其朝着预定的目标发展。如果企业成本控制不得力，成本降低的目标就难以实现，企业经济效益就不可能提高。

3. 成本控制是提高企业竞争力的保证

在市场经济条件下，企业之间的竞争愈来愈激烈，只有企业提高自身产品竞争力才能在市场中取得相应的份额。要增强企业的竞争能力，一是要降低产品的成本，二是要提高产品质量，三是要不断开发新产品。在这三条中，降低成本是最重要的，因为产品成本降低之后，可以削减产品价格，从而增加产品销量，扩大产品销售渠道。产品销路扩大了，经营基础稳固了，便有能力去提高产品质量，创新产品设计。而产品质量提高受合理成本水平所制约。因此加强成本控制、降低产品成本、节约各项费用是增强企业竞争能力的重要手段。

第二节　目标成本控制

一、目标成本控制的定义

目标成本法是以客户愿意支付的价格为基础确定企业产品或服务成本的方法，将目标成本法与目标管理方法相结合用于成本控制，就是目标成本控制。目标成本控制是指基于市场导向和市场竞争的管理理念与方法，以具有竞争性的市场价格和目标利润倒推出目标成本，继而进行全方位控制，以达到目标。

目标成本控制强调管理以目标成本为出发点，对目标成本实现过程进行严格的控制，确定成本差异，查找原因，明确责任。

$$目标成本 = 目标价格 - 目标利润$$

二、目标成本控制的程序

1. 目标成本的制定

目标成本法是根据设定企业目标成本来实施成本控制的，由目标成本公式可知，在进行新产品开发和改型时，企业应首先确定产品的目标价格，预先估计消费者可接受的价格，然后根据企业生产经营的实际情况，确定一个可接受的利润水平，再倒推出目标成本。

2. 目标成本的可行性分析

确定目标成本后，再对目标价格、目标利润和目标成本三个方面进行可行性分析。分析目标价格，主要通过市场调研，了解消费者对产品功能和质量的要求以及他们可接受的价格，来进行评价。同时，市场调研必须掌握对手产品的功能、价格、质量以及服务水平，将这些资料与本企业产品的资料进行对比，通过比较，判断产品售价的可行性。企业的目标利润是否与企业中长期发展目标及利润计划相配套，要考虑销售、利润、投资回报、现金流量、成本结构、市场需求等因素的影响。最后根据企业实际成本的变化趋势、同类企业的成本水平，分析本企业成本节约的潜力，估计判断企业目标成本的可实现程度。

3. 目标成本的实施过程

在产品设计阶段，运用价值工程、成本分析等方法，寻求最佳设计方案；在产品制造过程中，进行严格控制，用最低的成本达到顾客需要的功能和品质要求；在产品的销售和售后服务阶段，在充分满足顾客要求的情况下，把费用降至最低。

4. 目标成本的考核与修订

产品实际销售后，追踪调查客户满意度和市场反映情况，将所有反馈信息收集以后用于对产品的财务目标和非财务目标完成情况的考核，经过与企业目标生产情况的比较分析，对目标成本执行过程进行考核和修订。

三、产品设计阶段目标成本控制

产品设计是目标成本控制的一个关键阶段。因为产品成本的大部分在产品设计阶段已经被锁定了，如果产品设计不合理，成本必然会高，要在生产过程中降低成本也不是很容易。所以，在此，主要分析产品设计阶段的目标成本控制。

实行目标成本管理，要求将成本指标作为企业经营决策的一项重要因素，它不是在新产品设计后产生，而是作为新产品设计前的目标，以目标成本作为新产品设计的一项重要依据，这和传统成本管理主要是对生产和销售过程中的成本耗费进行控制是不同的。可以说，设计研制阶段的节约是最有效的节约，设计研制中的失误，会导致成本控制"先天不足"，会导致巨大的浪费。因此，加强设计研制阶段的成本控制意义重大。

（一）目标成本的测定

在开发新产品或更新老产品时，先测定产品的目标成本作为成本控制的标准。测算目标成本时，用预计最可能赢得消费者认可的产品售价减去目标利润，就得到目标成本（暂不考虑税金）。其计算公式为：

$$目标成本 = 目标价格 - 目标利润$$

目标利润的计算方法有两种，利用同行业或本企业同种产品的销售利润率或成本利润率计算：

$$目标成本 = 产品预计售价 \times (1 - 销售利润率)$$

或：

$$目标成本 = 产品预计售价 - 目标成本 \times 成本利润率$$
$$= 产品预计售价 \div (1 + 成本利润率)$$

【例 12-1】A 企业新产品的预计单位售价为 1 000 元，同类老产品的销售利润率为 25%，成本利润率为 33.33%，求该新产品的目标成本。

$$单位产品成本 = 1\,000 \times (1-25\%) = 750(元)$$

或:$$单位产品成本 = 1\,000 \div (1+33.33\%) = 750(元)$$

(二)目标成本的分解

进行目标成本控制,需要将目标成本分解为小指标,落实到各设计小组和设计人员,这个过程称之为目标成本细化。

(三)设计成本的计算

将目标成本细分后,必须对其成本进行测算。测算方法有以下三种。

1. 直接法

单位产品直接材料设计成本 = Σ(单位产品各种材料消耗定额 × 各种材料单价)

单位产品直接人工设计成本 = 单位产品设计工时定额 × 小时薪酬率

单位产品制造费用设计成本 = 单位产品设计工时定额 × 小时费用率

单位产品设计成本 = 单位产品直接材料设计成本 + 单位产品直接人工设计成本 + 单位产品制造费用设计成本

2. 概率法

新产品设计成本,除了直接材料成本采用直接法计算,其他成本项目可比照类似产品成本中该项目所占比重来计算。其计算公式如下:

产品设计成本 = 直接材料成本 ÷ [1-(直接人工成本比重 + 制造费用成本比重)]

3. 分析法

如果开发的产品与可比产品相类似,则可在可比产品的基础上,通过比较分析两种产品在结构、用料、工艺上的异同,计算两者的差异成本并进行调整,求得新产品的设计成本。

(四)设计成本与目标成本的比较

将测算的设计成本与目标成本比较,若设计成本大于目标成本,则要求企业采取措施降低成本,重新设计或改进方案,寻求降低成本的最大潜力。若设计成本小于或等于目标成本,则按设计方案进行能完成目标利润,达到成本控制的目的。

(五)评价设计方案

一种新产品往往会有多种设计方案,评价时可采用定性和定量分析相结合的方式,从技术、经济和社会效益上综合分析不同方案的可行性,选择最优方案。其评价原则如下。

(1)节能减排,符合环保设计要求,进行绿色设计。

(2)技术上可行。

(3)设计成本小于目标成本。

(4)如果各设计方案成本、售价、销量都不同,应综合分析成本利润率和总盈利。

(5)一般来讲设计成本最低的方案是最优的,但是不能绝对化,应进行功能分析,考虑以下几点:产品是否过分强调质量而产生多余的功能;是否存在多余的零件、多余的加工工序;是否因安全系数过大而使零件过重或材质不适当;能否在保证质量的情况下,采用价廉物美的材料,用标准化、通用化的零件取代专用零件;能否使产品结构尽可能地简化;是否便于维护、使用等。

四、目标成本控制案例分析

A公司是一家生产多媒体音箱的企业,占有全球35%的市场份额,主要生产甲型电脑音箱、乙型电脑音箱、丙型电脑音箱等三个系列产品,由于市场竞争日趋激烈,估计2016年上述音箱市场价格会下跌25%,公司经董事会决定,在全公司实行目标成本制,努力降低成本。具体实施步骤如下。

(1)确定市场价格。在销售量不变的前提下,预计音箱市场价格会下跌25%,2016年预计销售资料如表12-1所示。

表12-1　A公司2015～2016年销售资料

	2015年		2016年(预计)	
	销售量(台)	销售额(万元)	销售量(台)	销售额(万元)
甲型电脑音箱	6 200	2 178	6 200	1 633
乙型电脑音箱	18 000	5 421	18 000	4 066
丙型电脑音箱	14 000	3 719	14 000	2 789
合计		11 318		8 488

(2)确定目标利润。根据企业目标,要确保2016年利润总额不低于2015年(2015年利润额为964万元),2016年目标利润定为978万元。

(3)确定目标成本。2016年目标成本:8 488-978=7 510(万元)。

(4)目标成本分解。为将成本控制在该目标之内,2016年生产成本(直接材料、直接人工、制造费用)要比2015年降低30%,期间费用(管理费用、销售费用、财务费用)要比2015年降低10%。具体资料如表12-2所示。

表12-2　A公司2015～2016成本资料　　　　单位:万元

	2015年	2016年		2015年	2016年
生产成本			期间费用		
直接材料	6 202	4 342	管理费用	1 105	994
直接人工	918	643	销售费用	71	64
制造费用	1 923	1 346	财务费用	135	121

A公司实行目标成本制以前都是按部门来归集费用的,这就为目标成本的分解创造了条件。2016年各项目标成本和费用都是以2015年的部门成本费用为基础,考虑到目标年度各项因素的变化而制定的。即生产成本在2015年的基础上减少30%,期间费用在2015年的基础上减少10%。详述如下。

1)A公司直接材料目标成本的制定和分解。由表12-2可知,2015年直接材料成本为6 202万元,假设2016年生产的产品种类与2015年相同,并且产销量相同,则按30%比例降低后,2016年直接材料成本为4 342万元,具体成本资料如表12-3所示。

表 12-3　直接材料目标成本分解　　　　　　　　　　　　单位：万元

	2015 年	2016 年		2015 年	2016 年
甲型电脑音箱	1 193	835	丙型电脑音箱	2 038	1 427
乙型电脑音箱	2 971	2 080	合计	6 202	4 342

备注：我们的做法是，并非每种材料成本都要在 2015 年的基础上减少 30%，只要总体上达到此减幅即可。因为构成同一产品的各种材料是从不同的供应商采购的，必然有的材料的降价空间大，有的材料的降价空间小。在总目标不变的前提下，不同材料的降价幅度可由采购部门自行掌握，这符合责权利相结合的原则，可以调动采购部门完成材料目标成本的积极性和创造性。采购部门必须千方百计将材料采购成本控制在目标之内。

2）A 公司直接人工目标成本的制定和分解。A 公司 2016 年直接人工总目标成本也是在 2015 年的基础上减少 30%。即由 2015 年的 918 万元减少到 2016 年的 643 万元。具体成本资料如表 12-4 所示。

表 12-4　直接人工目标成本分解　　　　　　　　　　　　单位：万元

	2015 年	2016 年		2015 年	2016 年
甲型电脑音箱	177	124	丙型电脑音箱	301	211
乙型电脑音箱	440	308	合计	918	643

3）A 公司制造费用的制定和分解。2016 年制造费用拟在 2015 年的基础上下降 30%，即 2016 年制造费用目标总额为 1 346 万元，具体成本资料如表 12-5 所示。

表 12-5　制造费用目标成本分解　　　　　　　　　　　　单位：万元

	2015 年	2016 年		2015 年	2016 年
制造工程部	391	274	音箱生产车间	1 073	750
喇叭生产车间	460	322	合计	1 924	1 346

在保证实现制造费用目标总额的前提下，上述三个部门有权将各自的制造费用总目标分解给班组和个人，形成班组和个人的目标和责任，并提出保障目标实现的措施。

4）A 公司期间费用的制定和分解。A 公司的期间费用有销售费用、管理费用、财务费用三种。期间费用在日常核算中是按部门归集的，归集的原则是：哪个部门受益，费用就归集到哪个部门，对于不能直接分清受益对象的费用或者由多个部门共同受益的费用，则归集到有权控制该项费用的部门。期间费用在 2015 年的基础上减少 10%，依此原则，期间费用的目标分解实例如表 12-6 所示。

表 12-6　期间费用成本分解　　　　　　　　　　　　单位：万元

	销售费用		管理费用		财务费用	
	2015 年	2016 年	2015 年	2016 年	2015 年	2016 年
进出口部	71	64	12	10	—	—
物控部	—	—	72	65	—	—
采购部	—	—	27	25	—	—
人事部	—	—	696	627	—	—
财务部	—	—	90	81	135	121

(续)

	销售费用		管理费用		财务费用	
	2015年	2016年	2015年	2016年	2015年	2016年
电脑部	—	—	103	92	—	—
品质部	—	—	38	34	—	—
产品开发部	—	—	67	60	—	—
合计	71	64	1 105	994	135	121

（5）实施目标成本控制。

1）产品开发设计过程的目标成本控制。A公司产品设计部门对产品进行了一定的改造：将甲型电脑音箱中27个金属垫片中的21个换成了塑料垫片，使每个垫片成本降低0.11元（合计2.31元）；用稍低功率的12个喇叭代替现有的12个喇叭，使每个喇叭成本降低3.11元（合计37.32元）；与PCB板供应商进行了艰苦的谈判，使单台音箱材料成本降低31.5元（3块×10.5元/块）；采用通用模具代替专用模具，使单台音箱成本降低4.36元；用0.7厘米的塑料外壳代替0.9厘米的塑料外壳，使单台音箱成本降低6.45元。以上措施使单台音箱成本降低额合计为81.94元。用同样方法，使乙型电脑音箱和丙型电脑音箱的单位成本分别降低79.7元和77.13元（见表12-7）。

表12-7 单位成本降低额

单位：元

	2016年
甲型电脑音箱	81.94
乙型电脑音箱	79.7
丙型电脑音箱	77.13

2）材料采购目标成本控制。A公司将材料成本降低目标向供应商挤压，供应商又将其成本目标向它的供应商挤压，使材料采购成本沿着供应链向后挤压，最终使材料采购成本降低额如下：使甲型电脑音箱、乙型电脑音箱和丙型电脑音箱单台采购成本降低额分别为486.84元、408.03元和353.03元。

3）生产过程中材料成本的控制。A公司材料报废除生产过程中产生外，还在其他环节产生：由于A公司是根据美国公司下的订单生产的，A公司根据这些订单的要求由工程部开发出样机后，采购部根据客户订单的交货期提前40天左右下订单给材料供应商。随后不久，有些客户订单由于客户的原因会在外观及功能等方面进行修改，要按新的要求生产出产品，必然需要供应商按新的要求生产材料，原来的部分材料订单必然要取消，取消订单给供应商造成的材料报废损失自然由A公司承担。

A通过与供应商协商将订货时间由原来的40天缩短为29天，同时提高产品开发速度和推行适时生产系统，尽量使库存等于零（但并未完全做到），使取消订单造成的报废明显减少。通过采取以上措施，A公司材料废品率由原来的2.2%降低为现在的1.75%，使单台音箱的材料用量减少。单台音箱的材料报废成本降低如下：使甲型电脑音箱、乙型电脑音箱和丙型电脑音箱单台材料报废成本降低额分别为8.66元、7.43元和6.55元。

通过价值工程、采购管理和生产管理，使直接材料成本降低总额为1 860万元。其中：

甲型电脑音箱材料成本降低额约为358万元［6 200×（81.94+486.84+8.66）］；

乙型电脑音箱材料成本降低额约为891万元［18 000×（79.7+408.03+7.43）］；

丙型电脑音箱材料成本降低额约为 611 万元 [14 000×（77.13+353.03+6.55）]。

4）直接人工成本控制。为完成直接人工目标成本，A 公司组织人力资源部将生产工人每小时工资由 2015 年的 5.25 元调减为 2016 年的 4.98 元（即目标工资率）；同时尽量采用自动化作业，尽量消除非增值作业，减少人工作业和减少加班，使甲型电脑音箱、乙型电脑音箱、丙型电脑音箱的单位产品生产工时分别由 2015 年的 54.26 小时、46.52 小时、41.03 小时减少为 2016 年的 40.04 小时、34.33 小时、30.28 小时（即目标工时）。然后将此目标工时落实给生产部门，生产部门又将此目标工时分解到产品制造的每一道工序和每一个车间，车间又将目标分解给班组和个人（见表 12-8）。其中：

甲型电脑音箱降低额约为 53 万元（6 200 台 ×85.47 元）；

乙型电脑音箱降低额约为 132 万元（18 000 台 ×73.27 元）；

丙型电脑音箱降低额约为 90 万元（14 000 台 ×64.61 元）；

直接人工降低总额：53+132+90=275（万元）。

表 12-8　A 公司直接人工成本控制

	2015 年			2016 年			差额（元）
	目标工时（小时）	目标工作率	工资总额	目标工时（小时）	目标工作率	工资总额	
甲型电脑音箱	54.26	5.25	284.87	40.04	4.98	199.40	85.47
乙型电脑音箱	46.52	5.25	244.23	34.33	4.98	170.96	73.27
丙型电脑音箱	41.03	5.25	215.41	30.28	4.98	150.79	64.62

5）制造费用的控制。A 公司制造费用中比较大的三项费用是水电费、低值易耗品摊销和厂房租金。过去，生产和生活用电都靠公司自己的二台发电机发电，发电用的柴油是外购的，但柴油价格在不断上涨，昂贵的发电机一年要大修一两次，每修一次都要花费四五万元人民币，有三名机修工专门负责发电机的日常运行和小修理，加上发电机的折旧，每发一度电的成本是人民币 1.36 元，而供电公司的每度电只有人民币 0.78 元，公司决定无论是生产还是生活用电，平时只用供电公司的电，只有停电时才自行发电，三名专职的机修工变为兼职的，此做法同时也减少了发电机的磨损和修理费，这样，使公司 2016 年比 2015 年减少电费 235 万元。

过去，低值易耗品的申购和使用处于失控状态，特别是生产部门盲目申购生产用小型工具，机修部门盲目申购维修用品及工具，并且丢失和损坏严重。公司决定每个部门设一名兼职的财产管理员，由财务部的一名副主管总负责（兼职），负责登记低值易耗品数量式明细账和进行日常管理，每季度盘点一次，发现账实不符的，管理员要负责查明原因后上报副总经理，由副总经理对责任人进行必要的奖罚。此措施使此项费用 2016 年比 2015 年减少 45 万元。

A 公司部分厂房是租赁的，公司人事部组织人员对本市其他镇区的租金情况进行了大量调查，结合交通情况、地理位置、经济发展情况等，发现公司的租金偏高，于是公司与房东进行了卓有成效的谈判，使租金有所降低，与 2015 年相比，2016 年租金减少了 25 万元。

制造费用的其他项目也有不同程度的降低，使 2016 年制造费用总额比 2015 年降低了 577 万元，实现了目标。

6）期间费用的控制。A 在未实行目标成本控制以前，也一直是把部门作为成本中心来归集费用的，这非常有利于将目标值按部门进行分解和落实。

2016 年，公司对广告费、利息、交际应酬费、售后服务费用、差旅费等实行了重点监控：进出口部对广告效益进行了评估，控制了不必要的广告费支出；财务部对资本结构和资产负债情况进行了分析，寻求最佳债务结构，努力降低资金成本；财务部也制定了交际应酬费的管理办法，杜绝了以交际应酬为名，用公款吃喝的现象；公司为了加强和完善售后服务，着眼企业长远发展目标，增加了售后服务费用；人事部制定了切实可行的差旅费报销标准，使该项费用控制有章可循，比如，通过调查分析，确定了公司不同级别人员，出差不同城市的交通费和住宿费报销标准。

实际运行结果是：2016 年的期间费用比 2015 年降低了 10%，即降低了 132 万元。其中：销售费用降低额为 7 万元，管理费用降低额为 111 万元，财务费用降低额为 14 万元，实现了期间费用的降低目标。

（6）在目标控制成本法下的实际运行结果（见表 12-9）。

表 12-9　A 公司 2016 年目标成本控制法实际运行成果　　　　单位：万元

	2015 年	2016 年目标成本	2016 年实际成本		2015 年	2016 年目标成本	2016 年实际成本
生产成本				期间费用			
直接材料	6 202	4 342	4 342	管理费用	1 105	994	994
直接人工	918	643	643	销售费用	71	64	64
制造费用	1 923	1 346	1 346	财务费用	135	121	121

综上所述，2016 年 A 公司实现了成本降低的目标。

第三节　定额成本控制

一、定额成本控制的定义

（一）定义

定额成本法，是为了反映产品实际成本脱离定额成本的差异，配合企业加强定额管理和进行成本控制所采用的一种成本计算方法。将定额成本法用于成本控制，就是定额成本控制。其基本原理是：在实际费用发生时，将其划分为定额成本与定额差异成本两个部分来归集，并分析产生差异的原因，及时反馈到管理部门，月终以产品定额成本为基础，加（减）所归集和分配的差异，以此求得产品实际成本。

（二）特点

定额成本法具有以下几个特点。

一是定额成本法是一种将成本计算和成本管理相结合的方法。

二是定额成本法把事前制定出的产品消耗定额、费用定额和定额成本作为降低成本的目标。

三是定额成本法在生产费用发生的当期就将符合定额的费用和发生的差异分别核算,以加强成本差异的日常核算和控制。

四是定额成本法在计算产品的实际成本时,在定额成本的基础上加减各种成本差异,为成本的定期考核和分析提供了数据。

二、定额成本控制的基本程序

运用定额成本法进行成本控制时,基本程序如下。

(1)确定成本计算对象及其定额成本的计算。

(2)进行成本定额逐项分解,计算各成本项目的定额费用,编制产品定额成本表。

(3)计算各种差异并予以汇总。

(4)在完工产品和在产品之间分配各种差异。

(5)计算产品实际成本。即将产品定额成本加减所分配的定额成本差异、定额变动差异及材料成本差异。

三、定额成本及其差异计算

运用定额成本法进行成本控制时,主要通过差异计算来控制、分析产品成本。产品成本的差异主要有日常脱离定额的差异、定额变动差异和材料成本差异,具体计算方法如下。

(一)定额成本的计算

产品的定额成本一般由企业的计划、技术、会计等部门共同制定。根据企业制定的产品的原材料、动力、工时等消耗定额及各项消耗和原材料的计划单价、计划直接人工费用率或计件工资单价等资料,来预计产品成本。它是衡量生产费用节约或超支的尺度,一般产品的定额成本是分成本项目计算的,定额成本计算的基本公式如下:

$$直接材料费用定额 = 直接材料消耗定额 \times 直接材料计划单价$$

$$直接人工费用定额 = 生产工时定额 \times 直接人工计划费用率$$

$$制造费用定额 = 生产工时定额 \times 制造费用计划费用率$$

为了便于成本分析和考核,定额成本的成本项目和计算方法应与计划成本、实际成本包含的成本项目和计算方法一致。直接材料通常在开工时一次性投入,直接人工和制造费用通常按生产工时比例分配计入产品成本。

(二)脱离定额差异的计算

脱离定额差异是指生产费用脱离现行定额或预算的数额,它标志着各项生产费用支出的合理程度,即产品实际耗用的费用与定额费用之间的差额。采用定额成本法进行成本控制的关键就是核算脱离定额的差异,然后分析产生差异的原因,确定差异责任,并采取及时有效的措施。

1. 直接材料脱离定额差异的计算

直接材料脱离定额差异实质上是实际消耗量与定额消耗量之间的差额,其计算公式如下:

直接材料脱离定额差异=(实际消耗量-定额消耗量)×直接材料计划单价

【例 12-2】 柳林公司生产甲产品,2×16 年 3 月,实际生产 500 件甲产品,实际耗用 A 材料 100 000 千克,实际单价为 15 元/千克;实际耗用 B 材料 125 000 千克,实际单价为 13 元/千克。柳林当年制定的 A、B 材料的定额消耗量分别为 180 千克、260 千克;A、B 材料的计划单价分别为 15 元/千克、14 元/千克。

A 材料脱离定额差异=(100 000-500×180)×15=150 000(元)

B 材料脱离定额差异=(125 000-500×260)×14=-70 000(元)

由以上计算结果可知,甲产品的直接材料形成 80 000 元的不利差异,其中,A 材料形成 150 000 元的不利差异,B 材料形成 70 000 元的有利差异。A 材料因实际耗用量大于定额耗用量导致其形成不利差异,公司应进行进一步分析,明确责任归属。

2. 直接人工脱离定额差异的计算

在计算直接人工脱离定额差异时,分为计件工资下的直接人工脱离定额差异和计时工资下的直接人工脱离定额差异。

(1)在计件工资形式下,如果工资定额不变,按计划单价支付的工资就是定额工资,工资定额差异主要是由于变更工资条件而多付的工资、加班加点工资、停工工资等引起的。

(2)在计时工资形式下,直接人工计入产品成本有两种情况,一种是能直接计入产品成本的,一种是不能直接计入产品成本的,因而工资差异计算的方法也有所不同。

1)属于直接计入费用的计时工资,其计算公式如下:

直接人工脱离定额差异=实际生产工资-(实际产量×生产工资费用定额)

2)属于间接计入费用的计时工资,其计算公式如下:

$$小时实际工资率=\frac{实际生产工资总额}{实际生产工时总额}$$

$$小时计划工资率=\frac{计划产量的定额生产工资}{计划产量的定额生产工时}$$

实际生产工资=实际生产工时×小时实际工资率

定额生产工资=定额生产工时×小时计划工资率

直接人工脱离定额差异=实际生产工资-定额生产工资

【例 12-3】 同上例,2×16 年 3 月,柳林公司为生产甲产品,实际耗用人工工时为 18 000 小时,实际发生的直接人工成本为 190 000 元,柳林制定的小时计划工资率为 8 元/工时,定额生产工时为 30 工时/件。发生的计时工资直接计入产品成本。

直接人工脱离定额差异=190 000-500×30×8=70 000(元)

3. 制造费用脱离定额差异的计算

制造费用属于间接费用,在发生时先按发生地点进行归集,月末才能直接或分配计入产品成本。因此制造费用脱离定额差异只能根据费用计划、费用项目核算,以此控制和监督费用的发生,在月末才能按照上述计时工资的计算公式确定。其计算公式如下:

$$小时实际制造费用率 = \frac{实际制造费用总额}{实际生产工时总额}$$

$$小时计划制造费用率 = \frac{计划制造费用总额}{计划产量的定额生产工时}$$

实际制造费用 = 实际生产工时 × 小时实际制造费用率

定额制造费用 = 定额生产工时 × 小时计划制造费用率

制造费用脱离定额差异 = 实际制造费用 − 定额制造费用

【例12-4】 2×16年4月,柳林公司某一生产车间生产A、B两种产品,实际发生制造费用共计200 000元,A产品耗用的实际人工工时为1 400小时,B产品耗用的实际人工工时为600小时。柳林生产A、B产品计划制造费用总额为180 000元,A产品计划耗用人工工时数为1 200小时,B产品计划耗用人工工时数为300小时。

小时实际制造费用率 = 200 000 ÷ (1 400+600) = 100(元/小时)

小时计划制造费用率 = 180 000 ÷ (1 200+300) = 120(元/小时)

A产品实际制造费用 = 1 400 × 100 = 140 000(元)

A产品定额制造费用 = 1 200 × 120 = 144 000(元)

A产品制造费用脱离定额差异 = 140 000 − 144 000 = −4 000(元)

B产品实际制造费用 = 600 × 100 = 60 000(元)

B产品计划制造费用 = 300 × 120 = 36 000(元)

B产品制造费用脱离定额差异 = 60 000 − 36 000 = 24 000(元)

(三)材料成本差异的计算

在定额成本法下,材料或半成品的日常核算以计划成本计价而产生的材料或半成品实际成本与计划成本的差异,反映所耗材料或半成品的价差。原材料的定额费用和脱离定额差异都按原材料的计划成本计算,因此必须分配材料成本差异。通常由财会部门于月末一次分配计入产品成本。为了简化和加速各步骤成本计算工作,材料成本差异一般由完工产品成本负担,不计入月末在产品成本,其计算公式如下:

某产品应分配材料成本差异 = (该产品直接材料定额成本 ± 直接材料定额差异)

× 材料成本差异率

(四)定额变动差异的计算

定额变动差异是由于修订消耗定额而产生的新、旧定额成本之间的差额。它与生产费用的超支或节约无关,是定额成本本身运用的结果。定额成本修订一般定期地在月初、季初或年初进行,月初在产品的定额成本仍按照旧定额计算,为了使月初在产品定额成本和本月投入产品的定额成本水平一致,以计算产品实际成本,就应按新定额对月初在产品的定额成本进行调整,计算出月初在产品的定额变动差异。至于月份内发生的定额变动,为了简化核算，可以暂时不调整，待下月初再进行调整，调整方法如下。

1. 直接计算法

根据在产品盘存资料，先求出变动前和变动后单位零部件定额差异数量，乘以定额变动的零部件数量，再乘以材料单价，即得定额变动差异金额，其计算如下：

月初在产品定额变动差异 = Σ[（变动前单位零件材料定额消耗量 − 变动后单位零件材料定额消耗量）× 定额变动的零件数量 × 材料单价]

2. 系数换算法

$$系数 = \frac{按新定额计算的单位产品成本}{按旧定额计算的单位产品成本}$$

月初在产品定额变动差异 = 按旧定额计算的月初在产品成本 ×（1 − 系数）

一方面由于消耗定额的变动一般表现为不断下降的趋势，因而月初在产品定额变动差异应从月初在产品定额成本中扣除该项差异；另一方面由于该项差异是月初在产品生产费用的实际支出，因此还应该将该项差异计入本月产品实际成本。若消耗定额不是下降而是上升的，则月初在产品定额成本中应加入该项差异，但实际上并未发生该项支出，所以应将其从实际成本中扣减。

对于定额变动差异，一般应该按照定额成本比例在完工产品和在产品之间进行分配；如果差异数量不大，也可以全部归完工产品成本负担。

（五）产品实际成本的计算

产品实际成本的计算是以定额成本为基础，加减脱离定额差异、材料成本差异和定额变动差异计算求得，计算公式如下：

产品实际成本 = 产品定额成本 ± 脱离定额差异 ± 定额变动差异 ± 材料成本差异

在核算月末在产品成本的情况下，月初核算实际产品成本时，还应将月初和本月发生的定额成本、定额差异和定额变动差异分别相加，并按成本项目分别计算出定额差异分配率和定额变动差异分配率，其计算公式如下：

$$定额差异分配率 = \frac{定额差异合计}{定额成本合计} \times 100\%$$

$$定额变动差异分配率 = \frac{定额变动差异合计}{定额成本合计} \times 100\%$$

根据产量记录和产品定额成本计算表，按成本项目计算完工产品的定额成本，然后分别乘以定额差异分配率和定额变动差异分配率，即得完工产品应负担的定额差异和定额变动差异。在完成产品定额成本的基础上，加减定额差异和定额变动差异以及材料成本差异，即得完工产品的实际成本。

四、定额成本控制举例

【例 12-5】某企业的主要产品为 A 产品，采用定额成本法来控制产品成本。2016 年 6 月有关生产情况和定额资料如下：月初在产品20件，本月投入产品150件，本月完工160件，月末在产品10件。假定在产品完工率为50%，原材料开工时一次性投入，材料消耗定额由5.4kg降为5kg，材料计划单价为6元，材料计划成本差异率为-2%，工时定额为5小时，计划小时工资率为4元，计划小时制造费用为4.5元。

在采用定额成本法时，2016年6月完工产品实际成本计算结果如表12-10所示。

表12-10 产品成本计算单

产品名称：A产品　　　　　　　　2016年6月　　　　　　　　　　单位：元

产量：160件

项目	行次	直接材料	直接人工	制造费用	合计
一、月初在产品成本					
定额成本	（1）	648	200	225	1 073
脱离定额差异	（2）	-20	10	12	2
二、月初在产品定额变动					
定额成本调整	（3）	-48			-48
定额变动差异	（4）	48			48
三、本月生产费用					
定额成本	（5）	4 500	3 100	3 487.5	11 087.5
脱离定额差异	（6）	50	16	34	100
材料成本差异	（7）	-91			-91
四、生产费用合计					
定额成本	（8）=（1）+（3）+（5）	5 100	3 300	3 712.5	12 112.5
脱离定额差异	（9）=（2）+（6）	30	26	46	102
材料成本差异	（10）=（7）	-91			-91
定额变动差异	（11）=（4）	48			48
五、差异分配率	（12）=（9）÷（8）	0.6%	0.8%	1.2%	—
六、产成品成本					
定额成本	（13）	4 800	3 200	3 600	11 600
脱离定额差异	（14）=（13）×（12）	28.8	25.6	43.2	97.6
材料成本差异	（15）=（10）	-91			-91
定额变动差异	（16）=（11）	48			48
实际成本	（17）=（13）+（14）+（15）+（16）	4 785.8	3 225.6	3 643.2	11 654.6
七、月末在产品					
定额成本	（18）=（8）-（13）	300	100	112.5	512.5
脱离定额差异	（19）=（9）-（14）	1.2	0.4	2.8	4.4

表12-10的填表说明如下。

（1）在表12-10中（1）月初在产品定额成本计算过程为：

直接材料定额成本=20×5.4×6=648（元）

直接人工定额成本=20×50%×5×4=200（元）

制造费用定额成本=20×50%×5×4.5=225（元）

（2）在表12-10中（3）月初在产品定额成本调整数计算过程：

月初在产品定额成本调整=月初在产品按调整后定额计算的定额成本-月初在产品按原定

额计算的定额成本 = 20×5×6−20×5.4×6 = −48（元）

（3）在表 12-10 中（5）定额成本计算过程为：

直接材料定额成本 = 150×5×6 = 4 500（元）

直接人工定额成本 = 155×5×4 = 3 100（元）

制造费用定额成本 = 155×5×4.5 = 3 487.5（元）

（4）在表 12-10 中（7）材料成本差异 =（4 500 + 50）×（−2%）= −91（元）

由表 12-10，我们可以看出，该企业本月 A 产品的完工产品的脱离定额差异为 97.6 元，其中直接材料脱离定额差异为 28.8 元，制造费用脱离定额差异为 25.6 元，直接人工脱离定额差异为 43.2 元；材料成本差异为 −91 元；定额变动差异为 48 元。因此，企业员工应分析造成差异的原因，采取积极有效的措施将产品实际成本控制在定额成本可接受范围内，这样才能更好地实现企业经营管理效益。

第四节　标准成本控制

一、标准成本控制的定义

（一）定义及特点

标准成本是指按照成本项目反映的、在已经达到的生产技术水平和有效经营管理条件下，应当发生的单位产品成本目标。标准成本控制的核心是按照标准成本记录和反映产品成本形成的过程和结果，并借以实现对成本的控制。标准成本包括理想标准成本、正常标准成本和现实标准成本。标准成本控制主要应用现实标准成本，即在现有技术条件下可以达到的标准成本。

标准成本控制的特点如下。

（1）标准成本制度只计算各种产品的标准成本，不计算各种产品的实际成本。

（2）实际成本与标准成本之间的各种差异分别计入各成本差异账户，并根据它们对日常成本进行控制和考核。

（3）标准成本控制可以与变动成本法结合，达到成本管理和控制的目的。

（二）标准成本的程序

（1）设定产品成本标准。

（2）计算实际消耗和标准成本的差额，计算产品实际成本。

（3）分析差异产生的原因。

（4）根据差异产生的原因，采取有效措施，在生产经营过程进行调整，消除不利与差异。

二、标准成本的制定

根据产品成本项目分类设定控制标准，即直接材料、直接人工和制造费用。标准设定包括各成本项目的消耗数量和价格，直接材料成本包括材料的用量和材料的价格，直接人工成本包括耗用的工时和小时工资率，制造费用成本包括耗用的工时和小时制造费用率。

（一）直接材料标准成本的制定

单位产品中直接材料的标准成本是由直接材料的标准用量和直接材料的标准价格两个因素决定的。

$$单位产品直接材料标准成本 = \Sigma（单位产品标准用量 \times 单位材料标准价格）$$

材料用量标准是指在现有生产条件下，结合企业的经营管理水平和成本降低要求，参照过去的材料消耗定额或过去消耗材料的平均数来制定的。计算平均数的方法有：使用某一特定标准期间（例如一个月或三个月）相似各批的平均数；使用确定标准之前的最佳的与最差的平均数。

若生产的是新产品，或者过去记录不能作为可靠基础，则用量标准应根据工程部门对产品最经济的尺寸、形状、质量考虑后确定，可采用测试产品法或数学及技术分析法。同时，对生产过程中不可避免的经常性报废材料应考虑合理报废的程度。

直接材料价格标准一般由成本会计人员与供应部门采购员合作制定，通常依据订货合同中的合同价格为基础，应考虑物价变动趋势及供求关系，同时考虑最经济的订购批量、最低廉的运输价格、合理的损耗等。

【例 12-6】 柳林公司预计 2×18 年 A 产品消耗的直接材料如表 12-11 所示。

表 12-11　预计 A 产品消耗的直接材料资料　　　　　　　　单位：元

标准	品种		标准	品种	
	甲材料	乙材料		甲材料	乙材料
预计采购单价	25	30	预计用量	600	800
预计运输、装卸、检验等成本	1	2	预计损耗量	3	4
单位材料标准价格（元/千克）	26	32	直接材料标准成本（千克/件）	603	804

单位产品消耗甲材料的标准成本 = 26×603 = 15 678（元）
单位产品消耗乙材料的标准成本 = 32×804 = 25 728（元）
A 产品直接材料的标准成本 = 15 678 + 25 728 = 41 406（元）

（二）直接人工标准成本的制定

产品成本中直接人工标准包括单位产品中单耗工时标准和小时工资率标准。

$$直接人工标准成本 = 单位产品耗时标准 \times 标准小时工资率$$

单位产品耗时标准一般应由工程技术人员制定。在制定时，应根据每个步骤或程序，依时间研究或动作分析方法制定。标准工作时间包括必要的间歇、不可避免的工作或材料迟延时间（短暂的停工待料）、机器调配及故障检修时间。

标准小时工资率应由成本会计人员与人事部门共同制定。采用计件工资制时，应按各类人员的平均工资率制定。

【例 12-7】 柳林公司预计 2×18 年生产 A 产品消耗的直接人工资料如表 12-12 所示。

表 12-12 预计 A 产品消耗的直接人工资料　　　金额单位：元

标准	生产过程	标准	生产过程
每人月工时数（8小时/天×26天）	208	提取职工福利费用比例	14%
生产工人人数	100	标准小时工资率	102.6
每月总工时数	20 800	生产加工时间（工时/件）	35
月工资总额	1 872 000	休息等其他时间（工时/件）	5
工资率标准（元/小时）	90	单位产品耗时标准（工时/件）	40

A 产品直接人工标准成本 =102.6×40=4 104（元）

（三）制造费用标准成本的制定

产品成本中的制造费用是指单位产品成本中所应分配的间接生产费用。一般是根据企业在一定时期的工厂间接费用预算总额，按照直接人工工时或机器设备运转工时，计算每单位工时制造费用率，按比例分配于每件产品。

制造费用标准成本 = 单位产品耗时标准 × 标准小时制造费用率

由于制造费用无法追溯到具体产品项目上，因此建立制造费用标准时，通常以责任部门为单位分别制定，按变动和固定制造费用编制，并从两个方面进行：一是标准制造费用分配率，二是标准制造费用预算。标准制造费用率应选择标准生产能量。标准生产能量是指企业利用生产设备从事产品制造的能力，即正常生产能力。生产能量的大小通常以产品生产数量或工作时间表示。在生产单一产品时，可直接用产品生产量来表示；在生产多种产品时，一般用产品生产量与单位产品耗用工时之积来表示。

$$\text{标准小时制造费用率} = \frac{\text{标准制造费用总额}}{\text{标准直接人工或机器工时或生产数量}}$$

【例 12-8】 柳林公司预计 2×18 年生产 A 产品，发生如下制造费用（见表 12-13）。

表 12-13 制造费用　　　金额单位：元

标准	生产车间	标准	生产车间
间接材料费用	100 000	管理人员工资	40 000
间接人工费用	80 000	固定性制造费用小计	120 000
变动性制造费用小计	180 000	预计机器工时总数	12 000
固定资产折旧费用	80 000	单位产品耗时标准（台时/件）	50

标准小时制造费用率 =（180 000 + 120 000）÷ 12 000 = 25（元/小时）

制造费用标准成本 = 50×25 = 1 250（元）

三、标准成本差异的计算与分析

标准成本是企业员工根据一定的历史资料设定的，在实际执行过程中不可能完全按照预先设定的成本进行，所以导致实际成本和标准成本不一致，二者的差额即形成了成本差异。在企业管理过程中成本标准有多种表现形式，如标准成本、目标成本、定额成本等，因而成本差异分析可以应用于各种成本控制方法。

成本差异是成本管理和控制的重点。成本差异分析为企业成本控制与管理提供了重要的信息，它既是成本控制的信息来源，又是实施成本控制的基础。

按照成本项目分类，标准成本差异包括直接材料成本差异、直接人工成本差异、变动制造费用成本差异和固定制造费用成本差异。

（一）直接材料成本差异的计算与分析

直接材料成本差异是材料实际成本和标准成本之间的差额，具体由材料价格差异和材料数量差异构成，即：

$$材料成本差异 = 材料实际成本 - 材料标准成本$$
$$= 实际数量 \times 实际价格 - 标准数量 \times 标准价格$$

或：材料成本差异 = 材料价格差异 + 材料数量差异

其中材料的价格差异是指外购材料的实际价格与标准价格之间的差额，可以表示为：

$$材料价格差异 = 实际数量 \times (实际价格 - 标准价格)$$

材料数量差异是指生产过程中材料的标准耗用量与实际耗用量之间的差额，可以表示为：

$$材料数量差异 = 标准价格 \times (实际数量 - 标准数量)$$

【例 12-9】 某厂生产 A 产品，只需用一种材料。本期实际产量为 200 件，耗用材料 1 000 吨，材料的标准价格为每吨 100 元，实际价格为 80 元。单位产品的标准用量为 3 吨，则直接材料的成本差异计算如下：

$$材料成本差异 = 1\,000 \times 80 - 200 \times 3 \times 100 = 20\,000 (元)$$

或者：

$$材料价格差异 = 1\,000 \times (80 - 100) = -20\,000 (元)$$
$$材料数量差异 = 100 \times (1\,000 - 200 \times 3) = 40\,000 (元)$$
$$材料成本差异 = -20\,000 + 40\,000 = 20\,000 (元)$$

在本例中，该厂的材料数量差异为 40 000 元，表明生产部门管理能力弱，或者是生产技术水平有待提高，超支了材料。价格差异为 -20 000 元，这是由于市场价格变化带来的有利差异。

材料价格差异通常应由采购部门负责，因为材料的实际价格受到多种因素的影响，例如采购的批量、交货方式、运输方式、材料质量、购货折扣等，其中任何一个方面脱离制定标准成本时的预定要求都会形成价格差异。当然，对差异形成的原因和责任还需根据具体情况做进一步的分析，也可能是由于其他部门的原因造成的，如生产上要求对某项材料紧急订购，由此会形成不利的差异。

材料的数量差异一般由生产部门负责，但有时也可能是由于其他部门的原因造成的差异。如采购部门购进了质量差的材料，从而造成了材料耗用量的增长；设备维修部门没能及时维修保养机器，造成了材料耗用的增加等。

(二）直接人工成本差异的计算与分析

直接人工成本差异是人工实际成本与人工标准成本之间的差额，具体由工资率差异（价格差异）和人工效率差异（数量差异）组成，即：

$$直接人工成本差异 = 人工实际成本 - 人工标准成本$$
$$= 实际工时 \times 实际工资率 - 标准工时 \times 标准工资率$$

或：直接人工成本差异 = 工资率差异 + 人工效率差异

其中：工资率差异是指每单位时间标准工资率与实际工资率之间的差额，可以表示为：

$$工资率差异 = 实际工时 \times (实际工资率 - 标准工资率)$$

人工效率差异是指标准工时与实际工时之间的差额，可以表示为：

$$人工效率差异 = 标准工资率 \times (实际工时 - 标准工时)$$

【例 12-10】依上例，本期实际耗用了 8 000 小时，平均每件耗用 40 小时，实际工资额为 96 000 元，平均每工时 12 元，假设标准工资率为 10 元，单位产品的工时耗用标准为 36 小时，则直接人工差异计算如下：

$$人工成本差异 = 8\,000 \times 12 - 200 \times 36 \times 10 = 24\,000（元）$$
$$或：工资率差异 = 8\,000 \times (12 - 10) = 16\,000（元）$$
$$人工效率差异 = 10 \times (8\,000 - 200 \times 36) = 8\,000（元）$$
$$人工成本差异 = 工资率差异 + 人工效率差异 = 24\,000（元）$$

工资率差异通常是由劳资部门负责。例如在具体安排工时时，没有"按才定岗"，出现了"大材小用"或"高职低就"的现象。

人工效率差异的影响因素是多方面的，例如，员工生产经验、原材料质量、生产工艺过程是否改变、工作环境等，效率差异一般由生产部门负责，应根据具体情况具体分析。

（三）变动制造费用差异的计算与分析

变动制造费用差异是实际变动制造费用与标准变动制造费用的差额，具体由变动制造费用耗用差异和变动制造费用效率差异两部分构成，即：

$$变动制造费用差异 = 实际变动制造费用 - 标准变动制造费用$$

或：变动制造费用差异 = 变动制造费用耗用差异 + 变动制造费用效率差异

耗用差异是指实际的分配率和标准分配率之间的差额，可以表示为：

$$变动制造费用耗用差异 = 实际工时 \times (实际分配额 - 标准分配额)$$

效率差异是指实际工时与标准工时之间的差额，可以表示为：

$$变动制造费用效率差异 = 标准分配率 \times (实际工时 - 标准工时)$$

【例 12-11】接上例，该厂本期生产产品 200 件，实际耗用了 8 000 小时，实际发生了变动制造费用 64 000 元，平均每小时 8 元。如果标准费用率为 7 元，单位产品的工时耗用标准为 36 工时，则变动制造费用的差异的计算如下：

$$变动制造费用差异 = 64\,000 - 200 \times 36 \times 7 = 13\,600（元）$$
$$或：变动制造费用耗用差异 = 8\,000 \times (8 - 7) = 8\,000（元）$$
$$变动制造费用效率差异 = 7 \times (8\,000 - 200 \times 36) = 5\,600（元）$$
$$变动制造费用差异 = 8\,000 + 5\,600 = 13\,600（元）$$

变动制造费用是一个综合性费用项目，其差异分析应结合构成变动制造费用的具体项目进一步分析，不仅包括费用支付价格方面的节省或超支，同时也包含着各费用项目在用量方面的节约和浪费。管理人员必须了解差异的实质，是费用价格支付方面的原因，还是反映了工时的利用效率。

（四）固定制造费用差异的计算与分析

固定制造费用在一定范围内不受产量变动的影响，因此，固定制造费用一般是采用固定预算进行控制的。但是，在日常经济活动中，由于实际耗用的工时总数与预计的标准不一致，而固定制造费用的实际发生数与预算数往往也不一致，因此就会产生差异。

固定制造费用是实际固定制造费用与标准固定制造费用的差额，具体由预算差异和能量差异两部分构成的。即：

$$固定制造费用差异 = 实际固定制造费用 - 标准固定制造费用$$
$$= 固定制造费用预算差异 + 固定制造费用能量差异$$
$$固定制造费用预算差异 = 固定制造费用实际支付数 - 固定制造费用预算数$$
$$固定制造费用能量差异 = 固定制造费用标准分配率 \times (产能标准总工时 - 实际产量应耗用标准工时)$$

【例 12-12】 接上例，本期实际发生固定制造费用 54 000 元，预计本厂生产能力为 10 000 小时，固定制造费用预算数为 60 000 元，单位产品的工时耗用标准为 36 小时，则固定制造费用差异的计算如下：

$$固定制造费用标准分配率 = 60\,000 \div 10\,000 = 6（元）$$
$$固定制造费用差异 = 54\,000 - 200 \times 36 \times 6 = 10\,800（元）$$
$$固定制造费用预算差异 = 54\,000 - 60\,000 = -6\,000（元）$$
$$固定制造费用能量差异 = 6 \times (10\,000 - 200 \times 36) = 16\,800（元）$$
$$固定制造费用差异 = -6\,000 + 16\,800 = 10\,800（元）$$

固定制造费用也是一个综合性的费用项目，因此，为了较准确地查明差异产生的原因，必须将固定制造费用各项目的预算数和实际发生数进行对比，以便逐项分析原因和责任。就预算差异来说，其产生原因可能是：资源价格的变动，某些酌量性固定成本因管理上的新决定而有所增减，资源数量比预算增加或减少等。至于能量差异，从理论上说，它只反映计划生产能量的利用程度，一般不能说明固定制造费用的超支或节约，应分析具体原因，以便确定应由谁负责。

思考题

1. 什么是成本控制，成本控制的程序有哪些？
2. 为什么产品设计阶段的目标成本控制是成本控制的关键环节？
3. 标准成本控制中的成本差异有哪些？
4. 简述目标成本、定额成本、标准成本控制的优缺点。

课后习题

一、单选题

1. 企业成本管理的核心是（　　）。
   A. 成本预测　　　　B. 成本控制　　　　C. 成本计划　　　　D. 成本分析
2. 以下关于目标成本控制法的程序，正确的是（　　）。
   A. 目标成本的制定　　可行性分析　　　　实施过程　　　　考核和修订
   B. 可行性分析　　　　目标成本的制定　　实施过程　　　　考核和修订
   C. 目标成本的制定　　实施过程　　　　　可行性分析　　　考核和修订
   D. 可行性分析　　　　实施过程　　　　　目标成本的制定　考核和修订
3. 标准成本控制主要应用（　　）。
   A. 理想标准成本　　B. 正常标准成本　　C. 现实标准成本　　D. 差异标准成本
4. 材料的数量差异一般由（　　）负责。
   A. 采购部门　　　　B. 设备维修部门　　C. 人力资源部门　　D. 生产部门
5. 目标成本控制强调管理以（　　）为出发点。
   A. 目标成本　　　　B. 目标价格　　　　C. 目标利润　　　　D. 目标现金流量

二、多选题

1. 在成本控制的过程中应当遵循哪些原则（　　）。
   A. 经济性原则　　　B. 差异性原则　　　C. 重要性原则　　　D. 全面性原则
2. 设计成本的计算有哪几种方法（　　）。
   A. 直接法　　　　　B. 间接法　　　　　C. 概率法　　　　　D. 分析法
3. 定额变动差异的计算方法有（　　）。
   A. 直接计算法　　　B. 间接分配法　　　C. 系数换算法　　　D. 概率法
4. 按照成本项目分类，标准成本差异包括（　　）。
   A. 直接材料成本差异　　　　　　　　　B. 直接人工成本差异
   C. 变动制造费用成本差异　　　　　　　D. 固定制造费用成本差异
5. 下列关于直接材料成本差异的内容表述中正确的是（　　）。
   A. 仅包含材料价格差异　　　　　　　　B. 包含材料价格差异和材料数量差异
   C. 仅包含材料数量差异　　　　　　　　D. 它是材料实际成本和标准成本之间的差额
6. 下列能够影响人工效率的因素有（　　）。
   A. 员工经验　　　　B. 原材料质量　　　C. 生产流程的改变　　D. 工作环境

7. 标准成本控制的特点是（   ）。
   A. 标准成本控制既计算各种产品的标准成本，又计算其实际成本
   B. 应设置成本差异账户
   C. 标准成本控制可以与变动成本法结合，达到成本管理和控制的目的
   D. 标准成本控制只计算各种产品的标准成本，不计算其实际成本

三、判断题

1. 广义的成本控制包括事前控制、事中控制以及事后控制。（   ）
2. 全面性原则仅要求关注变动成本。（   ）
3. 想要抓住关键性问题，就必须关注成本差异。（   ）
4. 目标成本是在确定目标价格和目标利润的基础上倒推出来的。（   ）
5. 在进行新产品的设计时，可以不以目标成本为设计依据。（   ）
6. 定额成本法是一种将成本计算和成本管理相结合的方法。（   ）
7. 定额变动差异与生产费用的超支或节约有关。（   ）
8. 标准成本控制既计算各种产品的标准成本，也计算各种产品的实际成本。（   ）
9. 成本差异是成本管理和控制的重点。（   ）
10. 材料价格差异肯定是由采购部门的疏忽造成的，采购部门应予以负责。（   ）

四、综合题

1. 柳林公司生产甲产品，采用定额法计算产品成本，相关资料如下。
   （1）月初在产品资料：定额原材料成本 3 500 元，脱离定额差异为超支 100 元，月初在产品原材料定额成本调整后降低 300 元。定额变动差异全部由完工产品负担。
   （2）本月发生：原材料定额成本为 6 800 元，脱离定额差异为 100 元，本月完工产品的定额原材料成本为 5 200 元。
   （3）本月原材料成本差异率为 2%。

   【要求】
   （1）计算月末在产品的原材料定额成本。
   （2）计算原材料定额差异分配率。（定额差异按定额成本比例在完工产品与在产品之间分配。）
   （3）计算本月原材料的材料成本差异。
   （4）计算本月完工产品的原材料实际成本。
   （5）计算月末在产品的原材料实际成本。

2. 已知，柳林公司生产甲产品，相关资料如表 12-14 和表 12-15 所示。

表 12-14　直接材料明细表　　　　金额单位：元

材料名称	标准成本			实际成本		
	耗用量	单价	金额	耗用量	单价	金额
A 材料	1 500	12	18 000	1 600	13	20 800
B 材料	2 600	8	20 800	2 800	7	19 600

表 12-15 制造费用明细表　　　　　　　金额单位：元

项目	预算数（5 000 工时）		标准数（4 500 工时）	实际数（4 800 工时）
	金额	分配率	金额	金额
变动性制造费用	2 500	0.5	4 500×0.5=2 250	2 400
固定性制造费用	5 000	1	4 500×1=4 500	4 800
合计	7 500	1.5	6 750	7 200

【要求】

（1）计算直接材料成本差异、数量差异和价格差异。

（2）计算变动制造费用差异、效率差异和耗费差异。

（3）计算固定制造费用差异、预算差异和能量差异。

第十三章

成本分析和考核

导入案例

全球最大的咖啡连锁店星巴克（Starbucks），旗下零售产品包括30多款全球顶级的咖啡豆、各式咖啡类冷热饮料、糕点食品以及咖啡机、咖啡杯等商品。星巴克在全球范围内已经有近21 300间分店遍布北美、南美洲、欧洲、中东及太平洋区。星巴克多年来一直在咖啡的经营中获得了巨大的成功，但是在近年来的经济衰退中，随着客户的减少和来自麦当劳等公司低价竞争，星巴克的经营陷入了困境，利润受到了极大的冲击。

对于星巴克来说，盈利能力取决于以尽可能低的成本制作的每一杯饮料。在每一家星巴克门店里，两种主要的直接成本是材料和人工。

材料成本包括咖啡豆、牛奶、调味糖浆、糕点、纸杯和杯盖。为了减少材料的预算成本，星巴克寻求避免损耗浪费的方法，在下午和晚上店铺客流量降低时，不再制作无咖啡因咖啡和黑咖啡混合物；由于牛奶价格的上涨，公司更换使用牛奶的含量为2%的原料，这种原料的牛奶更健康且成本更低。为了降低人工成本，各门店减少了咖啡师，采用了更多精益的生产技术，使其饮料制作过程更有效率。这样的结果是在某些门店使用相同或更少的工人，交易却增加了近10%。

星巴克专注于成本分析并降低直接成本，几年中公司将店铺的运营费用占总净收入的比例从36.1%降至29.5%，继续关注成本分析，如直接成本差异，这仍将是任何经济环境下公司未来成功的关键。

学习目标

产品成本分析，一般包括对总成本和单位成本的分析。

本章主要介绍了成本数据的分析法，包括总成本和单位成本的分析。通过学习本章知识，对以下内容有一个较好的了解及掌握。

1. 明确成本分析的内涵以及成本分析的原则和标准。
2. 了解并掌握成本分析的方法并应用。

3. 掌握全部商品产品成本分析法，区分按照成本项目分析总成本和按照品种项目分析总成本。
4. 了解成本考核的定义、范围和核心内容。

| 难点提示 |

成本分析法中的因素分析法需结合实际情况进行梳理。

第一节　成本分析概述

一、成本分析的意义和任务

（一）成本分析的内涵

广义的成本分析可以在成本形成前后进行事前、事中和事后分析。成本的事前分析如制定标准成本、确定目标成本、编制成本计划等。成本的事中分析及对成本形成过程的控制，如控制各种材料、人工、间接费用的执行情况，以保障目标成本的实现。狭义的成本分析主要指事后成本分析，即利用成本核算及其他相关资料，对成本水平与构成的变动情况进行分析评价，找到相关成本变动的原因，以揭示影响成本升降的各种因素，寻找降低成本的潜力。本书仅讨论狭义的成本分析。

成本分析主要包括产品成本分析和成本效益分析。

（二）影响产品成本的因素

影响产品成本的因素可以分为固有因素、宏观因素和微观因素三大类。固有因素是指企业建厂时先天条件的好坏对企业产品成本影响的因素，包括企业地理位置和资源条件、企业规模和技术装备水平、企业的专业化协作水平等；宏观因素是从整个国民经济活动这样一个宏观的方面来观察的因素，包括宏观经济政策的调整、成本管理制度的改革、市场需求和价格水平等；微观因素是从企业本身的经济活动这样一个微观的方面来观察的因素，包括劳动生产率水平、生产设备利用效果、原材料和燃料动力的利用情况、产品生产的工作质量、企业的成本管理水平、企业精神文明建设状况等。

（三）成本分析的任务

成本分析的任务包括揭示成本差异原因，掌握成本变动规律；合理评价成本计划完成情况，正确考核成本责任单位的工作业绩；检查企业是否贯彻执行国家有关的方针、政策和财经纪律；挖掘降低成本的潜力，不断提高企业经济效益。

二、成本分析的原则与评价标准

（一）成本分析的原则

成本分析时要着重掌握下列原则：一是全面分析与重点分析相结合的原则；二是专业分

析与群众分析相结合的原则；三是经济分析与技术分析相结合的原则；四是纵向分析与横向分析相结合的原则；五是事后分析与事前、事中分析相结合的原则；六是报表数据分析与实地分析相结合的原则。

（二）成本分析评价标准

成本分析评价标准主要有历史标准、行业标准和预算标准等。历史标准是指企业在以前年度中某项成本指标的最低水平。行业标准是指由企业主管部门根据所属行业的生产经营的实际情况所制定的同行业的成本指标水平。预算标准或称计划标准或目标标准，是指企业预先规定的在计划期内产品生产耗费和各种产品的成本水平，具体包括主要产品单位成本预算、制造费用预算、销售费用和管理费用及财务费用预算等。

三、成本分析的程序与方法

（一）成本分析的基本程序

成本分析的基本程序可归纳为以下几个阶段和步骤。

（1）成本分析准备阶段，本阶段的主要任务是明确成本分析目的，确立成本分析标准和收集成本分析资料。

（2）成本分析实施阶段，本阶段主要包括报表整体分析、成本指标分析和影响成本的因素分析。

（3）成本分析报告阶段，主要工作内容是得出成本分析结论，提出可行的措施和建议，编写成本分析报告。

（二）成本分析的方法

成本分析的方法有以下三种。

（1）成本报表整体分析方法，包括水平分析法、垂直分析法和趋势分析法。

（2）指标分析法，包括指标对比分析法和比率分析法。前者进行指标对比的主要形式是实际指标与计划指标对比，本期实际指标与以前（上期、上年同期或历史最好水平）实际指标的对比，本期实际指标与国内外同类型企业的先进指标相比较，或者在企业内部开展与先进车间、班组和个人的指标相比较；比率分析法包括相关比率分析，趋势比率分析和构成比率分析。

（3）因素分析法，因素分析法可分为连环替代法和差额计算法两种，前者从数值上测定各个相互联系的因素对有关指标的差异影响程度；后者利用各个因素的实际数与基数之间的差额，直接计算各个因素对指标差异的影响数值，两种方法的计算结果一致。

（三）成本分析报告

成本分析报告的内容包括：①情况反映；②成绩说明；③问题分析；④提出建议。对成本分析报告的基本要求是：①观点要明确；②原因要分析清楚；③建议要切实可行；④报告要简练。

第二节 全部商品产品成本分析

一、按成本项目的总成本分析

按成本项目的总成本分析是按照成本项目汇总反映企业在报告期内发生的全部生产成本。按成本项目的总成本分析方法，一般有对比分析法、构成比率分析法、相关比率分析法，其关系如图 13-1 所示。

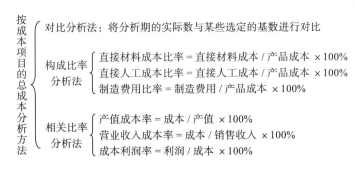

图 13-1 按成本项目的总成本分析方法

1. 对比分析法

对比分析法也称比较分析法，是通过将分析期的实际数同某些选定的基数进行对比来揭示实际数与基数之间的差异，借以了解成本管理中的成绩和问题的一种分析方法。

对比分析法只适用于同质指标的数量对比。如果相比的指标之间有不可比因素，应先按可比的口径进行调整，然后进行对比。对比分析法的基数一般有计划数、定额数、前期实际数、以往年度同期实际数以及本企业的历史先进水平和国内外同行业的先进水平等。

2. 构成比率分析法

构成比率分析法是通过计算某项指标的各个组成部分占总体的比重，从而进行数量分析，通过这种分析，可以考察产品成本的构成是否合理。

产品成本构成比率的计算公式为：

$$直接材料成本比率 = 直接材料成本 / 产品成本 \times 100\%$$

$$直接人工成本比率 = 直接人工成本 / 产品成本 \times 100\%$$

$$制造费用比率 = 制造费用 / 产品成本 \times 100\%$$

【例 13-1】柳林公司 A 产品的直接材料、直接人工及制造费用如表 13-1 所示，计算其产品构成比率。

表 13-1

名称	直接材料（元/件）	直接人工（元/件）	制造费用（元/件）
A 产品	20	12	8

A 产品单位产品成本 = 20 + 12 + 8 = 40（元/件）

直接材料成本比率 = 20 ÷ 40 × 100% = 50%

$$直接人工成本比率 = 12 \div 40 \times 100\% = 30\%$$
$$制造费用比率 = 8 \div 40 \times 100\% = 20\%$$

3. 相关比率分析法

相关比率分析法是计算两个性质不同而又相关的指标的比率进行数量分析的方法。实务工作中，由于企业经营规模的不同，各种经营、财务政策的差异等，单纯地对比产值、营业收入或利润等绝对数指标，不能说明各个企业经济效益的好坏，因此需要通过绝对数指标进行对比分析。通常在进行总成本分析时，使用产值成本率、营业收入成本率、成本利润率等指标，以此反映企业经营情况和成本控制的好坏。

$$产值成本率 = 成本 / 产值 \times 100\%$$
$$营业收入成本率 = 成本 / 营业收入 \times 100\%$$
$$成本利润率 = 利润 / 成本 \times 100\%$$

总体来说，产值成本率和营业收入成本率高的企业经济效益差；成本利润率低的企业经济效益差。反之，产值成本率和营业收入成本率低的企业经济效益好；成本利润率高的企业经济效益好。

【例 13-2】柳林公司生产销售甲产品，2×16 年 8 月份，生产了 1 200 件，销售甲产品 900 件，每件实际成本为 100 元，产值为 180 000 元，会计计算的营业收入为 135 000 元，利润为 40 000 元，计算甲产品的产值成本率、营业收入成本率以及成本利润率。（保留两位小数）

$$产值成本率 = 900 \times 100 \div 180\ 000 \times 100\% = 50.00\%$$
$$营业收入成本率 = 900 \times 100 \div 135\ 000 \times 100\% = 66.67\%$$
$$成本利润率 = 40\ 000 \div 90\ 000 \times 100\% = 44.44\%$$

二、按产品种类的总成本分析

按产品种类的总成本分析是按照产品种类汇总反映企业在报告期内发生的全部生产成本。一般可以从两个方面进行：本期实际成本与计划成本的对比分析、本期实际成本与上年实际成本的对比分析。

在对全部商品总成本分析中，通过不同产品种类的对比分析，可以反映各产品的成本支出水平。不同产品种类的总成本对比分析，要在可比产品间进行。可比产品是指企业以前已经正式生产过的、有历史资料的产品。计算可比产品成本降低任务的完成情况，可以检查企业成本降低工作的成绩，由于具有可比性，因而，考核其降低情况具有重要的参考价值。

1. 本期实际成本与计划成本的对比分析

分别计算各产品类别本期实际发生的成本总额，与事前制定的计划成本总额进行对比，分析差异。

2. 本期实际成本与上年实际成本的对比分析

可比产品成本的降低额 = 可比产品按上年实际平均单位成本计算的本年累计总成本
− 本年累计实际总成本

可比产品成本降低率 = 可比产品成本降低额 / 可比产品按上年实际平均单位成本
计算的本年累计总成本 ×100%

影响可比产品成本降低率变动的因素：产品品种比重变动、产品单位成本变动。

影响可比产品成本降低额变动的因素：产品产量变动、产品品种比重变动和产品单位成本变动。

【例 13-3】A 公司只生产甲、乙两种可比产品。2009 年两种产品的单位成本分别为 200 元和 220 元，实际产量分别为 1 000 件和 800 件；2010 年实际产量分别为 1 200 件和 1 000 件，累计实际总成本分别为 234 000 元和 211 200 元。

要求：

（1）计算 2010 年甲产品可比产品成本降低额和降低率。

（2）计算 2010 年乙产品可比产品成本降低额和降低率。

（3）计算 A 公司 2010 年可比产品成本降低额和降低率。

解：（1）甲产品可比产品成本降低额 = 1 200×200 − 234 000 = 6 000（元）

甲产品可比产品成本降低率 = 6 000÷（1 200×200）×100% = 2.5%

（2）乙产品可比产品成本降低额 = 1 000×220 − 211 200 = 8 800（元）

乙产品可比产品成本降低率 = 8 800÷（1 000×220）×100% = 4%

（3）2010 年可比产品成本降低额 = 6 000+8 800 = 14 800（元）

2010 年可比产品成本降低率 = 14 800÷（1 200×200 + 1 000×220）×100%
= 3.22%

第三节　主要产品单位成本分析

前面的内容对全部商品成本进行了分析，制造企业的产品成本分析，不仅要对全部商品成本进行总括分析，还要对企业主要产品的单位成本进行深入具体的分析。主要产品单位成本分析的意义在于揭示各种产品单位成本，以及各项消耗预算的超支或者节约的情况，该分析过程主要按照一般分析和成本项目进行。

一、主要产品单位成本的一般分析

主要产品单位成本的一般分析就是将本期的实际单位成本与计划、与上期、与其他同行业以及与历史先进水平等进行比较，看是超支还是节约，以便克服缺点，汲取经验，更有效地降低产品的单位成本。分析的方法可以采用对比分析法、趋势分析法等。

【例 13-4】下面通过最近 5 年的单位成本资料，对 N 产品的成本进行趋势分析。其 5 年来的实际平均单位成本分别为：2×07 年（假定为历史先进年）6 700 元。2×08 年 6 730 元，2×09 年 6 760 元，2×10 年 6 710 元，2×11 年（即本年）6 795 元。现以 2×07 年为基期，6 700 元为基数，计算其他各年与之相比的比率如下（保留小数点后两位小数）。

2×08 年：6 730÷6 700×100% = 100.45%
2×09 年：6 760÷6 700×100% = 100.90%
2×10 年：6 710÷6 700×100% = 100.15%
2×11 年：6 795÷6 700×100% = 101.42%

再以上年为基数，计算各年环比的比率如下。

2×08 年比 2×07 年：6 730÷6 700×100% = 100.45%
2×09 年比 2×08 年：6 760÷6 730×100% = 100.45%
2×10 年比 2×09 年：6 710÷6 760×100% = 99.26%
2×11 年比 2×10 年：6 795÷6 710×100% = 101.27%

二、各主要项目分析

直接材料、直接人工和变动制造费用都属于变动成本，其成本差异分析的基本方法相同。由于它们的实际成本高低取决于实际数量和实际价格，所以其成本差异可以归结为价格及数量与计划数的差异造成的成本差异（见图 13-2）。

图 13-2

成本差异 = 实际成本 − 计划成本
　　　　 = 实际数量 × 实际价格 − 计划数量 × 计划价格
　　　　 = 实际数量 × 实际价格 − 实际数量 × 计划价格 + 实际数量 × 计划价格
　　　　　 − 计划数量 × 计划价格
　　　　 = 实际数量 ×（实际价格 − 计划价格）+（实际数量 − 计划数量）× 计划价格
　　　　 = 价格差异 + 数量差异
　　价差 = 实际数量 ×（实际价格 − 计划价格）
　　量差 =（实际数量 − 计划数量）× 计划价格

1. 直接材料成本的分析

直接材料实际成本与计划成本之间的差额构成了直接材料成本差异。形成差异的原因有材料用量的差异和价格的差异，也即材料消耗的价差和量差。

材料消耗量变动的影响（量差）=（实际数量－计划数量）× 计划价格

材料价格变动的影响（价差）= 实际数量 ×（实际价格－计划价格）

【例 13-5】假定 N 产品 2016 年成本计划规定和 12 月份实际发生的材料消耗量和材料单价如表 13-2 所示。

表 13-2　直接材料计划与实际成本对比表

项目	材料消耗数量（千克）	材料价格（元/千克）	直接材料成本（元）
本年计划	200	16.75	3 350
本月实际	170	20.00	3 400
直接材料成本差异			+50

从直接材料计划与实际成本对比表可以看出，该产品单位成本中的直接材料成本本月实际比本月计划超支 50 元。单位产品材料成本是材料消耗数与材料价格的乘积，其影响因素主要在于材料消耗数差异（量差）和材料价格差异（价差）两个方面。现用差额计算分析法计算这两个方面因素变动对直接材料成本超支的影响如下：

材料消耗量变动的影响 =（170 － 200）× 16.75 = －502.5（元）

材料价格变动的影响 = 170 ×（20 － 16.75）= ＋552.5（元）

两因素影响程度合计 = －502.5 ＋ 552.5 = ＋50（元）

通过以上计算可以看出，N 产品的直接材料成本虽然只超支 50 元，差异不大，但分析结果表明，由于材料消耗量节约（由 200 千克降低为 170 千克）使材料成本降低 502.5 元；由于材料价格的提高（由 16.75 元提高为 20 元）则使材料成本超支 552.5 元。两者相抵，净超支 50 元。

由此可见，N 产品材料消耗的节约掩盖了绝大部分材料价格提高所引起的材料成本超支。材料消耗节约只要不是偷工减料的结果，一般都是生产车间改革生产工艺、加强成本管理的成绩。材料价格的提高，则要看是由于市场价格上涨等客观原因引起的，还是由于材料采购人员不得力，致使材料买价偏高或材料运杂费增加。

与此相联系，N 产品的本年累计实际平均材料成本与本年计划持平（均为 3 350 元），低于本月实际、上年实际平均和历史先进水平，也不一定是成本管理工作的成绩，应比照上述方法进行量差和价差的分析。

2. 直接人工成本的分析

直接人工实际成本与计划成本之间的差异构成了直接人工成本的差异。形成差异的原因有：①数量差异，指实际工时偏离计划工时，其差额按计划每小时工资计算确定，即为单位产品所耗工时变动的影响；②实际每小时工资成本偏离计划每小时工资成本，其差额按实际工时计算确定，即为每小时工资成本变动的影响。

单位产品所耗工时变动的影响（量差）=（实际工时－计划工时）

× 计划每小时工资成本

每小时工资成本变动的影响（价差）= 实际工时 ×（实际每小时工资成本
－计划每小时工资成本）

【例 13-6】甲公司实行计时工资制度，N 产品每台所耗工时数和每小时工资成本的计划数和实际数如表 13-3 所示。

表 13-3　直接人工成本计划与实际成本对比表

项目	单位产品所耗工时	每小时工资成本	直接材料成本
本年计划	15	100	1 500
本月实际	11.84	125	1 480
直接材料成本差异	－3.16	＋25	－20

单位产品所耗工时变动的影响 =（11.84 － 15）× 100 = －316（元）
每小时工资成本变动的影响 = 11.84 ×（125 － 100）= ＋296（元）
两项因素影响程度合计 = －316 ＋ 296 = －20（元）

以上分析计算表明：N 产品直接人工成本节约 20 元，完全是由于工时消耗大幅度节约的结果，而每小时的工资成本则是超支的，它抵消了绝大部分由于工时消耗节约所产生的直接人工成本的降低额。企业应当进一步查明单位产品工时消耗节约和每小时工资成本超支的原因。

3. 制造费用的分析

制造费用属于间接生产成本，产品成本中的制造费用一般是根据生产工时等分配标准分配计入的。制造费用项目的分析和单位产品直接工资项目的分析类似。在制造费用按照生产工时消耗分配计入产品成本时，需要首先分析单位产品所耗工时变动和每小时制造费用变动两个因素对制造费用变动的影响，然后查明这两个因素变动的具体原因。

单位产品的制造费用 = 单位产品的生产工时 × 小时费用率
单位产品所耗工时变动的影响（量差）=（实际工时 － 计划工时）× 计划每小时制造费用
每小时制造费用变动的影响（价差）= 实际工时 ×（实际每小时制造费用
－计划每小时制造费用）

由于制造费用的项目很多，分析时应选择超支或节约数额较大或者成本比重较大的项目有重点地进行。

各项制造费用的性质和用途不同，评价各项目成本超支或节约时应联系成本的性质和用途具体分析，不能简单地将一切超支都看成是不合理的、不利的，也不能简单地将一切节约都看成是合理的、有利的。

【例 13-7】某单位 A 产品制造费用分析如表 13-4 所示。

表 13-4　制造费用分析表

项目	单位	计划数	实际数	差异
单位产品生产工时	小时	20	25	＋5
小时费用率	元/小时	7.5	5.8	－1.7
单位产品制造费用	元	150	145	－5

由表可计算：

单位产品生产工时差异的影响 =（25−20）×7.5 = 37.5（元）

小时费用率差异的影响 = 25×（5.8−7.5）= −42.5（元）

表 13-5　差异分析

成本项目		差异分析
直接材料成本	量差	材料消耗变动的影响 =（实际数量 − 计划数量）× 计划价格
	价差	材料价格变动的影响 = 实际数量 ×（实际价格 − 计划价格）
直接人工成本	量差	单位产品所耗工时变动的影响 =（实际工时 − 计划工时）× 计划每小时工资成本
	价差	每小时工资成本变动的影响 = 实际工时 ×（实际每小时工资成本 − 计划每小时工资成本）
制造费用	量差	单位产品所耗工时变动的影响 =（实际工时 − 计划工时）× 计划每小时制造费用
	价差	每小时制造费用变动的影响 = 实际工时 ×（实际每小时制造费用 − 计划每小时制造费用）

产品单位成本分析方法归纳如图 13-3 所示。

图 13-3　产品单位成本分析

第四节　成本考核

一、成本考核的定义、范围和意义

成本考核是指定期通过成本指标的对比分析，对目标成本的实现情况和成本计划指标的完成结果进行的全面审核、评价，是成本会计职能的重要组成部分。

责任成本与产品成本是企业的两种不同成本核算组织体系，它们有时是一致的，有时则不一致。责任成本是指特定的责任中心所发生的耗费，是按责任者归类，即按成本的可控性归类，产品成本则按产品的对象来归集成本。

责任中心是指与其经济决策密切相关的，具有责、权、利相结合的部门。根据企业授权的范围不同，责任中心又分为收入中心、成本中心、费用中心、利润中心和投资中心。成本考核的重点是对成本中心的责任成本即责任成本中心的考核。

企业内部的成本考核，可根据企业下达的分级、分工、分人的成本计划指标进行。为了正确计算责任成本，必须先将成本按已确定的经济责权分管范围分为可控成本和不可控成本。划分可控成本和不可控成本，是计算责任成本的先决条件。所谓可控成本和不可控成本是相对而言的，是指产品在生产过程中所发生的耗费能否为特定的责任中心所控制。

成本考核的意义在于以下几点。

（1）评价企业生产成本计划的完成情况。

（2）评价有关财经纪律和管理制度的执行情况。

（3）激励责任中心与全体员工的积极性。

二、成本考核的主要内容和指标

成本考核主要内容如下。

（1）编制和修订责任成本预算，并根据预定的生产量、生产消耗定额和成本标准，运用弹性预算法编制各责任中心的预定责任成本，作为控制和考核的重要依据。

（2）确定成本考核指标，如目标成本节约额（即预算成本－实际成本），目标成本节约率（即目标成本节约额／目标成本）。

（3）根据各责任中心成本考核指标的计算结果，综合各个方面因素的影响，对各责任中心的成本管理工作做出公正合理的评价。

成本考核的指标有以下几个。

（1）实物指标和价值指标。在成本指标中，实物指标是基础，价值指标是一种综合性指标。

（2）数量指标和质量指标。数量指标反映企业在一定时期内某一工作数量的指标，如产量、生产费用、总成本等。质量指标是反映企业一定时期内工作质量的指标，如单位成本、可比产品成本相对降低率等。

（3）单项指标和综合指标。单项指标是反映成本变化中一个侧面的指标，如单位成本。综合指标是总括反映成本的指标，如总成本等。

三、责任成本中心

责任成本中心是以具体的责任单位（部门、单位或个人）为对象，以其承担的责任为范围所归集的成本，也就是特定责任中心的全部可控成本。

可控成本应符合三个条件：能在事前知道将发生什么耗费，能在事中发生偏差时加以调节，能在事后计量其耗费。三者都具备则为可控成本，缺一则为不可控成本。可控成本是针对特定责任中心来说的，一项成本对某一责任成本中心来说是可控的，对于另外的责任成本中心则是不可控的。例如，耗用材料的进货成本对于采购部门来说是可控的，对于生产单位来说是不可控的。但是，耗用材料的用量差异对于生产单位来说是可控的。因此，在进行成本考核时要针对特定的责任对象，根据成本耗费的超支或节约情况进行评估。

在成本考核中，通常使用标准成本或目标成本作为考核的依据。标准成本在制定时是分产品进行的，事后对差异进行分析时才判别责任归属。目标成本管理要求在事先规定目标时就考虑责任归属，并按责任归属收集和处理实际数据。无论使用的是标准成本还是目标成本作为成本考核和控制的依据，事后的评价与考核都要求核算责任成本。

通常可以按照以下原则确定责任成本中心的可控成本。

（1）若某责任成本中心通过自己的行动能有效地影响一项成本的数额，那么该中心就要对这项成本负责。

（2）若某责任成本中心有权决定是否使用某种资产或劳务，它就应对这些资产或劳务的成本负责。

（3）某管理人员虽然不直接决定某项成本，但是应上级要求参与决策，从而能够对成本的支出产生重要影响，那么该个人要对此成本项目承担责任。

【例 13-8】下面以表 13-6 列示某车间第Ⅰ班组的责任成本表和该车间的责任成本表。

表 13-6　第Ⅰ班组责任成本表

20×× 年 6 月　　　　　　　　　单位：元

责任成本项目	预算成本	实际成本	差异
直接材料	50 000	50 500	+500
直接人工	6 000	5 900	−100
废品损失	—	1 000	+1 000
可控成本合计	56 000	57 400	+1 400

表 13-7　车间责任成本表

20×× 年 6 月　　　　　　　　　单位：元

责任成本项目	预算成本	实际成本	差异
Ⅰ班组责任成本	56 000	57 400	+1 400
Ⅱ班组责任成本	110 000	109 800	−200
Ⅲ班组责任成本	150 000	150 850	+850
车间制造费用	40 000	41 000	+1 000
可控成本合计	356 000	359 050	+3 050

思考题

1. 什么是成本分析？我们为什么要进行成本分析？
2. 成本分析的原则是什么？成本分析的评价标准是什么？
3. 对于成本分析程序中的因素分析，你是否可以举例并根据书本知识进行正确计算？
4. 熟练掌握直接人工成本和制造费用的核算，发散思维想一想生活中、工作中是否有遇到过需要这样计算的例子？如有遇到，你是如何分析的？

课后习题

一、单选题

1. 下列哪一个指标的值能随着企业的经营状况越来越好而变大？（　　）
   A. 产值成本率　　B. 营业收入成本率　　C. 资产负债率　　D. 成本利润率
2. 成本考核重点是（　　）。
   A. 责任成本中心　　B. 产品成本中心　　C. 成本控制　　D. 成本核算
3. 下列各项中，属于构成比率分析法指标的是（　　）。

A. 产值成本率　　　B. 成本利润率　　　C. 制造费用比率　　　D. 营业收入成本率
4. 既会影响可比产品成本降低率变动又会影响可比产品成本降低额变动的因素是（　　）。
   A. 产品产量变动　　　　　　　　　B. 产品品种比重变动
   C. 产品销量成本变动　　　　　　　D. 产品计划单位成本
5. 只影响可比产品成本降低额变动，不会影响可比产品成本降低率变动的因素是（　　）。
   A. 产品产量变动　　　　　　　　　B. 产品品种比重变动
   C. 产品销量成本变动　　　　　　　D. 产品计划单位成本

二、多选题

1. 成本分析的原则有哪些（　　）。
   A. 全面分析与重点分析相结合的原则
   B. 经济分析与技术分析相结合的原则
   C. 事后分析原则
   D. 报表数据分析与实地分析相结合的原则
2. 成本分析评价标准主要有（　　）。
   A. 历史标准　　　B. 行业标准　　　C. 预算标准　　　D. 公允标准
3. 下列属于成本分析方法的有（　　）。
   A. 趋势分析法　　　B. 连环替代法　　　C. 差额计算法　　　D. 比率分析法
4. 下列哪些指标可以反映企业经营情况和成本控制的好坏（　　）。
   A. 产值成本率　　　B. 营业收入成本率　　　C. 资产负债率　　　D. 成本利润率
5. 影响可比产品成本降低额变动的因素有（　　）。
   A. 产品种类变动　　　　　　　　　B. 产品产量变动
   C. 产品品种比重变动　　　　　　　D. 产品单位成本变动
6. 进行主要产品单位成本的一般分析所采用的方法有（　　）。
   A. 比率分析法　　　B. 差异分析法　　　C. 趋势分析法　　　D. 对比分析法
7. 责任中心可以分为（　　）。
   A. 收入中心　　　B. 成本中心　　　C. 费用中心　　　D. 筹资中心
8. 成本考核的指标有（　　）。
   A. 实物指标　　　B. 价值指标　　　C. 质量指标　　　D. 综合指标
9. 可控成本应符合哪三个条件（　　）。
   A. 是固定成本　　　B. 事前可预测　　　C. 事中可调节　　　D. 事后可计量
10. 在对主要产品单位成本分析时，先对其进行一般分析，然后再分哪些具体项目进行分析（　　）。
    A. 直接材料　　　B. 构成比例　　　C. 制造费用　　　D. 直接人工

三、判断题

1. 狭义的成本分析主要指事后成本分析。　　　　　　　　　　　　　　　　（　　）
2. 对比分析法只适用于同质指标的数量对比。　　　　　　　　　　　　　　（　　）
3. 责任成本就是产品成本。　　　　　　　　　　　　　　　　　　　　　　（　　）
4. 责任成本中要求先把成本分为可控成本和不可控成本。　　　　　　　　　（　　）

5. 可控成本必须满足三个条件，否则即为不可控成本。（　　）
6. 一项成本是可控成本，则它对于任何一个责任中心来说，都是可控成本。（　　）

四、综合题

1. 柳林公司 2×16 年可比产品成本的相关资料如表 13-8 所示。

表 13-8　可比产品生产成本表　　　　　　金额单位：元

产品名称	实际产量	单位成本			总成本		
		上年实际平均	本年计划	本年实际	按上年实际单位平均成本计算	按本年计划单位成本计算	本期实际
A产品	1 500	600	580	590			
B产品	2 000	400	370	380			
可比产品成本合计							

【要求】

（1）根据资料计算填列上表中的总成本。

（2）分别计算柳林公司 2×16 年 A 产品、B 产品以及柳林公司可比产品成本的降低额和降低率。

2. 柳林公司生产的甲产品 2×16 年计划成本和本年实际发生的材料消耗数量及材料成本如表 13-9 所示。

表　13-9

项目	材料消耗数量（千克）	材料成本（元/千克）
本年计划	900 000	20
本年实际	950 000	19

【要求】计算直接材料成本差异，并分别计算材料消耗量变动影响和材料价格变动影响。

第十四章

Excel 和成本核算软件简介

> **导入案例**
>
> 　　成本的核算一般以制造业为主，本章导入案例以制造业——水泥企业为例。在制造产品过程中，会发生生产费用和非生产费用。生产费用是指在产品生产过程中发生的材料、人工、燃料动力和制造费用等，一般指基本生产车间发生的生产费用，辅助生产车间发生的生产费用是辅助生产费用，其他的费用是非生产费用，一般也是期间费用，如管理费用、销售费用和财务费用。
>
> 　　现代水泥企业大多数采用新型干法工艺技术进行生产，水泥生产过程一般分为三个阶段，即生料研磨、熟料煅烧、水泥研磨，产成品有熟料、水泥等不同品种，水泥成品有不同强度的 32.5#、42.5# 品种，由于其生产批量大、步骤明显，且分步骤、分阶段持续地进行投料，因此这种生产工艺的特点适合采用分步法计算产品成本。
>
> 　　分步法 { 逐步结转分步法 { 综合结转分步法 → 需进行成本还原 ； 分项结转分步法 } 不需要进行成本还原 ； 平行结转分步法
>
> 　　产品成本核算的分步法是核算产品成本的一种方法，它按照产品生产的加工步骤归集生产费用。分步法主要适用于大量、大批的多步骤生产企业。分步法下的成本核算对象，是各种产品的生产步骤，其原理是：上一个生产步骤成本核算对象半成品是下一个生产步骤成本核算对象的加工对象，直至算出各种不同的产成品成本。
>
> 　　Excel 的制表功能建立初始数据表、费用分配表、各步骤半成品成本计算工作簿，其次运用 Excel 的公式及引用等功能在表格中进行公式设置，最后形成一个自动取数、分配费用和计算成本的小型"数据库"。只要在初始数据录入数值，Excel 软件就会生成半成品成本的计算结果。

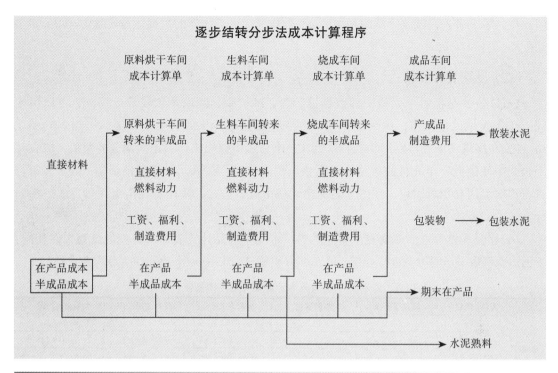

| 学习目标 |

随着会计电算化的迅猛发展，Excel 及其他成本核算软件广泛应用于会计工作实践中，实实在在地解决了人工计算的繁杂问题。本章讲解 Excel 入门知识和一些常用函数的使用方法，意在让大家对 Excel 及其成本核算有一个初步的了解。

1. 如何进行 Excel 的创建？如何设置公式？
2. 灵活应用 SUM、AVERAGE、SUMIF 函数。
3. 初步了解成本核算软件的类型。

| 难点提示 |

1. SUM 函数的应用条件；在有隐藏项目的时候 SUM 函数如何求和？
2. AVERAGE 函数的应用条件和 SUM 函数有什么不同？
3. SUMIF 函数和 SUM 函数的应用范围有何不同？我们在统计哪些数据的时候可以用到 SUMIF 函数。

第一节　Excel 表格的建立及其公式的设定

（一）创建工作表和工作簿

在一个文件夹创建工作表和工作簿，工作表主要有原料烘干车间、生料车间、烧成车间、成品车间、其他分配、汇总表；工作簿包括生料、熟料、水泥等，每一个工作簿由辅助分配表、半成品成本计算表等多个工作表组成。工作表的数据由化验、统计、材料等管理部门提供，手工录入，涉及计算的利用 Excel 公式求得；工作簿的数据通过设置 Excel 公式自动生成。

（二）设置 Excel 公式

Excel 公式是指对单元格中的数据进行加、减、乘、除以及比较等运算，它可以引用同一工作表中的单元格，同一工作簿不同工作表的单元格或其他工作簿、工作表的单元格。Excel 提供了单元格引用功能，可以在一个公式中使用工作表不同部分的数值，或在几个公式中使用同一单元格的数值。单元格引用有三种，在单元格编号前面输入"$"符号进行绝对引用和相对引用，在工作表的单元格中设置公式并采用单元格引用可完成一系列计算。

Excel 公式设置主要体现在生料、熟料、水泥半成品计算表中，各步的设置大体相同，下面以原料烘干车间为例进行介绍（见表 14-1 和表 14-2）。（以下数字和字母均为番号）

表 14-1　原料烘干车间成本计算单（表格中数字均为序号）

		摘要/项目	期初在产品	本期发生	结转下工序	结转到之后工序	期末在产品
金额	原材料	黄泥	1	2	13=(1+2)×A	18=(1+2)×E	23=(1+2)×13
		铁粉	3	4	14=(3+4)×B	19=(3+4)×F	24=(3+4)×14
		石灰石	5	6	15=(5+6)×C	20=(5+6)×G	25=(5+6)×15
		煤	7	8	16=(7+8)×D	21=(7+8)×H	26=(7+8)×16
		混合材料	9	10			
	合计		11=1+3+5+7+9	12=2+4+6+8+10		22=18+19+20+21	27=23+24+25+26
		摘要/项目	期初在产品	本期发生	结转下工序	结转到之后工序	期末在产品
数量	原材料	黄泥	28	34	40	46	52=28+34−40−46
		铁粉	29	35	41	47	53=29+35−41−47
		石灰石	30	36	42	48	54=30+36−42−48
		煤	31	37	43	49	55=31+37−43−49
		混合材料	32	38	44	50	56=32+38−44−50
	合计		33=28+29+30+31+32	39=34+35+36+37+38	45=40+41+42+43+44	51=46+47+48+49+50	57=52+53+54+55+56

表 14-2　原料烘干车间成本计算单（表格中数字均为序号）

		摘要/项目	结转下一工序	结转到最后工序	期末在产品
分配率	原材料	黄泥	A=40/(28+34)	E=46/(28+34)	I=52/(28+34)
		铁粉	B=41/(29+35)	F=47/(29+35)	J=53/(29+35)
		石灰石	C=42/(30+36)	G=48/(30+36)	K=54/(30+36)
		煤	D=43/(31+37)	H=49/(31+37)	L=55/(31+37)

分配方法：

每种原材料结转到下一工序的分配率=结转到下一工序的数量/（期初在产品的数量
　　　　＋本期发生的数量）

每种原材料结转到最后工序的分配率=结转到最后工序的数量/（期初在产品的数量
　　　　＋本期发生的数量）

期末在产品分配率=期末在产品的数量/（期初在产品的数量
　　　　＋本期发生的数量）

第二节　Excel 在产品成本核算中的具体应用

一、常用函数简介

（一）SUM（求和函数）

1. 对数字求和

计算 1，23，4，567，890 这些数字的和。任意单元格中输入：=SUM（1，23，4，567，890），按下回车键，此时，表示计算 1＋23＋4＋567＋890 的值并显示到该单元格中（见图 14-1）。

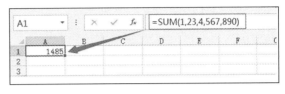

图　14-1

2. 对几个单元格求和

用这种方法计算 1，23，4，567，890 这些数字的和。任意不同单元格中输入：1，23，4，567，890 这些数字，然后对这些单元格求和。例如：在 A2，C4，B3，B4，D2 中分别输入上述数字，然后在任意空白单元格内输入 =SUM（A2，C4，B3，B4，D2），按下回车键，此时，表示计算 A2，C4，B3，B4，D2 这几个单元格中的值的和并显示到该单元格中（见图 14-2）。

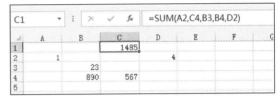

图　14-2

参数为单元格的时候，可以先把鼠标放到括号中，直接选其他单元格，这样就不用去找单元格地址一个一个往里写了。按住 Ctrl 一个一个地选可以选中多个不连续的单元格。

3. 对连续单元格求和

再来用这种方法计算 1，23，4，567，890 这些数字的和。任意连续单元格中输入：1，23，4，567，890 这些数字，然后对这些单元格求和。例如：在 A2，B2，C2，D2，E2，F2 这一块连续的区域中分别输入上述数字，中间可以空白，系统会把它们当 0 看，然后在这一区域外的任意空白单元格内输入 =SUM（A2：F2），按下回车键。此时，表示计算从 A2 到 F2 这几个单元格中的值的和并显示到该单元格中（见图 14-3）。

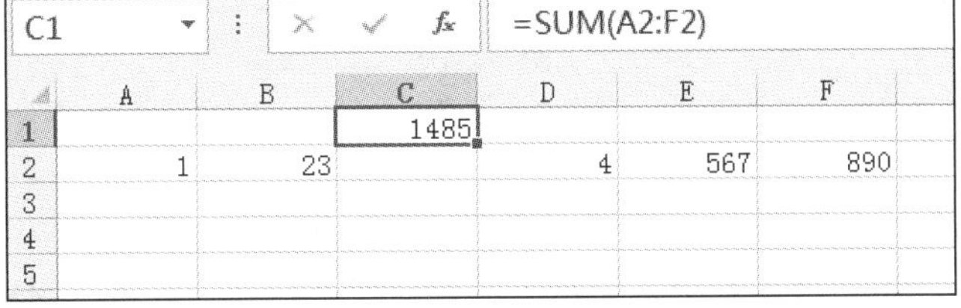

图　14-3

参数为连续单元格的时候，可以先把鼠标放到括号中，直接选中其他单元格，因为是连续的，所以直接选上第一个鼠标不松开，拖动到最后一个就可以了；也可以选中第一个单元格以后，按住 Shift，再选中最后一个单元格，这样中间的就都被选中了。

4. 对区域求和

最后再来试试这种方法计算 1，23，4，567，890 的和。任意单元格中输入：1，23，4，567，890 这些数字，然后对这些单元格所在区域求和。例如：在 A2，E4 这一块区域中分别输入上述数字，中间可以空白，系统会把它们当 0 看，然后在这一区域外的任意空白单元格内输入 =SUM（A2：E4），按回车键，此时，表示计算左上角为 A2 右下角为 E4 的这个区域中所有单元格中的值的和并显示到该单元格中（见图 14-4）。

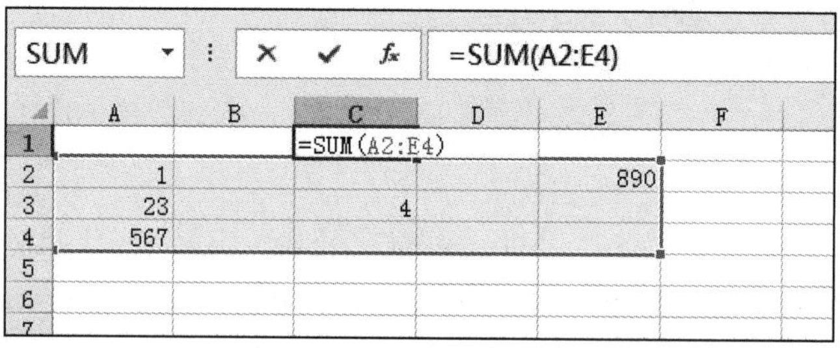

图 14-4

参数为连续区域的时候，可以先把鼠标放到括号中，直接选中其他单元格，因为是连续的，所以直接选上左上角鼠标不松开，拖动到右下角最后一个就可以了。当然可以选中第一个单元格以后，按住 Shift，再选中最后一个单元格，这样整个区域就被选中了。

（二）AVERAGE（平均函数）

1. 对数值求平均值

比如要计算 1，23，4，567，890 这些数字的平均值。任意单元格中输入：=AVERAGE（1，23，4，567，890），按下回车键，此时，表示计算 1，23，4，567，890 的平均值并显示到该单元格中（见图 14-5）。

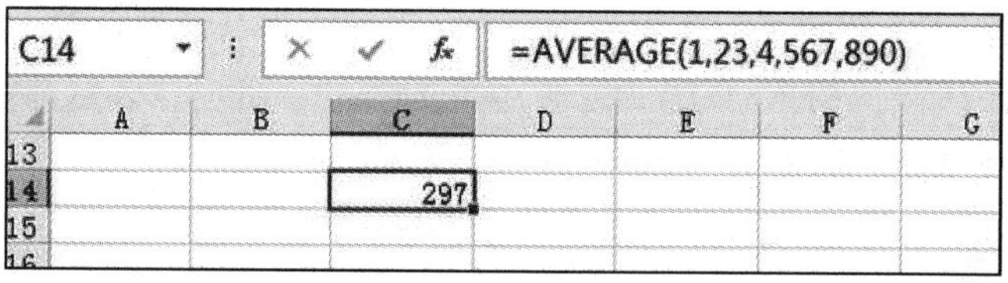

图 14-5

2. 对几个单元格求平均值

用这种方法计算 1，23，4，567，890 这些数字的平均值。任意不同单元格中输入：1，23，4，567，890 这些数字，然后对这些单元格求平均值。例如：在 A2，C4，B3，B4，D2 中分别输入上述数字，然后在任意空白单元格内输入：=AVERAGE（A2，C4，B3，B4，D2），按回车键，此时，表示计算 A2，C4，B3，B4，D2 这几个单元格中的值的平均值并显示到该单元格中（见图 14-6）。

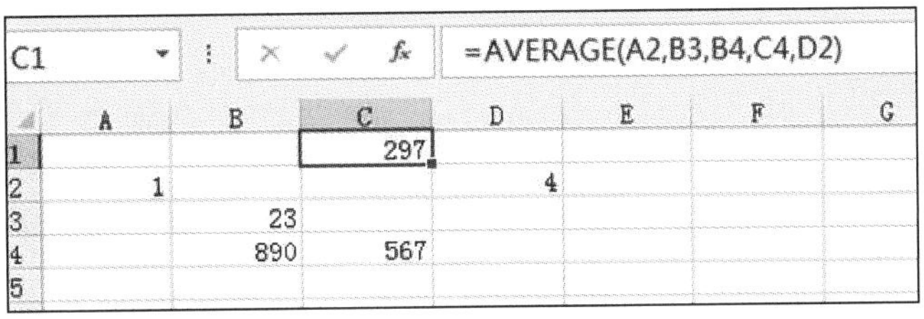

图 14-6

参数为单元格的时候,可以先把鼠标放到括号中,直接选中其他单元格,这样就不用去找单元格地址一个一个往里写了。按住 Ctrl 一个一个地选可以选中多个不连续的单元格。

3. 对连续单元格求平均值

任意连续单元格中输入:1,23,4,567,890 这些数字,然后对这些单元格求平均值。

例如:在 A2,B2,C2,D2,E2,F2 这一块连续的区域中分别输入上述数字(中间可以空白,系统会把它们忽略,但不建议这么做),然后在这一区域外的任意空白单元格内输入:=AVERAGE(A2:F2),按回车键,此时,表示计算从 A2 到 F2 这几个单元格中的值的平均值并显示到该单元格中(见图 14-7)。参数为连续单元格的时候,可以先把鼠标放到括号中,直接选中其他单元格,因为是连续的,所以直接选上第一个鼠标不松开,拖动到最后一个就可以了。

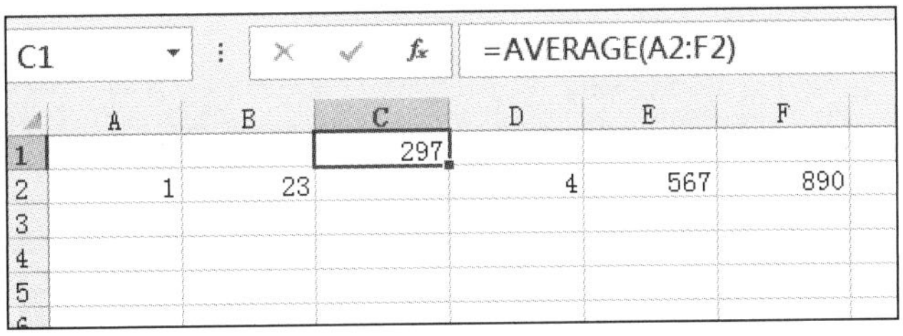

图 14-7

4. 对列求平均值

任意单元格中输入:1,23,4,567,890 这些数字,然后对这些单元格所在的所有列求平均值。例如:在 A 列中的任意单元格分别输入上述数字,中间可以空白,系统会自动无视它们,然后在这 A 列以外的任意空白单元格内输入:=AVERAGE(A:A),按回车键,此时,表示计算 A 列所有单元格中的值的平均值并显示到该单元格中(见图 14-8)。选择列的时候,可以先把鼠标放到括号中,直接选中一列。当数

图 14-8

据在多列时,可以同时选多列。例如,要计算 A、B、D 三列,可以写成 AVERAGE(A:A,B:B,D:D),相当于是单独选择每一列。表示对找到每一列所有的数后再求所有数的平均值。也可以选中第一列以后,拖动,这样中间的就都被选中了。结果为:=AVERAGE(A:B,

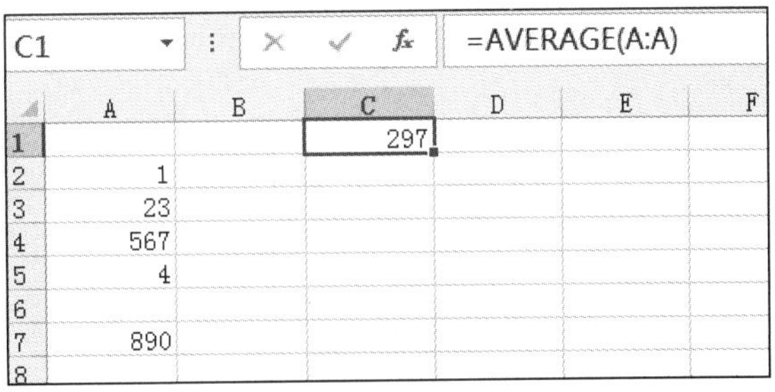

D∶D)，效果相同。

5. 对区域求平均值

任意单元格中输入：1，23，4，567，890 这些数字，然后对这些单元格所在区域求平均值。例如：在 A2，E4 这一块区域中分别输入上述数字，中间可以空白，系统自动无视它们，然后在这一区域外的任意空白单元格内输入 =AVERAGE（A2∶E4），按回车键，此时，表示计算左上角为 A2 右下角为 E4 的这个区域中所有单元格中的值的平均值并显示到该单元格中（见图 14-9）。参数为连续区域的时候，可以先把鼠标放到括号中，直接选其他单元格，因为是连续的，所以直接选上左上角鼠标不松开，拖动到右下角最后一个就可以了。当然可以选中第一个单元格以后，按住 Shift，再选最后一个单元格，这样整个区域就被选中了。其实所选的区域可以更大些，因为空白的会被直接无视，只要包含所有数据就可以。

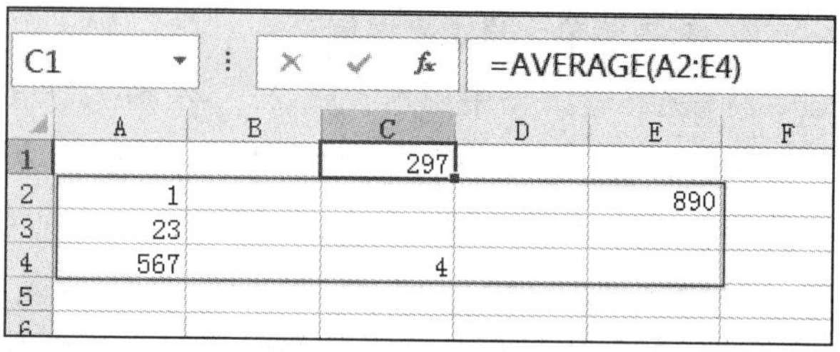

C1 =AVERAGE(A2:E4)

	A	B	C	D	E	F
1			297			
2	1				890	
3	23					
4	567		4			
5						

图 14-9

（三）SUMIF（条件求和函数）

例一：某公司销售人员的销售提成。求销售额大于或等于 50 万的人员，其提成总和是多少？如图 14-10 所示，执行 SUMIF 函数如下：在 C9 单元格输入：=SUMIF（B2∶B7，“>=500000”，C2∶C7）

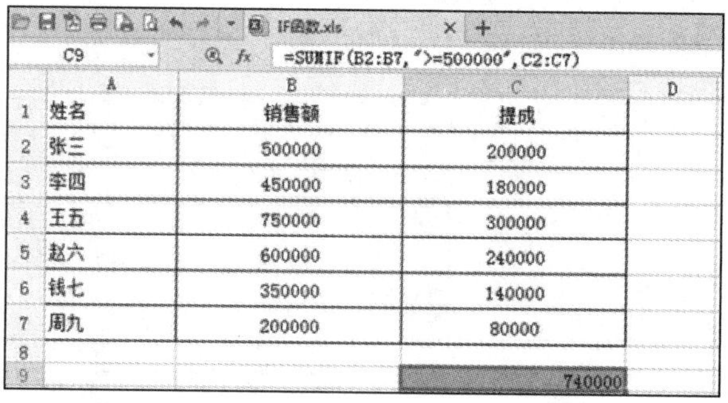

C9 =SUMIF(B2:B7,">=500000",C2:C7)

	A	B	C
1	姓名	销售额	提成
2	张三	500000	200000
3	李四	450000	180000
4	王五	750000	300000
5	赵六	600000	240000
6	钱七	350000	140000
7	周九	200000	80000
8			
9			740000

图 14-10

例二：某公司每位销售人员全年的销售额和提成分别求和。如图 14-11 所示，执行 SUMIF 函数如下：在 K4 单元格输入：=SUMIF（B$3∶I$3，“销售额”，B4∶I4），在 L4 单元格输入：=SUMIF（B$3∶I$3，“提成”，B4∶I4），再把相对应的公式向下拉，即可。

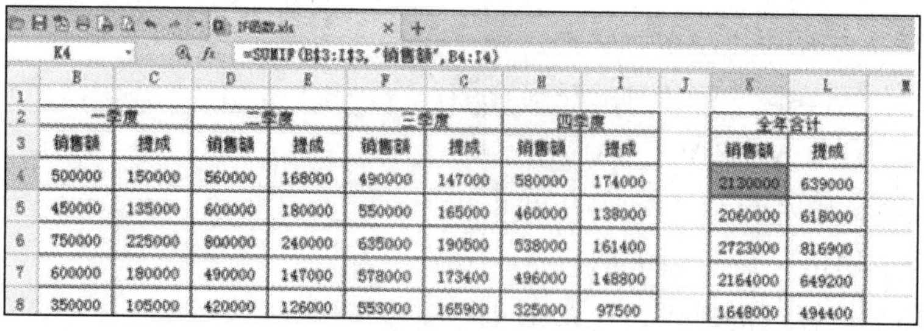

K4 =SUMIF(B$3:I$3,"销售额",B4:I4)

	B	C	D	E	F	G	H	I	J	K	L
2	一季度		二季度		三季度		四季度			全年合计	
3	销售额	提成	销售额	提成	销售额	提成	销售额	提成		销售额	提成
4	500000	150000	560000	168000	490000	147000	580000	174000		2130000	639000
5	450000	135000	600000	180000	550000	165000	460000	138000		2060000	618000
6	750000	225000	800000	240000	635000	190500	538000	161400		2723000	816900
7	600000	180000	490000	147000	578000	173400	496000	148800		2164000	649200
8	350000	105000	420000	126000	553000	165900	325000	97500		1648000	494400

图 14-11

二、成本结构分析表

分析产品的成本结构，可以寻找进一步降低成本的途径。研究产品成本结构，首先应对各个成本项目的上年实际数、本年计划数、本年实际数的增减变动情况进行观察，了解其增减变动额和变动率；其次应将本期实际成本的结构同上年实际成本的结构和计划成本的结构进行对比，结合各个项目成本的增减情况，了解成本结构的变动情况；最后应结合其他有关资料如产品各类、工艺技术、消耗定额、劳动生产率、设备利用率等方面的变化情况，进一步分析各个项目成本发生增减及成本结构发生变化的原因。

第三节　成本核算软件介绍

一、成本核算软件

（一）金蝶财务软件

具体使用如下：

（1）首先进行存货出库核算，将生产领料的出库成本计算出来。

（2）其次进行产品入库成本核算。

入库核算时，如果产品入库单有关联的费用分摊单，费用也会纳入成本核算中，系统会将费用分摊到产品入库成本中。

（二）用友财务软件

用友账务软件具体使用如下。

（1）总账有个单独的项目管理，可以管理几个明细项目，首先在会计科目中设置项目核算，如生产成本类、在建工程类。

（2）设置项目目录，大类相当于客户分类，项目维护中设置具体的项目档案，相当于客户档案；指定核算哪些项目，一般将会计科目中含项目核算的都会显示在窗口中，选择所需要的核算科目。

（3）在填制凭证的时候，会弹出项目核算窗口，选择哪个项目个体。

（4）这样在项目管理中，可以查询统计分析某个项目的成本费用情况。

在填写凭证的时候，只要应用到项目核算的科目，计算机要求选择相关的项目，然后通过现有的报表系统用友的 UFO 系统，提取项目的数据收入或成本多个科目对应同一个项目，针对项目查项目明细账即可完成。

（三）管家婆财务软件

系统提供如下成本核算方法：加权平均法、先进先出法，选用哪种成本核算方法可根据企业自身特性而定，如采用先进先出法，期末存货成本接近市价，使资产计价较合理，但是在物价持续上涨时，本期销货成本较低，而期末存货价值较高，会导致虚增资产，虚增利润。加权平均法计算发出存货成本和期末结存存货成本是较精确的，可以克服当物价持续上涨的情况下，存货价值虚增的不良影响。从长远角度看，企业的存货最终都将转化为销售成本,因此不管采用这三种成本核算方法中的哪一种,最终的结果都将是一致的。绝大多数,采取的是加权平均法。

以上财务软件均有成本核算会使用到的存货模块、进销存模块。进销存管理系统是一个典型的数据库应用程序,根据企业的需求,为解决企业账目混乱、库存不准、信息反馈不及时等问题,采用先进的计算机技术而开发的,集进货、销售、存储多个环节于一体的信息系统。炜邦在线进销存系统,集采购、销售、库存管理和应收、应付款管理于一体,提供订单、采购、销售、退货、库存、往来发票、往来账款、业务员等的管理,帮助企业处理日常的进销存业务,同时提供丰富的实时查询统计功能。在线进销存系统,能够帮助业务人员提高工作效率,帮助老板实时全面掌握公司业务,做出及时准确的业务决策。

思考题

1. 怎么创建工作表和工作簿?
2. SUM 函数和 SUMIF 函数如何应用?在你的工作学习中是否需要这些函数辅助?
3. 你用过哪些财务软件?你觉得它们的区别在哪里?
4. 你是否通过你的财务软件来优化过你的工作效率?如何开展的?

课后习题

一、单选题

1. Excel 提供的(　　)功能,可以在一个公式中使用工作表不同部分的数值,或在几个公式中使用同一单元格的数值。
   A. 单元格引用　　　　　　　　B. 数值加减、乘除计算
   C. 制表　　　　　　　　　　　D. 数据管理
2. 用 Excel 进行成本核算的第一步是(　　)。
   A. 进行格式设定　　　　　　　B. 构建表格
   C. 输入计算公式　　　　　　　D. 创建工作表和工作簿

二、多选题

1. 对于 AVERAGE 函数,要求计算 B、E、F 三列中所有数的平均值,下列操作中正确的有(　　)。
   A. 在单元格中输入 "=AVERAGE(B:B, E:E, F:F)"
   B. 在单元格中输入 "=AVERAGE(B, E, F)"
   C. 在单元格中输入 "=AVERAGE(B:B, E:F)"
   D. 在单元格中输入 "==AVERAGE(B:E:F)"
2. 研究产品成本结构,首先应对各个成本项目的(　　)的增减变动情况进行观察,了解其增减变动额和变动率。
   A. 上年实际数　　B. 本年计划数　　C. 本年实际数　　D. 上年计划数

三、判断题

1. Excel 提供了单元格引用功能，可以在一个公式中使用工作表不同部分的数值，或在几个公式中使用同一单元格的数值。（   ）
2. SUMIF 函数与 SUM 函数并无明显区别。（   ）
3. 比较常用的财务软件有金蝶、用友和管家婆财务软件。（   ）
4. 在制造业中，成本核算不是重点。（   ）
5. Excel 不能对不连续的单元格进行运算。（   ）
6. 进行成本结构分析时，不需要结合其他有关资料如产品各类、工艺技术等对其进行分析。（   ）

会计学专业新企业会计准则教材系列

课程名称	书号	书名、作者及出版时间	定价
中级财务会计（中级会计）	978-7-111-37319-3	中级财务会计（马建威）（2012年）	38
财务分析	978-7-111-42302-7	企业财务分析（第2版）（袁天荣）（2013年）	35
财务报表分析	978-7-111-28815-2	企业财务报表分析（刘国峰）（2009年）	36
税务会计与税收筹划	978-7-111-43646-1	税务会计与税务筹划（第4版）（王素荣）（2013年）	35
审计学	即将出版	审计学（第2版）（叶陈刚）（2015年）	40
审计学	978-7-111-34365-3	审计学（叶陈刚）（2011年）	38
会计学	978-7-111-46532-4	基础会计学（第3版）（徐泓）（2014年）	35
会计信息系统	978-7-111-44365-0	会计信息系统：基于用友ERP-U8.72版（鹿翠）（2013年）	30
会计法规	978-7-111-37607-1	会计法规（第2版）（王红云）（2012年）	32
成本会计	978-7-111-38514-1	成本会计学--有效管理的工具（第3版）（赵桂娟）（2012年）	39
成本管理会计	978-7-111-39241-5	成本与管理会计（第3版）（赵书和）（2012年）	39
成本管理会计	978-7-111-49580-2	成本与管理会计（第4版）（赵书和）（2015年）	39